Raabe und heute

Raabe und heute

Wie Literatur und Wissenschaft
Wilhelm Raabe neu entdecken

Herausgegeben von
Moritz Baßler und Hubert Winkels

WALLSTEIN VERLAG

Verlag und Herausgeber danken der Stadt Braunschweig,
Dezernat für Kultur und Wissenschaft, für die Förderung
der Publikation.

Diese Publikation entstand mit Unterstützung
des Deutschlandfunks, der seit dem Jahr 2000
gemeinsam mit der Stadt Braunschweig den
Wilhelm Raabe-Literaturpreis vergibt.

Inhalt

Hubert Winkels
   Vorwort 9

Moritz Baßler
   Einleitung
   Wilhelm Raabes bürgerliche Radikalität 21

Vom Anfangen

Gustav Seibt
   Wovon *redet* der Mann? 33

Beziehungsweisen

Felicitas Hoppe
   Du aber! Leser der kurzen Nacht!
   Zu *Abu Telfan* 45

Sabine Peters
   Ein Austausch über Wilhelm Raabe 61

Andreas Maier
    Raabe: Mein Agent der Rückabwicklung 75

Clemens J. Setz
    Rabe will Helm 83

Kapitalismus / Kolonialismus

Christoph Zeller
    Raabe als Kapitalismuskritiker 87

Dirk Göttsche
    Kolonialismus und Globalisierung 101

Katrin Hillgruber
    Südamerikanische Querulanten
    oder »Donnerwetter, dieses Brasilien!« 123

Eva Eßlinger
    Migranten in Bumsdorf
    Zu *Abu Telfan* 139

Dickes Erzählen

Ingeborg Harms
    Der dicke Erzähler 173

Jochen Hörisch
    Zu Gericht sitzen
    Zu *Stopfkuchen* 191

Eva Geulen
　Der Attrappenonkel in seinem Element
　Zu *Fabian und Sebastian* 211

Marion Poschmann
　Baum, Wald, Wildnis
　Die Zaubermittel in Raabes Novelle
　Else von der Tanne 227

Buch Höhle Krieg
Zu *Das Odfeld*

Vanessa Höving
　Inkorporation und Analität 241

Matthias Göritz
　Die Felder der Zukunft 265

Leere / Labyrinthe

Matthias Zschokke
　Vom Mondgebirge
　Zu *Abu Telfan* 295

Thomas Hettche
　Realismus 309

Katja Lange-Müller
　Ein Windsack von einem Weltüberwinder
　Zu *Die Akten des Vogelsangs* 317

Christof Hamann | Oliver Ruf
  Kommunikation mit den Toten
  Zu Wilhelm Raabe und Katja Lange-Müller 323

Wilhelm Raabe
  Denke daran! 348

Vom Enden

Brigitte Kronauer
  Abbruch des Spiels
  Zu *Ich* und *Altershausen* 351

Die Beiträger 369

Hubert Winkels

Vorwort

Wilhelm Raabe ist ein Gerücht. Wilhelm Raabe wird in aller Öffentlichkeit immerzu um- und umgebaut. Ein Autor ›in the making‹. Von seinen Lebzeiten bis heute. Schon er selbst hatte sich gewundert, über die Art, gelesen und anerkannt zu werden. Seither raunt jeder Leser etwas anderes weiter, jede Generation konstruiert eine andere persona, jeder Liebhaber zitiert einen anderen Autor, und die Literaturwissenschaft hat alle Hände voll damit zu tun, überkommene Raabe-Bilder zu dekonstruieren und einem verführerisch neuen (zur Zeit ist es das postkoloniale Paradigma) nicht gänzlich aufzusitzen. Anschlussfähig schien der weise Alte aus dem Norden schon zu Lebzeiten an so gut wie alle politisch-kulturellen Tendenzen im entstehenden deutschen Nationalstaat: an den biedermeierlichen Quietismus ebenso wie an bürgerlich demokratische und nationale Bestrebungen der 1848er Bewegung, an den Spruchweisheiten liefernden Klassikerkult; gleichermaßen an sozialkritische Aufklärung und an kulturpessimistischen Fatalismus, und im engeren literarischen Sinn an den konkrete Lebenswelten verarbeitenden Realismus, den verfeinerten Symbolismus bis hin zu einem nur schwach geerdeten protomodernen Vorrang der erzählerischen Selbstreflexion.

Nachdem Raabe 1902 sein Schreiben abrupt abgebrochen hatte, konkret und gleichsam mitten im Satz, seiner Aposiopese (danach nannte er sich ›Schriftsteller a.D.‹), und erst recht nach seinem Tod am 15. November 1910, bekam das Gerücht, das der zurückgezogen Lebende und Schreibende geworden war, einen ganz neuen Resonanzraum in der politisierten intellektuellen Öffentlichkeit. Und das, obwohl Raabe mit persönlichen Auskünften sowie öffentlichen politischen Äußerungen eher zurückhaltend war. Allem Beharren des Erzählers Raabe auf konkrete Nahwelten, seiner ausgeprägten Skepsis gegen ideologische Generalisierungen im Allgemeinen und den preußisch-deutschen Nationalstolz im Besondern, wurde er vor allem nationalistisch und dann völkisch in Anspruch genommen. Das gipfelte im Donnerhall einer Raabe-Preisfeier – »Volkspreis der deutschen Gemeinden und Gemeindeverbände (Raabe-Preis)« – im Jahr 1940, als der Reichsleiter des Einsatzstabs für die Ostgebiete, Alfred Rosenberg, nach einem Festakt im nationalsozialistisch umgestalteten sogenannten ›Braunschweiger Staatsdom‹ im mit Hakenkreuzfahnen, Führerbüsten, Fanfarenchor und Festuniformen gefüllten dortigen Staatstheater die Raabe-Leser auf die Deutsche Volksgemeinschaft und den totalen NS-Staat einschwor.

An diesem Tiefpunkt einer absurd fehlgehenden Instrumentalisierung des immer moderaten, methodisch zweifelnden, selbstreflexiven Schriftstellers, hatten sich die diversen Raabe-Gerüchte, die philologisch-ästhetisch-sittlich-pädagogischen Irrläufer, unter großem Druck von außen, der nationalistischen Politik nämlich, zu einem harten Klumpen Meinung, zum ikonischen Bild eines Ritters des deutschen Geistes verbunden. 1931 bereits war er in Braunschweig als fantastisches großplastisches Brunnendenkmal aufgerichtet worden: der schwertbewehrte Retter des poetischen Einhorns. Ein geradezu klassischer Fall von Petrifizierung einer beweglichen und vielfältigen kulturellen Ausdrucksform, eine Steinwerdung des Fluiden, eine skulpturale Männerfantasie, zugleich ein massiver formaler Angriff auf die oszillierende Bewegungsform des Raabe'schen Schreiben selbst.

Raabe-Denkmal des Bildhauers Fritz Behn

Droben steht ein Ritter in Wehr und Waffen. Mit beiden Füßen steht er kraftvoll auf seinem heimatlichen Boden in unerschütterlicher Ruhe und Sicherheit da. Er kämpft nicht mehr, denn sein Schwert ist bekränzt mit dem Eichenlaub des Siegers; der Ritter, in dem wir die sprechenden Züge des jungen Raabe wiederfinden, schaut versonnen in die Zukunft. Der tiefe Ernst, der seinen schicksalhaften Blick beseelt, zeigt, daß der Ritter sich des schweren Weges, den er zu gehen entschlossen ist, wohl bewußt ist. Er will frei durchgehen, um sein hohes Ziel zu erreichen, das zeigt das unbeugsame Kinn und der herb geschlossene

Mund; aber wie träumerisch hat er seine Linke dem Einhorn auf den Hals gelegt, das zu seinen Füßen ruht. Mit diesem Sinnbild der Dichtkunst und der Keuschheit fühlt sich der junge Ritter eng verbunden, und diese Fabelgestalt aus grauer Vorzeit gemahnt uns an den tiefen Sinn, der in so vielen Werken Raabes hinter den Worten steht und den wirklichen Raabekenner so beglückt. – Aus dem edlen Stein herausgewachsen tritt uns aber das ehrwürdige Bildnis des alten Weisen und Sehers lebendig hervor, so wie viele von uns es noch deutlich im Herzen tragen. (Der Rede-Text des Leiters des Denkmal-Ausschusses Thaddäus Abitz-Schultze findet sich gleichlautend im »Braunschweiger Anzeiger« und im »Hannoverschen Anzeiger« vom 10.9.1931.)

Mortifizierung und Translokation in ein märchenhaftes Mittelalter. Der größte anzunehmende Unfall in einer Dichterrezeption. Dessen genaue Geschichte müsste noch geschrieben werden. Es würde ein Lehrstück über die Angst vor der Literatur, vor der Sinnskepsis und ihrer antiideologischen Auflösungskraft, vor ihrer Verführung zum Zweifel an der behauptenden und weltsetzenden Kraft des Sprechens überhaupt. Der Literaturwissenschaftler Jochen Hörisch hat solche Invertierung, die Verwandlung des Abgründigen in eine monumentale Begründungsfigur, an Rezeptionsformen Goethes durchgespielt; sein ethnologisch inspiriertes Titelmotiv: ›Goethe als Totem der Literaturwissenschaft‹ und weiter gefasst ›als Totem des deutschen Kulturbürgertums‹. Die aufgeblätterten Verkennungen der Literaturwissenschaft und zweckgesteuerten Zurichtungen der vieldeutigen Goethe-Texte im Zuge einer nationalpädagogischen Ertüchtigung fand in der Raabe-Behandlung nicht nur eine schiefe Verlängerung, sondern eine nochmalige Steigerung: Raabe als Galionsfigur deutsch-nationaler Gesinnung und Befindlichkeit. Mit dem »Hungerpastor« im Sturmgepäck ging es zehntausende Male in den ersten Weltkrieg, mit der »Schwarzen Galeere« im Deutschunterricht lernte man den Aufstand der

Niederländer gegen die spanischen Habsburger partisanenhaft zu deuten, aber auch die antinapoleonischen Kriege zu feiern, den Kolonialkrieg der weißen Europäer gegen die angeblich so verschlagenen Afrikaner am Kap der guten Hoffnung, schließlich gar den Kampf von Freicorps und SA um die Macht in der Weimarer Republik. Ein hermeneutischer Extremfall. Noch Jahrzehnte später murrt die gebildete Leserin über die Pflichtlektüre der »Schwarzen Galeere« im Gymnasium; zu einer Zeit, als man schon Bob-Dylan-Texte im Deutschunterricht interpretierte (s. den Beitrag von Sabine Peters in diesem Band).

In Bezug auf Raabe sind die Kappung von Eigenheiten, die Engführung der literarischen Vieldeutigkeit und Ausschweifung, die Unterdrückung von Ambivalenz und Brüchigkeit des Sinns auf eine martialische Weise institutionalisiert worden. Man könnte es aus großer Entfernung geradezu komisch finden, wie hier mit Ignoranz und böser Absicht bis zur Absurdität falsch gespielt wird. Ein tragikomisches Rezeptionsgeschehen, das Geschichtsmächtigkeit erlangen konnte: ein Volk, eine Nation, ein Raabe. So wurde das Bild des Volkstümlichsten unter den deutschen Dichtern so lange präpariert, bis auch die Linke einstimmte, die genaue Gegenseite, nur mit geschichtsmaterialistischer Einschränkung. 1940, mitten im Krieg, schreibt Georg Lukács: »Indem wir die klassenmäßigen Wurzeln der Volkstümlichkeit Raabes aufgedeckt haben, haben wir zugleich seinen schriftstellerischen Rang konkretisiert.«

Dass Raabe sich aber in einen Raben (Corvinus) verwandelt, der seine eigenen Texte skeptisch belauert, ihren Sinn suspendiert und, im Falle von *Das Odfeld*, sogar in Rabengestalt aasgierig zerfetzt, und eben das als düsteres, um nicht zu sagen gruftiges literarisches Hochamt feiert (s. eigenes Kapitel in diesem Band), dies aufzudecken blieb nachfolgenden Leser-Generationen überlassen, nicht der nächsten freilich, sondern eher der heutigen, die unter anderem im sorgfältig gemachten Jahrbuch der Raabe-Gesellschaft ein Forum findet, gelegentlich in den Begleitbänden zum Wilhelm Raabe-Literaturpreis und eben auch hier in diesem Band.

Sicher gab es auch in den ersten zwei Jahrzehnten seit dem Zweiten Weltkrieg einige Wendungen in der Raabe-Rezeption, die sich von behaupteten Wesenskernen und Weltanschauungen zu Fragen der Form und der Erzählweisen vorarbeiteten. Aber selbst die gerne als Wendepunkt und Meilenstein apostrophierte Anthologie *Raabe in neuer Sicht*, von Hermann Helmers punktgenau 1968 herausgegeben, kann diese Zäsur nicht rundum erbringen. Zum einen weil sie auf frühe Texte aus den dreißiger, vierziger und frühen fünfziger Jahren zurückgreift, u.a. von Romano Guardini und Georg Lukács, zum anderen bleiben auch aktuellere Germanistenaufsätze, ganz gegen den Trend ihrer Zeit, in einer eher humanistisch inspirierten, Tiefe und Weisheit beschwörenden überzeitlichen Betrachtung Raabes stecken. Zumal Karl Hoppe, ehemaliger Nationalsozialist (seit 1933) und verdienstvoller Herausgeber der historisch-kritischen Ausgabe der Werke Raabes, der sogenannten Braunschweiger Ausgabe (BA), die unter dieser Sigle auch in diesem Buch als zentrale Quelle genutzt wird. Ein einleitender Satz aus Karl Hoppes Aufsatz von 1961 *Wilhelm Raabe einst und heute*: »Jeder Dichter will aus sich selbst verstanden werden, nicht nach vorgegebenen Interpretationsnormen, und so ist auch Raabe letzthin danach zu beurteilen, welche ›Fingerzeige‹ er den Menschen seiner Epoche in der Lebensbewältigung gegeben hat, wonach sich dann auch bemißt, welche Bedeutung seinem Werk noch heute, für uns und unsere Zeit, zukommt« (in: Hermann Helmers (Hg.): Raabe in neuer Sicht. Stuttgart 1968, S. 173).

Genau dies, der Ausgang der hermeneutischen Arbeit von der Person Raabes und der Frage nach ihrer sittlichen und pädagogischen Erziehungsleistung längs durch die geschichtliche Zeit darf als strukturell ideologisch kontaminiert gelten. In der umgekehrten Herangehensweise waren es längere Zeit historisch-soziale und medial-institutionelle Rahmenbedingungen, deren formbildende Kraft betont wurde. Und ohne diese Errungenschaften zu entwerten, arbeitet eine zeitgenössische Germanistik, erst recht arbeiten die zeitgenössischen literarischen Autoren von der literarischen Schrift, von den Werken, den einzelnen Texten her. Sozial- und mediengeschichtliche Verschränkungen werden offensiv thematisiert, ohne den Texten ihre Versatilität zu nehmen, ihnen ihr Klüger-Sein, ihr Immer-schon-woanders-Sein abzusprechen; dies zumal beim philologischen Spielgenie Raabe, der in klugen Deutungsvolten erst in Beziehung zu seinen Erzählern, zu seinen Helden und zu den verwirrenden rhetorischen Manövern profiliert werden, konstruktivistisch gesprochen: hervorgebracht, erzeugt werden muss. Die kluge Lektüre: ein Spiel mit Masken im Reich eines versierten Maskenspielers. Raabe selbst übrigens fand großes Glück darin, ausschließlich mit seinen Texten über sich und seine Welt Auskunft geben zu müssen, mit seinen vorgeschobenen gebrochenen Erzählern und ihren sozial und psychologisch notwendig verzerrten Weltsichten. Hier bilden sich deutungsoffene Räume, in denen Figuren und Handlung sich in scheinbar verwirrender Logik und Chronologie entwickeln. Und es werden lange und schwierige Verhandlungen zwischen Leser und Texten über die Konstruktion der Vergangenheit geführt, die letztlich die Gegenwart und die Gegenwärtigkeit der Erzählung bestimmen.

Einen signifikanten Niederschlag findet diese lustvolle Leseschwierigkeit in den vielen Kauteln der Raabe-Deuter in diesem Band. Es ist leicht, Raabe schwierig zu finden. Seine achtundsechzig Romane und Erzählungen eignen sich nie zur schnellen verschlingenden Lektüre. Durchaus anders als bei seinen erzählenden Zeitgenossen, seien es die von ihm bewunderten William Thackeray oder Charles Dickens oder auf Deutsch Karl Immermann, Theodor Storm oder Theodor Fontane. »Raabes geschwätziges Erzählen mit seinen Bonmots und Anspielungen, den Längen, Umständlichkeiten und Abschweifungen, die gerne mit Jean Paul verglichenen Wechselbäder gemütvollen Humors und kitschiger Sentimentalität, das alles ist zugegebenermaßen schwer erträglich – und nicht erst heute. Als Vielschreiber und Philister wurde Raabe schon zu Lebzeiten denunziert«, so beginnt Eva Geulens Essay *Der Attrappenonkel* über die romanlange Erzählung *Fabian und Sebastian*, und sie fragt sich, warum Raabe »gleichwohl ›nicht tot zu kriegen‹« sei. Die Antwort gibt sie selbst am Ende ihres Textes in einer fulminanten Rekonstruktion des Verworfenen in der Erzählung und des Erzählens selbst, seines »toten Punkts«.

Auf der anderen Seite ist eine durchgehende Begeisterung durch einzelne Satzperioden zu verbuchen. Deshalb beginnen wir den hier vorliegenden Band auch mit dem ›Erweckungserlebnis‹ Gustav Seibts beim Lesen erster und weiterer Raabe-Sätze. Matthias Zschokke muss sich gar zwingen, das Zitieren einzuschränken, um seine Darstellung nicht zur begeisterten Raabe-Abschrift werden zu lassen. Anderseits ist es derselbe Zschokke, der bei seinem Nachvollzug der Handlung des Romans *Abu Telfan oder die Heimkehr vom Mondgebirge* in eine derart komplexe Figurenverknotung gerät, dass er die Sinn- und Kunstfrage stellt. Seine Erklärung für die systematische Übersteigerung schartekenhafter literarischer Kolportage sind die Publikationsbedingungen Raabes, dessen Romane vor allem als Fortsetzungen in Unterhaltungszeitschriften den familiären Lebensunterhalt sichern mussten. Raabe bediene die daraus sich ergebenden Erwartungen des Publikums, zugleich und als Akt der Abwehr ironisiere und überdrehe er sie aber auch bis zur Farce. Ein schwieriges Kunststück, das auch den Schriftsteller Andreas Maier stark beschäftigt, der seinen ›zweitklassigen‹ Lieblingsautor Raabe in solcher Bewegung ganz bei sich sieht, im doppelten Sinne: Raabe in dem ihm Möglichen und Raabe in Maiers Schreiben und seinem Bild vom Autor, bis hinein in die »Stilphysiognomie, das angewiderte Abdrehen vor möglicher Anhimmlung, geboren gleichermaßen aus Enttäuschung wie aus Einsicht«.

Man sieht an diesen Beispielen, wie sich selbst in der Begeisterung die Skepsis hält – und umgekehrt. Viele Beiträge handeln von der Ambivalenz oder können mit ihr produktiv umgehen, dass Raabe als Meister hochkomplexer, selbstreflexiv ironischer Erzählstrategien zugleich einen ornamentalen gedrechselten Stil und einen betulich gedehnten Tonfall pflegt. Dazu kommt allerdings ein starkes neues Interesse an den inhaltlichen Bezügen in Raabes Erzählungen auf die reale Geschichte, vor allem der zweiten Hälfte des 19. Jahrhunderts; und in den letzten Jahren, und eben in diesem Band ganz stark, die Themen Industrialisierung, kapitalistisches Wirtschaften, Globalisierung des Handels und Kolonialismus mit ihren Begleiterscheinungen Migration, Abenteurertum, Exotik. Raabe ist hier vor allem an den Projektionen interessiert, die sowohl die Fremden im eigenen provinziellen Bumsdorf umformen, als auch die eigenen Leute, die einst auswanderten, um nun als bunt schillernde Rückkehrer nach kurzer Bewunderung von der bürgerlichen Norm brutal deformiert und ausgestoßen zu werden. Raabes Fremde sind Eigene in dämonischer Verkleidung; zur Kenntlichkeit als engherzige Kleinbürger entstellt sind demgegenüber die deutschen daheimgebliebenen Spießbürger; ihre skurril gewordenen Opfer gehen schließlich als gescheiterte Weltbürger wieder fort oder unter.

Wenn auch mit dieser Einschränkung einer projektiven ›Exotismus‹-Perspektive darf Raabe damit als einer der ersten deutschen Globalisierung und Kolonialismus thematisierenden und kritisierenden Autoren gelten. Nachdem vor etlichen Jahren der erste im engeren Sinne ökologisch engagierte deutsche Erzähler in Raabe entdeckt wurde (*Pfisters Mühle*), ist es nun der global wirtschaftsgeografisch ausgreifende. Auch hier liegt ein Schwerpunkt in diesem Band. Man darf dabei die antikapitalistische Grundhaltung Raabes nicht übersehen, die auch eigens herausgearbeitet wird im Beitrag von Christoph Zeller.

Man hätte erwarten können, zumindest retrospektiv ist man klüger, dass eben diese Dimension Raabes in einer Neulektüre in den sechziger Jahren des 20. Jahrhunderts, wie es in *Raabe in neuer Sicht* versucht wurde, stark gemacht worden wäre. Nun, ein bis zwei Generationen später, sind wir insofern weiter, als die politischen, wirtschaftlichen und gesellschaftlichen Dimensionen der Raabe'schen Romanhandlungen auch eingebettet sind in eine semiologisch informierte kulturwissenschaftliche Betrachtung der Texte. – Dieser unscheinbare Ausdruck ›Betrachtung der Texte‹ ist dabei wichtig. Nichts wird in diesem Band an Einsicht produziert, was nicht aus einer genauen Exegese einzelner Texte oder Textstellen hervorginge. Universale Ausgriffe bleiben an Close-Reading-Erfahrungen gekoppelt. Gelegentlich werden Letztere in filigraner Exzellenz präsentiert, kleine zeichenreflexive Deutungswerke wie bei Matthias Göritz und dem Raabe'schen *Odfeld* oder Jochen Hörischs Lektüre vor allem des *Stopfkuchen*.

Wichtig war uns bei der Konzeption dieses Bandes das Zusammenspiel von Literaturwissenschaftlern, literarischen Autoren und Literaturkritikern. Es ergeben sich ganz neue Verbindungen von Analyse und Neigung, Objektivierbarkeit und Bekenntnis, Liebhabertum und Kaltschnäuzigkeit, und zwar gerade über die Beitragsgrenzen hinweg; aber auch Vergleiche zwischen strenger Methodik und affektiver Auseinandersetzung, von zitatgestützter Ableitung und inspiriertem Zugriff. Ein wenig Vorlauf hat diese Erfahrung aus der ›mixed zone‹ schon in der Buchreihe *(PreisträgerIn) trifft Wilhelm Raabe*, die seit 29 Jahren die Verleihung des Wilhelm Raabe-Preises begleitet, der seit 1990 gemeinsam von der Stadt Braunschweig und Deutschlandfunk vergeben wird.

Da die meisten der Beiträge erst anlässlich dieses Bandes geschrieben wurden, war es den Herausgebern möglich, einige inhaltliche und auch kompositorische Gesichtspunkte zu pflegen. Bei den literarischen Autoren haben wir Wert darauf gelegt, dass eine Art Arbeits- oder Werkbeziehung zu Raabe sichtbar wird, thematisch oder in der Textur der Beiträge. Als referenzielle Schwerpunkte im umfangreichen Werk von Wilhelm Raabe haben sich neben den ›Klassikern‹ und den Auswanderer- und Kolonialgeschichten vor allem die Alterswerke *Altershausen* (das letzte Raabe-Buch) und *Die Akten des Vogelsangs* herausgestellt. Wie stark vor allem letztgenannter Roman heute wirkt, kann man nicht nur an Bewunderung und kluger Deutung ablesen, sondern auch an der heftigen Kritik zentraler Motive, an Velten Andres' Vernichtungsfuror zum Beispiel.

Einige der Autoren dieses Bandes sind auch Raabe-Preisträger. Was bei den Verleihungsfeierlichkeiten von Anfang an auffiel, war eine zunächst vorherrschende Reserviertheit der Ausgezeichneten gegenüber diesem angeblichen Sonderling aus Braunschweig, die jedoch nach den ersten oder wiederholten Lektüren einem großen Staunen, manchmal der Begeisterung wich: über die Modernität Raabes einerseits, dann aber auch über seine sehr tief in Skepsis fundierte Menschenkenntnis; über die bürgerlich verkapselte Antibürgerlichkeit Raabes; und nicht zuletzt über das Genie der ausschweifenden und doch konzisen Prosaperiode. Raabe langsam und laut zu lesen ist fast immer ein Hochgenuss. In seiner reflexiven Erzähldramaturgie kann man sich verlieren. Und ob man etwas für sein Leben in der jetzigen Zeit mitnehmen kann aus der Lektüre, wie es eine problematische frühe Raabe-Rezeption nahegelegt hat? Ein Versuch gleichwohl: In der Form gebundene Zivilisationsskepsis und Geschichtspessimismus wären nicht allein ästhetische Angebote zum intellektuellen Genuss, sie könnten auch als fordernde Vorschule der Gelassenheit dienen.

Moritz Baßler

Einleitung

Wilhelm Raabes bürgerliche Radikalität

Dr. Friedrich Feyerabend, ein weltberühmter Arzt, der einst den Schah von Persien zu seinen Patienten zählte, bereist nach seiner Pensionierung aus einer Laune heraus Altershausen, den Ort seiner Kindheit irgendwo in der deutschen Provinz. Der etwas debile Träger, der dort am Bahnhof seine Koffer entgegennimmt, erweist sich alsbald als sein Spielkamerad Ludchen Bock, der kurz nach dem Wegzug der Feyerabends vom Baum gefallen war und seither auf dem geistigen Stand eines elfjährigen Jungen verblieben ist. In dieser unheimlich-vertrauten Begegnung mit dem Kindheits-Ich relativiert sich, plötzlich und radikal, Feyerabends gesamtes eigenes Leben.

Was für ein Einfall! Gibt es im europäischen Realismus etwas auch nur annähernd Vergleichbares? Die deutschsprachige Variante gilt ja gegen Balzac, Tolstoi oder Dickens oft als etwas provinziell und marottig; aber genau dieser Unterschied von vermeintlicher Weltläufigkeit und inniger Zurückgebliebenheit ist es schließlich, den *Altershausen* (1911), Wilhelm Raabes unvollendete letzte Erzählung, in ihrer überraschenden Konstellation selbst bearbeitet. So ist unser ›Poetischer‹ Realismus nicht selten ein Stückchen schlauer als seine Verächter, die hier allenfalls bürgerlichen Muff und Botschaften für die gymnasiale Mittelstufe erkennen wollen, und gar nicht so leicht auf der Höhe seiner Komplexität zu fassen.

Was sucht diese Literatur in den Verschrobenheiten ihrer Sonderlinge, an ihren wenig urbanen Schauplätzen jenseits der großen Welt des 19. Jahrhunderts? Anders als die Heimatkunst ab 1900 erhebt der Poetische Realismus ja die regionalen Eigenarten deutscher Stämme und Landschaften gerade nicht zu einem Antidot gegen die Moderne. Auch Raabes deutsche Provinz ist alles andere als idyllisch – ihre Bürger pflegen dieselbe philiströse Selbstgerechtigkeit, wie sie in verschärfter Form auch das Großstadtleben prägt. Das muss leidvoll etwa Leonhard Hagebucher erfahren, der Held von *Abu Telfan oder Die Heimkehr vom Mondgebirge* (1867), der aus der Sklaverei bei einer afrikanischen Matriarchin (wieder so ein Einfall!) freigekauft wird und daheim wieder Fuß zu fassen sucht. Erst nachdem allen und auch dem Leser klar geworden ist, dass aus ihm nach bürgerlichen Maßstäben nichts mehr wird, eignet er sich zur positiven Integrationsfigur inmitten einer intriganten Welt. Wie ihre Hauptfiguren, so suchen auch Raabes Texte selbst nach einem Standpunkt außerhalb, irgendeiner sinnvollen und sittlich diskutablen Alternative zur Entfremdung im ökonomischen Eigennutzenprinzip der Gründerzeit. Gar nicht so unaktuell, eigentlich.

Schon für seinen erfolgreichen Erstling, *Die Chronik der Sperlingsgasse* (1856), erfindet sich der erst 23-jährige Raabe einen greisen Erzähler, der in seinem Leben stets entsagt hat: der Liebe, der Politik, wirtschaftlichem Erfolg und künstlerischem Anspruch: »ich schreibe, wie das Alter schwatzt« – so fängt weiß Gott keine Jugendbewegung an. In Raabes umfangreichem Gesamtwerk von ca. 70 über die gesamte zweite Hälfte des 19. Jahrhunderts entstandenen Erzählungen wimmelt es geradezu von solchen alternden Käuzen, die sich immer wieder zu ganzen Rettungsteams zusammentun, um gerade solchen jungen Leuten aus ihrer Hilflosigkeit zu helfen, wie sie in beinahe jeder anderen Epoche zu literarischen Helden berufen gewesen wären. Und es ist nicht zu leugnen, dass die Marottifizierung seiner Protagonisten häufig auch auf die Sprache Raabes durchschlägt. Wunderliche Wendungen wie »nicht totzukriegen« oder »im Zusammenhang der Dinge« werden zum Charakteristikum für bestimmte Personen, ja mitunter zum Running Gag – hier hat Thomas Mann das gelernt! – und immer wieder baut der Jean-Paul-Fan Raabe umständliche Einleitungen, Erzählerkommentare, Abschweifungen und Zitate genüsslich und mit voller Absicht ein. Man braucht als Leser also durchaus eine gewisse Anfangsenergie, um in den Raabe'schen Erzählkosmos einzusteigen, aber die Investition wird – versprochen! – reich belohnt.

Denn es gibt in der deutschen Literatur kaum jemanden, der das poetisch-realistische Erzählprojekt so konsequent und unbestechlich vorantreibt wie dieser Autor aus dem Weserbergland, der nach Stationen in Berlin, Wolfenbüttel und Stuttgart ab 1870 in Braunschweig lebte und schrieb. Charakteristisch für Raabe, wie für den nicht-trivialen Realismus insgesamt, ist nämlich, dass er die aktuellen Entwicklungen der Ökonomisierung, Globalisierung, Verstädterung und Industrialisierung sehr wohl registriert, sie ablehnt (*Pfisters Mühle*, 1884, ist der erste deutsche Öko-Roman) und alles daran setzt, Alternativen zu formulieren, diese aber niemals wirklich findet – und es deshalb immer weiter versucht. Man hat in diesem Zusammenhang von einem »Verbrauchen der Codes« gesprochen: Religion, Liebe, Kunst, Vaterland, Familie und viele andere Optionen werden durchgespielt, aber keine will so recht tragen. Deshalb ist den Raabe'schen Helden auch jede Form von Opfer fremd – »nothing to kill or die for / and no religion, too«, könnte man mit John Lennon als Motto darübersetzen. Der Poetische Realismus will zwar die Wirklichkeit auf keinen Fall einfach so, naturalistisch, darstellen, sondern will sie im Gegenteil, wie der Name schon sagt, unbedingt poetisieren, ›verklären‹, d.h. ihren positiven Wesenskern bloßlegen. Aber immer, wenn er das ernsthaft versucht, scheitert er daran und kippt zurück in die nüchterne Wirklichkeit, nur um diese so schnell wie möglich wieder zu poetisieren und so weiter ad infinitum. Das ist der verfahrensgeschichtliche Witz realistischer Texte: Sie können in einem emphatischen Sinne nicht zur Ruhe kommen, sie können nicht schließen; weder Tod noch Hochzeit sind hier Optionen, denn die würden den Text am Ende ja doch auf einen ›Code‹, eine Ideologie festlegen. Weshalb Raabes Helden eben regelmäßig in der Entsagung enden als einer lebbaren, ›realistischen‹ Form des Durchwurschtelns, die im Negativen aber immer noch das ungestillte Begehren nach einem leitenden Sinn offenhält – wie die Texte selbst eben auch.

Diese Kippfigur hat dem Poetischen Realismus über ein halbes Jahrhundert lang sozusagen als Motor gedient. Dumpf wird es immer nur dann, wenn sich doch ein positiver Code durchsetzt, wie zumindest scheinbar in Raabes ungeliebtem Erfolgsroman *Der Hungerpastor* (1863). Hier kommt der Held ein bisschen sehr treudeutsch daher, heißt auch Hans, während der intrigante, ökonomisch und sexuell aktive Gegenspieler, nach dem Vorbild von Gustav Freytags *Soll und Haben*, mit einem Juden besetzt ist. Das hat Raabe immer wieder den Ruf eines Antisemiten eingetragen – Reich-Ranicki konnte ihn daher nie würdigen –, zu Unrecht, wie ich meine: Raabe hat diese Sünde nicht wiederholt, und jüdische Figuren stehen in seinem späteren Werk stets auf der andern, positiven Seite der Dichotomie (z. B. in *Frau Salome*, 1875), während die Agenten mit den definitiv falschen Werten (Geld, Besitz, Sex, Ansehen) gute Deutsche, oftmals Familienangehörige der Helden selbst sind.

Mit Raabes Texten ist es wie mit römischen Kirchen oder Country-Songs: Eine(r) allein packt einen vielleicht noch nicht, aber spätestens, wenn man in Serie geht, wird es spannend. Hat man die Problemkonstellation einmal erfasst, werden die einzelnen Lösungen höchst aufregend, und keine Erzählung ist hier wie die andere. Bereits das mittlere Werk lässt alle simplen Dichotomien hinter sich. Die erschütternde Erzählung *Zum wilden Mann* (1874) etwa setzt bereits mit jener Entsagung ein, in der die frühen Texte enden, um sie erneut auf die Probe zu stellen. In das Leben des Apothekers Philipp Kristeller, der mit seiner buckligen Schwester in einer vermeintlichen bürgerlich-dörflichen Idylle lebt, bricht unversehens ein wilder Amerikafahrer ein, der Geld als Darlehen und Investitionsmittel versteht und den braven Kristeller, der dem Wirbel nicht folgen kann, geschweige denn ihm etwas entgegenzusetzen hätte, in den Ruin treibt. Die Erzählung endet trostlos, mit einer kerzen- und baumlosen Weihnacht; der von allen verlassene Protagonist aber will seine Situation, gut poetisch-realistisch, immer noch positiv verklären – immerhin ist er sich ja treu geblieben. Auch für den Leser wäre eine solche Wendung durchaus erwartbar – man vergleiche etwa den Schluss von Storms *Carsten Curator*. Doch hier, zum ersten Mal, geht der Text nicht mehr mit, er verweigert die Verklärung, und so entsteht der schwärzeste Novellenschluss, den die deutsche Literatur bis dahin kennt.

Dennoch gibt Raabe das Verklärungsbegehren in der Folge keineswegs auf – wider besseres Wissen, so scheint es, setzt er mit jeder Erzählung wieder aufs Neue an und fährt die immer gleiche Ausgangssituation in variierenden Experimentalanordnungen ungebremst gegen die Wand. Dabei kommen großartige Erzählungen zustande. So entsteht eine Geschichte aus drei verschiedenen Perspektiven (*Drei Federn*, 1865) oder Raabe erzählt die Französische Revolution in Form einer Provinzposse (*Die Gänse von Bützow*, 1866), und schließt den mexikanischen Befreiungskrieg mit der Verschönerung (bzw. Verschandelung) eines deutschen Kurortes kurz (*Prinzessin Fisch*, 1882). Andere Texte führen einen so jovialen wie illiteraten Bauunternehmer, dessen Berlinerisch den halben Roman füllt, mit einer verschrobenen alternden Professorentochter zusammen (*Villa Schönow*, 1884) oder einen Journalisten und einen Leichenfotografen unter dem Dingsymbol eines ausgestopften Halbaffen mit blauen Augen (*Der Lar*, 1889). Action sucht man hier freilich vergebens: Untertitel wie »eine See- und Mordgeschichte« (*Stopfkuchen*, 1891) führen bewusst in die Irre, so wie der aussortierte, schrullige alte Klosterschullehrer

Magister Noah Buchius in *Das Odfeld* (1888) seine unwahrscheinliche Kleingruppe um eine Schlacht des Siebenjährigen Krieges herum im Kreis führt. Und dennoch wird man in der deutschen Literatur ein Buch, das in ähnlicher Weise Bildung, Geschichte, Humanität und Tod zu einem historischen Roman verdichtet, vergeblich suchen.

Diese späten und stärksten Romane Raabes vermögen vor allem eins: zu Tränen zu rühren. Das gilt insbesondere für *Die Akten des Vogelsangs* (1896), ein Roman wie eine Folge spanischer Kadenzen. Auch hier muss man sich zunächst durch unklare erste Seiten beißen, bevor die Geschichte greift. Raabe wählt erstmals einen nach bürgerlichen Maßstäben erfolgreichen Erzähler: Karl Krumhardt, glücklicher Familienvater und Jurist, sieht sich durch den Tod seines genialen, aber im Leben gescheiterten Schulfreunds Velten Andres veranlasst, die gemeinsame Geschichte der alten Nachbarschaft im Vogelsang aufzuschreiben, der inzwischen ein Industriegebiet ist. Was zunächst nach Idylle aussieht, bekommt schnell Tiefe und Bitterkeit (ein idealer Soundtrack wären die *Neighborhood*-Songs vom ersten Arcade-Fire-Album *Funeral*, 2004). Unter dem Leitmotiv eines Goethe'schen Jugendgedichts (»Sei gefühllos ...«) gerät Krumhardts eigene, bürgerliche Existenz zusehends ins Wanken. Wider Willen protokollieren seine Akten Veltens »siegreich gewonnenen Prozeß gegen meine, gegen *unsere* Welt«. Dass hier kein Vermächtnis für seine Kinder entsteht, wird ihm schnell klar: »Was bisher das Nüchternste war, wird jetzt zum Gespenstischsten.« Zu den härtesten Szenen deutscher Prosa gehört jene, in der Velten die liebevoll gesammelten Erinnerungsstücke seiner verstorbenen Mutter, ihr »Herzensmuseum«, im Ofen verheizt, inklusive der Familienfotos. Hier zieht Raabe aus dem Fehlen eines verlässlichen Sinncodes eine Konsequenz, wie sie an Radikalität nur vom unvollendeten *Altershausen* noch übertroffen wird.

Bürgerliche Radikalität, vielleicht wäre das eine Formel für Raabes Werk. Die avanciertere Literaturwissenschaft hat diesen Autor längst neu kanonisiert, zeitgenössische Autorinnen und Autoren entdecken ihn neu, etwa im Zuge des Raabe-Preises, und das Jahrbuch der Raabe-Gesellschaft gehört zu den wichtigsten Organen der Realismusforschung. In einer Twitter-Aktion im Jahre 2018, bei der die User kommentarlos ihre zehn Lieblingsbücher posten sollten, konnten die *Akten des Vogelsangs* einen Achtungserfolg verzeichnen. Doch wird all dies hinreichen, um Wilhelm Raabe auch jenseits bestimmter kultureller und akademischer Nischen noch einmal bekannt, womöglich populär zu machen?

Das Problem ist ja deutlich größer und betrifft keineswegs nur diesen speziellen Autor mit seinem besonderen Stil – es betrifft die Literatur des deutschsprachigen Realismus, ja einen Großteil unseres Kulturgutes insgesamt. Der Historiker Reinhart Koselleck prägte einst den Begriff der ›Sattelzeit‹ für eine Periode massiven historischen Wandels (er meinte: um 1800), hinter die wir nur noch mit besonderen Werkzeugen und besonderer Ausbildung zurückblicken können (wie hinter einen Bergsattel), weil alles davor unserer ›natürlichen‹, also kulturell geprägten Intuition unzugänglich geworden ist. Dieser Sattel scheint sich derzeit massiv zu verschieben: Alles was nicht im Kontext unserer neuen Medien, des Fernsehens, Films, vor allem aber des World Wide Web seinen Ort bekommt, verliert seine kulturelle Selbstverständlichkeit, die es gerade eben – also etwa in meiner Schulzeit – doch noch hatte. Fragen Sie mal einen jungen Menschen nach Marilyn Monroe, geschweige denn Hölderlin – die kennen nur noch Nerds. Die Poetischen Realisten, Storm, Keller, Fontane, kommen immerhin noch im Curriculum des Gymnasialunterrichts vor, nur waren sie just dort womöglich schon immer fehl am Platze. Um ihre Erzählungen schatzen zu können, muss man schließlich, wie bei Raabe, schon einmal entsagt haben im Leben – es handelt sich mit anderen Worten um das Gegenteil von Jugendliteratur; man könnte diese Literatur eher als ›Adult Oriented Realism‹ (AOR) labeln. Mit Klausuren über *Effi Briest* oder *Immensee* ist der Sache also wenig gedient.

Sobald sie jedoch in aktuellen Medienformaten vorkommen, können vergangene Ereignisse und Personen enorm im Bekanntheitsgrad steigen, ja womöglich über den Sattel ins post-postmoderne Zeitalter unserer Gegenwart hinübergerettet werden, auch wenn das oft in einem seltsamen Modus erfolgt. Wenn aktuelle Fernsehserien wie *Stranger Things* oder *Dark* die 1980er Jahre thematisierten, *Ku'damm 56* die 50er oder *Babylon Berlin* die ›Goldenen‹ 1920er, dann ist ja sehr die Frage, inwieweit es sich da wirklich um die historische Epoche handelt, die für unsere Zeit beispielsweise dies oder jenes bedeutet, und nicht vielmehr um ein bestimmtes historisches Flair, ein Gewürz, das dem populären Stoff seine Distinktion verleiht, eine Eighties- oder Twenties-ness, derer man sich aus dem unendlichen Vorrat synchroner Stil- und Wissensbestände bedienen kann. Sobald so etwas aber im 19. Jahrhundert spielt, wirkt es – jedenfalls in deutschen Produktionen – endgültig wie eine kostümierte Klamotte à la *Onkel Bräsig*, die mit allem, was wir leben und fühlen, nichts, aber auch gar nichts mehr zu tun hat.

Wer sich auf eine intensive Raabe-Lektüre einlässt, wird nun aber früher oder später genau das Gegenteil erfahren. Spätestens wenn die Tränen über die Wangen rinnen, wird man sich bewusst, wie nahe die bürgerlichen Problem- und Gefühlslagen, die seine Texte aufrufen, den unseren noch immer sind. Auf der Bühne funktionieren ja auch Ibsen und Tschechow immer noch wunderbar. Und doch kann man sich bis zum Erweis des Gegenteils einen Raabe-Stoff als Qualitätsfernsehserie derzeit kaum vorstellen, und so steht in naher Zukunft auch ein Epic Rap Battle Raabe vs. Storm nicht zu erwarten. Gibt man ›Wilhelm Raabe‹ bei YouTube ein, so erscheinen ein DDR-Hörspiel der *Gänse von Bützow* von 1972, eine Lesung der *Schwarzen Galeere* (1860) sowie diverse Schüler-Videos von Wilhelm-Raabe-Schulen, die aber mit dem Autor und seinem Werk nichts zu tun haben. Warum ist das so? Lassen sich Raabes Texte denn nicht in unsere Bild- und Medienwelten übersetzen?

Das erscheint auf den ersten Blick umso verwunderlicher, als doch auch die erfolgreiche Erzählliteratur unserer Gegenwart die letzten Spuren der Moderne abgelegt hat und durch und durch realistisch daherkommt. Nicht selten wirken ihre Werke so, als seien sie bereits auf eine Verfilmung oder gar auf eine Drittverwertung als Videospiel hin geschrieben. Doch genau hier liegt wohl der Unterschied zum Poetischen Realismus Raabes: Anders als die Romane unseres gegenwärtigen Populären Realismus, die so stark auf ihren jeweiligen Inhalt hin verfasst sind, dass man sie verlustlos in andere Sprachen und andere Medien wie den Film übersetzen kann, klebt dieser offenbar zäh an seiner widerständigen sprachlichen Form. Was seine Erzählungen uns zu bieten haben – und das kann eine Menge sein! –, geben sie nur dann preis, wenn wir sie uns auf der Höhe ihrer Komplexität erschließen. Seine Texte und Figuren eignen sich nicht für Memes und andere mythische Verkürzungen (wie vielleicht noch der *Schimmelreiter*) – wo das versucht wurde, ist es (woran Hubert Winkels im Vorwort dieses Bandes erinnert) schrecklich schiefgegangen. *Der Lar* verfährt nicht fotografisch oder journalistisch, sondern denkt über Fotografie und Journalismus nach, *Fabian und Sebastian* wünscht sich eine Würdigung »mit der ganzen Konsumfähigkeit eines Kindes«, setzt der eigenen Konsumierbarkeit aber einigen Widerstand entgegen, und die Erinnerungsakten des Justizrates Krumhardt, die zunächst als gefühlige Memoiren für seine Kinder gedacht waren, wenden sich gespenstisch gegen sich selbst und das gutbürgerliche Familienmodell. Oder noch deutlicher: Kehrt man, wie Magister Buchius im *Odfeld*, nach einem romanlangen riskanten Ausflug in die mörderische Welt in seine Klosterzelle zurück, so hat der Ra(a)be sie in der Zwischenzeit befleckt und verwüstet und es ist nichts mehr wie vorher. So sieht sie aus, die bürgerliche Radikalität dieses vermeintlich so provinziellen Realisten: Man kann es sich in ihr nicht gemütlich machen, weder im bumsdorfischen Spießbürgertum, noch aber auch in Träumen von Revolution, Fortschritt und anderen Formen des Rechthabens. Raabe ist nicht mehr ›gute alte Zeit‹ und noch nicht Moderne. Er hält an der Poesie einer Welt fest, von der er besser als andere weiß, dass es sie a) nie gegeben hat und ihre Zeit b) ohnehin längst vorbei ist. Radikal sind seine Erzähltexte mit so freundlichen Namen wie *Holunderblüte* (1863), *Alte Nester* (1879) oder *Prinzessin Fisch* darin, dass sie diesen Limbus nicht nur aushalten, sondern immer aufs Neue vermessen. Von den Visionären und formalen Grundstürzern der emphatischen Moderne ist Raabe damit ebenso weit entfernt wie vom Midcult unserer Populären Realisten, deren Wohlfühlerzählungen wir für Kunst halten sollen. Wo deren Strategie darin besteht, schwere Zeichen leicht (im Sinne von: leicht verdaulich) zu machen, praktiziert Raabe das Gegenteil. Seine vermeintlich leichten Zeichen werden im Verlaufe der Erzählungen immer schwerer.

»Es gibt«, mit Velten Andres aus den *Akten* gesprochen, »ein verschiedenartiges Achselzucken der Leute in der Welt«, und so wird man konstatieren müssen: Nein, nach Lage der Dinge wird Wilhelm Raabe wohl kein populärer und international erfolgreicher Autor mehr werden. Damit befindet er sich womöglich gar nicht in der schlechtesten Gesellschaft, wenn ich an Lieblingsautoren von mir wie Detlev von Liliencron, Carl Einstein, Paul Adler oder Elisabeth Langgässer denke. Wo aber in den Bereichen von Literatur, Wissenschaft und geduldiger Leserschaft die Freude an komplexen Erzählungen und intensiver Lektüre nicht ausstirbt, dort wird der Erzählkosmos dieses Realisten im Zusammenhang der Dinge seinen festen Ort und einen vielleicht nicht allzu großen, aber im Wortsinne erlesenen Kreis hingebungsvoller Freundinnen und Freunde behalten, wovon auch dieser Band hier Zeugnis ablegen möge: Raabe und heute.

Vom Anfangen

Gustav Seibt

Wovon *redet* der Mann?

Den Anfang musste ich dreimal lesen. »Es liegt mir daran, gleich in den ersten Zeilen dieser Niederschrift zu beweisen oder darzutun, daß ich noch zu den Gebildeten mich zählen darf.« Von Ferne erinnerte mich das an den Beginn von Thomas Manns *Doktor Faustus*, den ich damals schon kannte (den Beginn, noch nicht das ganze Buch): »Mit aller Bestimmtheit will ich versichern ...«. Aber das nachgestellte »mich« irritierte mich. Noch hatte ich die Adorno-Lektüre vor mir, die mit »postponierten« reflexiven Fürwörtern mich allererst vertraut machte. Dazu sollte ich noch viel später eine lustige erfundene Anekdote von Eckhard Henscheid kennenlernen, in der es darum ging, dass die Frankfurter Schule einen Wettbewerb veranstaltete, den der gewinnen sollte, der das Fürwort am weitesten nach hinten schiebt. »Das hat sich gleich!«, rief Habermas als Erster, und damit schied er auch schon aus.

Aber so erfahren war ich eben noch nicht im Schuljahr 1976/77, in dem ein wagemutiger Deutschlehrer uns den *Stopfkuchen* von Wilhelm Raabe zur Lektüre aufgab. Ich sehe das triste Rowohlt-Cover noch vor mir, das sich aus den fünfziger Jahren weitergeschleppt hatte, eine braungrünlich trübe Zeichnung von einem Anwesen mit Reetdächern hinter Schilf und Sumpf. Das sollte wohl die berüchtigte »Rote Schanze« sein, in der sich der viel redende Heinrich Schaumann von der Welt zurückgezogen hatte. Keinerlei Kommentar bot das engbedruckte schmale Büchlein, und so musste ich unbegleitet weiterstolpern: »Nämlich ich habe es in Südafrika zu einem Vermögen gebracht, und das bringen Leute ohne tote Sprachen, Literatur, Kunstgeschichte und Philosophie eigentlich am leichtesten und besten zustande.« Dieses unverbunden vorangestellte »nämlich« befremdete mich ebenso wie zuvor das nachgestellte »mich«. Konnte da einer nicht schreiben? Offenbar, er distanzierte sich ja gleich von gebildetem Schliff: »Und so ist es im Grunde auch das Richtige und Dienlichste zur Ausbreitung der Kultur; denn man kann doch nicht von jedem deutschen Professor verlangen, daß er auch nach Afrika gehe und sein Wissen an den Mann, das heißt an den Buschmann bringe; oder es im Busche sitzenlasse, bloß um ein Vermögen zu machen.« Mann, Buschmann – diese Figur fand ich eher flau. Und dass das mit dem Sitzenlassen im Busche ein Motiv war, das wiederkehren würde, konnte der Erstleser der ersten Seite ja nicht ahnen.

»Geben wir den Beweis aus der ›verhängnisvollen Gabel‹, Eduard, daß wir immer noch unsere Literaturkunde am Bändchen haben!« Eduard ist nämlich mein Taufname, und Mopsus heißt bei August von Platen der Schäfer in Arkadien, welcher »auf dem Vorgebürg der guten Hoffnung mit der Zeit ein Rittergut zu kaufen wünscht und alles diesem Zweck erspart«.

Wovon *redete* der Mann? »Verhängnisvolle Gabel!« Das hielt ich für eine Erfindung. Heute gibt es Reclam-Hefte, die hier für Klarheit sorgen, anders als das feucht-verregnete Rowohlt-Buch. Und so ging es erst einmal seitenlang weiter: humpelnde Sätze, unvermittelt auftauchende Namen, sonderbare Verbindungen: »Arkadien« und ein »Landbriefträger«? Vorausdeutungen auf ein Geschehen, das allererst hätte entwickelt werden müssen. Offenbar schrieb hier jemand, der nicht nur Probleme mit dem Satzbau hatte, sondern vor allem mit der Disposition des Stoffes – fand ich, der ich damals immerhin schon den *Zauberberg* hinter mir hatte.

Allerdings hatte der Lehrer uns vorgewarnt. Klugerweise hatte er die Lektüre dieses Buches als das vorgestellt, was man heute eine »challenge« nennen würde. Man müsse durchs erste Drittel erst einmal »durch«, sagte er, dann sei man drin, und es kläre sich so manches. Ok, ich las weiter, auch wenn ich etwas nicht verstand, einem Ratschlag Adornos zur Hegel-Lektüre folgend, den ich damals auch noch nicht kannte: Manchmal helfe, wenn man im Dunkeln tappe, einfach die Fortsetzung der Lektüre. Und irgendwann hatte mich das Buch. Ich begann, im ungeduldigsten Lebensalter, die Verzögerung, das In-die-Länge-Ziehen, die süße Folter von Heinrich Schaumanns überberedsamer Rede zu genießen. Und rückblickend darf ich sagen: Kein Buch hat meine Lesegewohnheiten so tiefgreifend verändert und geprägt; es erreichte mich im besten, beeindruckbarsten Lesealter, dem Deutschlehrer sei Dank! Es stellte, viel nachhaltiger als Thomas Mann, den ich ja schon kannte, meine Wahrnehmung von Inhalt auf Sprache um, von Plot auf Plotgestaltung, oder um es in Ausdrücken zu sagen, die ich ebenfalls erst viel, viel später kennenlernte, von »Recit« auf »Discours«.

Es gibt ja keine bessere Lebenszeit, um sich überfordern zu lassen als mit siebzehn. Natürlich ist der *Stopfkuchen* für Anfänger eine Überforderung, selbst wenn sie auf einem bayerischen humanistischen Gymnasium noch ganz althergebracht zu gebildeten Menschen erzogen wurden. Und gleichzeitig gibt es kaum ein zweites Buch, das auf so engem Raum so viele Möglichkeiten, Tricks, Paradoxien des Erzählens vorführt wie dieses. Das Versenken und Wiederausbuddeln des Plots im Gerede ist ja nur eine seiner Kunstfertigkeiten. Die viel größere sind die sphärenhaft ineinandergeschachtelten Zeitverhältnisse, und sie lassen sich in ihren fast geometrischen Bezügen vielleicht gerade einer Klasse von Jugendlichen plausibel machen. Denn das hat etwas von Uhrmacherei, Radiobastelei oder, auf heutige Verhältnisse bezogen, von nerdigem Spaß am digitalen Herumprobieren. Von fast nur einem einzigen Tag berichtet der ungeschickte Schreiber des Anfangs, aber um diesen langen Tag samt seiner Vorgeschichte aufzuschreiben, braucht er einen ganzen Monat und eine Schiffsreise um den halben Erdball. Diese globale Rundung wiederum spiegelt den Sonnenlauf von Morgen bis Abend, den Heinrich Schaumann zur erzählerischen Bereinigung des alten Mordfalls braucht – der aber liegt nun wiederum dreißig Jahre zurück, damals ein halbes Menschenleben. Und in der Mitte dieser Zeitgloben steckt eine Kanonenkugel aus einem uralten Krieg, dem Siebenjährigen, in einer Hausfassade des schauplatzbildenden Städtchens. Wunderbar konnte man das ausrechnen und sogar als Tafelbild darstellen, wie ein drehend Sterngewölbe, ohne Anfang und Ende, immerfort dasselbe.

Raabe-Kenner und -Liebhaber wissen das alles längst, sie haben erfahren, dass dieser Autor immer besser wird, je öfter man ihn liest (nicht nur, je mehr man von ihm liest – bei diesem Mehr gäbe es ja ein paar Einschränkungen). Für uns damals, mit siebzehn, war es eins der ersten Bücher, das wir zweimal oder dreimal lasen, nicht wegen seiner reißerischen Spannung, sondern weil erst dann seine wunderbare Gemachtheit ganz überschaubar wurde. Erst beim zweiten Lesen begreift man, dass der verstolperte Beginn wie ein leicht atonales Streichquartett mit unverbunden in den Raum gesetzten Bogenstrichen die Motive setzt, die dann immer volltönender, dunkler, ernster durchgeführt werden. Die sachte Albernheit des Beginns mit Zitaten, die so deplatziert wirken (»›Wie kam er drauf?‹ fragte Damon, der Schultheiß von Arkadien, und dieselbe Frage an mich zu stellen, ist die Welt vollauf berechtigt.«), weil der Schreibende eben keinen riesigen Vorrat zur Verfügung hat, aus dem er jederzeit etwas Passendes auswählen kann – dieser eigentlich etwas ärmliche Einsatz ist ja nur die Bühne für die unheimliche, sieghafte Beredsamkeit, von der das Buch dann im späteren Verlauf getragen wird. Und die Schrumpfform der humanistischen Bildung, die sich hier zeigt, deutet schon auf das allgemeinste Thema des Buches, das auch vom Nichtredenkönnen handelt, vom Versagen der Humanität.

Spätere Einsichten! Denn im Lauf der Jahre wurde der *Stopfkuchen* eins der zwei, drei Bücher, die ich überhaupt am häufigsten wiedergelesen habe, bis zum heutigen Tag wohl ein Dutzend Mal. Aber schon damals, beim zweiten Mal schon in der Schulzeit, hatte ich eine neue Art der Spannung entdeckt.

Sie richtete sich nicht auf die Frage: Wie geht es weiter, wer ist der Mörder (Fragen, die auch im *Stopfkuchen* zu ihrem unterhaltsamen Recht kommen), sondern auf dahinterliegende: Wie macht der Autor das? Geht die Struktur auf? Unendlich hilfreich wurde diese Neuorientierung der Aufmerksamkeit für mein gesamtes späteres Leseleben. Um gleich ganz hoch zu greifen: Ich habe nie verstanden, wie man behaupten konnte, in Dantes *Göttlicher Komödie* sei nur das »Inferno« beeindruckend, das »Paradiso« dagegen sei fad und eintönig. Ich finde das *Paradiso*« den spannendsten Teil der *Komödie*, weil der Dichter in der Logik seines Werks die Transzendenz erreichen, also mit den Mitteln der Sprache etwas Unanschauliches zur Anschauung bringen muss. Die erstmals bei Raabe begriffene Frage »wie macht er das?« und »was kann Sprache?«, die dort gelernte Fähigkeit, sich der Sprache als Strom zu überlassen, sie sogar musikhaft zu erfahren, nicht wegen auffälligen Wohlklangs, sondern wegen ihrer rednerischen Unersättlichkeit, diese Skills verdanke ich den spätherbstlichen Schulwochen mit dem trüben Rowohlt-Buch.

Noch viel bodenständiger, elementarer habe ich gelernt: Achte auf die Anfänge! Verstehe sie auch als Klangereignisse, als Stimmungsmarker, zugleich als eröffnende Schachzüge und Vorentscheidungen! Der dreimal mit wachsendem Befremden gelesene *Stopfkuchen*-Beginn zwingt mich seither, mir die Anfänge von literarischen Werken pedantisch genau zu merken. Ich will ja möglichst früh die Nebenstimmen im Orchester erkennen, die auf Späteres hinweisen. Und vor allem natürlich hat er mir eine Kardinaltugend des Lesers beigebracht, das Weitermachen. Primärer Magnetismus erster Seiten ist gewiss etwas Schönes, höchst Wünschenswertes. Aber wenn er so absichtsvoll fehlt wie hier, dann könnte ja mehr dahinterstecken.

Raabes Anfänge – nicht die als Schriftsteller, sondern die seiner vielen einzelnen Werke – verdienten eine eigene Untersuchung, so wie man sie schon seinen »täuschenden Titeln« gewidmet hat. Die fast ungeheuerliche Spannbreite seiner stilistischen und erzähltechnischen Möglichkeiten ließe sich kaum besser auf knappem Raum zur Anschauung bringen. Denn das absichtsvolle *Stopfkuchen*-Geholper ist ja nicht die Regel. Raabe exzelliert auch in klanglich verdichteten, Stimmungen setzenden, musikalisierten Einsätzen wie diesem: »Festgeregnet! ... Wem und Welcher steigt nicht bei diesem Worte eine gespenstische Erinnerung in der Seele auf? eine Erinnerung an eine Stunde – zwei Stunden – einen Tag – zwei, drei, vier – acht Tage, wo sie ebenfalls festgeregnet waren – festgeregnet an einer Straßenecke, unter einem Thorwege, bei einem Freunde oder einer Freundin, in einer Dorfkneipe, auf dem Brocken, dem Inselsberge, dem Rigi oder dem Schafberge?/ Es ist eine leidige Vorstellung – festgeregnet! Grau, greinend und griesgrämlich kriecht sie heran, streckt hundert fröstelndkalte, feuchte Fangarme nach dem warmen Herzen aus und ist so schwer los zu werden, wie alles andere Unbehagliche, Unbequeme, Ungelegene in der Welt.« Die Fülle der hier eingesetzten Mittel ist schier sinnverwirrend, vom fanalhaften wiederholten Wort »festgeregnet«, über die zählende Dehnung der Regenzeit (»zwei, drei, vier – acht Tage«), den aufzählenden Reihungen, den anaphorischen Wiederholungen (»grau, greinend und griesgrämlich«, das »Unbehagliche, Unbequeme, Ungelegene in der Welt«). Schon die durchaus beeindruckende Überinstrumentierung lässt ahnen, dass *Keltische Knochen* eine erzählerische Farce auf den Spuren Heinrich Heines ist. Erinnert dieser Einsatz aber nicht auch an den Anfang von Edgar Allan Poes Geschichte vom Fall des Hauses Usher? Also doch Magnetismus!

Wie langsame barocke Streicherklänge hören sich die Anfangssätze der mit den *Keltischen Knochen* oft zusammen gedruckten Erzählung *Gedelöcke* an, austariert wie ein Uhrwerk, durch Einschübe symmetrisiert: »Teilweise auf der Insel Seeland und teilweise auf der Insel Amager liegt, wie mancher Schuljunge, aber nicht jeder Gelehrte weiß, die Stadt Kopenhagen, die Hauptstadt des Königreichs Dänemark, wohl versehen mit Fortifikationes sowohl auf der Land- wie auf der Seeseite, eine feine und schöne Residenz, und seit uralten Zeiten durch mannigfaltige Handels- und sonstige Interessen mit Deutschland im, wenn auch nicht zärtlichen, so doch recht angenehmen und freundnachbarschaftlichen Verhältnis.« Damit ist ein dunkler Ton gesetzt, der die bei allem Witz erdrückende Düsternis der Geschichte um den dreimal begrabenen Freigeist grundiert.

Berühmt und oft erörtert ist der Anfang der Erzählung *Zum wilden Mann*, der die neue Geschichte autofiktional selbst zum »schützenden Dach« für Figuren, Erzähler und Leser gemeinsam macht, gleich der in einem Regensturm mühsam erreichten titelgebenden Apotheke. Heimeliges Behagen, innige Verbundenheit scheint sich zu verbreiten, im Kontrast zum Wettersturz in der Außenwelt. Doch dann dekonstruiert der Verlauf der grausamen Geschichte diesen geschützten Innenraum so radikal, dass man schon von Obdachlosigkeit, einer übrigens auch ganz irdischen und wörtlichen, sprechen kann: Am Ende leben die Bewohner in einem Raum, der ihnen nicht mehr gehört.

Raabe hat bei der Selbstthematisierung des Erzählens viele Volten geschlagen. Im *Deutschen Adel* erwägt er kurz, die Erzählerstimme an einen Hund abzutreten, in der *Villa Schönow* werden vor allem die Leserinnen immer wieder aufgefordert, sich das Gemeinte selbst zu ergänzen. Barsch und unwirsch spielt ein ostentativ gelangweilter Erzähler mit den Konventionen. Oft erzählt er ja gar nicht mehr, sondern lässt seine Figuren einfach reden, der Leser muss sich die Abläufe hinter dem Redeschleier selbst zusammensuchen – wiederum Spannung auf höherer Ebene, nicht im »récit«, sondern im »discours«. Man kann die Analogie zur gleichzeitigen Malerei ziehen, die im Impressionismus zunehmend ihre eigenen Mittel ausstellt, also weniger die Welt als das Malen und das Sehen malt. Die wahrhaft herrscherliche Lust, die der Erzähler Raabe seinen Lesern immer wieder schenkt, besteht im leichthändigen Vorführen der weltschaffenden Möglichkeiten von Sprache überhaupt. Diesen Selbstbezug hat der *Stopfkuchen* existenziell aufgeladen, weil das erzählerische Reden hier zur Auflösung eines uralten Konflikts, zu einer seelischen Reinigung noch mehr als zur Klärung des Mordfalls dient.

Doch in der aberwitzig virtuosen Geschichte *Vom alten Proteus* wird die narrative Selbstthematisierung zum Hauptzweck. »Wie machen wir's nun, um *unserm* Leser recht glaubwürdig zu erscheinen?« Die Frage wird zweifach beantwortet, zuerst in einem Google-Maps-artigen Zoom für die Lokalisierung, der von den »Gassen« um den ganzen Erdball und zurück führt, und zwar in wenigen, einfachen Hauptsätzen, die dem Leser zu sagen scheinen: Das könntest du auch – wenn du nur die guten Einfälle hättest. Doch das reicht dem Erzähler nicht, das kurze, trockene Geklimper ist nach einem Absatz vorbei, um einer ganz anderen Szenerie zu weichen, einer Stadt mit einem vorgelagerten Wald, dem Athen von Shakespeares *Sommernachtstraum*. Den Widerstreit des teils bürgerlichen, teils romantisch-fantastischen Personals hat aber der doppelte Einsatz schon vorfiguriert: Erst die nüchterne Landkarte, dann das mit Requisiten reich gefüllte Bühnenbild.

Doch das begreift man erst beim Zurückblättern, beim zweiten Lesen. Und schon das war ja im *Stopfkuchen* zu lernen: Raabe ist ein Autor für mehrfache Lektüren, seine Strukturen sind rekursiv. Die gelegentlich sprunghafte Oberfläche täuscht eigentlich immer. Strenger komponiert, bedachter die Motive gesetzt hat, vor allem auf so kleinem Raum, kaum ein zweiter deutschsprachiger Autor. Dazu zählt ein weiteres Geheimnis von Raabes Schreiben, der Eindruck von unerschöpflicher Fülle vor allem im Spätwerk, einer rednerischen Unersättlichkeit, die fast übersehen lässt, dass kaum eines dieser späten Werke länger als 250 Seiten ist, viele sogar nur hundert Seiten. Moritz Baßler hat zu Recht von Raabes »Sound« gesprochen. Dieser Sound des Redens, Seufzens, oft Jammerns über die Welt, des Beklagens ihres immer neuen Verschwindens in der Zeit, der Wehmut und des Mitleids, dürfte zusammen mit seiner unerhörten Kunstfertigkeit seine Anziehungskraft erhalten, über seine historisch durchaus vergänglichen Stoffe hinaus. Denn auf diese Stoffe wird ja je später im Werk desto mehr nur noch angespielt. Raabes Ton gleicht einem alles verschlingenden Malstrom, einem existenziellen Basso continuo, den man vermutlich nur mögen oder komplett ablehnen kann. Auch Fontane hat bekanntlich seinen »Ton«, den Konversationston einer bestimmten Gesellschaft von außerordentlichem Witz und berührender Feinheit. Raabes Sound ist dunkler und zeitloser. Umso erstaunlicher und bewundernswerter sind die vielen Klangvariationen, die er in diesen Ton eingebettet hat. »Wovon *redet* der Mann?« Diese Frage an die erste Seite, die ich im Winter 1976/77 gelesen habe, hat sich eigentlich nie ganz gelöst. Und so hat sich für mich auch der Zauber bis heute nicht erschöpft. Noch immer kenne ich nicht alles, und noch bei jedem neuen Buch bin ich gespannt: Wie legt er los, wie macht er's, um dann immer wieder beglückt festzustellen, es ist alles anders und alles wie immer.

Beziehungsweisen

Felicitas Hoppe

Du aber! Leser der kurzen Nacht!

Zu Abu Telfan

In einer langen schlaflosen Nacht am Flughafen von Amsterdam lese ich mir *Abu Telfan* vor, um mir die Angst und die Müdigkeit zu vertreiben und um endlich meine eigene Stimme zu hören, denn wer, wenn nicht ich, sagt mir, daß ich noch lebe? Um die Wahrheit zu sagen, ich bin auf der Flucht. Ich habe Afrika kopflos verlassen, ich habe das erstbeste Flugzeug bestiegen, um einem Putsch von der Schippe zu springen, ich habe mich aus dem Staub gemacht, mit nichts als mit diesem Buch in der Tasche, denn ich bin feige, auf alles aus, nur nicht auf Abenteuer!

Die Halle ist vollkommen menschenleer. Nur in der Ferne, auf einer Bank zwischen Kisten, ein furcht- und traumlos schlafender Mann, den Rucksack so nachlässig hingeworfen, als hätte er alles schon hinter sich, die Kisten, die Bücher, die Einsamkeit, sogar meine Angst und die letzte Reise, von der auch er nichts erzählen kann, denn »ich bitte ganz gehorsamst, weder den Ort Abu Telfan noch das Tumurkieland auf der Karte zu suchen; und was das Mondgebirge anbetrifft, so weiß ein jeder ebensogut als ich, daß die Entdecker durchaus noch nicht einig sind, ob sie dasselbe wirklich entdeckt haben. Einige wollen an der Stelle, wo ältere Geographen es notierten, einen großen Sumpf, andere eine ausgedehnte Salzwüste und wieder andere einen unbedeutenden Hügelzug gefunden haben, welches alles keineswegs hindert, daß ich für mein Teil unbedingt an es glaube. –«

Solange ich meine Stimme höre, glaube ich alles! Ich wäre sogar in der Lage zu glauben, der zwischen den Kisten schlafende Mann sei der Held meiner allerletzten Geschichte, Leonhard Hagebucher persönlich, Held eines nutzlosen Abenteuers, das ich lese, um meine Zeit totzuschlagen!

Hier der Steckbrief: Sohn eines deutschen Steuerinspektors, der Kopf in Himmelsrichtung gewachsen, die Füße stecken im Heimatsumpf, irgendwo zwischen Stuttgart und Braunschweig, der Ortsname selbst viel zu lächerlich, um ihn über die Lippen zu bringen. Die Landschaft: ein unbedeutender Hügelzug, den ich, schnell lesend, vergesse. Der Rest: hohe Zäune und wenig Frischluft, man schlägt sich hier gerne selber in Fesseln beim endlosen Blick in den trüben Spiegel. Ein Land gestopft voll mit Hagebuchern, Hagebucher an jeder Ecke! Der Gedanke ist groß, das Land etwas kleiner, weshalb hier auch Dichter nur Buchhalter sind, Fürsten der Selbstzensur, Steuereintreiber, Verwalter von Versen, beamtete Träumer von Revolutionen, die taub unter riesigen Glocken sitzen und sich von fern an ein großes Dröhnen erinnern.

Glasklar, dass aus diesem Jungen nichts wird, Sohn einer händeringenden Mutter, die vergaß, die dreizehnte Fee einzuladen, die zur Strafe den Jungen entschieden verwünscht. Aber soll ich mich auf seine Seite schlagen, nur weil eine Mutter über ihn weint und weil er nicht werden kann wie sein Vater und weil er, wie ich, nichts von Buchhaltung weiß? Soll ich für ihn sein, weil er gegen sich ist, genau wie ich, den Kopf hinterm Mond und Pläne wie Luft, durchsichtig, leicht und niemals zu fassen. Der glaubt, er sei frei und sein Geist sei so frei, ihm hier und da ein Gedicht zu diktieren, zwischen einer Vorlesung und der nächsten, Student der Theologie nur zum Schein, der nicht daran denkt, eine Predigt zu schreiben, und nicht weiß, wie man Schafe zusammenhält. Der hält ja nicht einmal sich selbst zusammen, hält stattdessen so lange am Unmöglichen fest, bis es keinen Ausweg mehr gibt. Das heißt, der möchte ein Dichter sein und spielt am liebsten den wilden Mann, der Degen braucht, um an Frischluft zu kommen, bis man ihn wirklich nach draußen setzt!

Mein traumlos schlafender Reisegefährte, »relegierter Studiosus der Theologie«! Und wenn ich ihn jetzt genauer betrachte, werde ich auch die Schmarre entdecken, die ihn für immer gezeichnet hat, eine lange Narbe von der Stirn bis zum Kinn, die auf halber Strecke die Nase erreicht, um schmerzhaft unter dem Mund zu enden, und unter alles den Schlussstrich zieht, allem voran unter die Hoffnung des Vaters, der seinen Sohn längst verloren hat. Ein Vater, der sich nicht umgedreht hat und der sich auch niemals umdrehen wird.

Er stand nicht am Tor, keine Hand auf den Augen, von freundlichem Winken gar nicht zu reden. Er fragte auch nicht mehr nach seinem Sohn, er saß längst wieder drinnen am Tisch, um die Dinge zurück in die Ordnung zu bringen und den Sohn zu den anderen Akten zu legen. Er schiebt ihn entschlossen vom Haben ins Soll, mit leichter Hand vom Hier in das Nichts, beglaubigt, gestempelt und unterschrieben. Erst dann steht er auf und tritt durch die Tür, in die Luft eines deutschen Spätsommergartens, um die Mutter des einzigen Sohnes zu trösten, die, immer noch weinend, die Schürze dreht, bis die Schürze sich endlich aufgelöst hat, genau wie das Bild eines wandernden Kindes, das wahrscheinlich, bevor es den Abschied nimmt, zwei Sätze auf einen Zettel schmiert: »Lebt wohl!«, sagt der erste, und der zweite behauptet: »Ich suche das Glück!«

Das Glück! Der Vater hat sein Glück schon gefunden, er zieht das kleine dem größeren vor. Denn wie oft hat er nächtelang wach gelegen und immer dasselbe Gebet gemurmelt: Mein Herr und mein Gott, hat der Vater gebetet, ich bitte dich, nimm diese Last von mir. Wer, wenn nicht du, sagt mir, dass ich noch lebe, obwohl mein Sohn ein Versager ist, Futter für trübe Geschichten, Beute der hungrigen Nachbarschaft, relegierter Studiosus der Theologie, der sich aus Not auf die Sprachen verlegt, auf Politik und die niedere Mathematik. Hör mir gut zu, und nimm ihn mir weg, schick ihn dahin, wo keiner ihn findet, am besten, du schickst ihn nach Afrika, da ist es so heiß, dass selbst Kindsköpfe schrumpfen! Sein Körper soll heftig ins Schwitzen geraten, bis kein Platz mehr für Träume bleibt und erst recht kein Platz für große Gedanken. Schick ihn ans Kap meiner letzten Hoffnung, von mir aus auch zu den Hottentotten, wenns sein muss auch zu den Baggaranegern, nur schick ihn weit weg, ganz und gar übers Meer, leg für immer Wasser und Land zwischen uns, und obenauf Wüste und Salz und Gebirge, ich lege die besten Wünsche dazu, sein ganzes Schicksal in deine Hand. Und wenn ich dann durch die Gartentür trete, an einem letzten und jüngsten Tag, dann sollst du nicht fragen: Wo ist dein Sohn?, denn ich habe nie einen Sohn gehabt. Wer, wenn nicht du, weiß, was es bedeutet, sich mit schwierigen Söhnen herumzuschlagen, die unberufen die Gegend bewandern und Unsinn unter die Leute bringen, bis man ihnen zu Leibe rückt und am Ende um ihre Kleider würfelt.

Ich habe lange genug bezahlt, für den, der in diesen Kleidern steckt, er hat nur verzehrt, nie Gewinn abgeworfen, das alles weißt du viel besser als ich. Also nimm mir endlich die Last von den Schultern und lass mich wieder in Ruhe schlafen und mach, dass, wenn ich morgen erwache, die Frau neben mir endlich aufhört zu weinen – man muss wissen, wer weggeht und wer nicht zurückkommt, alles andere ist sinnlos.

Und Gott hat den Steuerinspektor erhört und hat seinen Sohn in die Flucht geschlagen. Er hat ihn über die Hügel geschickt, Fuß vor Fuß, immer weiter nach Süden, wo wir bis heute das Glück vermuten. Leonhard hat sich nicht umgedreht, denn die Narbe im Wind weist deutlich nach vorn, auf das schöne, andere, größere Leben. Das ganze Leben ein einziger Sommer, das ganze Leben ein Abenteuer, in Wahrheit nichts als ein ewiges Lehrjahr, aus dem niemals ein Herrenjahr werden kann, nur Laufen, Schieben, Reißen und Stoßen, Stellung auf Stellung und Posten um Posten, eine Perlenkette glänzender Ämter:

Privatlehrer einer Erziehungsanstalt für niedere Sprachen und Mathematik, Schüler, die stumpf aus den Fenstern glotzen, wenn er die deutsche Grammatik erklärt, verlorene Söhne und höhere Töchter. Man wird sich wohl um ihn gerissen haben, denn so viel Bewegung ist in diesem Leben, dass mir beim Lesen fast schwindlig wird, vielleicht weil mir alles bekannt vorkommt, schon als Kind Gast auf Erden, bei Tag Gast in Häusern und nachts Gast im Gasthof, jede Nacht ein anderes Bett, immer die Hand auf der falschen Klinke, den Fuß auf der Schwelle, Hauslehrer hier und Hauslehrer da, erst Haushund, dann Hofhund, dann Kindermädchen, Kammerdiener, Butler, Portier, und immer das Hirn hinterm Mond und den Kopf in den Wolken.

Aber soll ich mich auf seine Seite schlagen, nur weil er so hoffnungslos ist wie ich und weil ich mich gründlich wieder erkenne beim endlosen Blick in den trüben Spiegel? Denn wie ich ist er nirgends lange geblieben, und was den Töchtern so gut gefiel, das Erfinden von Versen beim Gehen im Garten, Vers an Verse und Reime auf Reim, hat den Müttern wahrscheinlich wenig gefallen, und was die trägen Söhne betrifft, so ist auch die Narbe nur eine Geschichte, die beim zweiten Erzählen schon langweilig wird.

Und so hat man ihn freundlich am Arm genommen, nach draußen zum Gartentor hin geschoben, eine Hand auf den Augen, die zweite freundlich und deutlich nach Süden, da ist es so heiß, dass selbst Kindsköpfe schrumpfen. Und kommen Sie, bitte!, nie wieder zurück, und schreiben Sie keinen Brief an die Tochter, denn sie weiß noch nicht, wie man Briefe liest, wie leicht man Worte und Verse missdeutet, wie leicht man sich falsche Reime macht auf Sprachen, die nicht zusammenpassen.

Wachsame Mütter der Welt, wer könnte euch täuschen! Ihr wisst genau, wie man Briefe liest, sich den Reim macht, wie man das Unglück von weitem riecht, das Unglück zwischen Nase und Kinn, ihr riecht es schon durch den Umschlag hindurch, euch macht man nichts vor. Selbst Leonhard Hagebucher, begabtester Briefeschreiber von allen, könnte euch kaum um den Finger wickeln. Wer viel weint, dem streut man schwer Sand in die Augen. Und schon gar nicht der eigenen Mutter, die jeden Morgen am Gartentor steht und Ausschau nach frischen Briefen hält, die verstaut sie dann in der Schürzentasche, um sie später heimlich im Garten zu lesen, aber erst nach dem Essen, wenn der Steuerinspektor schläft und sie endlich allein sein darf mit ihrer Angst.

Die Regeln beim Lesen von Briefen sind einfach, Frau Hagebucher weiß das genau: Je schöner die Schrift und je dicker der Pinsel, desto tiefer der Abgrund hinter dem Blatt, ein glatter Text und ein bündiger Reim sind immer die Vorboten größeren Unglücks, und je länger die ganze Geschichte wird, umso weiter ist auch der Weg nach Haus. Sie weiß genau, wie man damit verfährt und wie man die Wörter genau übersetzt, um sie zurück ins Deutsche zu bringen.

Denn wer von Schönheit schreibt, meint die Illusion, »Ich bin überall!« heißt zuhause das »Nirgends«, in dem sich das wandernde Kind verliert. Das »Ich habe zu tun« heißt »Ich weiß nicht, wohin«, und »Man ruft mich hinaus« heißt »Ich kann hier nicht bleiben«. Auch wie man die Handschrift vom Text subtrahiert, weiß die Frau Steuerinspektor genau, um am Ende zu einem Ergebnis zu kommen, das seufzend das Haben ins Soll verschiebt, vom traurigen Hier in ein düsteres Nichts, bis unter dem Strich nicht viel übrig bleibt, nur ein dürftiger Rest aus Zärtlichkeit und Erinnerung und am anderen Ende ein faules Geheimnis, denn sie legt diese Briefe in eine Kiste, von der nur sie selbst weiß, wo man sie findet.

Manchmal, nachts, steht Frau Hagebucher auf, wenn die betende Stimme des Steuerinspektors im Schlaf so unüberhörbar wird, dass sie es nicht mehr aushalten kann. Dann streckt sie die Hand aus und sucht nach der Kiste und liest sich die letzten Briefe laut vor, um die Angst und die Müdigkeit zu vertreiben und um endlich die eigene Stimme zu hören, denn wer, wenn nicht sie, sagt uns, dass er noch lebt?

Liebste Mutter, schreibt Leonhard Hagebucher, ich lebe noch, und zwar besser denn je, denn es gibt hier jede Hand voll zu tun, und ich bin auf dem Weg, etwas Großes zu werden, nur verrate dem Vater noch nichts davon, er wird es aus anderer Quelle erfahren, lieber Fakt als Verheißung, daran will ich mich halten. Ich bin in Venedig, Kommissionär eines großen Hotels, man wird mich nur ungern ziehen lassen. Doch ich fühle genau, dass ich gehen muss, denn es gibt dort etwas, das auf mich wartet, weiter südlich, wovon sehr bald die Rede sein wird, ich werde in aller Munde sein. Also packe ich heute noch meine Koffer. Und du küsst mir die Schwester, und die Schwester soll alle Cousinen küssen, und grüß mir auch alle Tanten und Onkel, und dem Vater sagst du, ich begleiche die Rechnung, und vergieß keine Träne, es kommt alles in Ordnung.

Der nächste Brief kommt bereits aus Neapel, man spürt die Hitze zwischen den Zeilen, die langsam steigende Temperatur, eine seltsame Mischung aus Tinte und Schweiß, eine kleine Verzweiflung auf dem Grund des Versprechens, drei Schritte näher an Afrika. Aber der Aufstieg ist unaufhaltsam, schreibt der fliehende Sohn an die lesende Mutter. Gestern noch Kammerdiener in Rom, bei einer belgischen Eminenz, und heute schon Mitglied der französischen Kommission zur Überprüfung der Erwägung der Möglichkeit der Durchstechung der Landenge von Suez.

Ginge es nach dem Steuerinspektor, würde die heiße Enge von Suez auf immer zwei feindliche Meere trennen, die nichts miteinander zu schaffen haben und die niemals etwas verbinden wird. Verlässliche Wüste zwischen Vater und Sohn. Aber Gott hört nicht auf seinen Steuerberater, dem es viel lieber gewesen wäre, man hätte die Tore noch fester verschlossen und niemals vom Suezkanal gesprochen, der den Heimweg nutzloser Söhne verkürzt, anstatt sie, wie früher, ums Kap zu schicken, wo sie sich lautlos für immer verlieren und endlich aufhören, Briefe zu schreiben, die morgens die Mütter zum Weinen bringen.

Denn Gott liebt die Steuereintreiber nicht wirklich, er zieht Wissenschaftler, Händler und Dichter vor, lässt den Fregatten aus England den Vortritt, den Diplomaten aus Frankreich, den

Österreichern und Italienern und Leonhard Hagebucher aus Deutschland, Genie der niederen Mathematik, von dem ich nur weiß, dass er Sprachen spricht und dass er den Kopf in den Wolken hat und bereit ist, wie ich, etwas Großes zu wagen, Posten der Posten: Sekretär des Sekretärs des Monsieur Linant-Bey, Oberingenieur seiner Hoheit des Vizekönigs von Ägypten.

Längst ist die Kommission bei der Arbeit, Berechnung der Wasserstandsunterschiede, ein einziges Rechnen und Feilschen, ein Streiten und Kämpfen, und alles das nur, um herauszufinden, ob das Rote Meer dreißig Fuß höher liegt als das vertraute Mittelmeer und ob, wenn der erste Spatenstich trifft, nicht womöglich ganz England überflutet! Das Ergebnis: zwei Füße Übergewicht und grünes Licht für das Abenteuer, für den Bau des großen Suezkanals, der für immer zwei feindliche Meere verbindet!

Vom Aufwand der Sache besser zu schweigen, das ganze Geld und die vielen Spaten! Und die Unruhe, die in die Welt kommen wird, als hätten wir nicht schon genug zu tun mit der eigenen Unruhe hinter dem Haus. Wozu dieser endlose, mühsame Krieg, wozu das Gefecht zwischen England und Frankreich und wohin mit der Gier der Italiener und dem wachsamen Ehrgeiz der Amerikaner, zwei Meere in ein Verhältnis zu setzen, von dem man nicht weiß, wie es ausgehen wird.

Sind es wirklich nur zwei Fuß Übergewicht, anderthalb Fuß nach Pariser Berechnung, mit denen der Indische Ozean auf das geliebte Mittelmeer drückt? Soll das der ganze Grund für das Unglück sein, das damals begann und bis heute nicht aufhört und vermutlich auch Schuld daran ist, dass ich hier sitze, schlaflos in der Mitte der Nacht, auf dem Flughafen von Amsterdam, eben dem Putsch von der Schippe gesprungen? Mit nichts als mit diesem Buch in der Tasche, von dem ich nicht einmal die Hälfte begreife. Aber was das Mondgebirge betrifft, so bin ich mir plötzlich nicht mehr ganz sicher, ob es tatsächlich erfunden ist oder ob ich es nicht doch auf der Karte finde, irgendwo unweit des Roten Meeres, dort, wo auch Abu Telfan liegt.

Wäre der Schlaf der Menschen nicht heilig, ich würde sofort diesen Schläfer wecken. Ich würde ihn bitten, den Rucksack zu öffnen, denn bestimmt hat der Mann eine Karte dabei, die mir Klarheit verschafft über die Lage der Welt und über den wirklichen Stand der Dinge. Und was ist übrigens in diesen Kisten? Messketten, Stangen und Lineale? Quadranten, Wasseruhren, Sextanten? Mondgestein oder Menschenverstand? Kompass und Sand? Rettungsringe für jeden Finger? Wie sehr ich diese Ausflüge liebe und beim Packen der Kiste den festen Glauben, dass trotzdem alles beim Alten bleibt!

Hier eine Hochzeit, da Revolution, am Ende legt alles Hand an sich selbst, wie das in Deutschland so üblich ist. Obenauf das Soll für die Ewigkeit und ein nutzlos gewordenes Empfehlungsschreiben des Monsieur Linant-Bey, in dem vermutlich zu lesen steht, dass der Deutsche Leonhard Hagebucher ganze Arbeit geleistet hat. Gedichtet, geschrieben, vermessen, berechnet. Nur ist die Rechnung nicht aufgegangen, denn so schön und so groß die Aufgabe ist, so schnell ist sie auch schon wieder vorbei, der Kanal ist längst beschlossene Sache. Die Kommission löst sich auf, der Sekretär des Sekretärs packt die Koffer, die Franzosen packen die Messlatten ein und machen sich auf den Weg nach Haus. Und in Paris sitzt Monsieur Paulin Talabot, Präsident der Gesellschaft vom Suezkanal, und hat sich die Finger nicht schmutzig gemacht.

Nur Hagebucher ist sitzen geblieben, zwischen Suez und Pelusium, er kann sich von Mehemed Ali nicht trennen und streut sich nach wie vor Sand in die Augen. Und schreibt weiter endlos lange Artikel: *Die Lage der Welt, der Verlauf des Kanals*, und will eine deutsche Kleinstadt verblüffen. Nur wirft sein langes Reden nichts ab, keinen Ruhm, keine Ehre, genau wie meine sinnlose Reise und der lachhafte Vorrat an sandigem Kleingeld, den sich der Flüchtling angelegt hat.

Vielleicht hätte es gestern noch gereicht, für die Rückfahrt des Lesers von Stuttgart nach Braunschweig, für den letzten Blick auf den Hügelzug, den Besuch einer Stadt, deren Name mir nicht auf die Lippen kommt. Aber heute stehen die Kurse schon anders, und was morgen betrifft, etwas hält mich zurück, vielleicht die Gewissheit, dass niemand mehr wartet, nicht auf mich, nicht auf Leonhard, nicht auf den Schläfer, dessen Narbe im Traum plötzlich heftig errötet, als würde er doch meine Stimme vernehmen. Denn vermutlich bin ich die Einzige, die ihm jemals vorlesen wollte, Hand auf den Augen und Brief in der Schürze, damit die Geschichte ein Ende nimmt und damit auch ich endlich aufwachen kann.

Aber er hält die Augen geschlossen, denn wie ich, so fürchtet auch er die Begegnung, ein einsames wanderndes Kind in der Wüste, das zwei Sätze auf einen Zettel schmiert: »Ich gehe jetzt los!« und »Ich suche das Glück!«, um dann einfach im Sandkasten sitzen zu bleiben, wie damals Leonhard Hagebucher, mitten in Kairo, gescheiterter Spezialist des Kanals, der mit den Fingern Entwürfe in den Wüstensand zieht.

Bis endlich Signor Luca Mollo vorbeikommt, denn auch in Kairo gibt sich das Glück gern italienisch! Semibecco, Elfenbeinkönig vom Weißen Nil, Schrecken der Wüste!, glücklicher Teufel, gesunder Tod, etwas Besseres finden wir überall, wie uns das deutsche Märchen lehrt. Dazu muss man nur Esel sein oder Hund, zur Not eine Katze, ein Hahn oder Rabe, immer voran und der Nase nach, Märchenerzähler und Geograph, der sich die Karten selber erfindet, genau wie das Schicksal verlorener Helden.

Flucht nach Ägypten! Und so kommt es, dass Leonhard sich erhebt, das gerettete Kind, und sich den Sand aus den Kleidern schüttelt. Vielleicht glaubt er, jetzt, so weit weg von zuhause, dass die dreizehnte Fee ihn vergessen hat und dass er doch noch sein Glück machen kann. Denn Semibecco, der große Verführer, verspricht ihm das Blaue vom Himmel herunter, Sonne, Sterne, das Mondgebirge, einen Hügelzug für die Eingeweihten, der ganz besondere Schätze birgt.

Und wie dieser Mann mit so leichter Hand alles vom Soll ins Haben schiebt, wie er Leonhard alles beibringen wird: wie man wandert und jagt und im Freien schläft, wie man ein echter

Räuber wird und wie man die Heimat für immer vergisst, indem man erst anlegt, dann zielt und dann schießt, ohne jemals getroffen zu werden! Und dass er, im Fall von Gefolgschaft und Treue, bereit ist, alles mit ihm zu teilen, jeden Zahn, jede Perle, sogar seinen Tod!

Und Leonhard tritt in seine Dienste. Vielleicht ist er sein Kammerdiener geworden und trug ihm die Kisten nach durch die Wüste und hat nachts am Feuer Gewehre poliert, während Mollo die Elfenbeinzähne sortierte und immer neue Geschichten erfand. Denn was denkt sich nicht aus, wer zuhause bleibt und niemals wirklich in Afrika war! Übereifer der ganzen Erfindung, diese Aufschneiderei eines deutschen Dichters! In der Mitte der falschen Geographie eine Bande lächerlicher Gestalten, die Räuber sein wollen und gar keine sind, größter Schrecken der schrecklichen Gegend zwischen Bahr el-Abiad und dem Bahr el-Asrek!

Hagebucher und Semibecco! Zwei kleine Verbrecher aus deutscher Feder, die ungerührt in der Wüste sitzen und Fetische unter die Leute bringen, Hampelmänner, Kuhglocken und Glasperlen, die Rasierspiegel gegen Elfenbein tauschen, kleine Spiegel, die beim ersten Blick schon erblinden, beim Anblick der Narbe zwischen Stirn und Kinn, die hin und wieder leise errötet, ein kleiner und zäher Rest von Scham.

Was aber treibt ihr wirklich dort unten, ihr und der ganze Rest dieser Bande? Glaubt ihr, dem Putsch von der Schippe zu springen, nur weil ihr auf Elefantenjagd seid? Denn während ihr mit den Schilluks verhandelt, ist in Deutschland ein Vorgartenwind aufgekommen, die Jahreszahl lautet auf Achtundvierzig, ein großes Jahr und ein leises Dröhnen, von Stuttgart bis Braunschweig, eine Revolution. Doch am Morgen danach ist alles beim Alten, und über das Land legt sich eine Stille, die stiller ist als jedes Mondgebirge und stiller als eine Wüste aus Salz.

Still wie die Stille in Amsterdam und die Stille bei Hagebuchers zuhause, Beginn einer endlosen langen Stille. Denn der Steuerinspektor betet nicht mehr, Gott hat ihn erhört, und Frau Hagebucher muss nicht mehr weinen, es kommen keine Briefe ins Haus. Selbst die Kiste gerät in Vergessenheit, niemand steht mehr nachts auf, um sich vorzulesen, niemand möchte sich sagen, dass er noch lebt, und auch die Schürze hängt nicht mehr am Tor, die dort früher wie eine Fahne wehte, damit man uns schon von weitem erkennt.

Nichts hängt an der Tür. Die Tür bleibt verschlossen. Und über alles legt sich ein Schweigen, das von Jahr zu Jahr größer und dichter wird. Als wäre das Leben ein einziger Winter, so liegt das ganze Land unter Schweigen, ein Schweigen, das lauter und lauter wird, bis man kein einziges Wort mehr vernimmt. Und wird trotzdem einmal ein Wort gesprochen, dann nur hinter vorgehaltener Hand, nicht draußen, nur drinnen, wo man das Klappern der Nadeln hört, hier und da leises Seufzen, verstreichende Zeit, manchmal ein Hüsteln, zwei Blicke, die sich auf dem Teppich begegnen, auf dem Wohnzimmerteppich einer Vorgartenstadt, und sich dort bei demselben Gedanken ertappen, bei einem Namen, den man besser nicht nennt, damit er in Frieden vergessen wird und allmählich verblasst, wie die Narbe von der Stirn bis zum Kinn. Und sollte er doch auf den Teppich fallen, dieser traurige, nutzlos erfundene Name, dann legt man erschrocken die Hand auf den Mund und flüstert leise: Verschollen!

So schlägt man vor Ort sich selber in Fesseln, aber was geschieht auf der anderen Seite, jenseits der engen Enge von Suez, wo nach einem anderen kurzen und heftigen Dröhnen auf einmal dieselbe Stille herrscht? Denn in einer einzigen schlaflosen Nacht geht das Abenteuer zu Ende. Schluss mit dem süßen Glasperlenspiel, Ende der Elefantenjagd! Jetzt, deutsche Feder, wetzt man die Messer! Jetzt wird um deutsche Kleider gewürfelt, das Lagerfeuer wird ausgetreten, die Münder gestopft, damit endlich diese Geschichten verstummen, von ewigem Reichtum, Verheißung und Lust!

Semibecco! Halber Schnabel, grüner Schnabel! Du hast Mund und Rucksack zu voll genommen, du hast den Bogen weit überspannt! Zwischen Dar Fur und Dschebel al Komri hat irgendjemand letzte Nacht die Geduld verloren und will nicht mehr länger Zuschauer sein, wenn du das Land von Elfenbein säuberst. Deine hiesige Kundschaft ist unruhig geworden, der Fetisch hat seinen Zauber verloren, Ende des deutschen Hampelmanns!

Ein Bündel von Männern bricht durch den Busch, unrasierte und tiefschwarze Männer, immer voraus, kein Blick in den Spiegel! Da sind sie ja endlich, die Baggaraneger, von denen der Steuerinspektor nur träumt, und so hat er sie sich auch vorgestellt, im Bett, nachts betend, schreiend und brüllend und Keulen schwingend, mit Stricken aus Aloe- und Palmbaumfasern, mit denen man jeden knebeln kann, der an Lagerfeuern den Mund zu voll nimmt!

Und jetzt, lieber Gott, lass mich nur nicht im Stich und sorge für immer und ewig dafür, dass die Geschichte ihr Ende nimmt!

Aber Gott ist ein Mann feiner Unterschiede.

Die ganze Bande wird totgeschlagen, nur Semibecco spart man sich auf und Hagebucher, den Kammerdiener. Drei Tage hängt Semibecco am Spieß, weil das in Deutschland so üblich ist, die alte Regel der Baggaraneger, so will es die Fantasie deutscher Feder, nur Sonne und Durst, der Rest den Moskitos. Drei Tage lang, eine Ewigkeit, liegt Leonhard in derselben Sonne, die Augen durstig nach oben verdreht, und muss zusehen, wie Mollo den Schnabel aufreißt, erst lacht und dann schreit und dann weint, bis er sehr langsam in Stücke geht, um am Ende schließlich ganz zu verstummen, Kopf in den Wolken und Hirn hinterm Mond, die fallenden Augen im trüben Spiegel, als zöge noch einmal alles vorbei. Die sinnlose Reise, das kurze Leben. Das ganze Leben ein Abenteuer, nur eine Elefantenjagd, immer ein Lehrjahr, aus dem auch am Schluss kein Herrenjahr wird, ein Leben ohne Rettung und Rückkehr, weil er weiß, dass ihn zuhause niemand erwartet.

Denn wer will schon auf einen Verbrecher warten! Warten ist mühsam und meistens erfolglos, und so kommt ein kleines

Leben zum Schluss, nichts als ein schlechtes Theaterstück. Am Ende schließt man erschöpft die Augen und wünscht, dass Gott ein Einsehen hat, dann käme man insgesamt schneller davon. Aber Gott ist ein Mann feiner Unterschiede, für jeden seinen eigenen Tod. Und so lässt er den Kammerdiener am Leben und macht ihn zu dem, was er immer schon war – er wird in die Sklaverei verkauft!

Das soll die ganze Geschichte sein? Zehn Jahre Sklave in Abu Telfan? Zehn Jahre Fesseln und zehn Jahre Stille! Der geht so lange von Hand zu Hand, von Stamm zu Stamm, bis er sich selbst nicht mehr wieder erkennt, nicht einmal die Mutter wird ihn erkennen. Denn die Fee hat ganze Arbeit geleistet, ein Jäger, der aussieht wie seine Beute, weshalb er im Preis nur noch sinken kann, von Tag zu Tag, von Station zu Station, bis er am Boden der Salzwüste liegt.

Doch bevor ich womöglich zu weinen anfange, geht über dem Rollfeld in Amsterdam, riesig, fast lachhaft, die Sonne auf, und zwischen den Kisten erwacht der Schläfer. Vielleicht hat ihn meine Stimme geweckt, weil ich zunehmend lauter lese, weil ich die Hoffnung nicht aufgeben will, denn ich weine und warte besser als andere und weiß, den Gebeten des Vaters zum Trotz, dass Hagebucher am Leben ist.

Und was das Mondgebirge betrifft, wo immer es liegt und was immer es ist, wer immer dort lebt und wer immer das Unglück erfunden hat, man wird mir darüber nichts vormachen können: »Zwanzig bis dreißig in einen kahlen, glühenden Felswinkel geklebte Lehmhütten, von Zeit zu Zeit Totengeheul um einen verlorenen Krieger oder um einen an Fieber oder an Altersschwäche Gestorbenen, von Zeit zu Zeit Siegesgeschrei um einen gelungenen Streifzug oder eine gute Jagd, von Zeit zu Zeit dunkle Heuschreckenschwärme, welche über das gelbe Tal hinziehen.«

Ich schiebe das alles entschlossen zurück, die Jagd und die Heuschreckenschwärme, zurück in das Nichts einer Fantasie, von der ich die Wirklichkeit subtrahiere, bis am Ende die Rettung übrig bleibt. Denn irgendjemand kommt immer vorbei, ein anderer Abenteurer und Händler, der uns auf ein Kamel setzen wird, das uns Fuß vor Fuß wieder nach Norden bringt. Unwichtig, seinen Namen zu nennen, irgendwer wird uns losgekauft haben, für Apfel und Ei, denn mehr sind wir beide nicht wert gewesen, Hagebucher und ich, zwei Hand voll Sand zwischen gelben Fingern.

Also »zählt an den Fingern die Jahre ab und gebt mir ein Glas Wasser aus unserem Brunnen«!

Nichts leichter als das! Ich werde dem Mann zu trinken geben, das erstbeste Glas, noch bevor die Geschichte zu Ende geht, die genau genommen gerade erst anfängt, denn, hier oder da, ich weiß, was es heißt, in der Wüste zu dursten und sich rund um die Uhr auf Spießen zu drehn, um am Ende doch noch zurückzukehren, ich sehe genau, was er hinter sich hat: schon als Kind Gast auf Erden, tags Gast in Häusern, und jede Nacht ein anderes Bett, immer die Hand auf der falschen Klinke, den Fuß auf der Schwelle.

Doch viel schlimmer als das, was längst hinter uns liegt, ist das, was noch kommt, die Rückkehr und das Gesicht eines Vaters. Man muss wissen, wer weggeht und trotzdem zurückkommt, auch wenn keine Schürze am Hoftor mehr hängt. Und man muss das Entsetzen zu lesen verstehen, das Entsetzen auf dem Gesicht der ganzen Verwandtschaft, den Blick in den Spiegel, die hässliche Narbe, die auf einmal wieder gut sichtbar ist im Gesicht eines Sohnes, eines Bruders und Neffen, der wider Erwarten heimgekehrt ist, nach einer endlosen traumlosen Reise, den Kopf in den Wolken, das Hirn hinterm Mond.

Denn der Schrecken liegt auf der Schwelle des Hauses, zwischen zwei feindlichen Meeren, die nichts als ein flüchtiger Spatenstich trennt, auf der Landenge zwischen Vater und Sohn und in der Schürzentasche der Mutter, die plötzlich haltlos zu weinen beginnt. Nur will die Geschichte gar keiner hören, die Heimat hat sich die Ohren verstopft und streut sich den ganzen Tag Sand in die Augen zwischen Stuttgart und Braunschweig und Dschebel al Komri. Nicht die Fremde ist fremd, sondern wir sind uns fremd, weil uns niemand hört, wenn wir sprechen wollen.

Du aber! Leser der kurzen Nacht! Du sollst ihn ehrlich willkommen heißen, mein Mondgesicht, mein Kamel und mein Schaf, du sollst ihm jetzt Wasser zu trinken geben, Fakt statt Verheißung! Aus dem frischen Brunnen gleich hinter dem Hof, wo unter dem Wasser die Worte liegen, die du zehn Jahre lang aufgespart hast, ein Soll, das sich niemals auflösen lässt im Strudel meiner wirren Geschichten. Du glaubst, die Verwirrung gehört dir allein? Die Verwirrung gehört dir schon lange nicht mehr, weil sie der ganzen Verwandtschaft gehört, dem unbedeutenden Hügelzug, der plötzlich nach frischem Wasser verlangt. Wasser für alle! Für die Mutter, die Schwester, die Onkel und Tanten, und vergiss nicht, auch die Cousinen zu küssen, bevor du deine Geschichte erzählst, die, falls morgen wieder die Sonne aufgeht, mit den Worten beginnt, wie sie schließt:

»Wenn ihr wüsstet, was ich weiß, so würdet ihr viel weinen und wenig lachen.«

Dieser Text erschien zuerst in: »Verbrecher und Versager. Fünf Porträts«, Hamburg: mareverlag 2004.

Sabine Peters

Ein Austausch über Wilhelm Raabe

A   Hör mal, wie er das traute Dasein im Kreise der Lieben beschreibt: Vater Krumhardt war zu Hause »ein durch Weiberlärm, Dummheit, Gezeter betäubter, durch feuchte Taschentücher und trockenste Albernheit aus jedwedem Konzept gebrachter Familienfreund«. Solche Details machen mir seine Bücher so lebendig. Dabei kommt er in den Titeln oft sehr trocken, scheinbar buchhalterisch daher. *Akten des Vogelsangs*, *Chronik der Sperlingsgasse*. Aber vieles bei ihm ist scheinbar. Denn schon die Ortsangaben in den *Akten* und der *Chronik* zwitschern! Raabe lässt uns viele Töne hören. Er zwingt uns nicht, der Hauptstimme zu folgen. Wenn es bei ihm denn eine gibt.

Zett   Ich muss mir Mühe geben, Explosionen und Kanonendonner zu vergessen. *Die schwarze Galeere* war Pflichtlektüre für Schülerinnen Anfang der siebziger Jahre. Wir Zwölfjährigen verstanden den alten Autor nicht, so wenig wie einen noch älteren Krieg. Doch es gab Hausaufgaben: Charakterisiere die Hauptpersonen in ganzen Sätzen! Erkläre den Ausdruck Wassergeuse! Schildere die Interessen der verfeindeten Niederländer und Spanier!

A   Unsere Schulzeit ist lang her. Die taugt nicht mehr als Entschuldigung für Affekte.

Zett   Historischen Romanen gehe ich bis heute aus dem Weg.

A   Die sind auch häufig bloße Schlachtenmalerei. Aber Raabe bleibt oft in der eigenen Gegenwart und lässt uns was verstehen – und das mit allen Sinnen! Ich lese seine Bücher nicht nur unter dem Gesichtspunkt, ob sie mir für unsere Arbeit heute etwas sagen. Sondern auch, um eine sprachliche und eine inhaltliche Zeitreise zu machen. Jungen sind eine »Schwefelbande«, Mädchen »dumme Schürzen«. Ein Mann hat zu Hause seinen Schlafrock durchgesessen. Eine Frau beschäftigt sich mit einer weiblichen Arbeit, »die darin besteht, Löcher und Zacken in einen langen Streifen weißer Leinwand zu schneiden und den angerichteten Schaden vermittelst der Nadel eifrigst wiedergutzumachen«. Das ist wahrscheinlich Hohlsaumstickerei. Wenn ich von meinem Smartphone überfordert bin und mich von vielen technischen Entwicklungen gehetzt fühle, kann es entschleunigen, zurückzugehen zu dem alten Raabe. Der schreibt verschnörkelt, der schweift lustvoll ab und aus –

Zett   Der kommt nicht auf den Punkt. Schlimmer, er bedient dein Nostalgie- und Harmoniebedürfnis. Sein Plaudertonfall ist mir zu gemütvoll. Manche Szenen gleichen harmlos-biedermeierlichen Bilderbögen: Tauben gurren, glückliche Brautleute wispern, der Stammhalter plärrt in der Wiege, Großvater schläft im Ohrensessel. Aber bedenke mal das Frauenbild! In *Pfisters Mühle* schildert Raabe Emmy, diese junge Angetraute des Erzählers: »das Kind mit seinem unschuldigen, besten Gewissen«; »Fleisch von meinem Fleisch«; »in rosiger Verschlafenheit«, »meine holdselige Sommerfrischlerin«. Der infantilisiert die Frauen.

A   Auch jeder Autor unterliegt den Prägungen der jeweils eigenen Zeit. Die sogenannte ewige Natur des Menschen ist durch und durch historisch konkret!

Zett   Mehr oder weniger. Kein göttliches Gesetz zwingt uns, bei allem, was normal genannt wird, mitzumachen. Bist du mit dabei, wenn eines Tages alle Linkshänder gesteinigt werden? Vergiss nicht Kant und Marx: Habe den Mut, deinen Verstand zu gebrauchen! Die Menschen machen ihre eigene Geschichte!

A   Du weißt, wie es bei Marx dann weitergeht. Sinngemäß: Menschen machen die Geschichte nicht aus freien Stücken, nicht unter selbstgewählten, sondern unter unmittelbar vorgefundenen, gegebenen und überlieferten Umständen. Also sind auch Dichter nicht vom Himmel in ein freies Feld gefallen, sondern in ihrer Mentalität Teil ihrer Zeit. Das muss man akzeptieren, oder man wird Zensor. Dann bleibt selbst von der Bibel nur die neue Übersetzung in die sogenannt gerechte Sprache. Ein gesäuberter Text, ohne frauenfeindliche oder antisemitische Stellen. Wenn du Korrektheit in der Kunst willst, wirf auch Raabes Zeitgenossen weg, die du gern liest, Hermann Melville und Jules Verne: In *Moby Dick* und in der *Reise bis zum Mittelpunkt der Erde* wird die Frauenquote nicht erfüllt.

Zett   Ich bin kein Tugendwächter. Aber Jules Verne war immerhin ein Fortschrittsfreund, der sah die Zukunft offen, positiv! Seine Helden erweitern ihren Horizont! Was macht Raabe? Bleibt im Krähwinkel. Mault über Fabrikschornsteine, Telegrafenstangen, Eisenbahnschienen. Verherrlicht lebensunfähige Käuze, die mit der Welt nicht Schritt halten. Velten Andres aus dem *Vogelsang*, der kann nur grinsen oder gähnen. Freund Krumhardt hebt ihn in den Himmel, ihn und »sein weltüberwindend Lachen«! Aber Krumhardt kann dies Lachen eingestandenermaßen selbst nicht fassen; nicht er, nicht Raabe und ich ganz bestimmt nicht! Sind wir vielleicht religiös? Sehen den Himmel offen? Der Velten kommt mir zu gut weg. Einmal vergleicht ihn Raabe mit dem Narr und Luftschiffer Gianozzo; da winkt er Jean Paul zu. Raabe hat überhaupt so eine Neigung, ständig im Vorübergehen andere Autoren zu begrüßen, freundlich mal, dann wieder skeptisch oder höhnisch – was sollen mir die bildungsbürgerlichen Zwischentöne?

A   Kannst du den Witz nicht lesen? Wie er über Schillers *Taucherglocke* herzieht? »Schiller ist nicht unten gewesen, sonst würde sein Tauchergedicht um ein merkliches kürzer sein und sich wahrscheinlich auf ein ›Brr! Pfui Deubel!‹ beschränken …« Raabe zeigt, er inszeniert: Texte werden immer auch aus Texten gemacht. Mich reizt dies Spiel. Es gibt mir zu bedenken, wie groß der Literaturkosmos ist, in dem wir leben. Natürlich hat auch Raabe unweigerlich eigene Erfahrungen zum Material des Schreibens gemacht. Aber wo beginnt und endet denn dieses Eigene? Ein Mensch setzt sich nicht nur aus den Einflüssen der Zeitgenossen zusammen, er besteht auch aus Liedern und Texten. Genauso funktioniert Literatur. Raabe ist kein Hinker, der der Wirklichkeit bloß nachstolpert. Er weiß, Romane sind konstruiert, künstliches Menschenmachwerk.

Zett   Da ist was dran. Darin ist er wahrscheinlich radikaler als Fontane. Der sagte einmal irgendwo, der beste Roman wäre der, »dessen Gestalten sich in die Gestalten des wirklichen Lebens einreihen, so dass wir in Erinnerung an eine bestimmte Lebensepoche nicht mehr genau wissen, ob es gelebte oder gelesene Figuren waren«. Das ist ein charmanter, vielleicht auch treuherziger Gedanke, dem bereits einige seiner Zeitgenossen nicht trauten. Romangestalten sind Fiktion, auch wenn der Schreiber noch so oft beteuert, alles ist so, wie ich's sage. Aber schon Raabe fragte sich und seine Leser, ist es so? Seine Skepsis gegenüber einem ungebrochenen Erzählen wirkt vernünftig. Da gehe ich ihm entgegen.

A   Seit Jahrzehnten wird gelobt, wie modern seine Techniken sind: Polyphonie, Intertextualität, Auflösung der Chronologie, die Nachbildung des inneren Bewusstseinsstroms, Betonung des Gemachten, Inszenierten und Geformten des Romans – ein Wegbereiter der Moderne!

Zett Das Gerede von den Vorläufern kann ich schon lange nicht mehr hören. Soll die ehrwürdige Ahnengalerie nur dafür dienen, unsere eignen Texte heute zu rechtfertigen, sie aufzuwerten? Vorläufer, das klingt für mich wie von oben herab. Als wäre unsre Schreibarbeit das Nonplusultra. Genau genommen sind wir allesamt bis heute Nachläufer vom blinden Sänger und vom Bergbesteiger, der mit den in Stein geschlagenen Geboten wieder unters Volk kam. Was soll überhaupt das ganze Vorher-Nachher in der Kunst? Es gibt doch keine Pfeilstringenz durch Nacht zum Licht – vieles vollzieht sich in Reprisen, Krebsgängen, Bocksprüngen.

A Das stimmt. Und Raabe ist selbst so ein höchst begabter Turner. Sein Thema ist klein und groß, die Natur des Menschen. Dabei wird er nicht abstrakt, sondern bleibt bodenständig bei konkreten Handwerkern und Apothekern, bei Bediensteten, Lehrern, Juristen. Er lässt die jungen Frauen lispeln, gibt den gestandenen Matronen spitze Zungen. Er interessiert sich für den Trott der Leute wie für ihre Tänzereien – aber er weiß, sie bewegen sich alle auf brüchigem Eis. Selbst bei den biederen Hinterwäldlern kann die Gier nach Geld eine Freundschaft zerstören; Fantasiemenschen zerbrechen an der Wirklichkeit; die Industrialisierung bringt neben Gewinnen auch Verluste; traditionelle Werte helfen nicht mehr unbedingt, sich weiterhin zurechtzufinden. Seine Arbeit könnte man vielleicht mit Alexander Kluges Titel überschreiben: *Die Lücke, die der Teufel lässt*. Das ist es, was Raabe sucht in seiner Zeit, die Lücken!

Zett Scheinbar. Such dir aus dem Geschwätz nur raus, was du mal brauchen kannst. Das sagt im *Vogelsang* sinngemäß Veltens Mutter, aber Raabe spricht hier in eigener Sache. Der ein Lückensucher? Ich werde den Verdacht nicht los, er ist ein verkappter Kulturpessimist! Du nennst den Velten einen Freigeist, einen Fantasiemensch. Ich sage, er ist ein Vertreter der Lumpenintelligenz. So ein Verlierer-Typ hat das Scheitern verdient. Aber Raabe sympathisiert mit diesem randständigen Düsterling. Warum beobachtet er so genau, was untergeht; nicht das, was aufgeht? Pfisters liebe alte Mühle wird von böser neuer Technik plattgemacht. Heute würde Raabe vielleicht traurig feststellen, dass Windanlagen Landschaften verschandeln!

A   Würde er eben nicht! Er hält sich im Urteilen sehr zurück!

Zett   Er versteckt sich unter ausgesuchten Helden. Lies doch, hier beklagt er, es sei »zu viel Zucker in der Welt, in der wir leben sollen«. Kohlrabiapostel! Anscheinend hat er etwas gegen Heines Zuckererbsenwünsche. Dem zieht er ja oft gern eins über. Aber gut, er hat schon einiges von seiner Gegenwart verstanden. Seine Kritik an Umweltschäden lässt sich nachvollziehen. »Öko« ist bei ihm kein bloßes Distinktionsmerkmal. Raabe äußert einen radikalen Zweifel am Imperativ der Maximierung – er sieht, dieses Prinzip beginnt, in allen Lebensbereichen zu wuchern. Ich nehme den Pessimisten zurück. Raabe ist auch kein Reaktionär.

A   Eben. Er sagt ja nicht, wer immer brav Eintopf löffelt und seinem göttlichen Vater dankt, macht es richtig. Und kein Mensch kann von ihm verlangen, dass er die gesellschaftlichen Konflikte seiner Zeit am Schreibtisch löst. Er schreibt über den alten Pfister: »Ein weißlicher Müller und ein weiser Mann war er, aber alles auf einmal konnte er auch nicht bedenken und das einander ausschließende miteinander in Einklang bringen.« Auch das ist in eigener Sache gesprochen. Raabe ist kein Anmaßer, ich denke ihn mir bescheiden.

Zett   Aber warum dann dieser pathetische Velten! Lass mich ausreden! Raabe lässt zwar noch und noch durch andere Figuren versichern, wie unromantisch und unmystisch Velten sei, und doch ist der ein Aussteiger, Verweigerer. Was soll das heißen, wenn von ihm gesagt wird, »dieser wilde Mensch konnte nichts mehr wollen«! Also verbrennt er sein Eigentum. Er trägt die Sachen Stück für Stück ins Feuer! Wird frei wie ein Vogel! Ich muss schon milde gestimmt sein, um diesen Irrsinn als Wunschfantasie von Raabe durchgehen zu lassen. Als seine eigne Ausbruchssehnsucht. Dabei hat er sich selbst jahrzehntelang an seinen Arbeitstisch und an die Bücher all seiner Kollegen gekettet. Schreiben als Brotberuf. Wie viele Romane, Novellen und Erzählungen hat er nacheinander rausgejagt? Weit über 80! Da muss sich unsereiner aber sputen!

A   Hast du nicht etwas gegen Maximierung? Es ist mir schleierhaft, wie Raabe so viel schreiben konnte. Elias Canetti hat einmal seinen Zweifel an dem Beruf des Dichters geäußert. An den damit einhergehenden Allüren. Schließlich sagt er aber, was einer sich selbst aufgibt, ist ernster zu nehmen als jeder Zwang.

Zett   Raabe sah sich nicht als Dichter, sondern als einen Handwerker. Gegen das literarische Fabrikwesen hat er sich allerdings heftig abgegrenzt. Diese Kritik bleibt aktuell. Und auch der handwerkliche Anspruch bleibt es. Er arbeitet, das ehrt ihn.

A   So will er das von sich und anderen das ganze Leben lang. In *Horacker* heißt es: »Im großen und ganzen verhält sich die Menschheit den Weltgeschichten gegenüber wie eine gute Hausfrau ihren häuslichen Vorkommnissen. Pathos kommt nur in sie hinein, wenn die Feiertagsglocke läutet […] oder wenn der Sarg auf die schwarzen Bänke gestellt wird. […] bis dahin rackert sie sich sehr unpathetisch ab und würde es auch gar nicht in diesem bänglichen Dasein aushalten, wenn dem nicht so wäre.«

Zett   Warum betonst du gerade das »bängliche Dasein«? Ganz typisch, dass du dir das rauspickst. Aber *Horacker* fischt nicht im Trüben, im Gegenteil, der Roman steckt uns Lichter auf. Das Buch kommt zwar daher als tragikomische Räuberpistole, als willentlich verfluster Dorfschwank; es ist aber eine Aufklärung über das Nachrichtenwesen, eingeschlossen die Lüge. Raabe stellt erkenntnistheoretische Fragen, treibt Medienanalyse. Nachrichten – wonach sich richten? Man sieht: Kollektive, ob das nun reale oder virtuelle Dörfer sind, suchen nach Übereinstimmung, und sei's über zurechtgebogene Fakten. Hier wir mit unserm Narrativ, das als sozialer Kitt funktioniert, dort draußen das abgespaltene Andere, das nur das Böse sein kann.

A   In *Horacker* zeigt Raabe auch: Das lawinenartige Wachstum von fake news kann man nicht allein dem Lügner anlasten. Er selbst kann nur verführen; alle andern haben die Freiheit, nicht zu kooperieren. Die Lüge ist keine Gewalt, sondern Macht, die auf einer Gemeinschaftsarbeit beruht.

Zett   Diese Geschichte übers Windmachen könnte man in Zeiten sozialer Medien neu erzählen: Herr Müller hat Frau Meier zugezwinkert; ein Smartphone bezeugt es. Dem ersten Bild gesellen sich im Netz die nächsten Bilder zu, und hastdunichtgesehen liegt da ein blutiger Frauenkörper, zweifellos Frau Meier. So ging's ja auch im *Horacker*. Aber bei allem Respekt für den handfesten, nüchternen, dann wieder spöttischen Raabe, manchmal ist er umweht von Melancholie. Eine beliebte Stimmung in Romanen, bis heute. Mit Beiwörtern wie heiter oder sanft wird sie ja immer noch geschmückt; ich sage, entschärft. Melancholie heißt eigentlich Schwarzgalligkeit! Einerseits tritt Raabe als Erzähler oft betulich auf; dann reißt er unversehens Löcher auf. Hör mal diesen Satz vom bürgerlichen, bodenständigen Karl Krumhardt! »Leider recht bald wurde um mich her die Bühne, wenigstens für einen Augenblick, sehr leer und gab ungestörten Raum zu jeglichem Monolog über Sein und Nichtsein, und ob es besser sei und so weiter und so weiter.« Da läuft die Redespule in der letzten wiederholten Drehung leer; da ist doch ein Faden gerissen! Ist das vielleicht ein schöner Satz? Ich höre so ein hohles Gähnen, das höchstens zu Velten passt. Wohin soll das führen? Im Vorübergehen spricht Raabe hier mal von »schwankender Erdenwelt«, da mal vom »bänglichen Dasein«. Gerade noch bewegt man sich im hellen Tag, dann reißt er Abgründe auf.

A   Raabe kommt daher als menschenfreundliches Gemüt, so dumm und klug, wie's seiner Zeit entsprach, und plötzlich starrt selbst ein heutiger Leser in eine Wüste. Das lässt sich nicht allein auf die Schwierigkeiten seiner damaligen Umbruchzeit zurückführen. Er streift das Existenzielle. Darin ist er auch einigen von unseren Zeitgenossen überlegen. Das gibt seinen Texten Tiefe, die man nicht erwartet. Denn er ist so zurückhaltend, dass man das beinahe überliest. Ich meine aber doch, wir brauchen beim Schreiben noch immer das Hören auf Unerhörtes. Den Versuch der Grenzüberschreitung.

Zett   Transzendenz? Kunst als Ersatzreligion? Raabe will doch gerade nicht die Leerstellen besetzen, die der Prozess der Säkularisierung immer mit sich bringt! Er sucht keinen Auftritt als Guru. Der Thron des schreibenden Sehers und Künders steht ohnehin leer; gut so. Leider gibt's andere Götzen. Sieh dir die Kniefälle an, vor den Banken, vorm Smartphone, vor Heidi Klum.

A   Kulturpessimist! Lass' uns bei der Arbeit bleiben, jetzt und hier. Vieles aus unserer aktuellen Literatur hat ein nur nacheilendes, ein unkritisches, ein unutopisches Verhältnis zur Realität. Geschmeidige Romane, perfekt angepasst ans pure Hier und Jetzt. Natürlich fehlt da auch nie das ironische Schmunzeln. Hyperpräzise werden Körpersäfte und Markenprodukte beschrieben; da gibt's keinen Raum für ein fremdes Echo. Da fehlt mir eine Dimension. Doch mein Freund Velten weiß von Abgründen, die unauslotbar sind. Einmal ist er in Amerika, schreibt seiner alten Mutter einen Brief. Er ahnt, wie sie sich um ihn sorgt, er wird ja nichts. Er will sie trösten, sie entlasten. So schreibt er ihr, schließlich habe nicht nur sie ihm früher Wiegenlieder gesungen. Dann folgt ein Satzgebilde, das düster leuchtet: »Es kauert immer eine andere Sängerin auf der anderen Seite des ersten Schaukelkahns menschlichen Schicksals und summt ihren Sang in die Hexenbartstoppeln, und der stammt von den Müttern viel weiter hinabwärts und ist der allein maßgebende.« Hörst du die wellenförmige Bewegung, den Klang der Vokale? Die andere Sängerin. Die andere Seite. Schaukelkahn. Summender Sang. Die Mütter weiter hinabwärts.

Zett   Ein schöner Klang, ein finsterer Sinn. Da hast du die Freiheit von deinem Velten; der glaubt ans Schicksal! Abgesehen davon, ist das wiedermal eine Anspielung. Immer versteckt sich Raabe hinter anderen Größen! Er maskiert sich! Hier bezieht er sich entweder auf Goethe, oder er geht noch weiter zurück in die Mythologie, zu den Moiren oder Parzen.

A   Ein Satz wie eine Epiphanie, wie eine plötzliche Erscheinung! Das Wechselspiel von Zeigen und Verbergen macht ihn mir bis heute so beunruhigend, so vielschichtig, und damit gültig. Er ist nicht indifferent, er arbeitet aber mit Scheinbarem. Mit Zwischentönen. Diesen Satz von der anderen Sängerin stromabwärts kann er nur schreiben, indem er ihn spöttisch einkleidet, mit Banalitäten eindeckt oder widerruft, er hat ja nichts gesagt – und siehst du, Velten beschwichtigt gleich darauf die Mutter mit einer Sentenz. »Unkraut vergeht nicht«. Schließlich schreibt er ihr freundlich: »Erhalte dir dein Zutrauen, alte Frau.«

Zett   Raabe weicht aus. Was meint er? Bleibt das Leben ein bängliches Dasein, oder soll man sich das Zutrauen erhalten?

A   Raabe sagt nicht »oder«. Ich denke, er sagt »und«. Das gilt für seine Inhalte und auch für seine Schreibweise. Als Schriftsteller ist er ein Demokrat. Er gibt seinen Figuren ihre Würde als Subjekte.

Zett In *Pfisters Mühle*, stimmt, da lässt er kommentarlos unterschiedliche Interessen gleichberechtigt sprechen. Die Fortschrittsgewinner und Fortschrittsverlierer. Seine Charaktere werden keine wandelnden Holzschnitte, sondern sind widersprüchlich in sich. Meine Sympathien sind beim Chemiker Asche. Der ist kein Opfer und kein Unschuldslamm. Anfangs hilft er zwar dem alten Müller, die für den verseuchten Fluss verantwortlichen Fabrikbetreiber dingfest zu machen. Aber dann mischt er selbst mit, in Berlin, mit seiner eigenen Reinigungsfabrik.

A »Erdenlappenlumpenundfetzenreinigungsinstitut«. Was für ein grausam-schönes Wortungeheuer er für seine Firma findet! Dafür würde ihm Ernst Jandl auf die Schulter klopfen!

Zett Asche in seiner Zerrissenheit ist mir nachvollziehbar. Er ist sich nicht zu schade, mitzumachen, einzugreifen –

A Aber er weiß auch, dass was fehlt. Wackere Arbeit und Familienidyll, das beides, beklagt er, »ist nicht das Ganze des Daseins«.

Zett Eben. Am Schluss wird's wieder heikel. Raabe scheint nicht zu wissen, wie er leidlich heil aus der Geschichte rauskommt. Also ein Kunstgriff. Ziemlich gewagt. Asche erzählt dem Freund, wie er sich trösten will für das, was ihm im Leben fehlt: »Da habe ich mir denn das Griechische ein bisschen wieder aufgefärbt und lese so zwischendurch den Homer, ohne übrigens dir hierdurch das abgetragene Zitat von seiner unaustilgbaren Sonne über uns aus dem Desinfektionskessel heben zu wollen.« Wieder das Spiel mit Zitaten. Hier lässt er ein Gedicht von Schiller anklingen, »und die Sonne Homers, siehe, sie lächelt auch uns«. Aber Raabe hält doch nicht die unsterbliche Klassik für die Retterin aus allen Nöten? Die Vorstellung vom wohltönenden Dreiklang gut-schön-wahr ist so alt wie der Mensch. Wenn es diese Harmonie in unserer Wirklichkeit nicht gibt, muss es sie in der Kunst geben! Die Idee wirkt hier wie da verlockend, aber sie ist hier wie da unhaltbar. Denn als Teil der Wirklichkeit bleibt auch Literatur anfällig für Irrtum, Gewalt – Raabe ist d o c h ein Pessimist. Oder ein Realist. Oder ein Desillusionierter. Die unaustilgbare Sonne taucht nur als Zitat auf, die schönen Bilder und Wörter sind abgetragen, sie treiben im Desinfektionskesssel.

A   Immerhin erwähnt er sie! Überall in seinen Texten gibt es diese Male. Überschriebenes und Variiertes; Gestrichenes und Leerstellen, die auf was anderes hinweisen! Und das ist Raabes List und Subversion, das macht ihn mir zu einem weißen weisen Raben.

Zett   Keine Tiermetaphern! Fang nicht hinterrücks noch an, den Dichter zu mystifizieren!

A   Wir schicken ihm Jandl vorbei: »zeichen// zerbrochen sind die harmonischen krüge,/ die teller mit dem griechengesicht,/ die vergoldeten köpfe der klassiker –// aber der ton und das wasser drehen sich weiter/ in den hütten der töpfer.«

Zett   Das Gedicht ist auch nicht mehr ganz jung, von 1953, aber noch immer ohne jeden Staub. Anfangs eine ernüchternde Diagnose, dann das Aufbegehren. Jandl weist auf die Kontinuität des handwerklichen, künstlerischen Tuns hin. Raabe hätte vermutlich einen Sinn für das Beharren auf dem Material, dem Ton und dem Wasser. Mein Freund Asche bringt schließlich sogar dem alten Pfister bei, »wie dem Menschen auf dieser Erde alles Wasser auf seine Mühle werden kann«.

A   Da wird die Mühle zur Metapher für das ganze Leben, doch auch dieses Bild ist ja nicht ungebrochen. Unmittelbar vorher heißt es, »der richtige Mann hat am Ende auch nicht die reine Luft, die grünen Bäume […] nötig, um ein rechter Mann zu sein«. Danach erst kommt der ziemlich hilflose, abstrakte Satz vom Wasser auf der Mühle. Also: Dein Asche wird zwar sich und seinen Lieben in der Welt schon forthelfen. Aber er weiß: »Auch der Gelehrte, der Chemiker bleibt am Ende Mensch – Nase – Lunge!«

Pech, dass wir alle, Gelehrte und Dichter mit eingeschlossen, in Zeiten des CO_2-Anstiegs noch immer die Luft zum Atmen brauchen.

Zett Der Ton und das Wasser drehen sich weiter!

A Und neben uns die Sintflut.

Zett Gezeter. Du dumme Schürze sollst dich unpathetisch abrackern! Sonst hältst du's nicht aus im bänglichen Dasein!

Warum lass' ich mich von dir zu Sollenssätzen hinreißen, zu Moral. Raabe ist kein Moralist, höchstens ein Realist, aber mit Abstrichen und Zusätzen. Sein Verfahren ist der Eigensinn.

A Und der Humor, als Waffe der Verwandlungskunst.

Zett Hörst du das Krächzen? Vielleicht kommt es von Wilhelm Raabe!

Andreas Maier

Raabe: Mein Agent der Rückabwicklung

Bislang habe ich mich mit Raabe stets hinsichtlich ästhetischer Dinge auseinandergesetzt, wenn ich über ihn – aus diversen Anlässen – schreiben sollte. Zugleich habe ich für mich eine Lebenshaltung aus seiner Werksentwicklung destilliert, das geschah unabhängig von jenen Schreibanlässen.

1.: Ästhetisch: Das typisch raabeske Erzählen in Umwegen, Schleifen, Wiederholungen, das Täuschen und Irreführen der Lesenden, der ironische Umgang mit der zu seinen Lebzeiten zu erwartenden Leserschaft (dem Lesezirkelpublikum hauptsächlich). Diese raabeske Dichotomie: Einerseits den Marktgesetzen zu folgen bis zum kaum mehr ironisierbaren Überdruß, andererseits gerade darin die eigene Subversivität erlangen. Raabe – so haben wir, die Lesenden, es sowohl zu seinen Lebzeiten als auch *post festum* bewerkstelligt – war nie ein originäres Monument, eine Ikone, wie wir es heutzutage etwa Heinrich von Kleist, Georg Büchner, Franz Kafka oder Samuel Beckett beimessen. Er suchte seine literarische Strategie aus Versatzstücken zusammen, die immer etwas mit Markterwartung, seinem frühen Erfolg der *Chronik des Sperlingsgasse*, und der dadurch (leider?) vorgegebenen Leserschaft zu tun hatten. Raabes Name war durch sein erfolgreiches Debüt frühzeitig einigermaßen »da«, was einerseits einen gewissen finanziellen Rückhalt bedeutete, andererseits aber auch eine frühe Festlegung.

Die Aura, die die Namen *Raabe* und *Corvinus* auf dem Buchmarkt hatten – vielleicht könnte man auch von Karma sprechen –, wurde er nicht mehr los, was im späteren Verlauf seiner Karriere einerseits zum Hemmnis wurde, andererseits aber auch dazu führte, daß er den Raabe, der er fürs Publikum war, brach, zerstückelte, in fast unverschämten Formen an seine Leserschaft zurückwarf, wobei das Spiel, das er da spielte (ein sehr existentielles Spiel, und auch ein schmerzhaftes, weil es nicht aus dem Gestus des Siegers heraus gespielt werden konnte), sicherlich hauptsächlich für ihn selbst und eine mit seinem Schreiben vertraute Leserschaft erkennbar war, kaum aber für die inkriminierte (und zugleich erhoffte) größere Leserschaft.

Hierdurch wird 2. das bestimmt, was ich oben ›Lebenshaltung‹ genannt habe (natürlich ein zweifelhaftes Kriterium zur Qualifizierung von Literatur, aber Raabe ist davon eben nicht zu trennen): Aus seinem Schreiben, seinem Erfolg, seinem Mißerfolg, aus seinem Zerbrechen und Verwirren und Die-Leserinnen-und-Leser-mit-Langsamkeit-Quälen kam mir eine Person entgegen, die auf mich wirkte, als wolle sie über den Text hinweg mit mir (oder solchen wie mir) vertraut werden. Als suche sie sich über die Texte hinaus die paar Menschen auf dem Erdenrund (bzw. in der deutschen Sprache), die Gleichartige genannt werden könnten. Vielleicht ist das eine Erfahrung, die eingefleischte Raabisten sogar in größerem Maß machen als die Leserschaft anderer Autorinnen und Autoren: daß sie Einzelgänger bleiben und sich nicht in einer breiten Konsensleserschaft wiederfinden. Hierbei möchte ich zwei Autoren-Gegenbeispiele anführen, das eine wurde schon genannt, Franz Kafka, das andere sei Thomas Mann (der allerdings nicht ganz in die obige Büchner-Kleist-Hölderlin-Kafka-Beckett-etc.-Reihe paßt, da auch ihm heute das Ikonische etwas mangelt: zur Ikone wurde vielmehr – medial – die Familie Mann als Gesamtheit ausgerufen).

Thomas Mann zum einen ist ein Autor, dem ich – bei aller scheinbaren ironischen Widerborstigkeit und (ebenfalls scheinbaren) Ungreifbarkeit – ebenso vertraue, wie ich es auch bei Raabe tue. Das wäre ein Thema für sich, ich will das hier nicht vertiefen. Hier geht es nur um eins: Im Gegensatz zu Wilhelm Raabe war Thomas Mann – immer ein Sieger. Nobelpreis!

Zum anderen Franz Kafka. Im Gegensatz zu Mann war Kafka für mich kein ausschlaggebender Autor. Eher ein Autor, der eine Lücke zu finden versucht und diese fleißig und mit großem Willen kultiviert – eine Verfahrensweise, die ich durch ihn auch an anderen, heute ikonisierfähigen Autoren begreifen lernte. Aber wie auch immer, Kafka ist der öffentlichen deutschsprachigen Rezeption bzw. Mode nach heute mindestens ebenso wie Thomas Mann – ein vollkommener Sieger, für manche fast ein Heiliger. Menschen tragen T-Shirts mit dem Konterfei Kafkas. Kafka, der dunkle, schräge, ›moderne‹ steht vielen sogar weltweit über einem Autor wie Mann, dem kosmopolitischen, nationalen, gesellschaftlichen, diskurshaften.

Beide aber machen es der Öffentlichkeit viel einfacher als Raabe, weil sie nichts Zweitklassiges, Abgehängtes transportieren (Thomas Manns Bruder Heinrich etwa wird jetzt im Himmel sein Lied davon zu singen haben, was vermeintliche Zweitklassigkeit bedeutet). ›Sieghafter‹ öffentlicher Erfolg gibt freilich einen Großteil der Rezeption vor. So wie ein Wahlvolk in gewissen Teilen (den politisch unbedarften bzw. unselbständigen) diejenige Person oder Partei wählt, von der sie den Sieg erwartet, so wird natürlich auch um des Erfolgs willen gelesen. Und das Narrativ (vormals: der Mythos) vom erfolgreichen Autor ist nach wie vor das erfolgreichste Narrativ für einen Autor (Autorinnen eingeschlossen).

Raabe galt, das wußte er, als zweitklassig und hatte damit zu leben, und er arbeitete sich daran ab, daß das breite Publikum, welches die erste Klasse ausruft, nicht in erster Linie erstklassig, sondern eben das zahlreichste ist und damit auch das am meisten dem Massengesetz unterworfene, also eher einem physikalischen Vorgang vergleichbar. Raabe mußte mit dieser Frustration umgehen und ein halbes Leben (sein Autorenleben war lang!) herumlaufen. Sie hat merklich Spuren bei ihm hinterlassen.

Raabe ist in späteren Jahren kein erschöpfter Autor, aber einer, dessen Wille zum Erfolg gebrochen wirkt. Besser gesagt, scheint er auf diesem Konkurrenzfeld gar nicht mehr mittun zu wollen. Erstaunlicherweise ist das der Zeitpunkt, ab dem sein Werk für mich bedeutsam wird. Erstaunlich finde ich das nicht zuletzt deshalb, weil ich bei meiner ersten Raabe-Lektüre vor 25 Jahren von so etwas wie einem Literaturbetrieb noch keinerlei Ahnung hatte. Heute, inzwischen selbst fast zwanzig Jahr im Literaturbetrieb, habe ich natürlich ein deutlicheres Bild von dem seltsamen Phänomen der Konsensleserschaft, ihren Ausmaßen und der Zufälligkeit ihrer Objekte. In der ersten Hälfte meines Lebens gehörte ich in vielen Belangen ebenso zu solchen Konsensleserschaften, die die renommierten Objekte ihrer Literaturperspektive wie gegeben hinnehmen, aber nicht reflektieren können, daß sie, die betreffende große Leserschaft eines einzelnen Autors, hauptsächlich das Etappenziel eines kontingenten historischen Geschehens sind. Um es wiederum an unseren beiden Beispielen zu sagen: Mir stand das Fluidum, die Aura Kafkas bereits lange vor Augen, bevor ich ihn gelesen hatte, und als ich ihn las, versuchte ich Text und vorgängiges Fluidum ineins zu bringen. Es gehörte eine gewisse, mit der Zeit wachsende Emanzipation dazu, mir klarzumachen – oder zuzugestehen –, daß mir das nur teilweise gelang. Umgekehrt galt Thomas Mann damals, als ich jung war, als öde und langweilig, spießig und verklemmt, eben ein Großschriftsteller. In gewisser Weise gehörte auch hier eine Emanzipation dazu, ein Vertrauensverhältnis zu begründen.

Als Raabes Erfolgswillen brüchig war, gewann er eine unerwartete Freiheit. Zum einen konnte er, wie gesagt, das Publikum mit noch ausgefeilteren Verfahren quälen: durch Langsamkeit und Umständlichkeit, ja durch Verwirrung und Ablenkung. Zum anderen schrieb er immer mehr gegen Zeitumstände und Gegenwartsentwicklungen an, nicht im Gestus des öffentlichkeitsheischenden Revolutionärs oder Verweigerers oder Schockierers, der aufs Große und Ganze geht (die Rolle spielt beim deutschsprachigen Medialpublikum derzeit u.a. Michel Houellebecq), sondern indem er sich kleinen Details widmete, vermeintliche Kleinigkeiten beklagte, was auch heute noch als uncool gilt und immer gelten wird. Als könnte er das ›Große‹ nicht. Etwa daß der Lichtsmog die Vögel vertreibt. Wen soll das interessieren? Man stelle sich das bei Kafka vor! Selbst bei Mann wäre eine Figur, die die Vertreibung der Vögel beklagt – und es damit so ernst meint, daß sie damit die öffentliche Rolle ihres Erzeugers gefährden könnte –, höchstens eine liebenswert-närrische, natürlich durchironisierte Nebenfigur, zu der die Leserschaft mithilfe des Textes auf Distanz gehen und sich freie Atemluft ihr gegenüber verschaffen kann. Oder jener berüchtigte Roman Raabes (*Pfisters Mühle*), bei dem es u.a. um die industrielle Verschmutzung eines Flußes geht. Und daß etwa Landvermesser als Agenten der Vernichtung in Erscheinung treten, zu einer Zeit, als sich die Nation doch gerade selbst gründete und ihren eigenen Stolzbegriff zusammenzimmerte, auch baulich-architektonisch-industriell. Da erwarten wir doch flammende Gegenreden wider eine durch lächerlich völkische Propaganda und politisches Folkloretum pseudogeeinte Nation, wie sie ein Georg Büchner gehalten hätte, wäre er später geboren worden bzw. hätte er überlebt.[1] Aber wir erwarten doch nicht eine ›Kritik der Verhältnisse‹ anhand der literarischen Thematisierung einer Wasserverschmutzung durch ein Papierwerk! Oder indem man Landvermesser dort für Bauprojekte vermessen läßt, wo gerade noch ein Kloster steht, das dann weg muß!

Raabe ›konnte‹ das Große nicht. Das Einfache, Wuchtige, Abgründige, Büchners *Woyzeck*, Büchners *Lenz*, Kleists *Kohlhaas*, Kafkas *Prozeß*, Becketts *Godot* etc. Dagegen ist bei Raabe alles aufgelöst in Gesellschaft, in ein schwieriges Miteinander, selbst die Einsamen gewinnen bei ihm nicht diese Ikonengröße (obgleich Velten Andres in *Die Akten des Vogelsangs* die für mich immer noch am meisten zu Ende gebrachte Figur deutschsprachiger Literatur ist – aber da ist eben auch wieder

der umständliche Erzählstil dazwischen, der einen so seltsam beklommen macht, der einem auf die Brust drückt).

Ja, aber gerade mit Raabe hat bei mir angefangen – oder er kam zu dieser Zeit auf mich –, daß ich meine eigenen Konsensleserschaften rückabwickelte. Ich hatte in ihm weniger ein rätselhaftes, ikonisierbares Stück zu proklamierender erzählerischer Gipfelhaftigkeit und Einzigartigkeit vor mir, sondern einen deutlichen Gesprächspartner, der mich nicht überrumpeln, nicht blenden und nicht beeindrucken wollte (bzw. konnte?), sondern eine konzise Distanz zu mir aufbaute. Hätte ich ihn, als ich jünger war, angehimmelt, hätte er sich angewidert abgedreht. Vielleicht ist das das Geheimnis von Raabes Prosa, seine Stilphysiognomie: das angewiderte Abdrehen vor möglicher Anhimmlung, geboren gleichermaßen aus Enttäuschung wie aus Einsicht. (Übrigens wäre das auch ein Seelenporträt dieser mir im Werk Raabes zentral erscheinenden Figur Velten Andres.)

Appendix: Andres und Kober

Der Herausgeber dieses Bandes bat mich noch um Parallelisierung zweier Figuren: der des Velten Andres und einer meiner eigenen. Ich schreibe in diesem Kontext ungern über eigene Figuren, weil ich mich nicht auf eine Stufe mit einem Autor wie Raabe stellen will. Velten Andres – eine solche endgültige Figur konnte ich nicht schreiben. Veltens Niedergang ist durch nichts ausgelöst außer vielleicht dadurch, daß er eben in der Welt alle seine Möglichkeiten hat. Gutaussehend, mutig, anpackend, schon als Jugendlicher ragt er merklich aus der Menge heraus. Er ist kein Bartleby, der bloß eine »Ich möchte lieber nicht«-Philosophie vertritt. Velten ist vielmehr das Leben in seinen Erfolgsmöglichkeiten selbst, das sich gegen sich wendet. Er reist in der ganzen Welt herum, ist geschäftlich erfolgreich, hängt seiner Jugendliebe nach, die ihn nicht will – ohne daß sich beide je trennen können –, kommt irgendwann in sein Elternhaus zurück, begleitet seine Mutter noch ein Jahr bis zu ihrem Tod, dann wartet er auf die Heizperiode und beginnt, kontinuierlich den Winter über den Hausrat, an dem alle Erinnerung haftet, Tag für Tag zu verfeuern, bis das Haus vollkommen entleert ist. Anschließend geht er noch einmal nach Berlin, als 47- oder 48-Jähriger bezieht er dort seine alte Studentenbude bei der nun fast 90-jährigen ehemaligen Wirtin wieder, räumt auch dort die Kammer leer bis auf Tisch, Stuhl und Bett und stirbt nach einiger Zeit am immer schwächer gewordenen Herzen. Einziger »Zierrat« in der Kammer: die mit Kohle an die kahle Wand geschriebene Strophe aus Goethes Ode an Behrisch:

> Sei gefühllos!
> Ein leichtbewegtes Herz
> Ist ein elend Gut
> Auf der wankenden Erde

In meinem dritten Roman, *Kirillow*, gibt es vielleicht eine Figur, die Züge von Velten Andres trägt. Es handelt sich um einen ehemaligen Studenten Ende zwanzig, der die seelischen und politischen Kämpfe der frühen Studentenzeit ausgekämpft hat und den jüngeren Bruder seiner Freundin (der wie eine Neuausgabe seiner eigenen Person vor sechs, sieben Jahren erscheint) dadurch frustriert und in andauernde Rage bringt, daß er zu einfach nichts mehr auf der Welt Stellung bezieht. Weder verweigert er Dinge, noch forciert er sie. Hin und wieder allerdings tritt er auf etwas seltsame Weise als »Retter« auf; auch Velten Andres rettet einmal einen tumben Stadtadeligensohn, als dieser beim Schlittschuhlaufen durchs Eis bricht. Andres trägt eine Handverletzung davon, meine Figur Schnittwunden am Arm. Es ist den Roman über sichtlich nicht zu erkennen, wohin es mit der Figur, sie heißt Frank Kober, führen könnte, allerdings stellt sich die Frage in gewisser Weise auch gar nicht. Kober hat – für den Moment – eine Weise des (Einfach-nur?)-so-Seins gefunden, die die früheren, auch äußerlich ausgefochtenen Kämpfe abgelöst hat. Da er aber weder Gründe dafür noch die

Wege zu diesem So-Sein mitteilt, gerät sein jüngeres *alter ego*, Julian (jener Bruder seiner Freundin), in zunehmende Wut über Kober, wahrscheinlich, weil Julian selbst genau danach sucht und nicht begreift, daß diese Suche keinen Erfolg haben kann bzw. der »Erfolg« der Suche nur darin liegen könnte, diese Suche zu beenden. Wie stürmisch oder ruhig es in Kober *wirklich* aussieht, erschließt sich mir, dem Autor, übrigens bis heute nicht.

Kober wird am Ende während einer politischen Aktion, an der er nur teilnimmt, um Julian vor sich selbst zu schützen, zufällig und unspektakulär überfahren und stirbt. Beide Figuren, Andres und Kober, könnte also als Minimalkonsens kennzeichnen, daß sie immer weniger werden, und zwar auf unspektakuläre Weise, und nicht aus einer Bartleby-Konzeption, sondern aus der besagten ursprünglichen Lebensstärke und -fähigkeit heraus.

Anmerkung

1 Raabe dagegen schreibt in *Gutmanns Reisen* höchstens einmal scheinbar liebevoll-spöttisch über die mit schwarzrotgoldenen Kokarden geschmückten Einigungsbestreben des Deutschen Nationalvereins, der in bester deutscher Vereinstraditionsgemütlichkeit dargestellt wird.

Clemens J. Setz: Rabe will Helm.

Kapitalismus / Kolonialismus

Christoph Zeller

Raabe als Kapitalismuskritiker

Fast hätte man Raabe für einen jener Träumer oder Taugenichtse halten können, wie sie die Literatur seit Ende des 18. Jahrhunderts bevölkerten. Das Gymnasium in Wolfenbüttel musste Raabe frühzeitig verlassen und begann widerwillig eine Buchhändlerlehre in Magdeburg. Statt sich in Geschäftsbücher zu vertiefen, fand der musisch begabte und umfassend belesene Lehrling sein Heil in der Weltliteratur, die ihm hier uneingeschränkt zur Verfügung stand. Schon früh lernte Raabe die Schattenseiten des Lebens kennen – im Alter von dreizehn Jahren sah er den Vater auf dem Totenbett – und wusste, dass sich Erfolg in der bürgerlichen Gesellschaft an Tüchtigkeit, Effizienz und Einkommen bemaß, den ausschlaggebenden Kriterien des Liberalismus. Als Schriftsteller und Leidtragender verfolgte Raabe später die sozialen Auswirkungen durch das vom Liberalismus beförderte kapitalistische Denken mit großer Aufmerksamkeit.

Es ist kein Zufall, dass in der zweiten Hälfte des 19. Jahrhunderts die Figur des Taugenichts wieder an Bedeutung gewann.[1] In ihr wird die Verschränkung von Kultur und Kapital ebenso deutlich, wie der Widerstand gegen eine ausschließlich von ökonomischen Prinzipien geleitete Vernunft. Der Wertbegriff des Taugenichts orientiert sich stattdessen an den Idealen des einfachen Lebens und des Schönen. Die harte Realität des Alltags ist ihm fremd.[2] In seiner Opposition zu den Gesetzen des Marktes, bleibt indes gerade die Literatur an die Bedingungen liberaler Prinzipien gebunden, denen sie sich auf Gedeih und Verderb ausgeliefert sieht. Denn wer den Beruf des Schriftstellers wählt – des Träumers und Taugenichts also –, wird sich eingestehen müssen, Teil jenes ökonomischen Systems zu sein, gegen das sich die Literatur häufig wendet. Bücher, wissen diejenigen am ehesten, die sie hervorbringen, sind letztlich Handelswaren auf einem Markt konkurrierender Individuen.

Von den Bedingungen des Kapitalismus getrieben, sah sich Raabe dem Zwang zur permanenten Produktion ausgesetzt. Die Wünsche von Verlagen und Publikum unterlief er durch ein komplexes System von Anspielungen und Zitaten, das die Reichhaltigkeit ästhetischer Darstellungen meist hinter einer simplen Story verbarg, ohne aber das Misstrauen seiner Leserinnen und Leser vollends zerstreuen zu können. Neidisch blickte er auf die Verkaufszahlen des ungeliebten Theodor Storm und dessen Schützling Wilhelm Jensen, mit dem ihn, wohl eher wegen seiner heimlichen Neigung zu dessen Frau, eine lebenslange, jedoch zweifelhafte Freundschaft verband. Seinen Bekannten Paul Heyse und Größen wie Gustav Freytag sah er in Sphären, an die er nicht annähernd heranreichte. Auf Anfrage Siegmund Schotts, der ihn um biografische Notizen gebeten hatte, antwortete Raabe am 18. Juli 1891 lakonisch, dass er »nicht das geringste Merkwürdige und Schriftwerthe« zu berichten habe; seit dem Erscheinen seines ersten Romans *Die Chronik der Sperlingsgasse* 1856 lebe er »von der Hand in den Mund«.[3]

Das zu Raabes Zeit rasant wachsende Zeitschriftenwesen diktierte die Form, Produktionsweise und oft auch die Inhalte der Romane. Denn bevor Bücher überhaupt in den Druck gehen konnten, bestanden Verleger auf den abschnittsweisen Abdruck in einer der vielen Romanzeitschriften, von denen das »Illustrierte Familienblatt« *Die Gartenlaube* zu den bekanntesten, die für Raabe infrage kommenden *Westermanns Monatshefte* und *Über Land und Meer* zu den spezialisierten Publikationsorganen zählten. Durch den Verkauf von Zeitschriften deckten Verleger nicht nur einen großen Teil des Honorars, das als Vorschuss an Autoren ausgezahlt wurde, sondern konnten auch den Buchdruck finanzieren. Vergeblich versuchte Raabe zeitlebens, seine Romane unmittelbar im Buchformat erscheinen zu lassen, und beklagte sich über die Zerstückelung seiner Geschichten, die dem Lesefluss und dem Verständnis zuwiderliefen. In seinem Roman *Der Lar* (1889), der schon im Motto auf den beschränkten Erwartungshorizont des Publikums ironisch anspielt (»O bitte, schreiben auch Sie doch wieder mal ein Buch, in welchem sie sich kriegen!«, BA 17, 222), beschreibt Raabe die Rahmenbedingungen der Kulturindustrie im 19. Jahrhundert. Der vormals bettelarme Künstler Bogislas Blech, der schließlich als Leichenfotograf ein gutes Auskommen findet, rät seinem erfolglosen Freund, dem Schriftsteller Paul Warnefried Kohl, seinen Idealen abzuschwören und sich dem Sensationsjournalismus zuzuwenden. »Unterm Strich« (BA 17, 283) – und zwar der Geschäftsbilanz des Verlagsbuchhalters ebenso wie dem vom Rest der Nachrichten abgetrennten Unterhaltungsteil in Tageszeitungen und Zeitschriften – veröffentlicht Kohl bald Mord- und Skandalgeschichten.[4] Schon am 10. Oktober 1863 hatte sich in einem Brief an seinen Verleger Adolf Glaser nicht ohne ein Maß an Selbstverachtung entladen, was erst ein gutes Vierteljahrhundert später in *Der Lar* in eine Satire auf die Marktgesetze mündete: »Ich darf mir mit Genugthuung sagen, daß mein Streben immer ernster, und daß mir alles literarische Fabrikwesen immer verhaßter wird. Für die Kritik, wie sie sich jetzt manifestirt, bin ich todt und freue mich darüber« (BAE 2, 102). Im gehobenen Alter hatte sich dann das Gespenst des sozialen Abstiegs durch permanente Verhaltensmuster so sehr eingeprägt, dass selbst das durch Neuauflagen und eine Pension der Deutschen Schillerstiftung sowie das Erbe seiner Frau zusammengetragene jährliche Einkommen Raabe nicht von der Überzeugung abbringen konnte, auf der Verliererseite seines Berufsstandes zu stehen.

Seiner Verbitterung über die Abhängigkeit vom Markt hat Raabe gegen Ende seiner Karriere als von Enttäuschungen geprägtes Liebesverhältnis dargestellt – eine zutiefst berührende

Allegorie des eng miteinander verwobenen Gegensatzes von Geld und Geist. In *Die Akten des Vogelsangs* (1896) rahmt der philiströse und im bürgerlichen Leben erfolgreiche Erzähler Karl Krumhardt die Geschichte seines Jugendfreundes Velten Andres, dem in Philosophie und Literatur, Kunst und Geschichte bewanderten »Studiosus der Weltweisheit« (BA 19, 392), und seiner lebenslangen Bindung an die auf materiellen Reichtum ausgehende, jung verwitwete Helene Mungo, geborene Trotzendorff. Während es den Taugenichts Velten Andres in die Abenteuerwelt der Bücher zog, fand die nun »hundertfache Millionärin« (BA 19, 226) Helene Trotzendorff in Amerika ihr Glück, dem Hochofen und Experimentierfeld des Kapitalismus. Krumhardt wird erst am Ende der Erzählung erfahren, dass die unglücklich Liebenden über die Jahre eine leidenschaftliche Affäre hatten. Anders als Trotzendorff befreit sich Andres indes vom Ballast seines elterlichen Erbes: »Ich wünsche nüchtern zu sterben, oder [...] vollkommen ernüchtert. So eigentumslos als möglich« (BA 19, 351). Seine »Heimstätte« sei gänzlich zur »Stätte der Vernichtung« (BA 19, 371) geworden, meint Krumhardt, als Andres darangeht, seinen gesamten Hausrat zu verfeuern. Dem »Autodafé« (BA 19, 371) seines nun so fremden Freundes, sieht der Erzähler erschüttert zu. Nirgends sonst wird der Zusammenhang von bürgerlicher Identität und Besitz so deutlich, erscheint der dialektische Bezug von Dingen und Worten auf derart abgründige Weise wie in *Die Akten des Vogelsangs*. Verarmt und allein mit Wissen ausgestattet, endet Andres' Leben in einer Berliner Dachstube, wo als ›Erbe‹ lediglich der Anfangsvers aus Goethes dritter Ode an Behrisch zurückbleibt – ein Produkt des Geistes: »Sei gefühllos! / Ein leichtbewegtes Herz / Ist ein elend Gut / Auf der wankenden Erde« (BA 19, 398).

Bei der Kritik an prekären Arbeitsverhältnissen und der Dominanz von Marktinteressen beließ es Raabe keineswegs. In seine Schriften ging das Wissen um ökonomische Theorien ein, die sich in tagespolitischen Ereignissen spiegelten.[5] Seit sich das Bürgertum im 18. Jahrhundert den Bereich der Wirtschaft als Souveränitätsmonopol von der herrschenden Aristokratie erstritten und die ersten Theorien des Liberalismus entwickelt hatte,[6] galt der deregulierte Markt seinen Verfechtern als Heilsweg zum Wohlstand für alle. Egoismus, vertrat der Moralphilosoph Adam Smith in seiner *Inquiry into the Nature and Causes of the Wealth of Nations* (1776), diene letztlich der Gemeinschaft – ein bis heute gängiges Erklärungsmuster für moralisches Handeln, wonach ökonomischer Rationalismus ethische Imperative ersetzt. Mit Smith wird die Geschäftsidee zur Offenbarung, Gewinne im Diesseits zur irdischen Beglaubigung des Paradieses, das unergründliche Wirken einer höheren Macht zur *invisible hand* unsichtbarer Marktgesetze.

Vor allem die Romantiker nahmen Wirtschaftstheorien nicht nur aus Widerspruchsgeist ernst. So lehnte zwar etwa der Schriftsteller, Publizist und Ökonom Adam Müller in seinen Vorlesungen über die *Elemente der Staatskunst* (1809) den auf Eigennutz gründenden Fortschrittsoptimismus von Smith ab, betonte aber – auch unter dem Eindruck der französischen Besatzung – die Bedeutung der Gemeinschaft für den Einzelnen. Raabe dürfte gefallen haben, dass Müller zu den ökonomischen Produktivkräften neben Land, Arbeit und »physischem Kapital« auch das »geistige Kapital« rechnete, zu dem er glaubte, nicht unbeträchtlich beizusteuern. Der von Müller mitgeprägte Begriff der Nationalökonomie lieferte durch das 19. Jahrhundert hindurch jene wirtschaftswissenschaftlichen Modelle, die durch Regulierungen den entfesselten Manchester-Liberalismus im Gefolge von Smith zu zügeln suchten. Den bekanntesten Vertreter eines kapitalistischen, jedoch durch strenge Regeln gebändigten Marktes, konnte Raabe in seinem Zeitgenossen Gustav Schmoller erkennen, dem Mitbegründer des Vereins für Socialpolitik (1872). Dieser galt als Verfechter einer ausgewogenen und auf Gerechtigkeit basierenden Politik, die Ökonomie aus der Geschichte und dem sozialen Umfeld ableitete. Schmoller sah sich den Anfeindungen Carl Mengers ausgesetzt, dessen seit den 1870er entstandene Österreichische Schule der Nationalökonomie den Wertbegriff aus individuellen Vorlieben ableitete und die Dynamik von Wirtschaftsabläufen dem Geist des Unternehmers zuordnete. Anhänger jener auf Theorie und Empirie setzenden Schule waren etwa Ludwig von Mises und Friedrich August von Hayek, die in den USA großes Gehör fanden, während mit Walter Eucken und Franz Böhm auf der deutschen Seite ein eigenes Modell neoliberalen Denkens Auftrieb erhielt, das im 20. Jahrhundert zur Entfaltung kam. Obwohl das Spektrum weit reicht, geht es im Neoliberalismus im Grunde um die Deregulierung und Freisetzung von Marktmechanismen, um Effizienzsteigerung, Profitabilität und unternehmerische Innovation.

Als eifriger Zeitungsleser verstand Raabe, dass sich der gemäßigte und auf Ausgleich bedachte Schmoller zwischen den Fronten eines erbitterten Glaubenskampfes befand, der sich später in Ideologien verfestigen sollte. Die Jünger des Liberalismus im Gefolge von Smith sahen sich einer Vielzahl an sozialistischen, anarchistischen oder kommunistischen Utopien und Theorien gegenüber, zu deren bekannteren diejenigen Henri de Saint-Simons, Pierre-Joseph Proudhons sowie Friedrich Engels und Karl Marx' zählten. Aus Briefen geht hervor, dass Raabe bereits 1860 in Johann Bürger einen »Weggefährte[n] von Marx und Engels« hatte kennenlernen können,[7] und als Mitglied des gemäßigten Deutschen Nationalvereins hatte er, wie sein Tagebuch festhält, nicht nur Otto Lüning gehört, einen »Sozialist[en] der radikalen Observanz«,[8] sondern teilte mit prominenten Mitgliedern wie den Politikern und Sozialreformern Franz Duncker und Hermann Schultze-Delitzsch die Ansicht, die unteren Klassen müssten über Bildung und Hebung der Löhne unterstützt werden, um Klassenunterschiede zu vermindern.[9]

In diesem Zusammenhang ist die Erzählung *Horacker* zu sehen, die 1875 entstand, im Jahr der Gründung der Sozialistischen Arbeiterpartei (SAP) durch Ferdinand Lassalle auf der einen und Karl Liebknecht sowie August Bebel auf der anderen Seite. Teils Dorfidylle, teils Kriminalgeschichte, handelt es sich in Wahrheit um einen Kommentar zur sozialen Frage. Im Mittelpunkt steht der titelgebende Held, der als Räuber und Mörder diffamierte Cord Horacker. Schon in der Jugend hatte der Halbwaise mit seiner Mutter gegen »Hunger, Frost und Krankheit« (BA 12, 346) kämpfen müssen. Aus einer Besserungsanstalt entflohen und in den umliegenden Wäldern versteckt, besteht sein Verbrechen darin, sich in der Not widerrechtlich etwas zu essen besorgt zu haben. Horacker ist als Allegorie auf die »ungebildete Arbeiterklasse« zu verstehen, »die im deutschen Kaiserreich und besonders in Raabes Braunschweiger Umgebung zunehmend Aufmerksamkeit absorbierte«.[10] In der Verelendung des Proletariats waren nicht weniger die Probleme der Landarbeiter wiederzuerkennen, die in gleichem Maße mit Unterernährung, niedrigen Löhnen und geringer Aussicht auf Linderung zu kämpfen hatten. Die Handlung verlegte Raabe ins Jahr 1867, den Beginn eines Wirtschaftsbooms, der sich durch die Reparationszahlungen nach dem Sieg gegen Frankreich 1871 beschleunigt hatte, ehe er 1873 im Gründerkrach, dem ersten großen Crash der modernen Börsengeschichte, jäh endete und eine bis in die 1890er Jahre reichende Phase der wirtschaftlichen Depression einleitete.[11] Umso schärfer musste die Kritik Raabes an den sozialen Missständen ausfallen. Wenig hatte sich die Politik seit der Reichsgründung den Belangen der unteren Klassen angenommen. Die Verbannten und Benachteiligten, Ausgestoßenen und Glücklosen, an den Erwartungen bürgerlicher Lebensauffassungen Gescheiterten, Uninteressierten oder ihnen Abgeneigten bilden daher in fast allen Romanen Raabes ein Gegengewicht zu den von ökonomischem Erfolg korrumpierten und von bürgerlichen Normvorstellungen geleiteten Individuen, wie sie der wirtschaftliche Wandel hervorbrachte. Von der verwaisten Elise Franz – die erste von vielen Waisen oder Halbwaisen in Raabes Werk – und dem exilierten Schriftsteller Heinrich Wimmer in *Die Chronik der Sperlingsgasse* über den nach Afrika gelangten Leonhard Hagebucher in *Abu Telfan oder die Rückkehr vom Mondgebirge* (1867), die im Armenhaus untergekommene und später zum Pfand von Geschäftsinteressen eingesetzte Antonie in *Der Schüdderump* (1869/70), den von der Gemeinschaft verstoßenen Wilderer und ehemaligen Zuchthäusler Volkmar Fuchs in *Unruhige Gäste* (1886), die frühere Schauspielerin und jetzige Eisenwaren- und Trödelhändlerin Wendeline Cruse in *Im Alten Eisen* (1887) bis zum Bürgerschreck Heinrich Schaumann, genannt »Stopfkuchen«, im gleichnamigen Roman aus dem Jahr 1890 reicht die Liste jener Verfemten, die sich am Rande des gesellschaftlichen Spektrums wiederfinden.

Gründerboom und Gründerkrach spielten auch in anderen Romanen eine bedeutende Rolle. Schon in *Meister Autor* (1873) wird der beschleunigte Modernisierungsschub jener Jahre beschrieben. Den zu raschem Wohlstand gelangten Bürger verkörpert der vom Bergbauer zum Unterhaltungsschriftsteller gewandelte Ich-Erzähler Emil von Schmidt, der sich dem rückständigen »romantischen« Autor Kunemund gegenübersieht. Kunemunds Bruder indes kam im holländischen Ostindien während kolonialer Abenteuer zu großem Reichtum und verkörpert den im Gefüge von Globalisierung, Kapitalismus und Kolonialismus[12] hervortretenden neuen Typus des Spekulanten.[13] Von staatlicher Seite hatten Kolonien erst gegen Ende des Jahrhunderts eine bedeutende Rolle gespielt, doch von privater Hand gab es schon vorher Versuche, in anderen Ländern Fuß zu fassen. Die 1839 ins Leben gerufene Hamburger Kolonialgesellschaft steht exemplarisch für die private Nutzung, d.h. die Ausbeutung von Ressourcen und Menschen, sowie die Vermarktung von parzelliertem Land. Als dann die Gründung des Deutschen Kolonialvereins 1882 ein stärkeres Engagement der öffentlichen Hand versprach, suchte auch Deutschland wie andere europäische Staaten seinen »Platz an der Sonne« (Bernhard von Bülow). Die Kehrseite des Kolonialismus, der Geld in die Kassen privater Unternehmen spülte, war die massenhafte Auswanderung: »Wirtschaftsflüchtlinge«, die heute als Immigranten selbst in ihrer angestammten deutschen Heimat auf ein Bleiberecht kaum hoffen dürften.

Raabe war, wie aus Zitaten und Anspielungen hervorgeht, mit den Reiseberichten und den in Zeitschriften geschalteten Werbeannoncen, die die Fantasien der Ausreisewilligen beflügelten, gut vertraut. Aus der Not der Menschen schlug die Auswanderungsindustrie Profit. Die medialen Projektionen der Hoffnung schlugen in Raabes Romanen wiederum in ein Zerrbild heimatlicher Zustände um, das dem Geschäftsgebaren der Kolonialisten ebenso galt, wie dem deutschen Kleinbürger. Die Figur des Rückkehrers taucht bei Raabe entsprechend in bemerkenswerter Vielfalt auf, von denen nur zwei Beispiele genannt seien. In Leonhard Hagebucher begegnet uns ein lebenserfahrener und philosophisch gebildeter ehemaliger Theologiestudent, der elf Jahre lang in Afrika ein unwürdiges Gefangenendasein führte, ehe ihn ein holländischer Kaufmann befreite. Die Außenperspektive erlaubt Hagebucher nach seiner Rückkehr, den ökonomischen Egoismus und moralischen Nihilismus seiner Umgebung bloßzulegen. Ganz anders verhält es sich mit Ceretto Meyer, dem »Mohr« und »schwarze[n] Philosophe[n]« (BA 11, 27 und 128), der, anders als die rassistischen vorurteilsbeladenen Bürger seiner deutschen Heimat Bildung, Höflichkeit und Selbstlosigkeit zu seinen Tugenden zählt. Über seinen deutschen Großvater und seine kongolesische Großmutter, die sich in Kuba trafen, einem Zentrum des Sklavenhandels, symbolisiert Meyer die koloniale Verstrickung Europas, das sein Selbstverständnis aus der Konfrontation mit dem Anderen und Fremden gewinnt.[14]

Den zweckrationalen Utilitarismus des auf ökonomischen Erfolg zugerichteten Menschen bringt Raabe dann in der Erzählung *Zum Wilden Mann* (1874) zur Anschauung. Der Titel bezeichnet zugleich eine Apotheke in einer thüringischen Provinzstadt wie den Namen eines ehemaligen Obersts in brasilianischen Diensten, Dom Agostin Agonista, der nach Jahren in seine Heimat zurückkehrt, um das einst an seinen Jugendfreund Philipp Kristeller geliehene Vermögen samt Zinsen zurückzufordern. Den Ruin des Apothekers nimmt der »unheimliche Spekulant« dabei in Kauf.[15] Raabe schildert in Agonista den ruchlosen Machtmenschen und Verteidiger kolonialer Gewaltherrschaft. In ihm erreicht die Amoralität des auf Profit geeichten, allein Eigeninteressen gehorchenden Kapitalismus einen

Höhepunkt. Sein Vorschlag an den vernichteten Kristeller, er möge seine pharmakologischen Kenntnisse in den Dienst der von Agonista geplanten Fleischextraktfabrik stellen, zeigt die nackte Logik der Gewinnmaximierung, wonach die Essenz des toten, ausgepressten Lebens dem ökonomischen Tausch Würze verleiht.

Ein Visionär und Kind der Industrialisierung ist auch Adam August Asche aus *Pfisters Mühle* (1884). Der ehemalige Hauslehrer und Doktor der Philosophie erkennt die Zeichen der Zeit und bildet sich zum Chemiker um. Seinem ehemaligen Schützling Eberhard Pfister und dessen Vater steht Asche als Fachmann im Prozess gegen eine Zuckerfabrik bei, die Abwässer in die umliegenden Flüsse leitet und den Betrieb der seit Generationen im Familienbesitz befindlichen Mühle lahmlegt. Schwefelgestank vertreibt die Gäste des beliebten Ausflugsziels und die starke Algenbildung im Fluss bringt das Mühlrad zum Stillstand. Die Zuckerindustrie wuchs zwischen 1830 und 1880 rasant und fiel mit der Entdeckung des Benzins als Lösungs- und Reinigungsmittel zusammen. Asche, vom »Phantasiemenschen« (BA 16, 124) zum Realisten geworden, wird den Erlös aus dem Verkauf der alten Mühle – dem Symbol der Romantik[16] – konsequenterweise in eine Chemiefabrik »an den Ufern der grauen Spree« (BA 16, 141) investieren und jene industrielle Sparte stützen, gegen die er gerade prozessiert hat.[17] *Pfisters Mühle* ist der erste deutsche Umweltroman und zeigt die gesellschaftlichen Kosten des ungehemmten Wachstums privater Unternehmen. »Moral Hazard« nennen Ökonomen die billigende Inkaufnahme von Schäden, die der Gemeinschaft durch das Gewinnstreben von privaten Körperschaften entstehen. Spätere Generationen werden für die Ausbeutung und Zerstörung der Umwelt zu zahlen haben, für die Verantwortung zu übernehmen Unternehmen nicht bereit sind. Freilich erhielt Raabe erst eine Ahnung von den kommenden Ausmaßen der »kreativen Vernichtung«, die dem Kapitalismus als Prinzip zugrunde liegt.[18]

Nun könnte man meinen, dass die Literatur im Zeitalter des Liberalismus durch ihren Widerspruch zur ökonomischen Vernunft überhaupt erst gerechtfertigt ist und sich gerade deshalb verkauft, weil die Fiktion für die Dauer der Lektüre die Machtlosigkeit gegenüber den wirtschaftlichen Verhältnissen verbirgt. So ist die Kritik an der Ökonomie als Antwort auf die Übermacht des Zeichensystems Geld zu verstehen, das aufgrund seiner Flexibilität demjenigen der Literatur weit überlegen ist.[19] Geld kann buchstäblich alles bezeichnen, was im Tausch für eine bestimmte Summe zu erhalten ist. Worte verändern ihren Sinn dagegen nur, insofern sich der Horizont mit dem lesenden Publikum verschiebt, auch wenn individuelle Präferenzen in Texten unterschiedliche Lesarten zulassen. Doch während die Gewinnmaximierung und damit die Anhäufung von »Zeichen« den Anhängern des Liberalismus zur Religion und zum Selbstzweck geworden ist, bemüht sich Literatur darum, Sinn über die Lektüre des Werkes zu stiften und über seine reine Zeichenhaftigkeit hinaus Antworten auf drängende Fragen der jeweiligen Gegenwart zu finden. Beschränkt sich die Ökonomie auf die Verschiebungsleistung, die sie im Tausch erbringt und von dem sie sich einen Mehrwert erhofft, verlangsamt die Literatur den Moment der Verschiebung und gewinnt an Bedeutung durch Beschränkung. Ihre Mehrdeutigkeit bewegt sich immer im Rahmen literarischer Bezüge. Damit haben Literatur und Ökonomie den Platz miteinander getauscht, den sie einst in der Gesellschaft für sich beanspruchten. Stand die Lektüre der »Heiligen Schrift« für das Seelenheil an erster Stelle, relativiert die Literatur die Dominanz der Ökonomie, deren Grenzen, Schäden und Mechanismen sie aufzeigt. Während sich die durch Arbeitsteilung entfremdete und zugleich durch den Austausch von Waren aneinander gebundene Gemeinschaft im Wesen des Kapitalismus einen höheren Sinn verspricht, der sich im Symbol des Geldes immer nur auf Waren bezieht, geht die Literatur auf Distanz zu einem Sinnversprechen, das der Logik des ökonomischen Denkens entsprechend stets unerfüllt bleibt.

Raabes Romane zeigen den *Homo oeconomicus* im Rahmen gesellschaftlicher Entwicklungen. Seine Außenseiterfiguren zeigen die Dimensionen des ›Anderen‹, »nicht Identische[n]« auf, wie sie Adorno in seiner Ästhetischen Theorie (1970) als Merkmal ästhetischer Erfahrung angeführt hat.[20] Wenn Raabe mit Velten Andres eine Gestalt hervorbringt, die sich von den gesellschaftlichen Normen absetzt, dann ist nicht nur der gesellschaftlich Andere und späte Abkömmling des romantischen Taugenichts, der Doktor der Philosophie und künstlerische Freigeist gemeint, sondern eben auch Velten, der »greuliche Mensch« (BA 19, 377) und mit dem »Jüngsten Gericht« (BA 19, 379) erscheinende Antichrist. Eigentum bedeutet ihm nichts und fährt mit allem Hab und Gut zur Hölle. Als Feind der Warenwelt fordert Velten Werte ein, die sich nicht kaufen lassen, und als Antikapitalist wirft er mit den Dingen auch die Idee der zum Selbstzweck degenerierten Gewinnmaximierung in die Flammen. Ein ebenso romantischer wie nutzloser Gestus des Widerstands vielleicht, doch von symbolischer Macht und ästhetischer Faszination.

Anmerkungen

1 Joseph von Eichendorffs *Aus dem Leben eines Taugenichts* erschien 1826.
2 »Dem spätromantischen Taugenichts gelingt es, ohne jeglichen Einsatz, ohne Streben nach Erfolg, ohne Fleiß und Tüchtigkeit, kurz: ohne jede wirtschaftliche Tugend sein Glück zu finden.« Manuel Bauer: Taugenichtse, Unnütze und Müßiggänger. Zur Wirtschaftsanthropologie des bürgerlichen Realismus, in: Ökonomie des Glücks. Muße, Müßiggang und Faulheit in der Literatur, hg. von Mirko Gemmel und Claudia Löscher, Berlin 2014, S. 259-271, hier S. 262.
3 Wilhelm Raabe: Sämtliche Werke [Braunschweiger Ausgabe], im Auftrag der Braunschweigischen Wissenschaftlichen Gesellschaft hg. von Karl Hoppe und Jost Schillemeit, Ergänzungsband 2, Briefe, hg. von Karl Hoppe und Hans-Werner Peter, Göttingen 1975, S. 303. Alle weiteren Angaben aus dieser Ausgabe als »BA« oder »BAE« mit Seitenangabe im Text.
4 Vgl. hierzu vor allem Eckhardt Meyer-Krentler: »Unterm Strich«. Literarischer Markt, Trivialität und Romankunst in Raabes »Der Lar«, Paderborn u. a. 1986.

5 »Der Siegeszug der Industrialisierung und der beschleunigte Kapitalismus gingen mit der ökonomischen Emanzipation des Bürgertums und einer weitreichenden Expansion des ökonomischen Denkens einher, das religiöse, politische, moralische oder ästhetische Modelle ablöste.« Manuel Bauer: Ökonomische Kultur. Literarische Kultivierung und Vertextung des Ökonomischen, in: Die Textualität der Kultur. Gegenstände Methoden, Probleme der kultur- und literaturwissenschaftlichen Forschung, hg. von Christian Baier u.a., Bamberg 2014, S. 223-239, hier S. 225.

6 Vgl. Michel Foucault: Geschichte der Gouvernementalität, Bd. II, Die Geburt der Biopolitik. Vorlesungen am Collège de France, 1978-1979, Frankfurt a.M. 2004.

7 Friedhelm Henrich: Wilhelm Raabe und die deutsche Einheit. Die Tagebuchdokumente der Jahre 1860-1863, München 1998, S. 81.

8 Ebd., S. 171.

9 Zu Raabes politischen Ansichten vgl. Horst Denkler: Wilhelm Raabe. Legende – Leben – Literatur, Tübingen 1989, S. 133-140. Matthias Agethen diskutiert ökonomische Narrative, ohne jedoch auf die sozialistischen und kommunistischen Theorien des 19. Jahrhunderts hinzuweisen, vgl. ders.: Die Produktivität der Krise. Literarische Inszenierungen der Gründerzeit – Nationalökonomisches Wissen bei Friedrich Spielhagen und Wilhelm Raabe, in: Der große Crash. Wirtschaftskrisen in Literatur und Film, hg. von Nicole Mattern und Timo Rouget, Würzburg 2016, S. 129-154. Christian Stadler bringt das ökonomische Konkurrenzprinzip mit dem Darwinismus zusammen, vgl. ders.: Darwinistische Konkurrenz und ökonomisches Kalkül. Wilhelm Raabes Auseinandersetzung mit der bürgerlichen Gesellschaft, Würzburg 2012.

10 Ulrich Breuer: ›O Ho – racker‹. Aporien der Bildung nach Königgrätz (nach Raabe), in: Jahrbuch der Raabe-Gesellschaft 2005, S. 5-35, hier S. 16. Breuer hebt die soziale Frage in *Horacker* hervor, um sie in Kontrast zu den neuhumanistischen Bildungsidealen der Zeit zu setzen.

11 Zu Details des wirtschaftlichen Wandels um die Jahrhundertmitte vgl. Kapitel 4, »Economy and Society Tranformed«, in: David Blackbourn: History of Germany 1780-1914. The Long Nineteenth Century, 2. Auflage, Malden/MA u.a. 2003, S. 135-170.

12 Zum Thema Kolonialismus vgl. z.B. John Pizer: Wilhelm Raabe and the German Colonial Experience, in: A Companion to German Realism 1848-1900, hg. von Todd Kontje, Rochester/NY 2002, S. 159-181; Dirk Göttsche und Florian Krobb (Hg.): Wilhelm Raabe. Global Themes – International Perspectives, London 2009; Florian Krobb: Erkundungen im Überseeischen. Wilhelm Raabe und die Füllung der Welt, Würzburg 2009.

13 Drei große Auswanderungswellen sind für Deutschland dokumentiert. Zwischen 1845 und 1858 verließen etwa 1,3 Millionen Menschen das Land, zwischen 1864 und 1873 eine Million und zwischen 1880 und 1885 ca. 860.000.
14 Dirk Göttsche hebt hervor, dass es sich bei dem in Bremen lebenden Meyer um den wohl einzigen dunkelhäutigen Deutschen in der Literatur des bürgerlichen Realismus handelt, vgl. Der koloniale ›Zusammenhang der Dinge‹ in der deutschen Provinz. Wilhelm Raabe in postkolonialer Sicht, in: Jahrbuch der Raabe-Gesellschaft 2005, S. 55-73, hier S. 66f.
15 So Manuel Bauers Charakterisierung Agonistas in: Der unheimliche Spekulant. Die Poetik des wiederkehrenden verdrängten Wirtschaftsmenschen in Wilhelm Raabes *Zum wilden Mann* und Thomas Manns *Königliche Hoheit*, in: Ordnungen des Unheimlichen. Kultur – Literatur – Medien, hg. von Florian Lehmann, Würzburg 2016, S. 119-132, hier S. 122-127. Rolf Parr rückt die Mechanismen kapitalistischer Wirtschaftsverhältnisse in den Mittelpunkt: Tauschprozesse in Wilhelm Raabes Erzählung *Zum wilden Mann*, in: Tauschprozesse. Kulturwissenschaftliche Verhandlungen des Ökonomischen, hg. von Georg Mein und Franziska Schößler, Bielefeld 2005, S. 275-290.
16 Eichendorffs Taugenichts sitzt eingangs der Erzählung vor der väterlichen Mühle, vgl. Eichendorff: Aus dem Leben eines Taugenichts, S. 446.
17 Zur Umweltthematik seien nur zwei Beispiele genannt: Gerhard Kaiser: Der Totenfluss als Industriekloake. Über den Zusammenhang von Ökologie, Ökonomie und Phantasie in *Pfisters Mühle* von Wilhelm Raabe, in: Mutter Natur und die Dampfmaschine. Ein literarischer Mythos in Rückbezug auf Antike und Christentum, Freiburg 1991, S. 81-107; sowie Sabine Wilke: Pollution as Poetic Practice: Glimpses of Modernism in Wilhelm Raabe's *Pfisters Mühle*, in: Colloquia Germanica 44.2 (2011), S. 95-214.
18 Joseph Schumpeter prägt den Begriff der »creative destruction« bereits 1942 in seiner einflussreichen Studie *Capitalism, Socialism, and Democracy*. Die kapitalistische Wirtschaftsordnung werde sich demnach durch ihre entfesselte Eigendynamik selbst aufheben, vgl. Joseph Schumpeter: Capitalism, Socialism, and Democracy, New York u.a. 1976, S. 132.
19 Vgl. Jochen Hörisch: Kopf oder Zahl. Die Poesie des Geldes, Frankfurt a.M. 1996.
20 Theodor W. Adorno: Ästhetische Theorie, in: Gesammelte Schriften, Bd. 7, hg. von Gretel Adorno und Rolf Tiedemann, Frankfurt a.M. 1970, S. 155.

Dirk Göttsche

Kolonialismus und Globalisierung

I.

In Wilhelm Raabes Gründerzeitroman *Meister Autor oder Die Geschichten vom versunkenen Garten* (1874) führt ein scheinbares Randmotiv direkt ins Zentrum einer Problemkonstellation, deren Relevanz im heutigen Zeitalter eines neuerlichen Globalisierungsschubs und der Infragestellung bisheriger Gewissheiten offensichtlich ist: Der Erzähler und seine Freunde treffen in der nach Braunschweig modellierten Großstadt des Romans in einem »verzauberte[n] Gartenschlößchen« (BA XI, 51)[1] im Rokokostil, vor dem bereits die Vermessungsstäbe für den Bau einer vom »Stadterweiterungsplan« vorgesehenen neuen »Prioritätenstraße« (BA XI, 45) stehen, auf einen interessanten »Gegenstand«, »einen schwärzlich-grünlichen Stein von eirunder Form und der Größe einer Weiberfaust« (BA XI, 51f.), in den unbekannte Schriftzüge und ein offenbar weibliches Gesicht eingraviert sind. Der Matrose Karl Schaake, der zuletzt auf einer »Hamburger Bark« im Indischen Ozean gearbeitet hat und »muhammedanische Pilger von Malakka nach Dscheddah expedieren« half (BA XI, 39), identifiziert das »graugrüne Zauberding« als den »Stein der Abnahme« (BA XI, 52), mit dem die Malaien und Indonesier ihren Feinden das Unglück ins Haus schicken. Allem westlichen Rationalismus zum Trotz wirft er das Fundstück nach malaischem Vorbild aus dem Fenster und »mitten in das Bassin vor dem Hause« (BA XI, 53), um die

Erbin des Hauses, die Förstertochter Gertrud Tofote, in die er heimlich verliebt ist, zu schützen.

In dem Teich wird »dieses geheimnisvolle Amulett« »beim Bau [der] neuen Straße« allerdings wieder aufgefunden und dem örtlichen Archäologie-Professor überlassen, der »das seltene Artefakt« auf einem Gesellschaftsabend als den südostasiatischen »Apfel des Glückes« vorstellt, »den die Braut dem Bräutigam am Polterabend [...] in die Tasche schiebt« (BA XI, 116f.). Dass er die berechtigte Frage »wie kommt dieses seltene Artefakt gerade dorthin – an diesen seinen jetzigen Fundort?« wenig überzeugend mit den Hinweis auf »den weitesten Weltverkehr unseres Gemeinwesens *im Mittelalter*« (BA XI, 116; Hervorhebung D.G.) beantwortet, während Erzähler und Leser zu diesem Zeitpunkt bereits wissen, dass der letzte Besitzer des Rokokoschlößchens dieses mit den Kapitalerträgen seiner Handelskarriere im holländischen Kolonialreich, in Indonesien und Guyana, gekauft hatte – und zwar mit gründerzeitlichem Spekulationsgeist im Vertrauen darauf, dass das Grundstück durch den Stadterweiterungsplan rapide an Wert gewinnen würde –, das verleiht der Passage zwar Züge einer Gelehrtensatire. Das Rätsel, wie dieses enigmatische »Es« (BA XI, 53) Glück und Unglück zugleich bedeuten kann, bleibt aber bestehen; der Roman löst den Widerspruch in der Interpretation dieses Gegenstandes, der die Braunschweiger Vorstadt unmittelbar mit der kolonialen Welt in Übersee verknüpft und zugleich metaphysische Fragen aufwirft, nicht auf. Wir wissen also nicht, womit wir es zu tun haben, und doch chiffriert das Amulett gerade in dieser epistemologischen Unentschiedenheit die offene Frage des Romans nach der Bewertung von kolonialer Globalisierung und sprunghafter Modernisierung in der Gründerzeit der 1860/70er Jahre. Glück oder Unglück im eigenen Raum, der dabei ist, sich radikal zu verändern, werden im Spiegel fremdkultureller und globaler Referenzen aus der kolonialen Welt zur Reflexion gestellt.

Damit sind anhand eines prägnanten Beispielmotivs Grundzüge der literarischen Thematisierung von Kolonialismus und

Globalisierung benannt, die in Raabes Werk eine so große Rolle spielen wie bei keinem anderen Autor des Realismus in der zweiten Hälfte des 19. Jahrhunderts.[2] Immer wieder setzt Raabe die deutschen Schauplätze durch einzelne Motive, Anspielungen im Erzählerdiskurs und die Lebensläufe der Figuren mit der großen Welt in Übersee in Verbindung, und zwar so, dass Modernisierung und kapitalistische (Welt-)Wirtschaft, aber auch die Sehnsüchte und Ambitionen der Zeitgenossen, als treibende Kräfte dieser Horizonterweiterung erkennbar werden. In *Meister Autor* geschieht dies auf Figurenebene zunächst durch Mynheer van Kunemund, den soeben verstorbenen Bruder der Titelfigur, der als Schlüsselgestalt kapitalistischer Globalisierung in der kolonialen Welt zu Wohlstand gelangt und durch seine Grundstücksspekulation auch seiner Wahl-Erbin, der dadurch aus ihrer kleinbürgerlich-provinziellen Welt in das großstädtische Großbürgertum hineingeworfenen Gertrud Tofote, zu unerwartetem Reichtum verhilft; gegenläufig geschieht es durch den Matrosen Karl Schaake, der aus seiner Arbeit in einer globalisierten Infrastruktur allerdings keinen Gewinn zieht und schließlich an den Folgen eines Eisenbahnunfalls, eines Schlüsselmotivs der Beschleunigung und Modernisierung aller Lebensverhältnisse,[3] tragisch stirbt; und es geschieht durch Kunemunds Diener Ceretto Meyer, einen in Bremen geborenen Schwarzen Deutschen und damit eine Ausnahmegestalt im Figurenarsenal des deutschen Realismus, mit dessen Lebens- und Familiengeschichte Raabe transatlantischen Sklavenhandel und kolonialen Rassismus in seine Zeitkritik einbezieht und zugleich eine dritte, im Sinne der postkolonialen Theorie ›subalterne‹ Form weltumspannender Laufbahnen andeutet: Der ungewöhnliche ›Mohr‹, an dessen widersprüchlichen Effekten auf die weißen deutschen Figuren der Roman die Ambivalenz des kolonialen Blicks zwischen exotistischer Projektion und rassistischer Ausgrenzung durchspielt, hat »als Koch oder Steward die Welt befahren«, dann als »wilde[r] Meß- und Jahrmarktsindianer« (BA XI, 29) den Europäern den Spiegel ihrer kulturellen Fantasien und Ängste vorgehalten, bevor er van

Kunemunds Diener wurde und schließlich als »gute[r] Genius« (BA XI, 156) in den Haushalt des Erzählers übergeht.[4] Als afrodeutsche Synthese aus kolonialer Fremde und deutscher Heimat sowie als ein Führer, der die Figuren zusammenbringt, fungiert dieser »kuriose Philosoph« (ebd.) geradezu als Symbolgestalt des neuen globalen Horizonts deutscher Bürgerlichkeit.

Charakteristisch sind für Raabes Zeitkritik, wie diese Figur exemplarisch zeigt, die humoristische und ironische Dekonstruktion geläufiger Wahrnehmungen und Stereotype sowie zwei strukturelle Merkmale seines Erzählens, die auch seinen Antikolonialismus prägen: die radikale Perspektivität und Subjektivität aller Darstellung, für die der Erzähler von *Meister Autor* – ein großbürgerlicher Schriftsteller namens Emil von Schmidt, der wie seine Figuren nur einen eingeschränkten Blick auf das Geschehen hat – ein Beispiel darstellt, sowie die Arbeit mit kontrapunktischen Figurenkonstellationen und gegensätzlichen Wirklichkeitsdeutungen, die sich anfangs – z.B. in der *Chronik der Sperlingsgasse* (1856) – noch komplementär zueinander verhalten, im Spätwerk aber unvereinbar nebeneinander stehen bzw. aporetisch ineinander verschränkt sind. Stilistisch steht der Unaufgelöstheit der Widersprüche und gegensätzlichen Perspektiven die Diskursivität und Intertextualität eines Erzählens gegenüber, das geradezu eine Überfülle von Deutungsangeboten ins Spiel bringt (wie die unterschiedlichen Benennungen des malaiisch-indonesischen Amuletts exemplarisch illustrieren) und den Leser so zu seiner eigenen Reflexions- und Deutungsarbeit zwingt.

Die literarischen Modellbildungen von Raabes Erzählen sind also nicht nur darin modern und auch heute noch oder wieder relevant, dass der Autor wie wenige seiner Zeit das Ineinandergreifen von kolonialer Expansion, kapitalistischer Globalisierung und sprunghafter Modernisierung beobachtet, sondern auch durch die epistemologischen Implikationen seines selbstreflexiven Erzählverfahrens, das von der grundsätzlichen Einsicht in die Perspektivität, Relativität und Interessegeleitetheit aller Wahrnehmung und Darstellung ausgeht. Damit ist Raabes Kolonialismuskritik auch von doppeltem postkolonialen Interesse: erstens in seiner wiederkehrenden Auseinandersetzung mit der grundlegenden »Verwandlung der Welt« im 19. Jahrhundert – »gesteigert[e] Mobilität«, »die beschleunigte Mobilisierung von Ressourcen über Staats- und Zivilisationsgrenzen hinweg« (einschließlich der Entstehung eines »Weltkapitalmarkt[es]«) und die »asymmetrische Referenzverdichtung« im globalen und zunehmend imperialen Ausgriff einer europäischen »kolonialen Ordnung, die auf Ungleichheit, Ungerechtigkeit und Heuchelei aufgebaut war«[5] – und zweitens in seiner metafiktionalen Poetik, die »kontrapunktische[n] Lektüren«[6] im Sinne der postkolonialen Methodologie durch ihre eigene Diskurs- und Bewusstseinskritik entgegenkommt. Im Folgenden sollen nach einer kurzen Einführung in postkoloniale Fragestellungen und den literarhistorischen Kontext von Raabes Antikolonialismus prägende Aspekte seiner zeitkritischen Auseinandersetzung mit Kolonialismus und Globalisierung anhand ausgewählter Werke zwischen der Novelle *Sankt Thomas* (1866) und dem Roman *Die Akten des Vogelsangs* (1895) herausgestellt werden.

II.

Als Teil der kulturwissenschaftlichen Erweiterung traditioneller Literaturwissenschaft haben sich die Postkolonialen Studien seit den 1980er Jahren zunächst im englischsprachigen Raum, seit ca. 2000 dann auch in den deutschen Kultur- und Literaturwissenschaften als ein innovatives, internationales und interdisziplinäres Forschungsfeld etabliert, an dem auch die Geschichtswissenschaften, die Soziologie und die Politologie beteiligt sind. Im Gefolge von Schlüsselwerken wie Edward W. Saids *Orientalism* (1978), Homi K. Bhabhas *The Location of Culture* (1994) und Gayatri Chakravorty Spivaks Aufsatz *Can the Subaltern Speak?* (1988)[7] geht es darum, Geschichte, Kulturgeschichte und Folgen des europäischen Kolonialismus kritisch aufzuarbeiten, und zwar nicht nur im globalen Süden der einstigen Kolonien, sondern auch in den einstigen Kolonialmächten – einschließlich jener, die (wie Deutschland) ihre Kolonialgeschichte verdrängt hatten oder (wie Österreich und die Schweiz) selbst keine Überseekolonien besaßen.[8] In der Germanistik hat sich dieser Ansatz für die Analyse des »postkolonialen Blicks« (Lützeler)[9] in der Nachkriegs- und Gegenwartsliteratur bewährt, zugleich aber auch in der Form kritischer Relektüren deutschsprachiger Literatur aus vorkolonialer, imperialer und post-imperialer Zeit, also v. a. aus dem Zeitraum zwischen dem 18. Jahrhundert und 1945. Dies ist gewissermaßen das literarische Äquivalent der historischen »Spurensuche« zur deutschen Kolonialgeschichte, die sich geschichtswissenschaftlich, regionalgeschichtlich und literarisch als das erfolgreichste Muster postkolonialer Geschichtsarbeit erwiesen hat.[10] Für Raabe hat der amerikanische Germanist John Pizer 2002 die erste postkoloniale Relektüre vorgelegt und gezeigt, wie Raabes Werke sich mit Deutschlands Anteil an der kolonialen Expansion Europas, mit den sozialen und kulturellen Hintergründen, Resonanzen und Rückwirkungen kolonialer Globalisierung, mit Auswanderung, »Kolonialphantasien«[11] und Kolonialkultur im eigenen Lande beschäftigen, wobei der holländische Kolonialismus oft als Modell dient.[12] Florian Krobb fasst diesen neuen Zugang wie folgt zusammen: »Raabes Werk spiegelt in vielfacher Weise die Globalisierung des europäischen und deutschen Weltbildes. Der postkoloniale Ansatz der Literaturwissenschaft hat dazu beigetragen, diese Dimension von Raabes Werk überhaupt erst zur Kenntnis zu nehmen.«[13] Postkoloniale Lektüren haben seither an bekannten Texten wie der Novelle *Zum wilden Mann* (1874) oder dem Roman *Stopfkuchen* (1890) neue Dimensionen entdeckt und zuvor unbeachteten wie der Novelle *Sankt Thomas* oder dem Roman *Prinzessin Fisch* (1883) neues Gewicht verliehen.

Natürlich steht Raabe mit seinem kritisch-interessierten Blick auf die neuen globalen Vernetzungen in einer Zeit, in der »[d]ie ganze Welt« erstmals »tendenziell zu *einem* Erfahrungsraum geworden [war]«,[14] nicht allein.[15] In dem paradigmatischen Roman des programmatischen Realismus, Gustav Freytags *Soll und Haben* (1855), wird ausgerechnet der weltumspannende Handel mit Kolonialwaren in dem vormärzlichen Kontor eines mittelständischen Kaufmanns als Modell bürgerlicher Weltordnung idealisiert, während Polen (und nicht Amerika oder Afrika) Gegenstand kolonialer ›Zivilisierung‹ und Unterwerfung ist. In Gottfried Kellers Gründerzeitroman *Martin Salander* (1884) muss das Schweizer Vermögen der bürgerlichen Protagonisten zweimal in Brasilien erkämpft bzw. zurückgewonnen werden, sodass die Abhängigkeit des heimischen Wohlstands vom transatlantischen Waren- und Kapitalverkehr einer globalisierten Wirtschaftsordnung kritischer in den Blick kommt. Die Verflechtung der Schweiz im System des europäischen Kolonialismus ist hier unmittelbar mit »dem Zentralthema des Romans, der sozialen Mobilität«,[16] verknüpft. Auch in Romanen Theodor Fontanes wie *Cécile* (1886), *Unwiederbringlich* (1891), *Frau Jenny Treibel* (1892), *Effi Briest* (1895), *Die Poggenpuhls* (1896) oder *Der Stechlin* (1898) geht es immer wieder um Welthandel, globale Karrieren, die Resonanzen der Globalisierung im eigenen Raum oder auch weltpolitische Spekulationen wie jene, »[o]b es glückt, ein Nilreich aufzurichten, ob Japan ein England im Stillen Ozean wird, ob China mit seinen vierhundert Millionen aus dem Schlaf aufwacht und, seine Hand erhebend, uns und der Welt zuruft: ›Hier bin ich‹«.[17] Solche Fragen, welche die postkoloniale Forschung der vergangenen zwanzig Jahre in dem deutlich veränderten Kontext eines zweiten Globalisierungsschubs unter dem Stichwort »Provincializing Europe« diskutiert,[18] sind heute aber aktueller denn je.

Die miteinander verzahnten Themen Kolonialismus und Globalisierung spielen in der Literatur des Realismus also eine zentrale Rolle. Anders als in dem in den 1890er Jahren einsetzenden Kolonialroman (Frieda von Bülow, Carl Falkenhorst, Gustav Frenssen u.a.) wählen die Autoren des Realismus allerdings (mit wenigen Ausnahmen) keine kolonialen Schauplätze in Übersee. Ihre Erzählwerke perspektivieren die neuartige

Verschaltung von Metropole, Provinz und Welt[19] durch die Schauplätze und Gegebenheiten der eigenen, deutschen Welt, wobei es insbesondere Raabe immer auch um die Kritik der »heimische[n] Vorstellung und Konstruktion von Ferne und Fremde – und die Art ihrer medialen Vermittlung« geht.[20] Trotz dieser epistemologischen Grundierung des zeitkritischen Antikolonialismus kann insofern von dem »Paradox eines ›weltläufigen Provinzialismus‹«[21] gesprochen werden, zumal die heute namhaften Autoren – anders als Vorgänger wie Adelbert von Chamisso, Charles Sealsfield oder Friedrich Gerstäcker – niemals in Amerika, Afrika oder Asien gewesen sind.

Gleichwohl ist die Entwicklung des kolonialen Themas in Raabes Werken ein gutes Beispiel für die literarischen Rückwirkungen des wachsenden geografischen, anthropologischen, naturwissenschaftlichen, wirtschaftlichen und kulturellen Wissens über die Überseewelten, das nicht zuletzt von jenen geografischen und Familienzeitschriften (*Petermanns Mitteilungen*, *Gartenlaube*, *Über Land und Meer*, *Westermanns Monatshefte* u.a.) popularisiert wurde, in denen die einschlägigen Romane und Erzählungen oft zuerst in serialisierter Form erschienen.[22] Das Ergebnis ist in der Literaturgeschichte (anti-)kolonialer Reflexion eine Verschiebung der Parameter angemessener Darstellung. Während Raabe z.B. in dem Zeitroman *Abu Telfan oder die Heimkehr vom Mondgebirge* (1867) trotz der konkreten Bezugnahme auf den Bau des Suezkanals noch ein fiktionales, aus den Topoi des europäischen Afrikadiskurses seit der Antike konstruiertes ›inneres Afrika‹ entwerfen konnte, greifen spätere Romane wie *Prinzessin Fisch* oder *Stopfkuchen* sehr genau das Wissen der Zeit über die realen Gegebenheiten der fraglichen fernen Länder (hier: Mexiko und Südafrika) auf. In *Abu Telfan* stehen die ironische Umkehr des kolonialen Blicks – der weiße Protagonist sitzt sieben Jahre als Sklave einer schwarzen Herrin im afrikanischen »Tumurkieland« fest – und die provozierenden »Vergleichungen« zwischen Darfur und Sachsen, mit denen afrikanische und deutsche Verhältnisse im Sinne einer scharfen Zeitkritik als vergleichbar und gleichwertig behauptet werden, noch in der Tradition des Kritischen Exotismus, wie ihn Montesquieus *Lettres persanes* (1721) oder Adolph Knigges Staatsroman *Benjamin Noldmanns Geschichte der Aufklärung in Abessinien* (1791) etabliert hatten. In *Stopfkuchen. Eine See- und Mordgeschichte* dagegen geht es um das Epochenphänomen deutscher Auswanderung, um Kolonialisierung (in Afrika wie in Deutschland, wie Stopfkuchens »Eroberung« der Roten Schanze zeigt) und um diskursive Macht in einer globalisierten Welt: Der Zuhausegebliebene zwingt dem weltläufigen und damit vermeintlich überlegenen Heimatbesucher eine Deutung der zentralen »Mordgeschichte« auf, mit der er sich selbst für seine lebenslange Zurücksetzung rächt, obwohl seine ›Aufklärung‹ des fraglichen Kriminalfalles ebenso wenig zwingend ist wie die gegensätzlichen Deutungen des malaiisch-indonesischen Amuletts in *Meister Autor*.[23]

Allerdings wird Eduards koloniale Siedlerexistenz in Südafrika charakteristischerweise nicht ausgemalt. Überseeschauplätze kommen in Raabes späteren Werken jeweils nur in Erinnerungserzählungen oder andeutungsweise vor. In den 1860er Jahren ist dies noch anders: In dem Bildungs- und Zeitroman *Die Leute aus dem Walde* (1863) stellt Raabe ein angelesenes Nordamerika dar, das geradezu überwiegend von Deutschen bevölkert zu sein scheint und allemal recht konventionell als abenteuerlicher Bewährungsraum der deutschen Protagonisten dient.[24] In der Novelle *Sankt Thomas* über einen westafrikanischen Nebenschauplatz des spanisch-niederländischen Krieges von 1599 lassen sich dagegen die Anfänge von Raabes Antikolonialismus beobachten: Ein niederländischer Pastor wandelt sich vom Repräsentanten des kolonialen Bundes zwischen ›Bibel und Schwert‹ zum Fundamentalkritiker der »europäischen Kolonialexpansion«, und Raabe stellt dessen antikolonialem Schlussmonolog in entschiedener »Umkehr der kolonialen Logik« eine fiktive afrikanische Stimme gleichwertig zur Seite.[25] Die Novelle endet untypisch mit der Befreiung der westafrikanischen Insel São Thomé von den konkurrierenden spanisch-portugiesischen und niederländischen Kolonialmächten, also mit einer um Jahrhunderte vorgezogenen Dekolonisierung, und sie »brandmarkt« die dargestellte koloniale Ausbeutung hinsichtlich des niederländischen Befreiungskampfes gegen die spanische Herrschaft zugleich als »Perversion ehemaliger Freiheitsideale«, als »Warnung« vor der »Behauptung der eigenen Freiheit auf Kosten der Freiheit anderer«.[26]

III.

Charakteristischerweise sind *Abu Telfan* und *Die Leute aus dem Walde* zugleich Heimkehrergeschichte, also Romane, die die zeitweilige oder dauerhafte Rückkehr eines oder mehrerer Protagonisten (zum Teil auch des Erzählers wie in *Stopfkuchen*), die in ihrer Jugend in die Ferne, zumeist nach Übersee, ausgewandert waren, zum Ausgangspunkt ihrer Zeitkritik nehmen. Immer wieder nutzt Raabe diesen Chronotopos – also die mit der Rück- oder Heimkehr verbundene Verschränkung von Zeiten und Räumen[27] –, um einesteils im Vergleich von Vergangenheit und Gegenwart den radikalen Wandel der Lebenswelt im Zeichen sprunghafter Modernisierung zu reflektieren, anderntheils die deutschen Schauplätze in einen globalen Horizont zu rücken. Zugleich thematisieren diese Texte das Epochenphänomen der Auswanderung und die mit solcher Migration verbundenen Hoffnungen auf soziale Mobilität – wiederum ein aktuelles Thema, auch wenn es in der heutigen Diskussion zumeist um Einwanderung *nach* Deutschland geht. In *Prinzessin Fisch*, nach *Meister Autor* ein weiterer Gründerzeitroman mit globalem Resonanzraum, und der Novelle *Zum wilden Mann* wird der Chronotopos der Rückkehr besonders deutlich mit dem Themenkomplex Kolonialismus und Globalisierung verknüpft. Die Auswanderer – in *Prinzessin Fisch* der einstige Rebell Alexander Rodburg alias Redburgh, der als »Zeitungskorrespondent, Handelsmann und Kriegsmann« (BA XV, 313) sein Glück in den USA und Mexiko versucht hat, in *Zum wilden Mann* der Henkerssohn August Mördling, der als brasilianischer Gendarmerie-Oberst Dom Agostin Agonista nach einer abenteuerlichen Karriere in der Karibik und Lateinamerika seiner Jugendbekanntschaft, dem Apotheker Philipp Kristeller, einen Heimatbesuch abstattet – kehren gerade nicht dauerhaft heim. Stattdessen dienen sie Raabe zu einer radikalen Inversion der kolonialen Ordnung, indem sie nämlich, wie es von Rodburg heißt, als »Pionier im alten abgebrauchten Europa« und »Eroberer von Ilmenthal und Umgebung« (BA XV, 300, 313) koloniale Aneignungs- und Ausbeutungspraktiken auf die eigene Welt zurückwenden, auf das zum internationalen Lufkurort aufstrebende Harzdorf Ilmenthal im einen Fall, auf den bürgerlichen Zirkel um die Harz-Apotheke »Zum wilden Mann« im anderen.

Entscheidend für Raabes Globalisierungskritik ist in diesem Zusammenhang, dass es nicht etwa die Fremde ist – die USA als Inbegriff von Kapitalismus und traditionsvergessener Moderne im kulturkritischen Diskurs des ausgehenden 19. Jahrhunderts bzw. Brasilien als autokratisches Kaiserreich und ›wilder‹ Abenteuerraum –, die die Remigranten die rücksichtslose Durchsetzung ihrer Ansprüche auf Freiheit, Macht und Reichtum gelehrt hat. Die Remigranten bringen lediglich »verbessert« mit zurück, »was [sie] an Talenten und Finessen schon von uns auf den Weg mitgenommen [haben]« (BA XV, 372), wie der Lebensphilosoph Bruseberger in *Prinzessin Fisch* bemerkt. Raabes Gründerzeitkritik zieht polemische antithetische Gegenüberstellungen von Fremdem und Eigenem gerade ein; es sind nicht Fremde aus bösen Überseewelten, die vermeintliche deutsche Heimatidyllen zerstören, sondern Deutsche sind überall in der Welt am Prozess kolonialer Globalisierung beteiligt, lange bevor das Deutsche Reich sich eigene Kolonien sicherte. Auf allen Schauplätzen treiben Fortschrittshoffnungen, Selbstverwirklichungsansprüche und Aufstiegswünsche Veränderungsprozesse voran, gegen deren moralische und soziale Auswirkungen Raabes Erzählungen – mit zunehmender Skepsis – ein Ethos sozialer Moralität und Solidarität mobilisieren.[28]

In der dialektischen Verschränkung von eigenen und fremden Räumen werden die Rückkehrer zu Agenten einer Globalisierung, die, im Verein mit dem »spekulative[n] Bedürfnis einheimischer Grundbesitzer, zugereister und einheimischer Kapitalisten und Streber« (BA XV, 194), traditionale Lebensräume grundlegend verwandelt. Raabes Texte registrieren diesen Wandel teils durchaus mit Bedauern, kritisch gegen Egoismus, Machtstreben und Ignoranz, aber ohne Nostalgie. In *Prinzessin Fisch* geht der Modernisierungsprozess weiter, auch nachdem Rodburg mit seinen Spekulationen gescheitert und weitergezogen ist. Der Roman endet symbolisch »*Auf der Schwelle*« (BA XV, 386), als der jugendliche Protagonist im Gespräch mit seinem Mentor und angesichts der »Vorarbeiten zu unserer Eisenbahn« (BA XV, 370) seine eigene »Heimatlosigkeit in der Heimat« (BA XV, 368) erkennt und auf eine Heimkehr nach dem Studium verzichtet.

In *Zum wilden Mann* erholen sich die bürgerlichen Freunde des Apothekers zwar von den brasilianischen Auswanderungsfantasien, die ihnen Agonista im Versprechen vermeintlich unendlicher Möglichkeiten in der ›neuen Welt‹ anfangs in den Kopf gesetzt hat. Doch bleiben Kristeller und seine Schwester praktisch mittellos zurück, nachdem der Rückkehrer, der im Dienst des Kaisers von Brasilien zu einer Hauptstütze quasikolonialer Gewaltherrschaft geworden ist, als rücksichtsloser Kapitalist seine einstige Schenkung, die den Apothekenkauf 30 Jahre zuvor ermöglicht hatte, mit Zins und Zinseszins zurückgefordert und erhalten hat. Obwohl auch der scheinbar so bescheidene Apotheker mit seinem gleichnamigen Magenbitter und dessen Annoncierung »in den Zeitungen« bereits einen Handel »durch ganz Deutschland ins Unermeßliche« treibt (BA XI, 232, 175), überbietet ihn Agonista als Agent der Industrialisierung und eines transatlantischen Weltmarktes. Er versucht Kristeller als Chemiker für die industrielle Produktion von »Fleischextrakt« in Brasilien zu gewinnen, um nach dem Vorbild Justus von Liebigs den erfolgreichen Firmen in Uruguay und Argentinien »Konkurrenz« zu machen: »ich liefere dir das Vieh, und du lieferst mir den Extrakt« (BA XI, 235). Als Kristeller ablehnt, besteht er stattdessen auf dem »Rezept für den ›Kristeller‹«, den »Kristellerschen Magenbitter«, von dem er sich verspricht, dass die Massenproduktion »noch rentabler« sein werde (BA XI, 237f.). In Umkehr kolonialer Verhältnisse fließen Kapital und Know-How hier also aus Europa nach Übersee; Brasilien ist der überlegene Raum einer globalen Moderne, dem die deutsche Provinz nur noch zuarbeitet. Dieser symbolischen ›Provinzialisierung Europas‹ stehen die epistemologischen Herausforderungen der Novelle zur Seite, in denen sich bei genauerer Hinsicht Gut und Böse gerade nicht den beiden vermeintlichen Freunden und Antagonisten Kristeller und Agonista zuordnen lassen. Agonistas Ambitionen sind durchaus bürgerlich – er begründet die Kapitaleintreibung mit der Absicht, in Brasilien eine deutsche Emigrantin zu heiraten und eine Hacienda zu kaufen (BA XI, 234) –; seine Verwandlung vom moralisch verzweifelten Emigranten zum rücksichtslosen Ausbeuter bleibt in dem intrikaten Perspektivenspiel der Novelle ebenso rätselhaft wie Kristellers freudiges Einwilligen in seinen eigenen wirtschaftlichen Ruin. In dem »letztlich bodenlose[n] Zeichen- (und d.h. auch: Deutungs-) Spiel« der Novelle wird die koloniale Thematik wiederum mit einer epistemologischen verschränkt: der »Bodenlosigkeit der metaphysischen Situation des Subjekts in der Moderne«,[29] die in dem kontrapunktischen und perspektivischen Erzählen erfahrbar wird.

In Uruguay mit deutschem Patent und belgischem Kapital nach einem britischen Probelauf für den Weltmarkt produziert,[30] ist das von Raabe in *Zum wilden Mann* aufgegriffene Motiv des Liebigschen Fleischextrakts auch historisch ein prägnantes Beispiel für das Ineinandergreifen von ökonomischer Globalisierung, moderner Infrastruktur und wissenschaftlich-technischem Fortschritt in der kolonial organisierten Welt des späten 19. Jahrhunderts. Nicht immer sind die globalen Referenzen in Raabes Erzählen so konkret. Wenn Velten Andres in den *Akten des Vogelsangs* nach Studium und Lehre für den

Berliner Bekleidungskaufmann des Beaux »als internationaler Reisender in Herrenkonfektion« Helene Trotzendorff in die USA folgt (BA XIX, 302), mit Leon des Beaux dann »eine Reise um die Erde« unternimmt (BA XIX, 330), »als Dolmetscher auf einem Pilgerschiff« zwischen Ägypten und Saudi-Arabien arbeitet (BA XIX, 402) und überhaupt »in seinem kurzen Leben alles gewesen ist«, und zwar international: »Gelehrter, Kaufmann, Luftschiffer, Soldat, Schiffsmann, Zeitungsschreiber« (BA XIX, 318), dann schlägt diese Übersteigerung der neuen Option globaler Karrieren ins Abenteuerliche um. Statt die Welt globaler Modernisierung zu repräsentieren, stellt Velten Andres sie radikal infrage, denn er hat »es nach bürgerlichen Begriffe zu nichts [gebracht]« (ebd.) und wird durch seine materielle wie moralische »Eigentumsmüdigkeit« (BA XIX, 373) zur stärksten Herausforderung der durch den Erzähler repräsentierten bürgerlichen Ordnung.[31]

In *Fabian und Sebastian* (1882) dient die Flut exotischer Projektionen, mit denen die jugendliche Heimkehrerin, die im holländischen Indonesien geborenen Konstantia Pelzmann, Erbin einer führenden deutschen Schokoladenfabrik, vom Erzähler und den Figuren überschüttet wird, zwar einmal mehr zur Karikatur spießbürgerlich-stereotyper Vorstellungen von Überseewelten und gegenläufig zur Verfremdung deutscher Verhältnisse. Die junge Remigrantin erscheint u.a. als »Deutsch-Holländerin«, »kleine Malaiin«, »Prinzessin aus dem Mohrenlande«, »surinamische[r], sumatrasche[r] oder javanische[r] Paradiesvogel« und »wild[e] Asiatin« (BA XV, 13, 18, 38, 47f.), sodass sie – vor allem vor ihrem Auftritt – ähnlich enigmatisch wird wie das Amulett in *Meister Autor*, doch diesmal mit satirischem statt epistemologischem Akzent, denn die abwegigen Zuschreibungen fallen auf die jeweils Sprechenden zurück. Die koloniale Dimension des Sujets (Kakaohandel und Schokoladenproduktion) wird in der eigentümlichen Mischung des Textes aus Sozialroman und Weihnachtsgeschichte allerdings in geradezu erstaunlicher Weise zugunsten einer Utopie tätiger Mitmenschlichkeit ausgeblendet.[32] Entsprechend sind es moralische Verfehlungen in der Fabrikantenfamilie Pelzmann (und nicht soziale Not oder Freiheitsdrang), die den Vater der kolonialen Remigrantin einst »aus dem Leibhusarenregiment der Heimat als militärische[n] Abenteuerer in den Dienst Sr. Majestät des Königs der Niederlande über[treten]« ließen (BA XV, 86). Dass die moralische Schuld der Vorgeschichte die deutsche Welt des Romans mit dem Eintreffen der nunmehrigen Waisen aus Indonesien wieder einholt (und den Tod des Hauptschuldigen, des ältesten der Pelzmann-Brüder verursacht), das verbindet *Fabian und Sebastian* allerdings mit den vergleichbaren Boomerang-Effekten in *Prinzessin Fisch* oder *Zum wilden Mann*.

IV.

In einem für Raabe typischen ironischen Spiel mit Lesererwartungen trägt der Zeitroman *Meister Autor* ausgerechnet den fantasievoll-märchenhaften Untertitel »Die Geschichten vom versunkenen Garten«, während sein Haupttitel die Frage der Autorschaft anzusprechen scheint; *Prinzessin Fisch* hat als Bildungsroman des Protagonisten und mit seiner Kritik kolonialer Faszinationen seinen Platz »in der großen Geschichte von der Erziehung des Menschen durch die Phantasie« (BA XV, 348), wie der Erzähler mitteilt, und in *Fabian und Sebastian* steht die »Künstlerseele« (BA XV, 77) des ›Attrappenonkels‹ Fabian Pelzmann, des Chefdesigners der familieneigenen Schokoladenfabrik, in engstem Zusammenhang mit seinem sozialen Ethos; seine Fähigkeiten, die Kinderfantasien durch neue Weihnachtskreationen anzuregen und den Bedürftigen zu helfen, gehen Hand in Hand, zumal es die »Ableitung« (BA XV, 134) von Sorgen ist, die seine Kreativität kompensatorisch beflügelt. Zugleich fungieren solche Motive, in denen die Zeitkritik der Texte mit einem Diskurs über die menschliche Einbildungskraft und ihre Leistungen verknüpft wird, als verdeckte poetologische Chiffren eines selbstreflexiven Erzählens, das im Nachdenken über menschliche Erfahrungen, Fantasien und Ängste zugleich immer auch seine eigenen Möglichkeiten reflektiert. Auch die kontroversen Deutungen des malaiischen Amuletts in *Meister Autor* oder die inflationär-widersprüchlichen Benennungen des Waisenkindes Konstanze Pelzmann in *Fabian und Sebastian* gehören zu diesen Motiven, an denen Raabes literarische Auseinandersetzung mit den Vorstellungen und Denkmustern seiner Zeitgenossen als eine Diskurs- und Bewusstseinskritik lesbar wird, die integraler Bestandteil seiner Zeit- und Kolonialismuskritik ist. Die Figur Ceretto Meyers in *Meister Autor* ist ein besonders deutliches Beispiel dieser Themenverschränkung, die in diesem Fall einerseits den von der Mehrheit als anders Ausgegrenzten in entschiedener Wendung gegen kolonialen Rassismus in seiner Gleichwertigkeit würdigt, an ihm andererseits aber immer wieder den kolonialen Blick der weißen Gesellschaft und dessen sprachliche Ausdrucksformen ausstellt, statt beispielsweise näher auf die Lebensbedingungen Schwarzer Deutscher im 19. Jahrhundert einzugehen. Natürlich steht Raabes Antikolonialismus im Horizont seiner Zeit.

Raabes aphoristisches Notat aus dem Jahre 1877 »Das Exotische ist die Formel, unter der der Mensch die Welt zu sehen wünscht. Der deutsche Spießbürger aber ist ein Exotisches für den Pariser und umgekehrt« (BA Ergänzungsbd. V, 399) belegt auch für den kolonialen Bereich den Zusammenhang zwischen seiner Kritik exotistischer Projektion und der Epistemologie eines Erzählens, das auf der Perspektivität und Subjektivität aller Darstellung besteht und die Einsicht in die Konstruiertheit und Relativität diskursiver Ordnungen zur Kritik bestehender Vorurteile und Überlegenheitsansprüche nutzt. Dekonstruiert werden nicht nur – wie im Falle des jungen Protagonisten in *Prinzessin Fisch* – exotische Träume vom »Reich der blauen Wunder und Abenteuer« (BA XV, 308), die die »Kolonialphantasien« der Deutschen im 19. Jahrhundert anregen und damit die ökonomischen und politischen Kolonialprojekte der Zeit ideologisch unterfüttern, sondern auch die Auswirkungen solcher Projektionen auf die Betroffenen aus den überseeischen

Kulturräumen. Man kann nicht sagen, dass *Prinzessin Fisch* die Titelfigur, die mexikanische Frau des österreichischen Offiziers, der in dem aufstrebenden Kurort seinen Lebensabend verbringen will, besonders sympathisch zeichnet. Dennoch wird ihr eine individualisierende mexikanische Lebensgeschichte zugeschrieben (BA XV, 331-336), ihre vermeintlich »träge, stumpfe Seele« wird mit ihrem Leiden an der »frostige[n], nebelige[n], ihr so gänzlich fremde[n] Welt« Norddeutschlands motiviert – freilich auch in der Umkehr der üblichen anthropologischen Zuschreibungen noch im Rekurs auf das latent rassistische Klischee der klimatheoretischen Antithese von ›heißen‹ Südländern und ›kalten‹ Nordländern – und in Wendungen wie jener von den »*für uns* buntesten Bilder[n]« mexikanischer Zeitgeschichte (dem gescheiterten Versuch, Maximilian von Habsburg als Kaiser von Mexiko durchzusetzen) wird ein interkultureller Perspektivismus erkennbar, der abermals koloniale Hierarchien unterläuft (BA XV, 331; Hervorhebung im Text): Das »für uns« Exotisch-Bunte ist für die Mexikanerin Alltag oder aber verstörende Erfahrung, die als solche von ihrer neuen deutschen Umwelt aber offenbar nicht anerkannt wird.[33] Einen Schritt weiter geht Raabe in ausdrücklichen Inversionen etablierter Diskursfiguren aus dem Kontext der Globalisierungsthematik. Die Beispiele reichen von den vermeintlich unangebrachten Vergleichen zwischen Afrika und Deutschland in den Vorträgen des Rückkehrers Hagebucher in *Abu Telfan* über die Umkehr von kolonialen und Entwicklungshierarchien zwischen Europa und Lateinamerika in *Zum wilden Mann* bis zur Vertauschung der Machtpositionen zwischen Kosmopolit und Philister in *Stopfkuchen*, einer Vertauschung, die sich im Zuge ihrer literarischen Aufzeichnung noch einmal selbst infrage stellt und dadurch in diesem späten Roman deutlicher als in anderen über die binäre, auf einfachen Antithesen beruhende Logik kolonialen Denkens hinausweist.

Globalisierungsthematik und Kolonialismuskritik gehen bei Raabe also Hand in Hand, und seine Zeitkritik hat mit der Realgeschichte der kolonialen Expansion, mit eurozentrischer

Weltwirtschaft und neuer Mobilität immer auch deren diskursive Resonanzen im Blick. Die kritische Auseinandersetzung mit der kolonialen Extension der Modernisierungsprozesse, die seine Zeit prägen, ist ein integraler Bestandteil seiner lebenslangen Arbeit an leitenden Problemstellungen in wiederkehrenden Erzählstrukturen, deren ästhetisches Potenzial Raabe immer wieder variiert und weiterentwickelt, sodass Zeitkritik und Epistemologie in immer neue Konstellationen gebracht werden. Diese vollständige Integration des kolonialen Themas in die Grundzüge von Raabes Erzählen mag auch *eine* Erklärung dafür liefern, warum es so lange gedauert hat, bis diese Dimension seines Werks gesehen worden ist. Als seine Texte unter dem Stichwort »Raabe in neuer Sicht«[34] in den 1960er Jahre wiederentdeckt und von den ideologischen Vereinnahmungen der ersten Rezeptionsjahrzehnte befreit wurden, waren die deutsche Kolonialgeschichte und ihre kulturelle Vorgeschichte im 19. Jahrhundert freilich gerade in den Hintergrund des öffentlichen und wissenschaftlichen Bewusstseins gerückt. Der Anti-Imperialismus der 1968er Generation und die Rezeption der frankophonen antikolonialen Theorie (Frantz Fanon, Aimé Césaire, Albert Memmi u.a.) waren erste Schritte zu einer kritischen Neuvermessung des deutschen Anteils an der Geschichte des europäischen Kolonialismus und Imperialismus, aber erst die postkoloniale Theorie anglophoner Prägung hat den Weg zu einer neuen postkolonialen Lektüre auch der Werke Wilhelm Raabes freigemacht. Einer der beteiligten Literaturwissenschaftler, seines Zeichens zugleich ein namhafter Gegenwartsautor, hat den Brückenschlag zwischen Raabes literarischem Antikolonialismus und dem »postkolonialen Blick« in der Gegenwartsliteratur literarisch ausgestaltet: In Christof Hamanns metafiktionalem Familienroman *Usambara* (2007)[35] durchziehen intertextuelle Anspielungen auf Raabes Werke eine postkoloniale Erinnerungspoetik, deren Sujets vom ironischen Rückblick auf die kolonialen Entdeckungsreisen über die Kritik europäischer Kolonialfantasien und Querverweise auf den Nationalsozialismus bis zur Kritik diverser Aspekte heutiger Globalisierungstendenzen reichen. Zehn Jahre nach den Anfängen der postkolonialen Germanistik werden hier darüber hinaus auch rekurrente Topoi der postkolonialen Theorie selbst wiederum literarisch hinterfragt.[36]

Anmerkungen

1 Raabes Werke werden unter Verwendung der Sigle BA mit römischer Bandzahl nach der Braunschweiger Ausgabe nach der jeweils neuesten Bandauflage zitiert: Wilhelm Raabe: Sämtliche Werke [Braunschweiger Ausgabe], im Auftrag der Braunschweigischen Wissenschaftlichen Gesellschaft hg. von Karl Hoppe und Jost Schillemeit, Göttingen 1960ff.
2 Vgl. Dirk Göttsche: Raabe in postkolonialer Sicht, in: ders., Florian Krobb, Rolf Parr (Hg.): Raabe-Handbuch. Leben – Werk – Wirkung, Stuttgart 2016, S. 293-298.
3 Vgl. Dirk Göttsche: Zeit im Roman. Literarische Zeitreflexion und die Geschichte des Zeitromans im späten 18. und im 19. Jahrhundert, München 2001, S. 29, 550, 591, 705 u.ö.
4 Vgl. Dirk Göttsche: Der koloniale »Zusammenhang der Dinge« in der deutschen Provinz. Wilhelm Raabe in postkolonialer Sicht, in: Jahrbuch der Raabe-Gesellschaft 2005, S. 53-73.
5 Jürgen Osterhammel: Die Verwandlung der Welt. Eine Geschichte des 19. Jahrhunderts, München 2009, S. 1290-1292, 1300.
6 Axel Dunker: Kontrapunktische Lektüren. Koloniale Strukturen in der deutschsprachigen Literatur des 19. Jahrhunderts, München 2008, in Anschluss an Edward W. Said: Culture and Imperialism, London 1994, S. 78.
7 Edward W. Said: Orientalism, London 1978; Homi K. Bhabha: The Location of Culture, London/New York 1994; Gayatri Chakravorty Spivak: Can the Subaltern Speak?, in: C. Nelson, L. Grossberg (Hg.): Marxism and the Interpretation of Culture, Basingstoke 1988, S. 271-313.
8 Vgl. Dirk Göttsche, Axel Dunker, Gabriele Dürbeck (Hg.): Handbuch Postkolonialismus und Literatur, Stuttgart 2017.
9 Paul Michael Lützeler (Hg.): Der postkoloniale Blick. Deutsche Schriftsteller berichten aus der Dritten Welt, Frankfurt a.M. 1997.
10 Siehe exemplarisch Ulrich van der Heyden, Joachim Zeller (Hg.): Kolonialismus hierzulande. Eine Spurensuche in Deutschland, Erfurt 2007.
11 Susanne Zantop: Colonial Fantasies. Conquest, Family, and Nation in Precolonial Germany, 1770-1870, Durham, NC 1997.

12 John Pizer: Wilhelm Raabe and the German Colonial Experience, in: Todd Kontje (Hg.): A Companion to German Realism 1848-1900. Woodbridge, Rochester, NY 2002, S. 159-181; ders.: Raabe and Dutch Colonialism, in: Dirk Göttsche, Florian Krobb (Hg.): Wilhelm Raabe. Global Themes – International Perspective, London 2009, S. 74-86.
13 Florian Krobb: Erkundungen im Überseeischen. Wilhelm Raabe und die Füllung der Welt, Würzburg 2009, S. 11.
14 Reinhard Wendt: Vom Kolonialismus zur Globalisierung. Europa und die Welt seit 1500, Paderborn/München 2007, S. 287 (Hervorhebung D.G.).
15 Vgl. Dirk Göttsche: »Tom Jensen war in Indien«. Die Verknüpfung europäischer und außereuropäischer Welten in der Literatur des Realismus, in: Roland Berbig, Dirk Göttsche (Hg.): Metropole, Provinz und Welt. Raum und Mobilität in der Literatur des Realismus, Berlin 2013, S. 17-52.
16 Dominik Müller: Kommentar [zu »Martin Salander«], in: Gottfried Keller: Sieben Legenden. Das Sinngedicht. Martin Salander, hg. von Dominik Müller (= Sämtliche Werke in sieben Bdn., hg. von Thomas Böning et al., Bd. 6), Frankfurt a.M. 1991, S. 1046-1199, hier S. 1130.
17 Theodor Fontane: Der Stechlin. Roman, in: ders.: Werke, Schriften und Briefe, Abt. I, Bd. 5, hg. von Walter Keitel und Helmuth Nürnberger, München/Wien, 2. Aufl. 1980, S. 142.
18 Dipesh Chakrabarty: Provincializing Europe. Postcolonial Thought and Historical Difference, Princeton, NJ 2000.
19 Vgl. die Beiträge in Berbig, Göttsche (Hg.): Metropole, Provinz und Welt.
20 Krobb: Erkundungen im Überseeischen, S. 15.
21 Patrick Ramponi: Orte des Globalen. Zur Poetik der Globalisierung in der Literatur des deutschsprachigen Realismus (Freytag, Raabe, Fontane), in: Ulrich Kittstein, Stefani Kugler (Hg.): Poetische Ordnungen. Zur Erzählprosa des deutschen Realismus, Würzburg 2007, S. 17-59, hier S. 20 mit begrifflichem Bezug auf H. Glenn Penny, Matti Bunzl (Hg.): Worldly Provincialism. German Anthropology in the Age of Empire, Ann Arbor 2003.
22 Vgl. z.B. Daniela Gretz: Das »innere Afrika« des Realismus. Wilhelm Raabes *Abu Telfan* (1867) und der zeitgenössische Afrika-Diskurs, in: Michael Neumann, Kerstin Stüssel (Hg.): Magie der Geschichten. Weltverkehr, Literatur und Anthropologie in der zweiten Hälfte des 19. Jahrhunderts, Konstanz 2011, S. 197-216; Florian Krobb: Vorkoloniale Afrika-Penetrationen. Diskursive Vorstöße ins »Herz des

großen Continents« in der deutschen Reiseliteratur (ca. 1850-1890), Frankfurt a.M./Bern 2017.
23 Zur Forschungsdiskussion um die veränderte Bewertung von Stopfkuchens Detektivarbeit vgl. Ralf Simon: Stopkuchen, in: Göttsche, Krobb, Parr (Hg.): Raabe-Handbuch, S. 228-235.
24 Vgl. Jeffrey L. Sammons: Representing America Sight Unseen. Comparative Observations on Spielhagen, Raabe, and Fontane, in: Göttsche, Krobb (Hg.): Raabe. Global Themes – International Perspectives, S. 87-99.
25 Florian Krobb: »Wohin soll ich fliehen vor den Gespenstern, so mich folgen?« Fremderfahrung, Selbsterkenntnis und Kolonialismuskritik in Wilhelm Raabes Erzählung »Sankt Thomas«, in: Denkbilder – Festschrift für Eoin Bourke, hg. von Hermann Rasche und Christiane Schönfeld, Würzburg 2004, S. 138-148, hier S. 139, 145f.
26 Krobb: Erkundungen im Überseeischen, S. 92.
27 Vgl. Michail M. Bachtin: Formen der Zeit im Roman. Untersuchungen zur historischen Poetik. Hg. von Edward Kowalski und Michael Wegner. Aus dem Russischen von Michael Dewey, Frankfurt a.M. 1989.
28 Vgl. Dirk Göttsche: Zeitreflexion und Zeitkritik im Werk Wilhelm Raabes. Würzburg 2000; Jeffrey J. Sammons: Wilhelm Raabe. The Fiction of the Alternative Community, Princeton, NJ 1987.
29 Michael Dobstadt: »unter das schützende Dach dieser neuen Geschichte zu gelangen«. Wilhelm Raabes Erzählung »Zum wilden Mann« als Versuch, der Moderne literarisch beizukommen, in: Dirk Göttsche, Ulf-Michael Schneider (Hg.): Signaturen realistischen Erzählens im Werk Wilhelm Raabes. Anlässlich des 100. Todestages, Würzburg 2010, S. 19-39, hier S. 21.
30 Vgl. Günther Klaus Judel: Die Geschichte von Liebigs Fleischextrakt. Zur populärsten Erfindung des berühmten Chemikers, in: Spiegel der Forschung [Universität Gießen], 20 (2003), H. 1, S. 6-17.
31 Vgl. Hubert Ohl: Der Bürger und das Unbedingte bei Wilhelm Raabe, in: Jahrbuch der Raabe-Gesellschaft 1979, S. 7-26.
32 Göttsche: Der koloniale »Zusammenhang der Dinge«, S. 59.
33 Vgl. Dirk Göttsche: »Pionier im alten abgebrauchten Europa«. Modernization and Colonialism in Raabe's *Prinzessin Fisch*, in: Göttsche, Krobb (Hg.): Raabe. Global Themes – International Perspectives, S. 38-51.
34 Hermann Helmers (Hg.): Raabe in neuer Sicht, Stuttgart 1968.
35 Christof Hamann: Usambara. Roman, Göttingen 2007.
36 Vgl. Dirk Göttsche: Remembering Africa. The Rediscovery of Colonialism in Contemporary Literature, Rochester, NY 2013, S. 389-407.

Katrin Hillgruber

Südamerikanische Querulanten

oder »Donnerwetter, dieses Brasilien!«

Ende November 2018 hatten die in Berlin und Paris lehrende Kunsthistorikerin Bénédicte Savoy und der senegalesische Ökonom Felwine Sarr einen vielbeachteten Termin im Élysée-Palast. Sie legten Staatspräsident Emmanuel Macron einen Bericht über afrikanische Kunstwerke aus der Kolonialzeit vor, die sich seit damals in französischen Museen befinden. Die Sachverständigen plädierten dafür, sämtliche Ausstellungsstücke an ihre Herkunftsländer zurückzugeben und dafür das französische Gesetz über Kulturgüter entsprechend zu ändern. Dieser Bericht markiert den vorläufigen Höhepunkt eines Dekolonialisierungs-Diskurses, bei dem fast immer Afrika im Blickpunkt steht, weitaus seltener jedoch das vorrangig von Spanien und Portugal kolonialisierte Lateinamerika. Aber zeugt die fixe Idee des US-Präsidenten Donald Trump, zum südlichen Nachbarn Mexiko eine Grenzmauer zu errichten, nicht ebenso von postkolonialistischem Denken? Immerhin betreibt Trump die Abgrenzung zu einem Land, von dem Nordamerika wirtschaftlich profitiert hat, und das nun im Gegenzug auf diese Ausbeutung mit sogenannten Armutsflüchtlingen zu antworten droht. Rund fünf Milliarden Dollar sind für das umstrittene gigantomanische Bauwerk veranschlagt.

Der Historiker Jürgen Osterhammel definiert Kolonialismus als »Herrschaftsbeziehung, bei welcher die fundamentalen Entscheidungen über die Lebensführung der Kolonisierten durch eine kulturell andersartige und kaum anpassungswillige Minderheit von Kolonialherren unter vorrangiger Berücksichtigung externer Interessen getroffen und tatsächlich durchgesetzt werden«.[1] Ganz in diesem Sinne beschreibt Meyers Großes Konversationslexikon aus dem Jahre 1905 in einem ausführlichen Artikel zu Mexiko die vermeintlichen physiognomischen Besonderheiten der Ureinwohner und wie Kolonialisten sich diese Eigenschaften zunutze machen könnten. So heißt es über die »heutigen mexikanischen Indianer« mit ihrer »bräunlich-kupferroten Hautfarbe«, sie seien zu »schwerer und ausdauernder Arbeit gut zu gebrauchen und als Lastträger und Fußgänger vortrefflich. Vom Temperament sind sie verschlossen und ernst (im Gegensatz zum Neger), dabei gelehrig und leicht zu leiten, aber auch träge, misstrauisch und abergläubisch. Ihr Hauptlaster ist die Trunksucht.« Gnädiger fällt das Urteil des mit Sicherheit weißen Verfassers über die Mestizen aus: »[Sie] haben eine hellgelbe Farbe, schwarzes, äußerst weiches und glänzendes Haar und sind im allgemeinen ein schöner Menschenschlag mit natürlichem, ungezwungenen Anstand, dabei haben sie viel Geist, leichte Auffassungsgabe, Schlauheit und lebhafte Einbildungskraft und spielen im Staatsleben vielfach eine hervorragende Rolle (Benito Juarez, Porfirio Diaz).«[2]

Wilhelm Raabe dürfte derartige Lexikoneinträge gut gekannt haben, denn gerade mit den Estados Unidos de México hat er sich intensiv befasst. Der Gegensatz zwischen Bleiben und Fortgehen faszinierte ihn anhaltend. So schrieb er in den *Akten des Vogelsangs* über einen Glückssucher, der nach Chicago aufbricht, über den weitgereisten Königsberger Regierungsrat a. D. *Wunnigel* oder über die aus Batavia stammende Nichte der Berliner Schokoladenfabrikanten *Fabian und Sebastian*. Sein Interesse für Afrika, die dortigen deutschen Kolonien ab 1880 und den Konflikt zwischen den Buren und ihrer britischen Besatzungsmacht veranlasste den ansonsten in der Öffentlichkeit so zurückhaltenden Schriftsteller, ab 1900 mehrere Aufrufe für den »Deutschen Burenhilfsbund« zu unterzeichnen. Und nicht nur das: Eine Aktivistin dieses antibritisch eingestellten

Vereins appellierte erfolgreich an den von ihr so apostrophierten »deutschen Idealisten alter Sorte«,[3] sich mit seiner Adresse Leonhardtstraße 29a als Braunschweiger Sammelstelle für Spenden zur Verfügung zu stellen.

Mit Heinrich Schaumann alias Stopfkuchen schuf Raabe 1891 einen Nesthocker, der Iwan Gontscharows Gutsbesitzer »Oblomow« literarisch ebenbürtig ist. In einem Brief rühmte er sich, mit seiner *See- und Mordgeschichte* die Buren in die deutsche Literatur eingeführt zu haben.[4] Schaumanns Schulfreund Eduard, ein nach Südafrika ausgewanderter Schiffsarzt, stattet seiner alten Heimat nach Jahrzehnten einen Besuch ab und reist mit dem Schiff »Leopold Hagebucher« zurück. Dieser Name zitiert den Afrika-Heimkehrer aus Raabes bereits 1867 publiziertem Erfolgsroman *Abu Telfan oder Die Rückkehr vom Mondgebirge*.

Angesichts dieser motivischen Afrika-Dominanz gerät leicht aus dem Blick, dass Wilhelm Raabe drei der flirrendsten Existenzen seines gewaltigen Figurenensembles aus Süd- beziehungsweise Zentralamerika anreisen und das jeweilige Erzählgefüge nachhaltig erschüttern lässt. Das Trio Infernal besteht aus dem als August Mördling geborenen brasilianischen Oberst Dom Agostin Agonista in *Zum wilden Mann* (1873), dem gescheiterten Erfinder und Mexiko-Rückkehrer Paul Ferrari in *Deutscher Adel* (1878/79), der in Berlin den Verstand verliert, sowie der Mexikanerin Romana Tieffenbacher, Gattin eines kaiserlichen Kriegszahlmeisters, in *Prinzessin Fisch* von 1880/81. Sie verdreht ihrem halbwüchsigen Nachbarn Theodor Rodburg den Kopf, um sich anschließend mit dessen windigem Bruder, der sich ebenfalls in der Neuen Welt herumtrieb, an einen unbekannten Ort abzusetzen. Ein zeitgenössischer anonymer Rezensent lobte an der Erzählung: »Das Beste ist die launige Schilderung des kleinstädtischen Philisteriums, das sich von dem Schwindel des modernen Abenteurerthums, dem Amerikanismus, imponiren und zu Grunde richten läßt.«[5]

Innerhalb von sieben Jahren griff Raabe also gleich dreimal auf das Schema zurück, dass echte oder vermeintliche Südamerikaner aus dem Nichts an einem inländischen Schauplatz auftauchen – einer Kleinstadt im Harz, in der fiktiven Kurstadt Ilmenthal an der Ilme und in Berlin – und dort Verwirrung oder gar Schlimmeres stiften. In dem er die drei amerikanischen Figuren wie böse, zumindest jedoch aufstörende »dei ex machina« einsetzt, verleiht der Autor seiner konstanten Kritik an der wirtschaftlich aufstrebenden Gründerzeit eine höchst originelle exotische Volte.

Nachdem sie ihr schädliches Werk getan haben, verflüchtigen sich die polyglotten Eindringlinge ebenso plötzlich wieder. Dabei stirbt der gescheiterte Erfinder Paul Ferrari in »Deutscher Adel« im Kriegswinter 1870/71 unerwartet in der Berliner Kneipe seines Schulfreundes Butzemann, nachdem sein Verschwinden tagelang für Aufregung gesorgt hatte: »›Down at last!‹ murmelte der Übersetzer. Das war das letzte Wort eines Mannes, der durch seine Phantasie Vieles und Großes auf dieser Erde ausgerichtet hat. Charles Dickens rief es, als vom Schlage getroffen zusammenbrach. Ob er mit soviel Phantasie in diese Welt hineingeboren worden war wie der Pulvererfinder Paul Ferrari, das steht dahin.« (318)[6]

Um eine Definition von Volker Klotz über Exotismus in der Operette aufzunehmen: Es handelt sich bei *Zum wilden Mann*, *Deutscher Adel* und *Prinzessin Fisch* um *Einbruchstücke*, bei denen »fremdartige Hauptfiguren ihre Herkunft verlassen und in den heimischen Ort einbrechen, um sich an den hiesigen Lebensformen zu reiben. Auch hier kommt es nicht darauf an, dass diese Invasoren als authentische Chinesen oder Indianer erscheinen. Sie müssen nur als andersartige Fremdkörper die hiesigen Lebensformen durcheinanderbringen.«[7]

Die mexikanische Tragödie

Das *Raabe-Lexikon* aus dem Jahr 1927, eine Meisterleistung des Germanisten Heinrich Spiero, verzeichnet zu Brasilien sechs und zu Mexiko 14 Textstellen[8] – offenbar inspirierte dieses Land von allen lateinamerikanischen Raabe am stärksten. Ähnlich wie die »Burenfrage« ab den 1890er Jahren ausdauernd die deutsche Öffentlichkeit bewegte, galt dies dreißig Jahre zuvor auch für die Vorgänge in Mexiko. Das lag am deplorablen Schicksal eines Habsburgers: 1864 wurde Erzherzog Ferdinand Maximilian Joseph Maria von Österreich auf Betreiben Napoleons und gegen den Willen der Bevölkerung zum mexikanischen Kaiser gekrönt – Wilhelm Raabe nennt ihn in *Prinzessin Fisch* eine »Komödienmajestät« (315).[9] Nur drei Jahre später ließ die Gegenregierung des Präsidenten Benito Juárez den eher musisch als politisch begabten Regenten gefangen nehmen. Maximilian wurde trotz internationaler Interventionen von einem Kriegsgericht zum Tode verurteilt und am 19. Juni 1867 in der Nähe von Querétaro exekutiert. Edouard Manet, der als Berichterstatter anwesend war, hielt die Erschießung in einem berühmten Gemälde fest.

Aber auch über dieses tragische Ereignis hinaus war Mexiko hierzulande in Vorträgen, Sachbüchern und als Romanschauplatz virulent, wie eine Aufstellung in Susanne M. Zantops ertragreicher Studie *Kolonialphantasien im vorkolonialen Deutschland*[10] zeigt. 1868 zum Beispiel veröffentlichte Franz Schneeberger das Buch »Mexiko oder Republik und Kaiserreich. Politisch-socialer Roman aus der Gegenwart« und hielt Adolf Bastian einen Mexiko-Vortrag in der Berliner Sing-Akademie. Ein Jahr später erschien aus der Feder von Raabes Schriftstellerfreund Wilhelm Jensen eine Novelle mit dem paradigmatischen Titel »Unter heißerer Sonne«. Sie handelt von einem deutschen Naturforscher, der die karibische Insel Trinidad und den Orinoco-Fluss in Venezuela bereist. Da Jensen Europa bekanntlich niemals verlassen hat, kündet seine Novelle exemplarisch von der deutschen Südamerika-Sehnsucht. »In Büchern habe ich Schnurrioseres gelesen; aber hier hatten wir freilich einmal das Wirkliche und Wahrhaftige in natura« (223):[11] Mit dieser Mischung aus Erstaunen und Bewunderung reagiert der Förster Ulebeule auf das plötzliche Auftauchen des Brasilianers Dom Agonista eines stürmischen

Herbstabends im Hinterstübchen der Apotheke »Zum wilden Mann«.

Der amerikanische Subkontinent habe die deutschen Kolonialfantasien weitaus stärker angeregt als Afrika, führt Susanne Zantop aus: »Bis ins späte 18. Jahrhundert hinein blieben die spanischen Kolonien Angehörigen anderer Nationen weitgehend verschlossen. [...] Die Vorstellung von versteckten, unerreichbaren ›Schätzen‹ in spanischem Besitz mag daher auch die Phantasie deutscher Abenteurer und Möchtegern-Kolonialherren beflügelt haben. Afrika hingegen blieb *terra incognita* – nicht, weil eine europäische Kolonialmacht den Zugang verweigerte, sondern weil der Erforschung und Besitzergreifung der Territorien unüberwindliche physische Hindernisse entgegenstanden [...].«[12]

Der feurige Schmarotzer

Dass auch das Leben in Südamerika seine körperlichen Herausforderungen birgt, darüber wird in der Harz-Novelle *Zum wilden Mann* das Apotheker-Geschwisterpaar Kristeller von seinem brasilianischen Überraschungsgast in extenso belehrt: »Treibe du dich einmal wie ich ein Menschenalter da drüben um unter dem Volk und den Völkerschaften, die Affen und sonstigen Bestien eingeschlossen. [...] So ein Biwak am Rio Grande ohne Moskitonetz, das würde etwas für euch sein, um euch Geduld in Anfechtungen zu lehren.« (233)[13] Um es »wenigstens einmal noch behaglich im deutschen Vaterlande [zu] haben« (220), erbittet er sich von Philipp Kristeller Schlafrock und Pantoffeln. Das ist noch eine der geringsten Forderungen des als August Mördling geborenen Jugendfreundes von Kristeller. Der Abkömmling einer Henkersfamilie wanderte nach Südamerika aus, gab dort das Töten aber keineswegs auf, wie er unumwunden zugibt.

Es ist diese »Kaltblütigkeit, mit welcher er aus nichts in seinem Leben einen Hehl macht« (233), die in dem bis dahin friedlichen Harzstädtchen für Aufregung sorgt und insbesondere den Pfarrer irritiert. Der »fremdländische Krieger« (241) meidet die Kirche und ruft immer wieder »Diablo!« (251) aus: Das lässt einen Statthalter des Satans vermuten, der auf die Einlösung des vor dreißig Jahren am Blutstuhl geschlossenen Teufelspaktes dringt. Auf dieses Ansinnen verweist bereits der sprechende, wenn nicht gar betäubende Name des Finsterlings Dom Agonista. Philipp Kristeller hatte von dem Auswanderer 95.000 Taler in Staatspapieren als Geschenk erhalten und seitdem einen »Ehrensessel« für ihn freigehalten. Dieses Geld fordert Mördling nun, zum Brasilianer gewandelt, dreißig Jahre später mit Zins und Zinseszins zurück, was die Kristellers ihre wirtschaftliche Existenz kostet. Doch nur Dorette schöpft Verdacht. Die Männer um sie herum erliegen ausnahmslos dem Charme des Aufschneiders und bewundern dessen ungezähmte Virilität, gipfelnd in dem Ausruf: »Donnerwetter, dieses Brasilien!« (253). Agonistas Schnurren sind mit Teufelssymbolen gespickt: »[...] Auch mir sind heute gerade dreißig Jahre vergangen, seit ich zum ersten Mal im Feuer stand, und zwar an Bord der chilenischen Fregatte ›Juan Fernandez‹ gegen den ›Diablo blanco‹, den weißen Teufel, ein Schiff der Republik Haiti, um am folgenden Morgen mit einem Holzsplitter in der Hüfte und einem Beilhieb über die Schulter im Raume des Niggerpiraten aus der Bewusstlosigkeit aufzuwachen!« (204)

Den Landarzt Dr. Hanff, den Raabe in seiner Erzählung »Unruhige Gäste« von 1885 wieder auftauchen lässt, will Agonista in die Neue Welt mitnehmen, um ihn zum »Millionär und Kaiserlichen Hofmedikus« (242) zu machen. In Wilhelm Raabes Tagebüchern findet sich eine Notiz, dass 1865 in Uruguay auf Betreiben des »Maggi«-Erfinders Justus Liebig eine Fabrik zur Herstellung von Fleischextrakt gegründet wurde.[13] Hanff spricht stellvertretend aus, was der südamerikanische Eindringling mit den kleinstädtischen Seelen angerichtet hat: »Du hast sozusagen der ganzen Gegend die Phantasie verdorben.« (251)

Rolf Parr hat *Zum wilden Mann* als Raabes »erste moderne Gasterzählung und gewissermaßen Prototyp« bezeichnet. Die

Konflikte zwischen den rechtschaffenen Kristellers und dem sie heimsuchenden Schmarotzer beruhten, so Parr, »auf den Verwerfungen zwischen einem ›noch‹ auf idealistischer Herzensbildung basierenden Gastlichkeitsgebot und einem Gast, der ausschließlich nach den neuen gründerzeitlichen Maximen knallharter Ökonomie handelt, was in der Folge zwar (noch) nicht zu einem Tausch der Positionen von Gast und Gastgeber, aber doch zur Dominanz des Gastes führt«.[14]

Doch »Dominanz« erscheint untertrieben, denn »der wetterfeste, philosophische Kriegsmann« (206) zieht dem Apothekerpaar wie ein Vampir Energie ab: »Und während der Oberst nicht das geringste von seiner stattlichen Rundung einbüßte, wurde Fräulein Dorette Kristeller, die doch wenig einzubüßen hatte, von Tag zu Tag magerer, und auch der Apotheker fiel ab, soweit das noch möglich war. Das Geschwisterpaar wurde immer gelber und gelber; was den Don Agostin betraf, so fingen die Leute an, ihm zu sagen: ›Herr Oberst, die Luft hier scheint Ihnen gottlob recht gut zu bekommen.‹ (249) Diese scheinbar harmlose Beobachtung krönt Raabes stringente Meisternovelle mit einem Hauch von Horror.

Die verlorenen Statthalter

Bei Colonel Dom Agostin Agonista handelt es sich – »bei den Göttern beider Halbkugeln« (250) – um die unheilvollste der drei lateinamerikanischen »Kanaillen« in Raabes Werk. Wie der nach Veracruz ausgewanderte Erfinder Paul Ferrari in der weitaus schwächeren, mit Retardierungen arbeitenden Erzählung *Deutscher Adel*, fällt Agonista anfangs völlig überraschend in die Handlung ein. Und gleich der mexikanischen Ehebrecherin Doña Romana Tieffenbacher in *Prinzessin Fisch* verschwindet der Colonel am 23. Dezember spurlos, »als jedermann bereitstand, ihm die Hand zu drücken und sich ihm zu empfehlen« (252).

Bevor er in den Dienst Seiner Majestät Dom Pedro von Brasilien trat, war Agonista Major in Paraguay und noch davor

»Luogotenente« in Venezuela (219), ein Statthalter also. Im Januar 1870 taucht der »Gentleman-Vagabund« (227) Paul Ferrari nach jahrzehntelanger Abwesenheit bei seinen Schulfreunden Achtermann, Butzemann und Wedehop auf – mit blutunterlaufenen Augen und gestützt auf einen »Bettelmannsstab grimmigster Sorte« (227). Daraufhin muss sich der Erfinder eines ominösen »Universalpulvers« vom Übersetzer Dr. Wedehop eine Standpauke anhören: »Wie häufig hast du wohl in deinem Leben die Wimpel nach dem Glück wehen lassen, Paule, und bist zu Schiff gestiegen mit einem Bestallungsbrief für die Statthalterschaft von Eldorado in der Tasche? Nicht wahr, für so eine Art von Genie haben wir uns immer gehalten?« (230)

Ferrari und Agonista verbindet demnach eine undefinierte »Statthalterschaft« in einer unscharfen Vergangenheit. Das haben sie mit dem in Südamerika geborenen Offizier der Spanischen Krone Don Diego de Zama gemein, dem traurigen Helden von Antonio Di Benedettos Roman *Zama* (1956), in der deutschen Übersetzung von Maria Bamberg *Zama wartet* (2009). Darin schildert der bedeutende argentinische Schriftsteller Di Benedetto (1922-1986) mit nüchterner Lakonik den psychischen Niedergang eines spanischen Kolonialbeamten, der im 18. Jahrhundert von der Zentralregierung in Buenos Aires einfach vergessen wird. All seine Briefe an das Madrider Königshaus bleiben unbeantwortet, die immer wieder in Aussicht gestellte Beförderung tritt nie ein. Auch in ihrer hochpoetischen Filmadaption *Zama* (2018) lässt die argentinische Regisseurin Lucrecia Martel den Juristen Zama in der paraguayischen Provinz verdämmern. Martels ingeniöser Film handelt von der Dezentralisierung und setzt diese auf der akustischen, optischen und dramaturgischen Ebene konsequent um: Geräusche, Nebenfiguren und Tiere drängen in den Vordergrund, während die Hauptfigur und ihr Anliegen nach und nach in der Dichotomie von Natur und Zivilisation verschwimmen. *Zama* zeigt einen Funktionsträger im Limbus. Ähnlich flirrend undefiniert – und damit für den Erzähler ungemein herausfordernd und reizvoll – erscheint die Vergangenheit und Herkunft der drei Südamerikaner bei Raabe.

In diesem Sinne enttäuscht Paul Ferrari seine Schulfreunde, als er – nach Jahren der Abwesenheit – von seinen Erlebnissen erzählen soll: »Vor allen Dingen lasst jetzt den Mann da von seinen amerikanischen Fahrten Bericht erstatten.« (228) Da ist der Angesprochene bereits eingeschlafen, nachdem er nur ein weltmännisches, aber zusammenhangloses »Well, das ist freundlich von euch [...] – setzt euch: what will you drink?« (257) hervorgebracht hatte. Seinem Gestammel ist nur zu entnehmen, dass der derangierte Weltenbummler im Berliner Winter die Sonne von Veracruz vermisst. Zum großen Kummer seiner Tochter Natalie, Stammkundin von Achtermanns Leihbibliothek, verschwindet der geistig umnachtete Paul Ferrari samt Hund im Berliner Häusermeer so abrupt wie er aufgetaucht war. Der Bibliothekar klagt in einem Brief: »Und: *er ist verrückt!* Ich schreibe und unterstreiche das mit Schauder und Beben! Er ist bankerott an Leib und Seele, und er hat sich Wassermann zugewöhnt, und der Hund geht wirklich mit ihm, und wir suchen beide des Abends in den Kneipen, allwo er unsern Hund [...] Kunststücke aufführen lässt und dann den Gästen den Hut hinhält.« (252)

Natalie verkörpert jenen »Adel«, von dem die recht krause Erzählung im Titel kündet: »Aber wir erzählen diesmal überhaupt von adeligen Geschlechtern, und das deutsche Fräulein mit dem welsch klingenden Namen gehörte wahrlich in eine der erlauchtesten Familien.« (275) Raabe deutet hier den Adelsbegriff von einer sozialen Kategorie zum »Herzensadel« um und folgt damit einer pietistischen Tradition.[15] Der Erzähler lobt das »kleine, brave Heldenmädchen« Natalie, das brav ausharrte, während Natalies Vater »von neuem drüben in Mexiko sein Pulver verschoss!« (231) Am Ende stirbt der »rat-, rand- und bandlose Vater« (258), den die Tochter noch zu retten versucht, in Butzemanns Kellerkneipe, wohlgemerkt in einem winzigen »Seitengemach, von wenig mehr Rauminhalt als eine Kabine auf einem Auswandererschiff« (318) – so schließt sich nicht ohne bittere Ironie ein Lebenskreis. Natalie Ferrari aber läuft mit einem »Franzosensieger« (317) wie Achtermanns Tochter

Meta glücklich in den Hafen der Ehe ein. Und Wilhelm Raabe gelingt mit dem treuen Hund Wassermann, der als Welpe aus der Spree gerettet wurde und deshalb so heißt, eines seiner anrührendsten Tierporträts.

Die phlegmatische Verführerin

Während der umnachtete Mexiko-Heimkehrer die Neugierde seiner Berliner Zuhörer enttäuschen muss, bietet sich in *Prinzessin Fisch* die schweigsame Ramona Tieffenbacher als Projektionsfläche für – männliche – Lateinamerika-Fantasien förmlich an. Laut Sigrid Weigel wird »die Frau bzw. Weiblichkeit zum Substitut für die Fremde bzw. die Wilden im Prozess der Begründung des Eigenen über die Abspaltung und Ausgrenzung des Anderen: ein Territorium der nahen Fremde«.[16] Als ein solches Territorium der Sehnsüchte par excellence erscheint die erotisch verlockende Nachbarin. In *Prinzessin Fisch*, seiner Erzählung über die Macht der Illusion, erschuf Raabe mit der Señora Tieffenbacher eine seiner eigentümlichsten Frauengestalten. Die von allen Beobachtern als »gelblich« geschilderte Südländerin hat eine auffallend raue Stimme, was ihren verliebten Nachbarn, den Primaner Theodor Rodburg, aber nicht irritiert. Als »typisch für den südamerikanischen Kontext« bezeichnet Susanne Zantop »die Bildung von Wunschträumen sexueller Besitzergreifung«: »Die Feminisierung Südamerikas, nicht des ganzen Kontinents, tritt noch deutlicher nach 1776 hervor, als die nördlichen Kolonien ihre Unabhängigkeit gegenüber England erklärten.«[17]

Aus der »allerromantischsten Ferne« (243) droht Theodors beschaulicher Kindheit am Kuhstieg zu Ilmenthal ein gehöriger Umbruch, droht gar der Einbruch der »Kanaille« – und eine der merkwürdigsten Liebesgeschichten im Werk Raabes beginnt. Als Mr. A. Redburgh taucht Theodors vermisster Bruder Alexander wieder auf, denn der aufstrebende Kurort Ilmenthal ist »zu zauberhaft verlockend für das spekulative Bedürfnis einheimischer Grundbesitzer, zugereister und einheimischer Kapitalisten und Streber« (194). Im Schlepptau hat er einen älteren gutmütigen Schwaben, der in Diensten des hingerichteten Kaisers Maximilian von Mexiko stand, sowie dessen Frau Romana. Allein dieser Name symbolisiert die ferne, sinnen- und farbenfrohe romanische Welt: »Sie war gewiß schön anzusehen gewesen von ferne für den jungen Menschen und war immerhin auch für den werdenden klimatischen Kurort eine noch ziemlich fremdartige Erscheinung – [...] die Frau des Kaiserlichen Mexikanischen Kriegszahlmeisters Don José Tieffenbacher aus Bödelfingen in Transmönanien, am Kuhstiege zu Ilmenthal an der Ilme.« (244)

Merkwürdig, dass sich die Angebetete trotz ihres vermeintlich südländischen Temperaments in ihren roten Pantöffelchen so gut wie gar nicht bewegt – ist ihr zu kalt, plagt sie das Heimweh? Raabe zeichnet die Señora eher als Pflanze denn als Frau, quasi als »Pflanzenfrau«. Sie lässt sich aber keiner botanischen Kategorie zuordnen, was laut Dom Agostin Agonista, dessen Leben »ins Wilde geschossen« ist, kein Glück bringt: »Je früher aber der Mensch herausfindet, in welche Klasse er nach Linné oder Buffon gehört, desto besser ist es für ihn und desto schneller kommt er zur Ruhe und zur Zufriedenheit mit seinen Zuständen.« (206) Auch das also wieder ein Hinweis auf das Unstete, Undefinierbare an Raabes Südamerikanern.

Der Schriftsteller war davon überzeugt, dass der Mensch von seinen Illusionen lebe, wie er in einem Aphorismus formulierte. An kaum einer anderen Figur hat er diese These so exemplifiziert wie an dem sensiblen Theodor Rodburg und dessen *Prinzessin Fisch*. Schmerzhaft muss Theodor erkennen, dass es sich bei seinem Bruder um einen Hochstapler handelt, der sich am Gemeinwohl bereichern will.

Der Hasardeur Alexander hat Joseph Tieffenbacher samt dessen Frau und Schwiegermutter im Oktober 1867 nach der Erschießung des Kaisers von Mexiko nach Europa begleitet. Dieses gefährliche Unternehmen wird in extenso wiedergegeben und mit allerhand spanischen Einsprengseln ausgeschmückt:

»Herr Joseph mit seinem Orden al merito militar in der Tasche hat damals wie ein Kind geweint; aber sein Weib muss heute doch lächeln auf ihrem Sofa in Ilmenthal, wie an dem kalten, weißen nordischen Wintertage jene tränenreiche Stunde mit all ihren Einzelheiten wieder durch ihre leidenschaftslose Seele gleitet. Santa madre de Dios, es ist doch recht merkwürdig, dass sie heute hier in dem schrecklichen und langweiligen Schnee vergraben liegt und ihr Gatte nicht wie der Papa gehängt oder wie der Kaiser Maximiliano erschossen wurde [...].« (333)

Vom Temperament her ähnlich kalt wie die Außentemperaturen im gründerzeitlichen Deutschland, beginnt die fröstelnde, unentwegt gähnende Señora Romana Tieffenbacher eine pflanzliche Abwehrreaktion zu zeigen: Sie verfärbt sich gelblich, vergleichbar dem Geschwisterpaar Kristeller. Als Theodor im Nachbargarten einen Kuss zwischen Romana und seinem Bruder beobachtet, versinkt eine Welt für ihn »und eine andere stieg an ihre Stelle empor« (311). Kurz darauf sucht das amoralische Paar das Weite. Zurück bleiben der gehörnte Kriegszahlmeister und ein desillusionierter junger Mann »auf der Schwelle« (386) – so der zentrale Begriff dieses Entwicklungsromans – zum Erwachsenen. Theodors Rettung setzt mit der Erkenntnis ein, dass es sich bei der angebeteten Südländerin in Wahrheit um eine »vermehltaute, alte hispanische, mexikanische Mispel« (344) handelt, mithin um die falsche Objektwahl.

Doch selbst wenn Ramona Tieffenbacher von der »Märchengestalt aus der blauen Weite, aus der täuschend entlegenen Ferne« zur »recht ältlichen Erdenmadam« (350) zusammenschnurrt und der exotische Spuk verfliegt: Der produktiven Irritation durch die echten oder vermeintlichen Südamerikaner in Wilhelm Raabes Erzählkosmos tut das nicht den geringsten Abbruch – bei den Göttern beider Halbkugeln.

Anmerkungen

1 Jürgen Osterhammel: Kolonialismus. Geschichte, Formen, Folgen, München 1995, S. 21.
2 Eintrag zu »Mexiko« in Meyers Großem Konversationslexikon von 1905, zitiert nach www.zeno.org.
3 Zitiert nach: Rolf Parr: Heimatkunst: Das Südafrika der Buren als ›Adoptiv-Vaterland‹, in: ders.: Die Fremde als Heimat. Heimatkunst, Kolonialismus, Expeditionen, Paderborn 2014, S. 84.
4 Ebd., S. 34.
5 »Die Gegenwart« v. 30.6.1883, zitiert nach: Wilhelm Raabe: Sämtliche Werke [Braunschweiger Ausgabe], im Auftrag der Braunschweigischen Wissenschaftlichen Gesellschaft hg. von Karl Hoppe und Jost Schillemeit, Bd. 15, bearbeitet von Karl Hoppe, Hans Oppermann und Kurt Schreinert, durchgesehen von Rosemarie Schillemeit, Göttingen 1979, S. 630 (Kommentarteil).
6 Die Zitate aus *Deutscher Adel* (Seitenzahlen in Klammern) beziehen sich auf: Wilhelm Raabe: Sämtliche Werke [Braunschweiger Ausgabe], im Auftrag der Braunschweigischen Wissenschaftlichen Gesellschaft hg. von Karl Hoppe und Jost Schillemeit, Bd. 13, bearbeitet von Hans Finck und Karl Hoppe, Göttingen 1977.
7 Volker Klotz: Sieben Jahre lebt' ich in Batavia. Kult, Spiel und Spott mit dem Exotismus in der Operette, in: Thomas Koebner, Gerhart Pickerodt (Hg.): Die andere Welt. Studien zum Exotismus, Frankfurt a.M. 1987, S. 267-290, hier S. 275.
8 Heinrich Spiero: Raabe-Lexikon, Berlin 1927, S. 37 und 157.
9 Die Zitate aus *Prinzessin Fisch* (Zitate in Klammern) beziehen sich auf die Braunschweiger Ausgabe, Bd. 15 (s. Anm. 5).
10 Susanne M. Zantop: Kolonialphantasien im vorkolonialen Deutschland (1770-1870), Berlin 1999, S. 312 f.
11 Die Zitate aus *Zum wilden Mann* (Seitenzahlen in Klammern) beziehen sich auf: Wilhelm Raabe: Sämtliche Werke [Braunschweiger Ausgabe], im Auftrag der Braunschweigischen Wissenschaftlichen Gesellschaft hg. von Karl Hoppe und Jost Schillemeit, Bd. 11, bearbeitet von Gerhart Mayer und Hans Butzmann, Göttingen 1973.
12 A.a.O., S. 22.
13 Wilhelm Raabe: Sämtliche Werke, Bd. 11, S. 491 (Kommentarteil).
14 Rolf Parr: Unruhige Gäste bei Wilhelm Raabe, in: Peter Friedrich und Rolf Parr (Hg.): Gastlichkeit. Erkundungen einer Schwellensituation, Heidelberg 2009, S. 301-326, hier S. 303 f.
15 Siehe hierzu: Hans-Jürgen Schrader: Raabes täuschende Titel, in:

ders.: Wilhelm Raabe. Studien zu seiner avanciert-realistischen Erzählkunst, Göttingen 2018, S. 138.
16 Sigrid Weigel: Die nahe Fremde – das Territorium des ›Weiblichen‹. Zum Verhältnis von ›Wilden‹ und ›Frauen‹ im Diskurs der Aufklärung, in: Thomas Koebner und Gerhart Pickerodt (Hg.): Die andere Welt. Studien zum Exotismus, a.a.O., S. 171-199, hier S. 189.
17 A.a.O., S. 22f.

Eva Eßlinger

Migranten in Bumsdorf

Zu *Abu Telfan*

I.

Die Qualität literarischer Werke spiegelt sich nicht zuletzt in ihrer Langlebigkeit und Adaptierbarkeit. Homers *Odyssee* ist dafür ein besonders eindrückliches Beispiel.[1] Immer wieder und zumal in den letzten Jahren bot sich das antike Epos für schöpferische Aneignungen vor dem Hintergrund aktueller Erfahrungen an. Bemerkenswert an diesen aktualisierenden Lesarten der *Odyssee* ist dabei nicht allein ihre formale Spannbreite,[2] sondern auch thematische Vielfalt. In ihr spiegelt sich die Bestimmung des homerischen Helden als *polytropos*,[3] als ›vielgewanderter‹, aber eben auch wandelbarer Charakter wider: Odysseus, der in der antiken Tradition als »die emblematische Figur des Reisenden«[4] und als »der Überlebende und Heimkehrer schlechthin«[5] gilt, der durch seinen Listenreichtum und heroische Leidensbereitschaft alle Widerstände überwindet, bis er schließlich in seine Heimat, zu Frau und Sohn, zurückkehrt und sein Königtum wiedererringt, erscheint in den jüngsten Nachbearbeitungen der *Odyssee* – die zum Teil sehr frei mit der homerischen Vorlage umgehen – mal als »genialer Ausfahrer und Entdecker«,[6] ein anderes Mal als »erzwungener Grenzgänger«[7] und Exilant und wieder ein anderes Mal als Proto-Kolonisator[8] und Imperialist[9], schließlich sogar als »Verbrecher«.[10]

Angesichts der enormen Bandbreite dieser sich zum Teil wechselseitig ausschließenden (Um-)Deutungen vermag es kaum zu überraschen, dass die Figur des Odysseus in den letzten Jahren vor dem Hintergrund weltweiter Migrations- und Flüchtlingsbewegungen eine neuerliche Wendung erfahren hat, zumal auf der Bühne: Ariane Mnouchkine etwa nutzt die antike Vorlage, um auf die dramatische Situation in Krisenregionen und Flüchtlingslagern hinzuweisen.[11] In *Le dernier Caravansérail (Odyssées)*, am 2. April 2003 in Koproduktion mit dem *Théâtre du Soleil* in Paris uraufgeführt, haben die sechsunddreißig (Laien-)Schauspieler im buchstäblichen Sinn keinen Boden mehr unter den Füßen; sie bewegen sich auf rollenden Untersätzen auf der Bühne – Zeichen ihrer Entwurzelung und Heimatlosigkeit. Volker Löschs Homer-Adaption *Die Odyssee oder ›Lustig ist das Zigeunerleben‹*, die 2014 in Essen uraufgeführt wurde, zeigt wiederum Odysseus als selbstgefälligen Europäer, der für die Irrfahrten und das Leiden der Anderen, konkret: der Sinti und Roma, blind ist. Auch in der gegenwärtigen Erzählliteratur feiert Odysseus ein Comeback, so etwa in Éric-Emmanuel Schmitts 2008 erschienenem Roman *Ulysse from Bagdad* (dt. *Odysseus aus Bagdad*, 2015), der die antike Vorlage als Resonanzboden für eine moderne Flüchtlingsgeschichte verwendet.

So unterschiedlich diese aktuellen Bearbeitungen des homerischen Epos auch ausfallen, gemeinsam ist ihnen, dass sie alle von der Unmöglichkeit der Heimkehr und dem Verlust von Heimat erzählen. Damit reihen sie sich in eine mehrere Jahrzehnte, wenn nicht sogar Jahrhunderte zurückreichende Traditionslinie der *Odyssee*-Negationen bzw. Kontrafakturen ein,[12] fügen ihr jedoch mit der Migrationsthematik eine scheinbar erst im 20. Jahrhundert sichtbar werdende Deutungskomponente hinzu. Die *Odyssee* als Epos der Migration: Diese Perspektive auf den antiken Text ist indessen keineswegs so neu, wie man angesichts der zeitgenössischen Literatur- und Theaterlandschaft meinen könnte. Sie hat einen heimlichen Vorläufer, dessen Namen man in den Studien zur Wirkungsgeschichte[13] der *Odyssee* jedoch vergeblich sucht – und vermutlich mit Staunen zur Kenntnis nimmt: Wilhelm Raabe. Denn auch der 1831 in

Eschershausen geborene und lange Zeit als Dorf- und Heimatdichter verkannte Schriftsteller hat sich bereits in den 1870er Jahren an einer Umdichtung der *Odyssee* versucht.[14] Und schon diese ausgesprochen deutsche Version einer ›Irrfahrt‹ spielt sich, wie im Folgenden gezeigt werden soll, vor dem Hintergrund massiver Wanderungsbewegungen ab.[15] Ihr Titel? *Abu Telfan oder Die Heimkehr vom Mondgebirge.*

II.

Trotz des knalligen Titels, der exotische Fantasien wachruft, war *Abu Telfan oder Die Heimkehr vom Mondgebirge* buchhändlerisch kein Erfolg; der Roman, der ursprünglich unter dem schlichten Titel *Die Heimkehr* erscheinen sollte, fand kaum Leser.[16] Auch die Raabe-Forschung hat den 1867 zunächst in der Zeitschrift *Über Land und Meer* veröffentlichten Roman lange Zeit eher vernachlässigt. Erst im Zuge der kolonialismuskritischen Neuausrichtung der Realismus-Forschung[17] hat der Roman ein Revival, allerdings begrenzt auf den kleinen Kreis der Raabe-Leser und -Forscher, erlebt.[18] Dass der Roman über diesen vergleichsweise engen Rahmen hinaus ein größeres Publikum erreicht, ist allerdings zu bezweifeln. Misst man Raabes Roman an seinem eigenen literarischen Vorbild Goethe[19] oder auch an seinen unmittelbaren Zeitgenossen, etwa Fontane oder Flaubert, ist diese Reserviertheit verständlich. Ungeachtet dessen lassen sich gute Gründe dafür anführen, dass es sich gerade heute lohnt, Raabes Roman (wieder) zu lesen.

Zu den ›Schwierigkeiten‹,[20] die sich bei der Lektüre von *Abu Telfan* ergeben, gehört, dass der voluminöse Roman in zwei Teile zerfällt,[21] die durch den konventionellen Erzählkern einer anachronistisch anmutenden Hofintrige nur mit sichtlich großer Mühe verknüpft sind. Vielleicht hat die Forschung sich auch deshalb immer nur auf den einen der beiden Handlungsstränge konzentriert und dadurch viele Figuren und Themen des von Raabe entworfenen Gesellschaftstableaus unbeachtet gelassen.

Wiedergegeben wird nämlich fast immer nur die den ersten Teil des Romans dominierende Heimkehrer-Handlung um Leonhard Hagebucher, einen poetisch veranlagten »relegierten Studiosus der Theologie«[22] (23), den es im Jahre 1845 nach einigen halbherzigen Versuchen in verschiedenen europäischen Metropolen, zu einer bürgerlichen Existenz zu gelangen, nach Ägypten und von dort »weiter stromaufwärts gen Kaka« (26) verschlägt. Dort schließt er sich dem »Räuberhauptmann Signor Semibecco« (35) und seinem »niederträchtigen Lumpengesindel« (26) an. Bei einem nächtlichen Raubzug fällt er jedoch afrikanischen Sklavenhändlern in die Hände. Erst nach Jahren der Gefangenschaft kehrt er irgendwann im Mai zu Anfang der 1860er Jahre in seine deutsche Heimat zurück. Nicht oder nur am Rande erwähnt wird dagegen die Intrigen-Handlung rund um Nikola von Einstein, die erst im zweiten Teil des Romans in den Vordergrund rückt. Wie Hagebucher Jr. leidet auch das verarmte »Ehrenfräulein aus der Residenz« (17) Nikola von Einstein, das der Roman seinem Helden zur Seite stellt, unter der Engstirnigkeit, Provinzialität und dem Konformitätsdruck der porträtierten preußischen Gesellschaft; anders als Hagebucher Jr. kommt Nikola von Einstein allerdings nicht in den Vorzug, ihr Leben zeitweise gegen ein anderes einzutauschen. Während der ins Ausland geflüchtete Hagebucher nach seiner Rückkehr damit zu kämpfen hat, dass er nicht der ist, der er sein soll: Sohn des »Steuerinspektors« (16) Hagebucher, in dessen Zukunft es sich zu investieren gelohnt hat, besteht die ›Tragödie‹ Nikolas darin, dass sie zu Hause zu bleiben und zu warten hat, bis sich ein reicher Bräutigam findet, der sie für »dreißig Silberlinge« (184) zu seiner Frau macht. Darin gleicht sie, obgleich von Adel, ihren bürgerlichen ›Schwestern‹ im Roman, die ebenfalls damit leben müssen, den Ort, an dem sie geboren wurden, nicht oder nur an der Seite eines Ehegatten verlassen zu dürfen, um im Nachbarort (un)glücklich zu werden. Die der Heimkehr vorgeschaltete Möglichkeit, das alte Leben hinter sich zu lassen und sich in der Fremde gleichsam neu zu erfinden, bedeutet dem Roman zufolge mithin ein Moment der

Freiheit, die, so trügerisch sie sich am Ende auch erweisen mag, den männlichen Figuren vorbehalten ist.[23] Noch schlimmer als den Töchtern und Schwestern ergeht es nur den von Raabe in der traurigen Gestalt der Klaudine Fehleysen exemplifizierten Müttern. Denn ihre einzige Lebensaufgabe besteht dem Roman zufolge darin, auf die vor Jahren verschwundenen und womöglich längst verstorbenen Söhne zu warten, bis auch sie selbst irgendwann der Tod ereilt.

Um gleich vorweg den letzten Rest an Spannung, den Raabe der Romanhandlung noch zugesteht, zu tilgen: Aus der sich andeutenden Romanze zwischen dem aus der afrikanischen Gefangenschaft geflüchteten und schließlich in die deutsche Heimat re-migrierenden Protagonisten und der verarmten Adeligen wird nichts werden – und auch nicht aus den Erwartungen und Sehnsüchten der Mutter Fehleysen, die am Ende einsehen muss, dass sie all die Jahre umsonst gewartet hat. Zwar kehrt ihr Sohn wider Erwarten noch einmal zu ihr zurück – sein Aufenthalt jedoch ist nur von kurzer Dauer und verläuft zudem anders als erhofft. Denn der verloren geglaubte Sohn hat sich nicht nur bis zur Unkenntlichkeit verändert;[24] er ist sich in der Zwischenzeit offenbar auch selbst zu einem Rätsel geworden: ein »Mann ohne Heimat, ohne Ehre, ohne Namen« (218), kurz: ein Niemand.[25]

In der Spiegelgeschichte um Leonhard Hagebucher und Nikola von Einstein jedenfalls manifestiert sich (und darin liegt auch ihre eigentliche Funktion) ein den Roman insgesamt strukturierendes Prinzip: die Gegenüberstellung und Kontrastierung nämlich von mobilen und territorialen Figuren, Sesshaften und Weitgereisten, wie man es auch aus anderen Romanen Raabes kennt. Problematisch an dieser Unterscheidung ist (ausnahmsweise) nicht die Dichotomie; problematisch erscheint auf den ersten Blick vielmehr, dass es dem Text nicht recht gelingen will, zwischen diesen beiden Fraktionen und den damit verbundenen Handlungssträngen zu vermitteln.[26] Die Hofintrige, die sich in dem benachbarten Residenzstädtchen Nippenburg um die Figur der Nikola von Einstein entspinnt, und die damit verbundene Rachehandlung um ihren zukünftigen Gatten, den

Baron von Glimmern, kann die verschiedenen Unruheherde des Romans jedenfalls nur notdürftig miteinander verbinden. Erich Auerbach und Heinz Schlaffer, um nur zwei Exponenten dieser Forschungsmeinung zu nennen, haben demnach nicht Unrecht, wenn sie die deutsche Literatur des 19. Jahrhunderts aus einer komparatistischen Perspektive für rückständig und anti-modern erachten.[27] Zweifellos reicht Raabes Roman nicht an die Kompositionskunst der englischen, russischen oder französischen Dichterkollegen, etwa Flauberts, heran, der interessanterweise nur wenige Jahre vor Erscheinen von Raabes *Abu Telfan* (1867) ebenfalls einen für die Rückkehrthematik einschlägigen Roman (*Salammbô*; 1862) verfasst hat, allerdings von unvergleichlich größerer Tiefe.

Andererseits gelingt Raabe das Kunststück, einen Zeit-Roman[28] über die sich »im Schatten der gescheiterten Revolution von 1848«[29] entwickelnde preußische Gesellschaft zu Beginn der 1860er Jahre zu schreiben, der seinen »vielgewanderten« (12) Helden aus Abu Telfan bzw. Bumsdorf zugleich vor dem Hintergrund eines literarischen und mythopoetischen Tiefenraums verortet: nämlich der unter dem Begriff des *nostos*[30] firmierenden antiken Heimkehrer-Literatur, zu deren Grundlagentexten Homers *Odyssee* zählt. Es ist diese doppelte Bezugnahme einerseits auf die unmittelbare Gegenwart, andererseits auf die antike Tradition des *nostos*, die Raabes Roman relevant für einen Band macht, der sich *Raabe heute* nennt und sein Werk also ganz gezielt auf seine Aktualität hin befragt. Denn indem Raabe sich mit der literarischen Vergangenheit des Heimkehrer-Motivs auseinandersetzt und ihm eine moderne Signatur verleiht, legt er nicht nur eine Problematik frei, die viele moderne Texte des 19. Jahrhunderts mit dem homerischen Erbe verbindet: die bei Homer sich erst andeutende Identitätsproblematik[31]; er benennt auch die Herausforderungen, die der modernen, bürgerlichen Gesellschaft durch die Rückkehr Fremdgewordener erwachsen und auf die sie der Erzähllogik und Handlungsökonomie des Romans zufolge keine Antwort weiß – und offenbar auch gar nicht wissen will.

Diese mangelnde Bereitschaft zur Aufnahme nicht nur vermeintlich Fremder, sondern überhaupt aller Andersdenkenden, die Raabe dem kleinstaatlichen Deutschland attestiert, zeigt sich zum einen darin, dass der von ihm porträtierten Gesellschaft keine Rituale der Wiederanerkennung und Wiedereingliederung mehr zur Verfügung stehen – die Szene des Grenzübertritts,[32] die zu Anfang des Romans geschildert wird, macht dies besonders deutlich. Zum anderen manifestiert sich die Verschlossenheit und Welt-Abgewandtheit der fiktiven Bewohner von Bumsdorf darin, dass sie offenbar keinerlei Interesse daran verspüren, sich mit den leidvollen und zum Teil auch traumatischen Erfahrungen der Zurückgekehrten auseinanderzusetzen.[33] Dass diese Kritik nicht allein auf das romaninterne Publikum gemünzt ist, das an Hagebuchers explizit als »Odyssee« (39) bezeichneten Erzählungen nur so lange Interesse zeigt, wie er von »dem Krokodil und den schwarzen Männern« (285) erzählt, »welche sich nie zu waschen brauchen, weil es doch nichts hilft« (285), unterstreichen die eingeschobenen Erzählerkommentare. So äußert sich der »Verfasser« (174) immer wieder spöttisch über die Sensationslust seiner eigenen, kleinen »Leser«-Gemeinde (10). Es wäre ein Leichtes gewesen, erklärt er etwa gleich zu Beginn seiner Historie, dem Leser alles Mögliche »über den Gorilla, die Tsetsefliege, den Tsadsee, den Sambesi und dergleichen Kuriositäten« (11) zu erzählen. Allerdings habe Hagebucher »seine mannigfaltigsten, buntesten, gefahrvollsten, geheimnisvollsten Abenteuer [gar] nicht in Ägypten, Nubien, Abyssinien und im Königreich Dar-Fur erlebt« (12), sondern dort, wo »das biederste Volk der Erde« (ebd.) lebt – und »wo aus alter Gewohnheit der mythische Name Deutschland auf der Landkarte geschrieben steht« (ebd.).

Selten hat wohl ein als Heimatdichter zuerst gefeierter und später denunzierter Schriftsteller sein Publikum so unverhohlen beschimpft und ihm seine Vorliebe für exotische Geschichten nach dem Muster der »Allgemeinen Modezeitung« (13) und der »Blätter für literarische Unterhaltung« (13) vorgehalten wie Wilhelm Raabe. Sein ›Verdienst‹ liegt indessen nicht allein darin, die herkömmliche Perspektive umzukehren und einen

Roman über die Merkwürdigkeit und Absonderlichkeiten daheim in Deutschland zu schreiben.[34] Die spezifische Leistung von Raabes Roman für die Gegenwart besteht vielmehr darin, dass er seine Leser in besonderer Weise sensibilisiert für die Situationen, die durch *homecomings* (im weitesten Sinne) geschaffen werden – und die »Krisen« (95), die darauf folgen.

Aus dieser Perspektive betrachtet, kann man sich fragen, ob die erwähnten, die Form des Romans betreffenden Einwände überhaupt in vollem Umfang berechtigt sind. Vieles und ganz besonders die selbstkritischen Kommentare des Erzählers deuten stattdessen daraufhin, dass die Kompositionsprobleme des Romans einen tiefergehenden Strukturzusammenhang abbilden und von daher eine ästhetische Rechtfertigung erfahren.[35] Die Stärke des Textes bestünde demnach gerade darin, dass er diesen Strukturbruch nicht zudeckt oder glättet, sondern auch auf kompositorischer Ebene markiert. Anders formuliert, führt der Roman gleichsam am eigenen Leib vor, dass und wie die Geschichte dieser vom »Verfasser« selbst als »anormale Rückkehr« (42) bezeichneten Heimkehr scheitern und folglich auch formal auseinanderfallen muss. Denn den Riss, der durch Hagebuchers Leben läuft und es in ein Vor- und ein Nachher trennt, kann und will der Roman offenbar gar nicht kitten, worin denn auch einer der signifikantesten Unterschiede zu Homers *Odyssee* besteht.

Statt von einer auf allen Ebenen gelungenen Heimkehr zu erzählen, führt Raabes Roman vor, wie Hagebuchers Rückkehranstrengungen scheitern: »›Sie sind ein Problem, Herr Hagebucher‹« (32), fasst eine der Figuren, die offenkundig die Sympathie des »Verfassers« genießt, die Kernaussage des fast vierhundert Buchseiten umfassenden Romans an einer Stelle zusammen. Der Kontext der Szene, in der diese Worte fallen, wie der Romanverlauf machen deutlich, dass die hier angesprochene Problematik nicht in erster Linie in der Person Hagebuchers begründet ist; zum Problem wird Hagebuchers Heimkehr erst durch die Reaktionen der Daheimgebliebenen, die nicht akzeptieren wollen, dass sich die Welt in ihren Augen radikal verändert hat: »Seit der Heimkehr des saubern [sic]

Herrn zweifle ich an meiner eigenen Existenz; die ganze Welt hat die Drehkrankheit gekriegt – und ich will es nicht mehr haben!« (101), entfährt es Hagebuchers Vater einmal. In Aussagen wie diesen hält Raabe seinem zeitgenössischen Publikum (und nicht nur diesem) eine Art Spiegel vor Augen, in dem es sehen kann, wie wenig die bürgerliche Gesellschaft auf die Rückkehr vermeintlich Fremdgewordener eingestellt ist, von denen es in diesem Roman nur so wimmelt. Denn Hagebucher Jr. ist in der Romanwelt keineswegs der Erste und vermutlich auch nicht der Letzte,[36] der seiner Heimat den Rücken kehrt und nach Jahren angeblich ›verwildert‹, in jedem Fall aber stark beschädigt zurückkehrt und auf eine wenn nicht gerade freudige, so doch mögliche Aufnahme hofft. Wieder daheim und doch ›draußen vor der Tür‹[37] stehen noch eine ganze Reihe anderer Figuren, die die Welt bereist haben und irgendwann in ihre alte ›Heimat‹ zurückkehren, ohne dort jemals wirklich anzukommen.

Raabes Roman erzählt demnach nicht nur die Geschichte *einer* (unmöglichen) Heimkehr; er schildert vielmehr das Drama der (Re-)Migration, das sich im kleinstaatlichen Deutschland nach 1848 abspielt. Um diese These zu illustrieren, sollen im Folgenden die beiden im Roman aufeinandertreffenden Fraktionen und Weltbilder vorgestellt werden: die von Leonhards Vater angeführte Partei der Bumsdorfer Honoratioren und Heimatverbundenen auf der einen Seite, die sich am liebsten hinter der »Front« (16) ihrer mit mannshohen »Hecken« (ebd.) umzäunten Häuser oder im Wirtshaus aufhält und keinen hereinlässt, der nicht schon immer am Ort war, und die Partei der weitgereisten Emissäre auf der anderen Seite, die, obgleich sie an den Ort ihrer Geburt zurückkehren, den Status des Fremden niemals loswerden.

III.

Die AfD-Wählerschaft von Bumsdorf, um es zugespitzt zu formulieren, besteht aus unterschiedlichen Gruppen und Kreisen, die durch die Figur des Steuerinspektors – Repräsentant der neuerdings als angebliche, ›schweigende Mehrheit‹ bezeichneten Bevölkerungsgruppe – miteinander verbunden sind. Da sind zunächst die Verwandten Hagebuchers, an deren Spitze »die Tante Schnödler« (40) thront, »zu welcher eigentlich auch ein Onkel Schnödler gehörte, der jedoch, da die Tante das Geld hatte« 40), nicht zählt. Zur Fraktion der Ewiggestrigen gehört ferner der sogenannte »›Herrenclub‹« (95) von Bumsdorf, der sich allabendlich im »Goldenen Pfau« (116), der Dorfkneipe, trifft. Viel mehr lässt sich über »diese treffliche Gesellschaft« (94) offenbar nicht sagen, weshalb der »Verfasser« sich auf die Nennung der anwesenden Titel beschränkt: Dem Zirkel gehören neben dem »Herr[n] Steuerinspektor«, der »Kreisgerichtsdirektor«, der »Generalsuperintendent« (95), »de[r] Forstrat, de[r] Amtsrichter, der Konrektor« (98) an – sowie Leonhards Vetter, »der Wegebauinspektor Wassertreter« (41), der jedoch aufgrund seiner nachwirkenden sozialrevolutionären Vergangenheit als Burschenschaftler nur eine Art Duldungsrecht besitzt.[38]

So also sehen sie aus, die »Besten in Nippenburg« (95), die lieber unter sich bleiben wollen, als einem zuerst davon- und später dahergelaufenen »Vagabunden« (39) und »schwarze[n] Sklav[en]« (18), wie die Mutter ihren ›verlorenen Sohn‹ einmal nennt, einen Platz an ihrem Stammtisch oder anderswo zu gewähren. Es passt zu der Geisteshaltung dieser »Herren«, dass »über der Pforte« des Hauses ihres heimlichen Vorsitzenden »der biblische Spruch: Gesegnet sei dein Eingang und Ausgang« steht – und »hinter der Tür« ein »dicker Knüppel für unverschämte Bettelleute, Handwerksgesellen und fremde Hunde« (15). Weil der Erzähler aber nicht nur ein höflicher, sondern offenbar auch ein belesener Geist ist, versteckt er seine Verachtung für die in diesen Kreisen herrschende Weltanschauung (genau darum geht es) in einer literarischen Anspielung, die es allerdings in sich hat: Die Honoratioren von Bumsdorf werden nämlich als »Aristoi« (95) bezeichnet und damit mit jenen griechischen ›Edelleuten‹ aus der *Odyssee* verglichen, die in Abwesenheit des Hausherrn dessen Hab und Gut verzehren, seiner Gattin nachstellen und seinen heranwachsenden

Sohn zu ermorden trachten. Mehr muss man eigentlich nicht erzählen, um dem Leser zu bedeuten, dass Leonhard-Odysseus von dieser Seite nichts Gutes zu erwarten hat. Wobei: Wäre er nicht als »Bettler« (247), sondern als »›Märtyrer für die Wissenschaft‹« (96) nach Hause zurückkehrt, dann hätte die Geschichte ein anderes Ende gefunden. Denn dann hätte »man dem heldenmütigen Jüngling« (96) für seine »Tätigkeit auf der Landenge von Suez« (24) – dieser »verfänglichen Weltfrage« (24), die ironischerweise nicht nur den Handel, sondern auch den Personenverkehr befördern sollte[39] – »eine Marmortafel an irgendeinem in die Augen fallenden Ort« angebracht. So zerlumpt wie er ist, hat man für den »›berühmten‹ Sohn der Stadt« jedoch keinerlei Verständnis oder gar Anteilnahme übrig. Stattdessen fühlt man sich daheim in Bumsdorf »sehr getäuscht und gekränkt« (96) und beginnt »an allem, was noch den armen Leonhard in der Meinung der Welt heben konnte« (98) zu zweifeln:

> [M]an stand nicht an, den Kanal von Suez für einen Humbug zu erklären, man glaubte durchaus nicht mehr an das Tumurkieland und die Gefangenschaft zu Abu Telfan; ja, es fehlte wenig, so würde man sogar an der Existenz dieses Erdteils, genannt Afrika, gezweifelt haben [...]. (98)

Aber nicht nur die Bewohner von Bumsdorf streichen den Zurückgekehrten bereitwillig aus ihrem gesellschaftlichen Leben; auch der Vater macht mit seinem Sohn kurzen Prozess: »Ich will nichts mehr von der afrikanischen Wüste, ich will nichts mehr von dem Tumurkielande, ich pfeife auf beides!« (101), erklärt er seinem Sohn eines Abends; eine Aussage, die den Leser dann doch einigermaßen überrascht, da er auf den vergangenen hundert Buchseiten zwar sehr viel über die Zustände in der kleindeutschen Provinz, dafür aber erstaunlich wenig über Hagebuchers zehnjährige »Odyssee« (39) und seine afrikanische Kriegsgefangenschaft[40] erfahren hat. Während der Leser über so manches Detail dieser Irrfahrt gerne umfassender ins Bild gesetzt worden wäre,[41] will der Vater hingegen endlich seine »Ruhe« (101) wiederhaben:

›Mein ganzes Leben bin ich ein solider und achtbarer Mann gewesen, und so hat man mich ästimiert; aber jetzt bin ich wie ein Kamel mit einem afrikanischen Affen drauf und kann mich nicht sehen lassen, ohne das ganze Pack mit Geschrei und Fingerdeuten und Gepfeife in den Gassen hinter mir zu haben. Und wer ist schuld daran? Wer hat den ehrlichen Namen Hagebucher so in den Verruf und in die Mäuler des Janhagels gebracht? Kein anderer als der Herr aus dem inwendigsten Afrika, der Phantast, der Landläufer –.‹ (101)

Solche Schimpfreden kennt man und wird sie in den nächsten Jahren womöglich noch öfter hören, weshalb man froh ist, dass der Vater nicht häufiger zu Wort kommt. Doch was er sagt und was Raabe in gesellschaftsdiagnostischer Manier auch den anderen Figuren in den Mund legt, lohnt einen genaueren Blick. Um wieder in den Schoß der Familie aufgenommen zu werden und seine, in heutige Worte gekleidet, ›Integrationsbereitschaft‹ zu beweisen, muss der Asyl suchende Sohn nämlich erst ein »Examen« (174) über sich ergehen lassen: Es genüge nicht, erklärt die dem Familiengericht vorsitzende Tante Schnödler, dass der Neffe »den Schneider kommen und sich ein neu Habit anmessen lasse«. Um wieder ein »Mensch«, d.h. ein »anständiger großherzoglicher Staatsbürger und Untertan« zu werden, müsse der Neffe »auch geistlich nach dem Balbiere schicken« und »alles hochmütige und ausländische Wesen ab[legen]« (43). Kurz: Der Neffe möge »sich von neuem in die Schreiberei einschießen«, um es mit »Nachhülfe der Verwandtschaft« endlich zum »Ratsskribenten« und damit zu einem »nützlichen Mitgliede« des Gemeinwesens zu bringen. Noch einmal im O-Ton: »›Ich aber sage, daß wir hier in Nippenburg nicht im afrikanischen Mohrenlande leben und daß kein Mensch es prätendieren kann, daß wir uns in die Mohren schicken; sondern die Mohren werden sich in uns schicken müssen, wenn sie mit uns hausen wollen.‹« (44) Als Hagebucher Jr., der sich bei dieser Willkommensrede auf unheimliche Weise zurückversetzt fühlt in seine Zeit als Gefangener der »Madam Kulla Gulla« – »die Atmosphäre des Vaterhauses wurde beängstigender als die heiße Luft der Lehmhütten zu Abu Telfan« (45) –, dieses Angebot (vorerst) ausschlägt, empfiehlt sich die Verwandtschaft ohne ein Wort des Abschieds. Stattdessen stellt man dem Neffen »ein Retourbillet auf dem Postwagen und der Eisenbahn nach Afrika« (44) in Aussicht.

Darunter also stellen sich die Daheimgebliebenen in Raabes Roman Integration vor; ihre Vorstellungen sind nicht weit von den Fantasien so mancher AfD-Vertreter und seiner Wählerschaft entfernt. Und es ist Raabe noch im Nachhinein dafür zu danken, dass er auch der Tante Schnödler nach diesem Auftritt kurzerhand das Wort entzieht und sie aus dem Roman entlässt. Auch die Bloßstellung einer Figur und der von ihr vertretenen Weltanschauung ist eine Kunst und Raabe beherrscht sie. Denn entweder lässt er die Propagandisten von Bumsdorf und Umgebung erst gar nicht zu Wort kommen oder er schafft es, dass sie sich gleichsam selbst überführen, indem sie den Mund auftun. »›Der Bursche lief fort, weil er einsah, daß man ihn hier nicht gebrauchen könne; man hat ihn auch dort nicht gebrauchen können, er ist heimgekommen, und ich habe ihn wieder auf dem Halse!‹« (42), beklagt sich etwa der Vater. In solchen Aussagen wird noch einmal deutlich, dass »Hagebuchers soziale Nicht-Integrierbarkeit« keineswegs auf seine »lange Gefangenschaft« und Entfremdung von der »europäischen Heimat« zurückgeführt wird, wie ein Teil der Raabe-Forschung annimmt.[42] Die Ablehnung, die Hagebucher Jr. entgegenschlägt, hat auch nichts mit dem zu tun, was man »kulturelle Alterität«[43] nennt. Denn nicht etwa die Reise und die dabei erworbene kulturelle Fremdheit oder (je nach Perspektive) Expertise des Sohnes lösen die Krise aus; die Aufnahme Hagebuchers und die Wiedervereinigung von Vater und Sohn scheitern vielmehr deshalb, weil sich die beiden schon seit jeher fremd waren.

Auch darin besteht eine der Pointen dieses Romans: In *Abu Telfan* wird das Problem der Fremdheit nicht dadurch gelöst, dass eine frühere Verfehlung durch eine spätere Wiederbegegnung geheilt wird – das wäre das Schema der *anagnorisis*, das in Raabes Roman bezeichnenderweise nicht zur Anwendung kommt.⁴⁴ Gezeigt wird vielmehr, wie ein lange zurückliegendes familiäres »Zerwürfnis« – nämlich die Exmatrikulation des Sohnes, die einen »Strich durch alle Hoffnungen, Erwartungen« (23) und Rechnungen des Vaters zieht – sich in der Jahrzehnte später ereignenden Wiederbegegnung re-aktualisiert. In der bürokratisch organisierten bürgerlichen Moderne geht es demnach nicht mehr um das Problem der Wiedererkennung, sondern um die, so hat es Alexander Honold formuliert, »*Verifizierung*« und »*ökonomische Validierung*« des vermeintlich Fremden.⁴⁵ Da der Sohn aber außer einem »Elefantenzahn« (8) nichts vorzuweisen hat, was seine ökonomische Tauglichkeit und damit seinen Verbleib im väterlichen Haus rechtfertigen könnte, bleibt er in den Augen des Vaters ein »unnützer Mensch«, den »die Mohren dahinten am Äquator [besser] bei sich behalten hätten« (39).

IV.

Hätte man es in *Abu Telfan* mit einem Drama zu tun – vom Stoff her durchaus denkbar –, dann wäre die Geschichte mit diesem jähen Glückswechsel vermutlich an ihr Ende gelangt. Der Roman jedoch gibt sich mit dem ›Fall‹ seiner Hauptfigur nicht zufrieden; als ein Roman über die Epoche des Nachmärz⁴⁶ ordnet er die Lebensgeschichte Hagebuchers in einen größeren Zusammenhang ein und betont ihre überindividuellen Züge. Auch deshalb schöpft der Erzähler nach dem 18. Kapitel des Romans, das »sowohl formell wie dem Inhalte nach den Mittelpunkt der wahrhaften und merkwürdigen Geschichte« (184) ausmacht, noch einmal Atem und führt die Geschichten jener weitgereisten Figuren zusammen, die bis dahin nur am Rande erwähnt wurden. Zu diesen nur in einem euphemistischen Sinne als »Sonderlinge«⁴⁷ zu bezeichnenden Figuren gehören der Sohn von »Frau Klaudine« (63), Viktor Fehleysen; der »pensionierte[] Leutnant der Strafkompagnie, Kind« (320), der schon deshalb so heißen muss, wie er heißt, weil er sein einziges Kind verloren hat; der Baron von Glimmern, der Schuld am Tod jenes ›Kindes‹ trägt und mit Nikola von Einstein verlobt ist, sowie ein armes Schneiderlein, das der Märchenwelt der Romantik entsprungen scheint, tatsächlich aber vor Jahren nach Jerusalem ausgewandert ist und nach seiner Rückkehr in die Hofintrige um Nikola von Einstein/Glimmern verstrickt wird, ohne zu wissen, wie ihm geschieht.[48]

Das »in ländlich sittlicher Abgeschiedenheit« (15) liegende Dorf, das Raabe zum Schauplatz seines Romans kürt, erweist sich mithin als Ausgangs- und zugleich Knotenpunkt zahlreicher Rückkünfte: Die Schandtaten des Baron von Glimmern werden nämlich erst dadurch aufgedeckt, dass der ehemals unter seinem Kommando stehende Leutnant Kind an den Ort des Verbrechens zurückkehrt, um seine Tochter zu rächen. Dabei kommt ihm Viktor Fehleysen als bürgerlich geborener »Deus ex machina« (206) zu Hilfe, dessen verstorbener Vater ebenfalls zu den Opfern des Barons zählt. Die erzählerische Herausforderung, alle diese Figuren und Erzählfäden miteinander zu verknüpfen, zeigt sich schon darin, dass fast alle der Handelnden mehrere Namen und Identitäten haben. Viktor Fehleysen etwa reist unter dem Decknamen Kornelius van der Mook als Tierhändler um die Welt; seine verwitwete Mutter wiederum ist zwar auf den Namen Klaudine Fehleysen getauft, wird vom Erzähler aber vorzugsweise als »Frau Geduld« (72) bezeichnet und damit als Allegorie kenntlich gemacht. Der ursprünglich aus Nippenburg stammende »Jerusalemer Schneider« (146) Felix Zölestin Täubrich schließlich wird seit seiner Rückkehr ins »Türkenviertel« von Nippenburg nur noch »›Täubrich-Pascha‹« (140) gerufen und weiß irgendwann selbst nicht mehr, wer er ist: »Ist das meine Nase, oder ist sie's nicht? Bin ich Abul Täubrich ibn Täubrich, Pascha von Damaskus, oder bin ich es nicht?« (148) Dass diese Verwirrung kalkuliert ist, zeigt sich darin, dass der Erzähler-Verfasser dabei eindeutig seine Hand im Spiel hat. Denn auch der »Verfasser« (174) selbst stellt seinen deutschstämmigen Helden mal als »Herr Leonhard Hagebucher« vor, mal als »Afrikaner« (28) und wieder ein anderes Mal als »Mann aus Troglodytice« (50) und legt damit den

Konstruktionscharakter, wie man heutzutage sagt, von Identität offen.[49]

Allerdings fällt es dem »Verfasser« aufgrund dieser (gezielten) Verunklarung von Identitäten sichtlich schwer, seine Geschichte zu einem gelungenen Abschluss zu bringen. Diese Schwierigkeiten der *closure* werden im Text mehrfach thematisiert.[50] So heißt es etwa gleich zu Beginn des Romans:

> Aller Anfang ist schwer, sagt das Sprichwort, und trifft hier durchaus nicht zu. Es war nichts leichter, als den Kriegsgefangenen des Sultans von Dar-Fur vom Molo zu Triest bis in den Palmbaum zu Leipzig zu verfolgen und ihn daselbst samt seiner afrikanischen Kiste im Zimmer Nummer einundachtzig zu deponieren. Wo blieben aber Mann und Kiste nachher? (13)

Das hier auf mehreren Ebenen thematisierte Problem der Unterbringung – und damit verbunden: Schließung – nimmt im Verlauf des Romans jedoch nicht ab, sondern zu. So lässt der »Verfasser« seine Hauptfigur gegen Ende des Romans die »arge Verknotung« (221) beklagen, die durch die Rückkunft und Rachepläne des Duos Kind/van der Mook entstanden ist. Die durch die Rückkehr der verschiedenen Figuren ausgelösten Krisen wirken sich, anders gesagt, auch auf das Erzählen und die Form des Romans aus.

Es wäre jedoch ein Missverständnis – so eine der Grundthesen dieser Ausführungen –, würde man die dadurch entstandene Verknotung dem »Verfasser« (oder Autor) zur Last legen; sie ist vielmehr als Effekt einer Darstellung zu analysieren, die versucht, das Problem mehrfacher, verunsicherter oder gebrochener Identitäten in der Narration abzubilden.[51] Was man Raabe allerdings vorhalten kann, ist die formale Lösung, mit der er die auf der Handlungsebene thematisierte Frage »wer man ist und wo man eigentlich zu Hause ist« (149) zu beantworten sucht. Er vermag den ›Knoten‹ nämlich nur dadurch zu lösen, dass er den Roman als eine Mischung aus Rache- und Kriminalgeschichte zu Ende führt: Leonhard, bei dem die einzelnen

Fäden zusammenlaufen, kann die Aufdeckung der Intrige um die Figur des Barons und den damit verbundenen gesellschaftlichen Fall Nikolas nicht verhindern; der Baron wird der »schamlosesten Felonie« (223) überführt und flieht außer Landes; Viktor Fehleysen setzt ihm nach und Nikola von Glimmern schließlich zieht sich in die Arme der Witwe Fehleysens in die sogenannte »Katzmühle« (64) zurück. Es folgt ein rührselig-resignatives Schlusstableau, das die Heimatlosen von Bumsdorf im Kreis der Witwe Fehleysen zeigt: Nikola von Glimmern, das arme Schneiderlein aus Jerusalem, Leonhards Vetter und sein Mentor Prof. Reihenschlager, der als »Doktor der Weltweisheit« (368) gilt – und schließlich Leonhard Hagebucher selbst, von dem man nicht weiß, ob die Prophezeiung des belesenen Doktors sich nicht doch noch einmal bewahrheiten soll und er seine Stelle als Ratsschreiber von Nippenburg im hohen Alter gegen eine Reise in das Land eintauschen wird, das bereits in der *Odyssee* erwähnt wird: das Land nämlich, in dem man »das Salz nicht kenn[t] und das schöngeglättete Ruder für eine Worfschaufel« (285) nimmt.[52]

Diese Art der Auflösung geschieht nicht nur auf eine äußerst triviale und zudem brachiale Weise; sie verdirbt auch beinahe die politische Pointe des Romans. Der »Verfasser« begeht nämlich den Fehler, alles Böse in einer Figur zu inkorporieren. Denn der Baron von Glimmern, der bereits zwei Tote auf dem Gewissen hat, erweist sich am Ende auch noch als gerissener Betrüger, dessen Flucht ins Ausland dazu führt, dass Viktor Fehleysen ihm nachsetzt, während seine Mutter, die all die Jahre daheim an ihrem Spinnrad an einem »Feiertagsgewande« (252) gewoben und auf den Sohn gewartet hat, wie ehemals Penelope auf ihren Gatten Odysseus, in der Katzenmühle das Ende ihres Lebens absitzt. Den Eindruck, dass dieses Dasein eigentlich kein Leben mehr ist, kann der »Verfasser« auch dadurch nicht mildern, dass er die Katzenmühle, in der sich die »Heimatlosgewordenen« (354) versammeln, als mütterlichen Schoß imaginiert und damit zur eigentlichen ›Heimat‹ verklärt.[53] Wenn man dieses »alte Gemäuer« (71) überhaupt als ›Idylle‹ bezeichnen kann, dann nur als eine zerbrochene. Denn die »Mühle« (72), die freilich längst keine Mühle mehr ist, ist nicht nur räumlich – durch »eine ungefähr fünfzig bis sechzig Schuh hohe Granitwand« (70) – vom Rest der Welt getrennt; sie trägt auch Züge eines Totenreichs.[54] Nur ein Fatalist wie Wilhelm Raabe vermag eine Existenz an solch einem Nicht-Ort als persönlichen Freiheitsgewinn darzustellen.[55]

Als noch problematischer erweist sich jedoch, dass die im Roman thematisierte Frage der Schuld der Figur des Barons zugerechnet und damit auf falsche Weise personalisiert wird. Diese ›Auflösung‹ aber wird der zu Beginn des Romans entworfenen Problemstellung nicht gerecht; ja, sie scheint ihr geradezu zu widersprechen und von der eingangs hergestellten Einsicht abzulenken, dass es in der Welt, in der dieser Roman spielt, schon deshalb keinen Ort geben kann, an den man heimkehren kann, weil die Daheimgebliebenen sich jeder Öffnung ihrer Weltsicht verweigern. Es ist genau diese politische Bedeutungsebene des Romans, die man bei dem ganzen Budenzauber, den der Erzähler auf den letzten zweihundert Buchseiten veranstaltet, aus dem Auge zu verlieren droht.

Um den Text gleichsam vor sich selbst zu retten, muss man also noch einmal an den Anfang des Romans und der Geschichte zurückkehren. Hagebucher Jr., heißt es dort, hat seine Heimat »achtzehnhundertfünfvierzig« (23) verlassen. Das wäre nicht weiter bemerkenswert, wenn der Roman auch an anderer Stelle genaue Zeitangaben enthielte. Das tut er aber nicht. Nur selten spielen konkrete historische Daten in diesem Roman eine Rolle und wenn, dann drehen auch sie sich um die Zäsur, die die gescheiterte Revolution von 1848/49 in der damals jüngeren Vergangenheit Deutschlands darstellt. Umso bedeutsamer erscheint es deshalb, dass Hagebucher, als er am Morgen seiner Rückkehr irgendwann »zu Anfang des siebenten Jahrzehnts [des] neunzehnten Jahrhunderts« (7) erwacht, seinen Eltern und der Schwester erklärt, es liege »ein Dasein, welches nicht zu beschreiben ist, zwischen der heutigen Stunde und dem Jahre achtzehnhundertfünfundvierzig« (23). Mit dieser Aussage soll Hagebucher in mehrfachem Sinne recht behalten: Denn erstens wird er selbst nicht beschreiben können, was ihm in der

Zwischenzeit in Afrika passiert ist;[56] und zweitens wird auch der am Ort zurückgebliebene Erzähler die historischen und gesellschaftlichen Ereignisse, die sich nach Leonhards Fortgang in ›Deutschland‹ zugetragen haben, nicht wiedergeben. Die gescheiterte Revolution von 1848/49 bildet, anders gesagt, eine (markierte) Leerstelle innerhalb des Romans.[57]

Was also hat es mit diesem Datum auf sich, das ihm eine solche hervorgehobene Stellung im Romangeschehen verleiht? Den entscheidendenden Hinweis gibt Alexander Honold, der auf die intertextuellen Bezüge zur Rip van Winkle-Legende in Raabes Roman hingewiesen hat.[58] Tatsächlich wird Raabes Romanheld gleich mehrere Mal explizit mit jenem Rip-van-Winkle verglichen,[59] der in Washington Irvings gleichnamiger Erzählung von 1819 die amerikanische Revolution in einer Höhle verschlafen hat und Jahrzehnte später in einer »von Grund auf veränderten Heimat«[60] aufwacht. So heißt es über den Morgen nach Hagebuchers unerwarteter Rückkehr, ihm ergehe es nicht anders als »Epimenides, d[en] sieben Brüdern von Ephesus [...] und zuletzt Meister Rip van Winkle« (20). Allerdings hat Raabe die von Washington Irving kolportierte »erste Legende, die sich der amerikanischen Vorstellungskraft bemächtigte«,[61] deutlich abgewandelt und an die kleindeutschen Verhältnisse angepasst. Im Unterschied zu seinem fiktiven amerikanischen Vorläufer hat Hagebucher die letzten fünfzehn Jahre nämlich gerade *nicht* geschlafen; er lag nicht schnarchend in einer Höhle irgendwo in den Catskill-Bergen wie Irvings Pantoffelheld, sondern ging »als ein Handelsartikel mit variierendem Werte von Hand zu Hand, von Stamm zu Stamm« (28), bis er sich eines Tages gefesselt in einer »Lehmhütte zu Abu Telfan« (45) wiederfindet. Es ist mit Sicherheit kein Zufall, dass dieser ›Handel‹, der Hagebucher Jr. zum »Kriegsgefangenen« (7) machen soll, »im Juni des Jahres achtzehnhundertneundvierzig« (29) stattgefunden haben soll; zum selben Zeitpunkt also, zu dem daheim in Deutschland die letzten der verbliebenen Abgeordneten der Nationalversammlung gewaltsam auseinandergejagt wurden.[62] Hagebuchers Traum von einer selbstbestimmten »Existenz« (24) in Übersee bricht mithin im selben Moment zusammen wie der Traum von der deutschen Emanzipation und Einheit.[63]

Der im Rip-van-Winkle-Motiv versteckte Vorwurf, die politische Zeitenwende verschlafen zu haben, gilt deshalb nicht ihm, sondern den Daheimgeblieben. Dafür spricht schon die Charakterisierung von Raabes Held. Während der ›ursprüngliche‹ Rip van Winkle von Irving als »unter dem Pantoffel stehender Ehemann« vorgestellt wird,[64] erscheint Raabes Protagonist als ein gegen die elterlichen und gesellschaftlichen Erwartungen revoltierender junger Mann, der sich in der Fremde eine Weitsicht und »ruhige Objektivität des Standpunktes«[65] (318) erworben hat, die ihn dazu befähigt, sowohl sein altes Ich als auch seine Herkunftswelt von einer gleichsam olympischen Warte aus zu betrachten. Seine Herkunftswelt dagegen hat sich in der Zeit seiner Abwesenheit kaum verändert. Nicht nur die Zeit an sich scheint spurlos an Bumsdorf vorübergegangen zu sein; auch die Revolution von 1848/49 hat, wie bereits Alexander Honold bemerkt hat, »keine dauerhaften politischen Spuren hinterlassen«, weshalb die »größere Verschlafenheit beim Heimatland zu diagnostizieren« sei.[66]

Man kann das noch schärfer formulieren: Dass Helden zu Beginn einer Erzählung aufbrechen und am Ende in eine völlig veränderte, kaum mehr wiederzuerkennende Heimat zurückkehren, ist – literarisch betrachtet – der Normalfall. »Anormal« (42) dagegen ist das, was Raabes Helden passiert: Nachdem sie jahre-, teilweise sogar jahrzehntelang fort waren, stellen sie bei ihrer Rückkehr fest, dass alles noch genauso ist wie *vor* ihrer Reise. Auf eine unheimliche Weise sind sich das Land und seine Bewohner gleich geblieben und erscheinen den Zurückkehrenden gerade deshalb als fremd. Diese Art von Fremdheit hat mit Alterität nichts, aber auch gar nichts zu tun. Sie resultiert nicht aus der Begegnung verschiedener Kulturen, sondern aus dem erschütternden Erlebnis, dass selbst Jahrzehnte keinen Wandel bewirken: »Es ist mir, als hätt [sic] ich hundert Jahre lang geschlafen« (349), erklärt der Tierhändler van der Mook alias Viktor Fehleysen, kaum dass er die Grenze zu seiner alten

Heimat passiert hat. Die im Roman getätigten Anspielungen auf die ›verschlafene Revolution‹[67] von 1848 verweisen deshalb in letzter Konsequenz auf ein nachgerade metaphysisches Problem: Wenn die Zeit nicht mehr vorwärts schreitet, sondern auf der Stelle tritt oder sich gar rückwärts bewegt, wie kann man dann je in der Gegenwart ankommen?

V.

Wer wissen möchte, was uns *Raabe heute* zu sagen hat, der findet darauf in *Abu Telfan* zwei Antworten. Aus einer *politischen Perspektive* betrachtet, erweist sich Raabe auf eine geradezu erschreckende Weise als weitsichtig, insofern der 1867 erschienene Roman Konfliktlagen kartiert, die auch das heutige Europa kennzeichnen: zwischen Migranten und Sesshaften, Globalisierung und Heimatbeharren, Integrationsproblematik und sozialer Schließung. In seinen besten Partien nimmt *Abu Telfan* Züge einer vorweggenommenen Analyse gesellschaftlicher Strukturen an, die über die miniaturisierten Schauplätze der Romanhandlung hinausreichen und auch heute noch virulent sind. Dass die im Roman enthaltene kritische Diagnose sich nicht allein auf Bumsdorf und Umgebung bezieht, wird dabei im Text selbst mehrfach thematisiert; am prominentesten von einer Figur, die Goethe verehrt, für den Liberalismus gekämpft hat und in der postrevolutionären Ära ein nurmehr beschädigtes Leben führt. »Solch ein deutsches Dorf hält seine Erscheinungen und seinen Geruch mit merkwürdiger Zähigkeit fest, und aus dem Boden wächst immer dasselbige Geschlecht« (64), weiß der Vetter Wassertreter zu berichten. Auch der »Verfasser« selbst weist in einer scheinbar beiläufigen Bemerkung darauf hin, dass die Geschichte zwar in »Bumsdorf« und »Nippenburg« spiele, sich aber ebenso gut in »Hannover, Braunschweig, Darmstadt, Kassel, Stuttgart« (128) ereignen könnte: Das ›Drama‹ sei überall dasselbe, denn »der Plunder bleibt eben überall der selbe« (128). Anders als der exotische

Titel suggeriert, handelt es sich bei Raabes Roman mithin um eine ausgesprochen »deutsche Geschichte« (128).

Von einem *ästhetischen Standpunkt* aus kann man sich fragen, ob die innerhalb der (kritischen) Raabe-Forschung konstatierte »Diskrepanz zwischen einer als veraltet empfundenen Prosa und deren erstaunlicher Welthaltigkeit und Aktualität«[68] in dieser Form auch auf *Abu Telfan* zutrifft. Sicher, Raabes Weitschweifigkeit, seine unter erkennbar autodidaktischem Beweiszwang stehende Gelehrsamkeit, die Einbettung der Heimkehrergeschichte in eine konventionelle Gesellschaftsintrige, verbunden mit dem Verzicht auf moderne Erzähltechniken – das alles ist für Leser, die am Niveau des westeuropäischen oder russischen Gesellschaftsromans geschult sind, nur schwer erträglich.[69] Gleichzeitig erscheint diese Rückständigkeit, die der Erzähler alles andere als zu verbergen versucht, sondern geradezu ostentativ ausstellt, in *Abu Telfan* als durch den Gegenstand selbst begründet. Kann es also sein, dass die triviale Kriminal- bzw. Rachegeschichte, in die der Roman mündet, gar keinen künstlerischen Fehlgriff darstellt, sondern die ästhetisch angemessene Form für eine Gesellschaft, die in den Augen des »Verfassers« die eigene Emanzipation verschlafen hat? Kann ein sich ins Kleine zurückziehendes, den Komplexitäten jenseits des engen Horizonts verweigerndes Land eben auch nur durch die Wahl einer kleinen Form und antiquierten Erzählweise seinen literarischen Ausdruck finden? Das würde auch die eigentlich noch ins 18. Jahrhundert zurückreichende Residenzstadtintrige, die den zweiten Teil des Romans mehr schlecht als recht ausfüllt, in einem günstigeren Licht erscheinen lassen. Sofern die Verwendung konventioneller Erzählverfahren und Genres eine symptomatische Funktion besitzt, erscheint in *Abu Telfan* der Anachronismus als Mittel, um eine in den Verstrickungen von Provinztragödien stehen gebliebene Welt vor Augen zu führen.

Verfolgt man diesen Gedanken versuchsweise weiter, dann ist es auch und vielleicht gerade die Tatsache, dass der Roman die postrevolutionären Verhältnisse in Deutschland einzufangen versucht, die den Abstand von Hagebuchers unglückseliger

Heimreise vom großen Referenztext der *Odyssee* begründet. Auch dies ist im Anspielungshorizont des Textes durchaus präsent. Denn es ist kaum ein Zufall, dass Hagebucher eines Tages das Angebot erhält, als Held eines Epos verewigt zu werden – und dass er dieses Angebot auf brüske Art ausschlägt:

> Es kam ein junger Mann, welcher einen Stoff für das moderne Epos suchte, welcher in den Abenteuern des Afrikaners diesen Stoff gefunden zu haben glaubte und welchen Hagebucher ohne Rücksicht auf die Gefühle der Mit- und Nachwelt bedeutete, er möge ihn ungeschoren lassen, und übrigens halte er es in dieser Zeit für ein Zeichen von ganz entschiedener dichterischer Begabung, wenn jemand keine Verse zu machen imstande sei. (289)

Vom »Stoff« her scheint Hagebuchers Geschichte dem jungen Literaten für ein Werk in der Art der *Odyssee* zu taugen – auch wenn Raabes Held, der keine ruhmvollen Taten vollbracht hat, auf den niemand wartet und den die Seinen nicht wieder(an)erkennen, allenfalls als Anti-Odysseus zu charakterisieren wäre. Hagebuchers unwirsche Replik auf dieses Ansinnen deutet aber noch auf etwas anderes hin. Im Unterschied zu Odysseus, der tatkräftig daran mitwirkt, seinen eigenen Ruhm zu verbreiten, ist in der Gedankenwelt von Raabes Heimkehrer für »Rücksicht auf die Gefühle der Mit- und Nachwelt« kein Platz. Für ihn kommt die Aufbereitung seiner angeblichen Abenteuer als Heldensaga schon allein aufgrund der epochalen Bedingungen (»in dieser Zeit«) nicht infrage. Durch den Vorschlag des Literaten werden die den Roman durchziehenden Anspielungen auf die *Odyssee* also zugleich bestätigt und autoritativ, nämlich durch den Protagonisten persönlich, widerrufen. So versetzt die kurze Episode den Roman als Ganzes in eine Art *mise en abyme*: Er stellt sich dar als Schwundform des Epos, als Stoff eines Epos in falscher Zeit. Die durch und durch prosaischen Verhältnisse der zweiten Hälfte des 19. Jahrhundert bieten weder für den Hexameter noch überhaupt für die große Form einen Boden.

Wenn es mithin zutrifft, dass Raabe mit seinem exotisch anmutenden Roman *Abu Telfan* das Porträt einer ›verschlafenen‹ Nation zeichnet, dann hat man in letzter Konsequenz auch den Vorwurf zu überdenken, dass Raabe, wie auch die anderen Vertreter des deutschsprachigen Realismus, sich der Moderne nicht stellt. Denn dann läge Raabes Modernität gerade im humoristischen Verzicht auf moderne Ausdrucksmittel und Techniken.[70] Anstatt einer Welt, die provinziell bleiben will und sich der Moderne verschließt, auf poetischem Weg Modernität zuzueignen, zeigt er, dass die Gesellschaft des preußischen Nachmärz keinen großen, sondern nur einen kleinen Gesellschaftsroman möglich macht. Sie hat es, könnte man hinzufügen, auch nicht anders verdient.

Anmerkungen

1 Zur Rezeptions- und Wirkungsgeschichte der *Odyssee* vgl. William Bedell Stanford: The Ulysses Theme. A Study in the Adaptability of a Traditional Hero, Oxford 1954; Walter Erhart, Sigrid Nieberle (Hg.): Odysseen 2001. Fahrten – Passagen – Wanderungen, München 2003 sowie Edith Hall: The Return of Ulysses. A Cultural History of Homer's Odyssey, London u.a. 2008.
2 Das Spektrum reicht von Roman- über Film- und Theater- bis hin zu Opernadaptionen. Vgl. etwa die US-amerikanische Fernsehserie *Homeland* oder die Oper *Odyssee – ein Atemzug* von Isabel Mundry.
3 Zur Wortbedeutung und Übersetzbarkeit des berühmten Epithetons siehe Peter Sloterdijk: Was geschah im 20. Jahrhundert?, Berlin 2016, S. 256f.
4 Renate Schlesier: Menschen und Götter unterwegs: Ritual und Reise in der griechischen Antike, in: Tonio Hölscher (Hg.): Gegenwelten: zu den Kulturen Griechenlands und Roms in der Antike, München 2000, S. 129-157, hier S. 129.
5 Susanne Gödde: Heimkehr ohne Ende? Der Tod des Odysseus und die Poetik der *Odyssee*, in: Deutsche Vierteljahrsschrift für Literaturwissenschaft und Geistesgeschichte 92.2 (2018) (= Nostos und Gewalt. Heimkehr in der Prosa des 19. und 20. Jahrhunderts, hg. von Eva Eßlinger), S. 163-180, hier S. 163.
6 Gotthart Fuchs: Wohin mit uns? Eine Art Einleitung, in: ders. (Hg.): Lange Irrfahrt – große Heimkehr. Odysseus als Archetyp – zur Aktualität des Mythos, Frankfurt a.M. 1994, S. 7-29, hier S. 19.

7 Gunter E. Grimm: Odysseus im Exil. Irrfahrt im Motiv deutscher Exilautoren (1933-1950), in: Walter Erhart, Sigrid Nieberle (Hg.): Odysseen 2001. Fahrten – Passagen – Wanderungen, München 2003, S. 102-118, hier S. 102.
8 Ausführlicher siehe Irad Malkin: The Returns of Odysseus. Colonization and Ethnicity, Berkeley u. a. 1998.
9 Vgl. Justine McConell: Black Odysseys. The Homeric ›Odyssey‹ in the African Diaspora since 1939, Oxford 2013 sowie Edith Hall (Anm. 1).
10 So der Titel von Christoph Ransmayrs Neudichtung *Odysseus, Verbrecher. Schauspiel einer Heimkehr*, Frankfurt a. M. 2010.
11 Ausführlicher siehe die Rezension von E. Teresa Choate im Theatre Journal 58.1 (2006), S. 95-99, die Mnouchkines Stück als Gegenbild zur homerischen *Odyssee* deutet: »Odysseus's struggle to return to his home [is] juxtaposed against the refugees' struggle to escape theirs« (ebd., S. 95).
12 Diese Linie führt bis in die klassische Moderne (Döblin, Brecht, Hofmannsthal, Musil) bzw. zurück bis zu Dante.
13 Vgl. die Literaturangaben in Anm. 1.
14 Erstaunlicherweise wurden die *Odyssee*-Reminiszenzen in *Abu Telfan* von der Forschung bislang nicht beachtet. – Zu Raabe und Homer vgl. die Studie von Heiko Ullrich: Wilhelm Raabe zwischen Heldenepos und Liebesroman. ›Das Odfeld‹ und ›Hastenbeck‹ in der Tradition der homerisch-vergilischen Epen und der historischen Romane Walter Scotts, Berlin/Boston 2012.
15 Vgl. Christof Hamann: Bildungsreisende und Gespenster. Wilhelm Raabes Migranten, in: Heinz Ludwig Arnold (Hg.): Literatur und Migration. Text+Kritik. Sonderband, München 2006, S. 7-18. Hamann macht geltend, dass die verschiedenen Formen von Wanderungsbewegungen erst im 19. Jahrhundert als Migrationsbewegungen diskursiviert und, damit verbunden, literarisiert werden.
16 David A. Jackson: Wilhelm Raabes Reise in das Mondgebirge. Politische Tendenzen und verfehlte Publikumswirksamkeit am Beispiel des Romans Abu Telfan, in: Heinrich Detering, Gerd Eversberg (Hg.): Kunstautonomie und literarischer Markt. Konstellationen des poetischen Realismus, Berlin 2003, 145-170, bezeichnet den Roman als »Ladenhüter« (ebd., S. 145).
17 Vgl. z.B. Axel Dunker: (Post-)Kolonialismus und Deutsche Literatur, Bielefeld 2005 sowie ders.: Kontrapunktische Lektüren. Koloniale Strukturen in der deutschsprachigen Literatur des 19. Jahrhunderts, München 2008; Herbert Uerlings (Hg.): Postkolonialismus und Kanon, Bielefeld 2012 und neuerdings das Handbuch Postkolonialismus und Literatur, hg. von Dirk Göttsche, Axel Dunker, Gabriele Dürbeck, Stuttgart 2017. – Zum (Post-)Kolonialismus bei

Raabe: Patrick Ramponi: Orte des Globalen. Zur Poetik der Globalisierung in der Literatur des deutschsprachigen Realismus (Freytag, Raabe, Fontane), in: Ulrich Kittstein, Stefani Kugler (Hg.): Poetische Ordnungen. Zur Erzählprosa des deutschen Realismus, Würzburg 2007, S. 17-59; Florian Kropp: Erkundungen im Überseeischen: Wilhelm Raabe und die Füllung der Welt, Würzburg 2009 und Rolf Parr: Die nahen und die fernen Räume: Überlagerungen von Raum und Zeit bei Theodor Fontane und Wilhelm Raabe, in: Roland Berbig, Dirk Göttsche (Hg.): Metropole, Provinz und Welt. Raum und Mobilität in der Literatur des Realismus, Berlin/Boston 2013, S. 193-211.

18 Vgl. z.B. Eva Geulen: Schwierigkeiten mit Raabes *Frau Salome*, in: Michael Neumann, Kerstin Stüssel (Hg.): Magie der Geschichten. Weltverkehr, Literatur und Anthropologie in der zweiten Jahrhunderthälfte des 19. Jahrhunderts, Konstanz 2011, S. 417-428; Daniela Gretz: »Quer durch Afrika, was soll das heißen?« Afrika als Wissens- und Imaginationsraum bei Wilhelm Raabe und Theodor Fontane, in: Roland Berbig, Dirk Göttsche (Hg.): Metropole, Provinz und Welt. Raum und Mobilität in der Literatur des Realismus, Berlin 2013, S. 167-193 sowie Alexander Honold: Absenz, Latenz, Dissidenz. Das Rip van Winkle-Syndrom, in: Deutsche Vierteljahresschrift für Literaturwissenschaft und Geistesgeschichte 92.2 (2018) (= Nostos und Gewalt. Heimkehr in der Prosa des 19. und 20. Jahrhunderts, hg. von Eva Eßlinger), S. 245-267.

19 Zu den *Faust*-Referenzen in *Abu Telfan* siehe Monika-Yvonne Elvira Stein: Im Mantel Goethes und Faust auf der Fährte. Wilhelm Raabes ›Faust‹- und Goethe-Rezeption in seinem Roman ›Abu Telfan oder Die Heimkehr vom Mondgebirge‹, Frankfurt a.M. 2005 sowie Susanne Illmer: ›Wilde Schwächlinge‹ auf dem Weg ›zu den Müttern‹. Die Ordnung des Matriarchats und die Politik der Provinz in Raabes Roman *Abu Telfan oder die Heimkehr vom Mondgebirge*, in: Dirk Göttsche, Ulf-Michael Schneider (Hg.): Signaturen realistischen Erzählens im Werk Wilhelm Raabes, Würzburg 2010, S. 137-158.

20 Ich beziehe mich hier auf den Titel von Geulen (Anm. 18).

21 Drucktechnisch wird die Zweiteilung des Romans nicht markiert; der Erzähler bzw. »Verfasser« bezeichnet »das achtzehnte Kapitel der Historie des Herrn Leonhard Hagebucher« (AT, 183) jedoch explizit als »Mittelpunkt« (ebd.) der insgesamt sechsunddreißig Kapitel umfassenden »Geschichte« (ebd.). Wie Anm. 22.

22 *Abu Telfan* wird zitiert nach Wilhelm Raabe: Abu Telfan oder Die Heimkehr vom Mondgebirge. Roman, in: ders.: Sämtliche Werke [Braunschweiger Ausgabe], im Auftrag der Braunschweigischen Wissenschaftlichen Gesellschaft hg. von Karl Hoppe und Jost Schille-

meit, Bd. 7, bearbeitet von Werner Röpke, Göttingen 1951, hier S. 23. Zitate aus dem Roman werden im Folgenden mit der Seitenzahl im Text nachgewiesen.
23 Vgl. die sarkastische Bemerkung Nikola von Einsteins im Gespräch mit dem zurückgekehrten »Afrikaner« (AT, 149) alias Leonhard Hagebucher: »›O Herr Hagebucher, auch Abu Telfan hat seine Reize, nach welchen ein Bruchteil der Menschheit sich sehnen kann. Ein sehr hübsches eisernes Gitter mit vergoldeten Spitzen trennt, wie Sie vielleicht noch wissen, unsern Schloßplatz von der Hauptstraße der Stadt. Da es verboten ist, mit Paketen oder Körben am Arme, einer Zigarre im Munde, einem Kinde oder einem Hunde den geheiligten Bezirk zu durchwandeln, so bleibt die gewöhnliche Welt hübsch draußen. Wir betrachten und beobachten sie nur durch unser Gitter […].‹« (AT, 36)
24 »Das also war die Hoffnung der Frau Klaudine? Also davon sangen die Tropfen an dem stillen Mühlrade in dem zauberhaften Waldfrieden? Wie tückisch-falsch, wie verlogen, verlogen!« (AT, 214), entfährt es Leonhard Hagebucher, als er in dem »verwaldmenscht[en]« (ebd.) Tierhändler Kornelius van der Mook den seit Jahren vermissten Sohn von Klaudine Fehleysen erkennt.
25 Auch diese Episode knüpft an die *Odyssee* an. Vgl. Od. 9, S. 362-366.
26 Bezeichnenderweise tauchen eine ganze Reihe an Figuren, die im ersten Teil des Romans eingeführt werden, im zweiten Teil nicht wieder auf.
27 Die Vorbehalte gegen den deutschsprachigen Realismus sind bekannt; vgl. die nach wie vor grundlegende Studie von Erich Auerbach: Mimesis. Dargestellte Wirklichkeit in der abendländischen Literatur, Bern 1946, S. 420f., 478ff. sowie Heinz Schlaffer: Kurze Geschichte der deutschen Literatur, München 2002, S. 63 und 132.
28 Als ›Zeit-Roman‹ kann *Abu Telfan* in mehrerer Hinsicht gelten: Erstens behandelt er eine bestimmte historische Phase; zweitens thematisiert er die Frage, wie viel Abwesenheit sozial (noch) verträglich ist; die intertextuellen Bezüge zur *Odyssee* deuten schließlich drittens darauf hin, dass der Roman sich als zeitgemäße Bearbeitung einer ›alten‹ Fabel versteht. Die im Roman thematisierte Frage nach dem (Nicht-)Vergehen von Zeit besitzt demnach auch eine ästhetisch-poetologische Dimension.
29 Hugo Aust: Realismus. Lehrbuch Germanistik, Stuttgart 2006, S. 12.
30 Zur Begriffsklärung siehe Michael J. Anderson: Returns (Nostoi), in: Margalit Finkelberg (Hg.): The Homer Encyclopedia, Bd. 3, Oxford 2011, S. 743-745 sowie Margio Alexopoulou: Homecoming (*Nostos*), Theme of, in: Hanna M. Roismann (Hg.): The Encyclopedia of Greek Tragedy, Chichester 2014, S. 689-691.
31 Ob das moderne Identitätskonzept auf die *Odyssee* angewendet wer-

den kann, gilt unter Altphilologen als umstritten; vgl. Uvo Hölscher: Der epische Odysseus, in: ders.: Das nächste Fremde. Von Texten der griechischen Frühzeit und ihrem Reflex in der Moderne, München 1994, S. 52-61, bes. S. 53. Vgl. auch Jonas Grethlein: Die Odyssee. Homer und die Kunst des Erzählens, München 2017. – Zur Identitätsproblematik in *Abu Telfan* siehe Christian Müller: Subjektkonstituierung in einer kontingenten Welt. Erfahrungen zweier Afrika-Heimkehrer – Gottfried Kellers ›Pankraz, der Schmoller‹ und Wilhelm Raabes ›Abu Telfan‹, in: Jahrbuch der Raabe-Gesellschaft 2002, S. 82-110 und Michel Gnéba Kokora: Die Ferne in der Nähe. Zur Funktion Afrikas in Raabes ›Abu Telfan‹ und ›Stopfkuchen‹, in: Jahrbuch der Raabe-Gesellschaft 1994, S. 54-69, hier S. 58.

32 Die Exposition, die das bürokratische Prozedere schildert, dem sich der fiktive »Kriegsgefangene« (AT, 7) bei seiner Heimkehr ausgesetzt sieht, gehört nach meiner Auffassung zum Besten, was Raabe je geschrieben hat.

33 Auch wenn der Begriff selbst im Text nicht fällt, finden sich gleich mehrere Hinweise darauf, dass eine solche Traumatisierung Hagebuchers stattgefunden hat und sich, daheim in Bumsdorf, zu wiederholen droht: vgl. AT, 21, 31 und 45.

34 Dass die großen Erzähler der zweiten Jahrhunderthälfte einen gleichsam ›fremden‹ Blick auf das eigene Land werfen, ist beinahe schon zu einem Topos der jüngeren Realismus-Forschung geronnen. Vgl. z.B. Doris Bachmann: Die ›Dritte Welt‹ der Literatur. Eine ethnologische Methodenkritik literaturwissenschaftlichen Interpretierens, am Beispiel von Wilhelm Raabes Roman *Abu Telfan oder Die Heimkehr vom Mondgebirge*, in: Jahrbuch der Raabe-Gesellschaft 1979, S. 27-71, bes. S. 31. Der Enthusiasmus, den diese Beobachtung noch in jüngeren Studien auslöst, ist erstaunlich. Immerhin macht es Raabe seinen Lesern nicht gerade schwer, diese Umkehrung der Blickrichtung zu erkennen; vgl. die Erzähler-Kommentare in *Abu Telfan* auf S. 12, 21 und 44.

35 Vgl. z.B. die Erzähler-Kommentare in *Abu Telfan* auf S. 13 und 221.

36 Nach allem, was man liest, könnte man sich gut vorstellen, dass auch der Neffe des Freiherrn von Bumsdorf irgendwann seine Siebensachen packt und in die Welt davonzieht. Dasselbe gilt für Leonhards Schwester, die mit ihrem Bruder am liebsten »in die weite Welt laufen« (AT, 54) würde.

37 So der Titel von Wolfgang Borcherts Heimkehrerdrama *Draußen vor der Tür* (1947).

38 Es wäre lohnend, sich näher mit dieser Figur zu befassen, die in mehrerlei Hinsicht das alter ego von Leonhard Hagebucher darstellt.

39 Der Suez-Kanal wurde bei seiner Eröffnung als Tor zur Welt und

Brücke zwischen Abend- und Morgenland gefeiert; vgl. Valeska Huber: Channelling Mobilities. Migration and Globalisation in the Suez Canal Region and Beyond, 1869-1914, Cambridge 2013. Die Ironie dieser Episode arbeitet Felicitas Hoppe: Abu Telfan. Leonhard Hagebucher, in: Hubert Winkels (Hg.): Ralf Rothmann trifft Wilhelm Raabe, Göttingen 2005, S. 117-139 heraus: »Ginge es nach dem Steuerinspektor, würde die heiße Enge von Suez auf immer zwei feindliche Meere trennen, die nichts miteinander zu schaffen haben und die niemals etwas verbinden wird. Verlässliche Wüste zwischen Vater und Sohn. Aber Gott hört nicht auf seinen Steuerberater, dem es viel lieber gewesen wäre, man hätte die Tore noch fester verschlossen und niemals vom Suezkanal gesprochen, der den Heimweg nutzloser Söhne verkürzt, anstatt sie, wie früher, ums Kap zu schicken, wo sie sich lautlos verlieren [...].« Ebd., S. 126.

40 Vgl. die Selbstbezeichnung Hagebuchers im Fremdenbuch von Triest als »Kriegsgefangener [...] aus Abu Telfan im Land Tumurkie, Königreich Dar-Fur« (AT, 7).

41 Zum Beispiel hätte man gerne gewusst, was in den erwähnten, aber nicht wiedergegebenen Briefen Leonhards an seine Eltern gestanden hat – und warum sie offenbar nie beantwortet wurden. Vgl. auch Hoppe (Anm. 39), die *Abu Telfan* zu einer Art Briefroman *en miniature* umdichtet, der die Ambivalenz der Hauptfigur ans Licht bringt.

42 Michel Gnéba Kokora (Anm. 31) täuscht sich, wenn er meint, es ginge in diesem Roman um einen kulturell zerrissenen ›Afrika-Reisenden‹. Vgl. die kritische Bemerkung bei Honold (Anm. 18).

43 Anders siehe Honold (Anm. 18).

44 Zur Anagnorisis als »verabschiedete[m] Erzähltypus« bei Raabe siehe Eva Geulen: Anagnorisis statt Identifikation (Raabes *Altershausen*), in: *DVjs* 82 (2008), S. 424-447, hier S. 424.

45 Honold (Anm. 18), hier S. 260.

46 Zum Begriff des Nachmärz als Epochenbezeichnung vgl. Norbert Otto Eke, Renate Werner (Hg.): Vormärz – Nachmärz. Bruch oder Kontinuität?, Bielefeld 2000, bes. S. 11-30.

47 Die falsche Vorstellung, dass Raabes Figuren vornehmlich aus Sonderlingen und Käuzen bestünden, ist offenbar nicht aus den Köpfen zu kriegen; vgl. z.B. Daniela Gretz: Abu Telfan oder Die Heimkehr vom Mondgebirge, in: Dirk Göttsche, Florian Kropp, Rolf Parr (Hg.): Raabe-Handbuch. Leben-Werk-Wirkung, Stuttgart 2016, S. 125-130, hier S. 126.

48 Zur Auswanderungsthematik siehe Fritz Martini: Auswanderer, Rückkehrer, Heimkehrer. Amerikaspiegelungen im Erzählwerk von Keller, Raabe und Fontane, in: Sigrid Bauschinger u.a. (Hg.): Ame-

rika in der deutschen Literatur. Neue Welt –Nordamerika – USA, Stuttgart 1975, S. 178-204 sowie Peter Stein: Zwei unterschiedliche Blicke auf Auswanderer. Raabe und Heine – Wandlungen vom Vormärz zum Nachmärz, in: Jahrbuch der Raabe-Gesellschaft 51 (2010), S. 15-28 und das Kapitel »›Sao Paradiso‹. Auswanderung und Ankunft in *Zum Wilden Mann*« bei Florian Kropp (Anm. 17), S. 133-159.

49 Es würde sich lohnen, diesen Wechsel in der Anrede gründlicher zu untersuchen.

50 Am auffälligsten auf S. 350f. Zur Ironisierung gängiger Erzähl- und Genrekonventionen in *Abu Telfan* siehe: Jackson (Anm. 16), S. 169 und David Simo: »… dem deutschen Philistertum den Kopf auf afrikanische Art zu waschen«. Anmerkungen zu Wilhelm Raabes Roman Abu Telfan, in: Leo Kreutzer, David Simo (Hg.): Weltengarten. Deutsch-Afrikanisches Jahrbuch für interkulturelles Denken, Hannover 2005, S. 95-112.

51 Dass die im Roman thematisierte Identitätsproblematik auch eine poetologische Dimension hat, versteht sich. Denn wie soll und kann ein sich selbst als ›realistischer‹ Text verstehender Roman schließen, der es mit Figuren zu tun hat, die nirgends willkommen sind und die sich zum Teil selbst ein Rätsel sind, ohne ins Phantastische oder Märchenhafte abzugleiten? In den Worten des Schneiders, der dieses poetologische Problem verkörpert: Wie kann eine ›realistische‹ Erzählung sich runden, wenn die handelnden Figuren selbst nicht mehr wissen, »wer man ist und wo man eigentlich zu Hause ist« (149)? – Vgl. den programmatischen Beitrag von Christian Begemann: Realismus und Phantastik, in: Veronika Thanner, Joseph Vogl, Dorothea Walzer (Hg.): Die Wirklichkeit des Realismus, München 2018, S. 97-113.

52 Die Formulierung des Doktors spielt auf die Prophezeiung des Teiresias im 11. Gesang der *Odyssee* an; vgl. zum Motiv des verkannten Ruders: Od. 11, 100-137. Dass Raabe mit dem Gedanken gespielt hat, seine Hauptfigur auf eine zweite Reise zu schicken, ist nicht unwahrscheinlich: Immerhin hatte er ursprünglich eine dreibändige (!) Fortsetzung des Romans geplant. Zu dieser Fortsetzung ist es allerdings nicht gekommen; der Umstand jedoch, dass das Schiff, auf dem der aus Afrika zurückkehrende Erzähler in Raabes Folgeroman *Stopfkuchen. Eine See- und Mordgeschichte* den Namen »Leonhard Hagebucher« (BA XVIII, 8) trägt, kann als eine versteckte Anspielung auf das unterschlagene Nachleben des afrikanisch-deutschen Helden gelesen werden.

53 Vgl. etwa S. 352. Raabe spielt hier offensichtlich auf Fausts Reise ins ›Reich der Mütter‹ an; vgl. Susanne Illmer (Anm. 19).

54 »›Jetzt wollen wir wieder zu den Lebendigen gehen‹« (AT, 382), sagt Leonhard Hagebuchers nach seinem letzten Besuch der Katzenmühle. Zur Katzenmühle als »idyllischem Todesraum« siehe Renate Böschenstein: Idyllischer Todesraum und agrarische Utopie: Zwei Gestaltungsformen des idyllischen in der erzählenden Literatur des 19. Jahrhunderts, in: Hanna Delf von Wolzogen, Hubertus Fischer (Hg.): Verborgene Facetten. Studien zu Fontane, Würzburg 2006, S. 135-153, bes. S. 135f.

55 »Ich habe mich unter bittern Schmerzen, in hartem Kampf dessen entledigt, was Sie [Hagebucher] mit allen Kräften wiedergewinnen möchten« (AT, 74), lautet eine der Erkenntnisse der Witwe Fehleysen, die lebendig begraben in der Katzenmühle auf die Rückkehr ihres Sohnes bzw. den Tod wartet. – Zum Motiv der Entsagung bei Raabe im Kontext seiner Schopenhauer-Lektüre siehe Søren R. Fauth: Transzendenter Fatalismus. Wilhelm Raabes Erzählung ›Zum wilden Mann‹ im Horizont Schopenhauers und Goethes, in: *DVjs* 78/4 (2004), S. 609-645.

56 Leonhard Hagebucher erzählt beispielsweise nur in Stichworten von seinem Dasein in Afrika; seine Ausführungen sind zudem auf mehrere Zuhörer verteilt, wobei dem Leser häufig nur mitgeteilt wird, dass er erzählt, das Erzählte selbst aber wird nicht oder nur teilweise wiedergegeben. Dass die Daheimgebliebenen nicht hören wollen, was Hagebucher zu berichten hat, zeigt sich am augenfälligsten in Kapitel 17/18.

57 Nur ein Mal soll Hagebucher im Rückblick den »Lärm eurer Revolution von achtundvierzig« (AT, 158) erwähnen; bezeichnenderweise hat aber auch diese Anspielung elliptischen Charakter: Er habe davon außer dem Lärm nicht viel mitbekommen, ergänzt Hagebucher, denn »alles übrige verschlang die Wüste« Ägyptens (AT, 158).

58 Vgl. Honold (Anm. 18).

59 Vgl. AT, S. 20, 23, 29, 220 und 330.

60 Vgl. Honold (Anm. 18).

61 Leslie A. Fiedler: Liebe, Sexualität und Tod. Amerika und die Frau, übersetzt von Michael Stone und Walter Schürenberg, London 1987, S. 227. Diesen Hinweis entnehme ich Alexander Honold (Anm. 18).

62 Vgl. den Ausstellungskatalog *Rettet die Freiheit. Das Rumpfparlament 1849 in Stuttgart – eine Revolution geht zu Ende*, hg. vom Haus der Geschichte, Stuttgart 1999.

63 Auf diesen Parallelismus hat bereits Jörg Thunecke: Deutschlands afrikanische Gefangenschaft. Die ›Neue Ära‹ im Spiegel Wilhelm Raabes Roman *Abu Telfan*, in: Eijirô Iwasaki (Hg.): Begegnungen mit dem ›Fremden‹. Grenzen – Traditionen – Vergleiche, Bd. 9,

München 1991, S. 32-44 hingewiesen. Thunecke gelangt allerdings zu einer anderen Deutung.
64 Washington Irving: Rip van Winkle, in: ders.: Sleepy Hollow und andere unheimliche Geschichten. Aus dem Amerikanischen von Erika Gröger, Frankfurt a.M./Leipzig 2009, S. 54-81, hier S. 56; vgl. die Beobachtung von Leslie A. Fiedler (Anm. 61), dass Irving den »revolutionären Einfall« vor allem auf der »komischen Ebene« ausspiele (ebd., S. 278).
65 Vgl. AT, S. 325, 340.
66 Vgl. Honold (Anm. 18).
67 Am prominentesten taucht dieses Motiv in Kapitel 7 auf, in dem unvermittelt von einem starken Schneesturm »im Februar des Jahres achtzehnhundertzweiundfünfzig« die Rede ist: »Es war«, so formuliert es eine der Figuren, »als ob der Welt nach den politischen Aufregungen der jüngstvergangenen Jahre das Deckbett für einen gesunden Schlaf von einem halben Säkulum aufgelegt werden sollte.« (AT, 65).
68 Ich beziehe mich hier auf den Beitrag von Eva Geulen in diesem Band (S. 212), die an dieser Stelle die Vorbehalte gegenüber Raabe referiert. Geulen selbst sieht in Raabes Erzählung *Fabian und Sebastian* (1880/81), die künstlerisch eigentlich nicht zu retten ist, jedoch eine hinter attrappenhaften Figuren und unter der Oberfläche süßlicher »Sozialromantik« des »kitschige Sentimentalität« nicht scheuenden, vom Publikumserfolg seiner Arbeiten abhängigen Vielschreibers Raabe Abgründe einer »in Geschichten dieses Typs nicht erzählbaren Welt« verborgen.
69 Vgl. Helmut Müller-Sievers: Kinematik des Erzählens. Zum Stand der amerikanischen Fernsehserie, in: Merkur 69 (2015), S. 19-29, demzufolge Raabes Werk aufgrund der »Holprigkeit« in der Komposition und der »psychologische[n] Banalität [...] des Erzählten« nicht weniger als »unerträglich« ist. Ebd., S. 20f. Dass dieses Urteil zu harsch ist, zeigt die hier vorgelegte Analyse von *Abu Telfan*.
70 Zur Modernität Raabes siehe Gerhart v. Graevenitz: Der Dicke im schlafenden Krieg. Zu einer Figur der europäischen Moderne bei Wilhelm Raabe, in: Jahrbuch der Raabe-Gesellschaft 1990, S. 1-21, der erstmals auf die »ikonographischen Gemeinsamkeiten zwischen Raabes Text und Dokumenten der Moderne« hingewiesen und damit gezeigt hat, dass Raabe »unterirdische Beziehungen unterhält zu den europäischen Weltbegebenheiten der Moderne« (ebd., S. 2). – Zu Raabes ›modernem‹ Humor vgl. Georg Lukács: Wilhelm Raabe [1940], abgedruckt in: Hermann Helmers (Hg.): Raabe in neuer Sicht, Stuttgart u.a. 1968, S. 44-73.

Dickes Erzählen

Ingeborg Harms

Der dicke Erzähler

Über die Aktualität eines Autors zu sprechen ist kein Vergnügen, wenn sein ganzer Reiz in der Opposition zum Zeitgemäßen liegt. Zwar handeln Raabes Romane von Giftmüll und Tourismusschwemme, Flurbereinigung und landwirtschaftlicher Monokultur, Orthographie-Reform und zwischenmenschlichem Mobbing. Vom falschen Heroismus über das ökonomische Spekulantentum bis zum politischen Konformismus sind alle Tagesthemen in seinem Werk zu finden. Und doch liegt der Akzent bei Raabe nie auf dem politischen Parkett: Man denke sich seine umständlichen und gedrechselten Perioden im Parlament – sie würden nicht gerade den feurigsten Redner ergeben. Einspruch und Polemik sind aus dem erzählerischen Gestus des Braunschweigers kaum wegzudenken, trotzdem lebt sein Werk nicht vom erregten Veto, sondern von der hingebungsvollen Darstellung dessen, für das ein Aufbegehren sich überhaupt lohnt. Die neuere Ethnologie nennt es die »dicke Geschichte«, Raabe würde von Nachbarschaft sprechen, von dem Gespinst menschlicher Verhältnisse und gewachsener Beziehungen, den unscheinbaren Eigenheiten eines Ortes in Raum und Zeit, den ausgetretenen Wegen und unbeschilderten Tabus, den Allianzen, Unverträglichkeiten und hermetischen Signalen, die das dichte Gespinst des Realen ausmachen. Georg Simmel hat diesen Phänomenen eine Soziologie der Sinne gewidmet. Die Gesellschaftswissenschaften, schreibt er 1908, halten sich an die großen Organe und Systeme: »Tatsächlich indes sind diesdoch schon Gebilde höherer Ordnung, in denen oder zu denen das reale, sozusagen von Fall zu Fall sich vollziehende Leben der vergesellschafteten Menschen kristallisiert ist. Und dieses pulsierende, die Menschen miteinander verkettende Leben zeigt außer den Verbindungsformen, welche zu jenen umfassenden Organisationen aufsteigen, noch unzählige andere, die gleichsam im fließenden, verfließenden Zustand bleiben, aber nicht weniger den Zusammenhang der Individuen zu gesellschaftlichem Dasein tragen. Daß die Menschen sich gegenseitig anblicken und daß sie auf einander eifersüchtig sind; daß sie sich Briefe schreiben oder miteinander zu Mittag essen; daß sie sich, ganz jenseits aller greifbaren Interessen, sympathisch oder antipathisch berühren; daß einer den andern nach dem Wege fragt und daß sie sich für einander anziehn und schmücken – all die tausend, von Person zu Person spielenden, momentanen oder dauernden, bewußten oder unbewußten, vorüberfliegenden oder folgenreichen Beziehungen […] knüpfen uns unaufhörlich zusammen. An jedem Tage, in jeder Stunde spinnen sich solche Fäden, werden fallen gelassen, wieder aufgenommen, durch andre ersetzt, mit andern verwebt. Hier liegen die, nur der psychologischen Mikroskopie zugängigen Wechselwirkungen zwischen den Atomen der Gesellschaft, die die ganze Zähigkeit und Elastizität, die ganze Buntheit und Einheitlichkeit dieses so deutlichen und so rätselhaften Lebens der Gesellschaft tragen.«[1]

Wilhelm Raabes vielbeschworene »Umständlichkeit« ist die literarische Erscheinungsform solcher Versenkung in die Einzelheit. Denn wir haben es bei ihm mit einem Autor zu tun, der nicht nur jedem Pulsschlag seiner Protagonisten auf der Spur bleibt, sondern das Dickicht des Persönlichen und Privaten unauffällig mit den »großen Organen und Systemen«, von denen Simmel spricht, vermittelt. Das führt oft zu komplexen Rahmenhandlungen und extensiven Exkursen. Man nehme nur die Eröffnung der Harzer Erzählung *Zum wilden Mann*. Sie beginnt an einem stürmischen Abend – Raabe vernachlässigt Wetter und Witterung so gut wie nie. Doch der Wind, der um die Harzer Apotheke weht, ist mehr als ein meteorologisches Detail. »Sie machten weit und breit ihre Bemerkungen über das Wetter«, beginnt die Novelle, »und es war wirklich ein Wetter, über das jedermann seine Bemerkungen laut werden lassen durfte, ohne Schaden an seiner Reputation zu leiden«. Der Leser begreift, daß hier vom Wetter gesprochen, aber nicht unbedingt vom Wetter gehandelt werden wird: »wer noch auf der Landstraße oder auf den durchweichten Wegen zwischen nassen Feldern sich befand«, fährt die Erzählung fort, »beeilte sich, das Wirtshaus oder das Haus zu erreichen; und wir, das heißt der Erzähler und die Freunde, welche er aus dem deutschen Bund in den norddeutschen und aus diesem in das neue Reich mit sich hinübergenommen hat – wir beeilen uns ebenfalls, unter das schützende Dach dieser neuen Geschichte zu gelangen«.[2] Kühn konstruiert der Erzähler eine Analogie zwischen dem Eintritt in Philipp Kristellers Apotheke und dem historischen Übergang ins deutsche Kaiserreich. Die Erzählung ist zugleich die Geschichte – mit den Augen eines Prosaisten gesehen, dessen Freundeskreis und Leserschaft aus weniger ehrgeizigen Zeiten stammen, eines Autors also, der sich im neuen Reich, das alle Kränklichkeiten heilen soll, zunächst einmal skeptisch und mit fremden Augen umsieht.

Der Verlauf der Handlung läßt dann keinen Zweifel daran, daß es im Harzer Sanatorium nicht ganz geheuer ist. Apotheker Kristeller ist gar nicht Herr in seinem Haus. Innerhalb von vierundzwanzig Stunden – also mit der strengen Folgerichtigkeit eines analytischen Dramas – wird er aller Rechte enthoben und von sämtlichen Sentimentalitäten und Zukunftsträumen kuriert: der wohlmeinende Humanist räumt seinen Platz einem skrupelloseren Gesellen, dem er – ganz im Sinne eines Faustischen Pakts – seine Erfolge schuldig ist. Es fällt nicht schwer, den plötzlich zurückkehrenden Jugendfreund des Apothekers, Agosto Agonista, alias August Mördling, als Figur des aggressiven Liberalismus zu lesen, der seine Ernte im Kaiserreich ohne Rücksicht auf gewachsene Strukturen und Gewohnheitsrechte einfährt.

Doch Raabe interessiert sich nicht nur für das Individuum als Spielball größerer Kräfte, also für die Superstruktur, die von der Existenz des einzelnen getragen und gespiegelt wird. Sein Text läßt sich auch auf die Mikrostruktur ein, die noch jenseits jener Alltagsphänomene liegt, die Simmel für die soziologische Betrachtung stark macht. Gemeint ist die psychologische Wirklichkeit, also der Bereich der Illusionen und Ängste, die Sigmund Freud parallel zu Simmels Interesse an einer Soziologie der Sinne zu erforschen begann. Der Autor des *Wilden Manns* möchte nicht nur wissen, wie sich die Weltgeschichte von Mensch zu Mensch herauskristallisiert, sondern auch, warum der einzelne aufgrund seiner ganzen psychischen Konstitution nicht umhinkann, eine bestimmte Position im Ganzen einzunehmen. Raabe verfolgt die große Geschichte bis in die Nervenenden und Alpträume seiner Figuren hinein, seine Neugier gilt den seelischen Dispositionen des Siegertyps im Unterschied zur Psyche des fatalistischen Charakters, den Motivationen des Machers und den unbewußten Hemmungen der schöngeistigen Randexistenz.

Dabei ist Raabe nicht der olympische Dichter, der die Schicksalsfäden zieht und die Poetik dirigiert, sondern ein moderner Autor, der selbst zerrissen genug ist, um sich auf beiden Seiten der deutschen Erfolgsgeschichte wiederzufinden. Seine Romane, durch deren regelmäßiges Erscheinen er selbst zu einem Kleinunternehmer wurde, lassen durchblicken, daß die Verlierer nicht immer die Guten sind, sondern oft einfach nur die Dummen. Sosehr der Moralist in ihm mit dem Teufel winkt, ein tieferer Moralismus, der dem Erzähler nicht selten davonläuft, stellt unbequemere Fragen. Wie ist es zum Beispiel zu deuten, daß die Apotheke des Pflanzenliebhabers und Menschenfreundes Philipp Kristeller »Zum wilden Mann« heißt, obwohl der wilde Mann doch Agosto Agonista ist, der Kontrahent und Qualgeist aus der Fremde? Raabe spürt der Wildheit im gezähmten Bürger nach, seiner trotzigen Lähmung und seiner verschluckten Enttäuschung. Das Unterholz der Anständigkeit ist sein ganz spezielles Revier. Daß der ewige Buchbindergeselle

Bruseberger in *Prinzessin Fisch* die erste Lehrstelle nie verlassen hat, gibt Raum zu endlosen Vermutungen, unter denen die heimliche Liebe zu seiner Meisterin noch die harmloseste wäre. Raabe deutet an, daß es die Lage der Werkstatt ist, die dem Gesellen zum Verhängnis wurde. Der Blick in Nachbars Garten macht Bruseberger melancholisch, als der weitgereiste Kriegszahlmeister José Tieffenbacher mit seiner mexikanischen Gattin dort einzieht. Doch die neugierigen Blicke, die der Alte in den Garten wirft, sind nicht die ganze Geschichte. Vieles spricht dafür, daß Bruseberger, dem der spätgeborene Nachbarssohn Theodor Rodburg so ähnlich sieht, ein Verhältnis mit dessen Mutter hatte. Um ihr Wirken im Garten mochte der Junggeselle einst genauso romantische Fäden gesponnen haben wie jetzt um die Mexikanerin. Wie sonst, wenn nicht durch einen Seitensprung, wäre die bittere Geburtsanzeige des Ehemannes: »Noch ein Junge«,[3] und die Tatsache zu erklären, daß er der Taufe seines Sohnes spröde fernblieb? Wie sonst ist sein eifersüchtiges Horten des Haustürschlüssels zu deuten, um den Haushälterinnen und Kindermädchen nach dem Tode der Gattin bei jedem Ausgang betteln mußten? Das Geständnis des Erzählers, er habe den Roman zunächst *Auf der Schwelle!* nennen wollen, spricht in dieser Hinsicht Bände. Denn auch wenn Theodors Mutter im Hause Rodburg ihre Wohnung hatte, ist sein Held ein auf der Schwelle abgelegtes Kind, ein Gottesgeschenk, das dem Herrn des Hauses zeigte, wie wenig er Herr in seiner bürgerlichen Klause ist.

Im Zweifelsfall findet man Raabe auf der Seite der stillschweigenden Anarchisten, derer, die ihr Geheimnis haben und es schmunzelnd durchs Leben tragen. Daß die Subversiven häufig Bücherwürmer sind, wirft sein Licht auch auf den Autor zurück. Das Wilde oder Kriminelle des Alltagslebens nimmt unterschiedlichste Formen an. In *Prinzessin Fisch* ist es ein Seitensprung, in *Stopfkuchen* ein ungelöster Mord, den ausgerechnet der Briefträger auf dem Gewissen hat, und in *Horacker* vielleicht nur das unwiderstehliche Begehren des in die Jahre kommenden Konrektors Eckerbusch, einen auf den Schwanz getretenen Kater nachzuahmen. Ein »kakophonisches Kunststück« mit geradezu erschütternder Wirkung, wie ihm sein Kollege Windwebel versichert.[4]

Dem Apotheker Philipp Kristeller fehlt ein solches Ventil. Und weil er den inneren Kater so gar nicht zum Zuge kommen läßt, ist das einzige Symptom für seine Misere sein Hobby: die Fabrikation eines vorzüglichen Magenbitters, der in weiterem Umkreis gefragt ist. Bei Raabe geht die Geschichte durch den Magen, die Verdauung ist gewissermaßen das innere Wetter, und gegen ihre Verstimmung hilft sensibleren Naturen oft nur das sturzbacharttige Erzählen. So geht es auch Kristeller, der zur Feier des dreißigjährigen Apothekenjubiläums den örtlichen Honoratioren ein lang verschwiegenes Geheimnis mitteilt: Ein beträchtliches Geldgeschenk, das er einem Jugendfreund verdankt, hat ihm vor dreißig Jahren die Existenzgründung ermöglicht. Die Erinnerung ist traumatisch genug, denn der Wanderkamerad gab sich bei der letzten Begegnung als Sohn und Nachfolger des städtischen Scharfrichters zu erkennen. Das Geld, das er unter dem niederschmetternden Eindruck seiner ersten Exekution Philipp überließ, ist das Erbe und damit der Blutsold der Familie Mördling. Kristellers Lebenserzählung macht nicht nur tiefen Eindruck, mit magischer Zwangsläufigkeit materialisiert sich in ihrem Verlauf das lange Verdrängte und nimmt von neuem Gestalt an. Kaum hat der Apotheker seine Geschichte abgeschlossen, da klopft es an der Tür, und der verloren geglaubte August tritt als brasilianischer Haudegen plötzlich herein. Nun wird es zunächst unheimlich gemütlich, denn Agosto läßt sich den Jubiläumspunsch schmecken und berichtet den atemlos lauschenden Provinzsenioren von seinen Mutproben und Taten. Daß er ganz nebenbei sein zur Feier des Tages ans Licht gebrachtes Schenkungsschreiben als Fidibus benutzt, wird zunächst noch lächelnd hingenommen. Doch am nächsten Morgen geht der Besucher einen Schritt weiter: Er fordert sein Geld zurück und stürzt Kristeller kaltblütig ins Elend.

Es ist eine bewährte Raabesche Konstruktion, auf die auch Thomas Mann gerne zurückgriff, den trocknen Erzähler mit dem schillernden Helden zu kontrastieren. Der eine führt ein abenteuerliches Leben, und der andere führt Buch. Erst auf den zweiten Blick geht dem Leser auf, daß die Charaktere so verschieden nicht sind. Sie polarisieren sich zu zwei Seiten einer Persönlichkeit, zu zwei Möglichkeiten einer Existenz. Raabe setzt eine Reihe von Zeichen, um darauf hinzuweisen, daß August und Philipp im *Wilden Mann* spiegelbildlich aufeinander bezogen sind. Dazu gehört, daß die später so Verschiedenen sich in der Jugend sehr gleichen. Beide lieben die Natur und tauschen sich über die Klassiker aus. Ja, sie lieben sogar dasselbe Mädchen, wobei Augusts Gabe es Philipp erlaubt, Johanne zur Frau zu nehmen. An dem Tag ihres schicksalhaften Zusammentreffens im Gebirge treibt beide Männer eine existentielle Krise ins Freie: August ist zum Henker geworden, und Philipp hat sich von Johannes Vormund sagen lassen müssen, daß er als mitteloser Mann für eine Ehe nicht in Frage komme. Von zwei Seiten erklettern beide denselben Felsen und treffen auf dem Gipfel abrupt aufeinander. Während Philipp von seiner Ohnmacht gequält wird, peinigt August die Tat, die ihn zum mächtigsten Mann im Staate machte. Beide Positionen sind unerträglich und mit den jugendlichen Idealen der schöngeistigen Freundschaft kaum zu vereinbaren. Auf zweierlei Art haben Philipp und August die Grenzen ihrer Freiheit erreicht und sind auf unterschiedliche Weisen mit der Gewalt umgegangen, die sich ihnen in den Weg stellt. Mit Sigmund Freud könnte man den Punkt, an dem beide angelangt sind, als ödipalen Einschnitt bezeichnen. Während sich allerdings Philipps Wünschen eine Vaterfigur entgegenstellt, hat August sein Amt nur ausüben müssen, weil der Vater gestorben und dessen Position vakant geworden ist. Um sie auszufüllen, muß August beweisen, daß er sich zu behaupten in der Lage ist. Die epileptischen Zuckungen, in denen er sich nach der Henkerstat windet, machen deutlich, daß er nicht nur den Delinquenten, sondern in gewisser Weise auch sein altes friedlicheres Selbst zur Strecke brachte. Philipp hingegen hat Johannes Vormund gegenüber auf drakonische Maßnahmen verzichtet, er unterliegt im Kampf mit dem Vater. Es ist daher nur logisch, daß Johanne in der Nacht vor der Hochzeit stirbt. Denn zur Ehe ist der Bräutigam, auch wenn ihm die finanziellen Mittel dazu in den Schoß gefallen sind, nicht fähig. Im Gebirge prägen sich aus einem Typus des jungen Mannes zwei Versionen des Erwachsenen heraus. Der eine wird mannbar, der andere scheut vor dem Lebenskampf zurück und bleibt ein wehrloser Geselle. Einer macht im deutschen Reich – bezeichnenderweise mit der Vermarktung von Fleischextrakt – Karriere, der andere preßt in der Freizeit trockne Blüten und steht am Ende der Geschichte gedemütigt und mit leeren Händen da.

Raabes Erzählung läßt sich als psychologisches Drama lesen, in dem nicht nur die zentralen Figuren Facetten eines gespaltenen Charakters sind, sondern auch die zeitlich und räumlich auseinanderliegenden Handlungsstätten Variationen eines einzigen unveränderlichen Ortes, über den die seelische Krise nicht hinauskommt. Ich möchte Raabes Kompositionsweise an einem Zentralmotiv erläutern. Zum Apothekenmobiliar gehören, wie der Erzähler anfangs hervorhebt, »die böse Bank« und der »abgeriebene, schlimme Stuhl«.[5] Auf ihnen harrt der Bedürftige der Rezepturen, von denen er sich Besserung erhofft. Besonders der Stuhl ist in der Novelle mehr als ein Sitzmöbel, auch als Dingsymbol ist er nicht ausreichend beschrieben. Als gleitender Signifikant schafft er einen Zusammenhang zwischen allen Teilen der Geschichte bis hin zum Schafott. Während der Apothekenstuhl von der Benutzung abgerieben ist, findet sich im Hinterstübchen der Apotheke ein »Lehnstuhl, der leer stand«[6] und von dem der Förster bemerkt, er habe ihn »dreißig Jahre lang auf die Folter gespannt«.[7] Kristeller hat den Sessel für seinen verschwundenen Wohltäter reserviert, der ihn bei seiner Rückkehr auch augenblicklich in Besitz nimmt. Doch damit sind der Stühle in der Novelle noch nicht genug. Das Gebirgsplateau, auf dem die beiden jungen Freunde sich begegnen, heißt eines dort wachsenden roten Mooses wegen »Blutstuhl«.[8] Der Name verbindet es mit der Richtstätte des Henkers, aber auch mit dem Lehnstuhl in Kristellers Hinterstübchen, der den

Förster so sehr auf die Folter spannte. Erst wenn das Blut der seelischen Folter auf ihm sichtbar wird, offenbart sich das Elend des Hausherrn, und wir beginnen zu ahnen, daß Kristellers Leben eine im Kampf erstarrte Pose ist, eine nicht überwundene Beißhemmung, die ihn zum ewigen Opfer macht und seinen Ruin besiegelt. Zum dicken Erzählen bei Raabe gehört auch diese Verdichtung eines Lebens zu einer einzigen Stellung, einer übergreifenden Hieroglyphe, aus der alle einzelnen Begebenheiten abzuleiten sind. In den *Akten des Vogelsangs* ist dieses Sinnbild ein Eichenbaum, der auch als Weltesche tituliert wird. Helene Trotzendorff »verklettert«[9] sich als Kind in den Ästen, und Velten Andres klettert ihr nach. Diese Szene wird nicht nur zur Folie des weiteren Lebens beider Figuren, Raabe weitet sie darüber hinaus zur Allegorie der Menschheitsgeschichte aus. Wollte man den politischen Raabe ausmachen, so müßte man ihn auf dieser Ebene suchen, dort, wo die menschliche Natur in ihrer Unveränderbarkeit und gleichsam mit einem schicksalhaften Wasserzeichen versehen in den Blick kommt.

Obwohl Raabes Helden so etwas wie ein Lebensthema haben, das sie unbeirrt durch dick und dünn verfolgen, stehen Konflikte, Scharmützel und Kriege im Zentrum des Werkes, das nur auf den ersten Blick besinnlich ist. Nicht selten sucht sich seine geschichtsgetränkte Prosa historische Schlachtfelder als Schauplätze aus. Invasionen sind die Regel, auch wenn seine Erzählungen in scheinbar friedlichen Zeiten spielen. In *Pfisters Mühle* ist es die Zuckerindustrie, deren chemische Abwässer die ländliche Idylle ruinieren, in *Prinzessin Fisch* macht der Tourismus dem Kleinstadtwesen ein Ende, und in den *Akten des Vogelsangs* frißt der Bau einer Konservenfabrik den nachbarlichen Vorstadtzauber auf. Diese feindlichen Übernahmen zerstören gewachsene Strukturen. Doch Raabe ist klug genug, sie als den Lauf der Welt zu sehen. Das Exotische, Neue und Fremde tritt in seinen Romanen als Faszinosum auf. Zwar löscht es die kindliche Welt des Aufwachsens und Herkommens aus, doch ihren Träumen und Phantasien kommt es entgegen und wird daher gerade von poetischen Naturen schwärmerisch begrüßt.

In den *Akten des Vogelsangs* ist Helene Trotzendorff mit dem amerikanischen Vater vom »Breiten Weg«[10] in New York so eine Botin der weiten, großen Welt. Agosto Agonista und die gelbhäutige Mexikanerin in *Prinzessin Fisch* haben dieselbe Funktion. Wie Substantialisierungen heimlicher Tagträume tauchen diese abenteuerlichen Figuren im täglichen Einerlei auf und kündigen unmerklich große Umwälzungen an.

Das Ende der Idylle wird aus dem Innern der Idylle selbst beschworen, die nie ganz geschlossen und mit sich zufrieden ist. Nur weil sie Abgründe hat, kann Raabe sie als »dicke Geschichte« schildern, als Gewebe der Hoffnungen und Kränkungen, der Geheimnisse und Illusionen. Die Kämpfe, die in seinen Romanen ausgefochten werden, sind deshalb Reifeprozesse, in denen seine Protagonisten sich selber kennenlernen, um die Verantwortung für ihre Irrtümer zu übernehmen. Nicht selten sind auch sie aufgebrochen, um die Welt in Angriff zu nehmen, und kehren als müde Abenteurer oder ordenbehängte Würdenträger an die Kindheitsstätte zurück. Die Abrechnung, die so ein Ortstermin unweigerlich mit sich führt, geht beinah nie zugunsten der durchkämpften Jahre und glänzenden Karrieren aus. Es gibt ein Raabesches Déjà-vu und eine Raabe'sche Wehmut, die gestandene Männer in Erinnerung versinken läßt. In *Altershausen* reist der Geheime Rat Professor Dr. Feyerabend aus einem Impuls heraus in seine Heimat und begegnet dem örtlichen Trottel und einstigen Spielfreund Ludchen Bock mit Neid, weil der die heile Kindheitssphäre nie verlassen hat.

Die Narren, die abseits vom Weltgeschehen blinzelnd ihrem Gang zusehen, sind daher Raabes wirkliche Helden. Buchbinder Bruseberg, der sich die Gesellenjahre gespart hat und allgemein als verschrobener Kauz gilt, ist so ein Beispiel. »Was für ein merkwürdig junges Gesicht der alte Kerl hat für seine Jahre«,[11] sagen die Leute nicht ohne Grund, denn Bruseberger ist in mancher Hinsicht ein Kind geblieben – mit etwas mehr Glück und offensiverer Beharrlichkeit als Philipp Kristeller.

Auch Heinrich Schaumann, genannt Stopfkuchen, hat sich in seiner Kindheit verbarrikadiert. Im Gegensatz zum Harzer

Apotheker hat er schnell begriffen, daß die Verteidigung der Kindheit der eigentliche Lebenskampf ist. »Woher stammen im Grunde des Menschen Schicksale, Eduard?« fragt er seinen afrikanischen Besucher und antwortet: »Gewöhnlich, wenn nicht immer, aus *einem* Punkte. Von meinem Kinderwagen her – du weißt, Eduard, ich war seit frühester Jugend etwas schwach auf den Beinen – erinnere ich mich noch ganz gut jener Sonntagsnachmittagsspazierfahrtsrunde, wo mein Dämon mich zum erstenmal hierauf anwies, in welcher mein Vater sagte: ›Hinter der Roten Schanze, Frau, kommen wir gottlob bald in den Schatten. Der Bengel da könnte übrigens auch bald zu Fuße laufen! Meinst du nicht?‹ – ›Er ist so schwach auf den Füßen‹, seufzte meine selige Mutter, und dieses Wort vergesse ich ihr nimmer. Ja, Eduard, ich bin immer etwas schwach, nicht nur in Begriffen, sondern auch auf den Füßen gewesen, und das ist der besagte Punkt! Ich habe mich wahrhaftig nicht weiter in die Welt bringen können, als bis in den Schatten der Roten Schanze. Ich kann wirklich nichts dafür. Hier war mein schwacher oder, wenn du willst, starker Punkt.«[12] Daß Stopfkuchen das Lust- vor dem Realitätsprinzip gewählt hat, zeigt sich schon an seinem Körperumfang. Wohlgenährt wie ein Baby hat er sich auf dem Bauernhof zur Roten Schanze durch Einheirat festgesetzt und beobachtet von dort aus das Städtchen im Tale genau, aus dem er stammt und in dem man ihn längst abgeschrieben hat. Im Schatten hinter der Hecke zu liegen und doch mehr von der Welt zu erfahren als jeder Afrikareisende – der ganze Roman verdichtet sich hier zu einem einfachen Sinnbild.

Mit Heinrich Schaumann kommt man auch Raabes Erzählstil auf den Grund. In seinem *Stopfkuchen*-Helden hat sich der Braunschweiger Romancier als »dicker Erzähler« ein Denkmal gesetzt. Der ohne Kapiteleinteilung dahinstürzende Roman fängt den über alle Störungen erhabenen Lebensbericht des Herrn der Roten Schanze auf. »Friß es aus und friß dich durch«, ist seine Devise, und die chaotische Wiedergabe der damit verbundenen Erfahrungen gleicht einem Erbrechen all dessen, was einer allzulang in sich hineingestopft hat. Es ist schon erstaunlich modern und hemmungslos, wie Raabe der neueren Punk- und Fäkal-Literatur Paroli bieten kann. Man denke nur an den Koprolithenschrank, in dem der Paläontologe Heinrich Schaumann alles Unverdauliche der Erdgeschichte sammelt. »Ich bin ein wenig breit – auch in meiner Schöne-Geschichten-Erzählungsweise«, bemerkt er richtig. Seiner Schwäche wegen von Kind an gehänselt, hat sich der Eigenbrötler einen ›Giftbauch‹[13] zugelegt, ein Polster, in dem aller Ärger abgelagert wird. Er tut sich mit einem anderen Opfer des Spotts und der üblen Nachrede zusammen und heiratet die Tochter des Bauern Quakatz, den man zu Unrecht des Mordes verdächtigt. Dessen Gehöft steht auf historischem Grund. Bei der Belagerung der Stadt hatte sich dort im siebenjährigen Krieg der Prinz von Sachsen erfolgreich eingegraben, und seine späteren Bewohner halten es genauso. Was es mit dem von Hunden durchkläfften Heckendickicht um die Rote Schanze auf sich hat, läßt Schaumann durchblicken, als er vom Interesse des Schwiegervaters am Märchen »von den beiden unüberwindlichen, kugelrunden Müllern« berichtet: »Ja, dahin hatte es die Welt mit ihm und Kienbaums Morde gebracht, daß er auch so einer hätte sein und sich wappnen mögen. Ein Wams mit Kalk und Sand und zur Verbindung mit geschmolzenem Pech gefüttert, hinten und vorn beblecht mit alten Reibeisen und Topfdeckeln, darunter drei bis vier Hemden, darüber neun loderne Röcke.«[14] So ein kugelrunder Panzer, mit allem Erdenklichen ausgestopft, ist auch das Raabesche Erzählen, keine schöngeistige Plauderei, sondern ein existentieller Schutz, Überlebensmaßnahme. Stopfkuchen bewahrt der fette, sorgendämpfende Leib vor dem Schicksal des Briefträgers Störzer, den er schließlich als den lange gesuchten Mörder entlarvt. Auch Störzer ist schon als Kind gehänselt worden und im Leben ein wehrloser Underdog geblieben. »Zorn und Wut«[15] waren nicht länger zu bändigen, als er seinem speziellen Quälgeist, dem Viehhändler Kienbaum, mit einem biblischen Stein schließlich den Kopf einschlug. Auch in solchem Kontext ist das Erzählen bei Raabe zu sehen. Es gleicht einer gezügelten Aggression, die das Widerfahrene mit Eigenem anreichert, es entschärft und verkapselt mit dem Fett der Rede. Die Subjektivität behauptet sich, indem sie sich verunstaltet, aufquillt und so das Gift der objektiven Verhältnisse um den Preis der eigenen Beweglichkeit neutralisiert.

Das Krumme, Alberne, Blöde und Dicke, alles, was von der Mehrheit als unintegrierbar ausgesondert wird, zieht Raabe unwiderstehlich an. Er erzählt von den Rändern her und spickt alles auf, was landläufig als Abfall gilt. Stopfkuchen nennt sich denn auch selbst einen Menschen, »den seine Zeitgenossen unter der Hecke liegen lassen«[16] haben. Die gute Seele in den *Akten des Vogelsangs*, Fechtmeisterin Feucht, wünscht sich den Waffensegen ihres verstorbenen Mannes herbei, um Velden Andres, den Helden dieses Antibildungsromans, vor seinen Zeitgenossen zu schützen, damit »die Philister ihn uns nicht auf seinem Lebenswege zum Krüppel geschlagen im Chausseegraben liegenlassen«.[17] Raabe sammelt all diese gescheiterten Existenzen auf dem Odfeld des Lebens ein, und er fügt ihrer Erscheinung hinzu, was der flüchtige Blick übersieht. Das Fett der Erzählung päppelt die Hungerleider und Vagabunden ebenso auf, wie Stopfkuchen es mit der verwilderten Valentine Quakatz gemacht hat: »Habe ich die hagere Wildkatze von Quakatzenburg nicht recht hübsch und rund und nett und fett herausgefüttert«?[18] will er vom Jugendfreund wissen. Raabe recycelt den Abfall der geordneten Verhältnisse, indem er ihm ein Innenleben verleiht. Er kehrt den Blick um, schenkt den Narren Subjektivität und Urteilskraft und macht sie so zu Richtern über ihre Verächter.

Ein Höhepunkt seines Werkes ist die Selbstoffenbarung des menschlichen Affen, Mister German Fell, in den *Akten des Vogelsangs*. Der Varietékünstler aus dem benachbarten Tivoligarten taucht unter den Schaulustigen auf, die zusehen, wie Velten Andres das Mobiliar seiner verstorbenen Mutter verbrennt. Der Künstler, heißt es, »zögerte noch einen Augenblick, verlegen, schüchtern, als ob er noch etwas zu sagen habe, aber nicht recht damit heraus könne. Plötzlich jedoch fiel der ›Tierheit dumpfe Schranke‹ unter Gesten und Mimik, die den homo sapiens als Publikum zu hellem Jauchzen hätten bringen können; er stieg, sozusagen, aus dem Pavian oder Gorilla heraus, die geschmeidigen Muskeln steiften sich und – ›Menschheit trat auf die entwölkte Stirn‹«.[19] Der seltsame Gast gibt sich als Wittenberger Student zu erkennen, der auch in der Anthropologie bewandert ist. Nachdem er Velten Andres die Hand geschüttelt hat, fällt er sogleich in seinen Tierstand zurück: »Herr German Fell drückte sie ihm, ließ sie fallen, sah dem verkletterten Nachbar in der Weltesche mit dem ganzen melancholischen Schimpansenernst in das verdutzte Gesicht, schurrte, sozusagen, ganz und gar wieder in *seine* Kunst, das Leben zu überwinden, hinab und folgte, runden Rückens, so sehr als möglich Vierhänder, den Théâtre-Variété-Genossen«.[20] Im Zeitraffer führt Raabe hier die Darwinsche Genese des Menschen vor und läßt den Film postwendend retour laufen: Denn der kluge Mensch zieht sich vor seinen Artgenossen wieder in den Affenpelz zurück. In derselben Absicht flüchtet im *Odfeld* Magister Buchius mit seinen Schützlingen in eine Troglodytenhöhle, und im Verhältnis zu den überirdischen Ereignissen ist es in diesem Unterschlupf der Steinzeit sehr gemütlich: »Der Troglodyt«, lesen wir, »Ureinwohner oder Einwanderer, der vor Jahrtausenden diese Junggesellenwohnung gefunden und für sich in Beschlag genommen hatte, der hatte nicht nur Glück, sondern auch Geschmack gehabt.«[21] Im dunklen Erdloch teilen die Schlachtfeldpilger das Brot mit den Toten. Sie plündern die blutigen Ranzen von drei frischen Odfeld-Opfern, eine »schottische Seehundstasche«, einen »französischen Tornister« und den Knappsack eines »Landsmanns aus der Lüneburger Heide«.[22] Dieses seltsame Abendmahl verbündet sich nicht nur länderübergreifend mit den Gefallenen der verschiedenen Kriegsparteien, es macht gemeinsame Sache mit allen Toten bis hin zum Steinzeitjunggesellen. Immer wieder kehrt Raabe in seinen Romanen die Perspektive um, setzt die Verstorbenen ins Fleisch und betrachtet die Lebenden als interessantes Gerippe: »Die Vorstellung, in einer spätern Schicht auch mal unter den merkwürdigen Versteinerungen gefunden zu werden«, bemerkt Heinrich Schaumann, »hat für den gemütlich angelegten, denkenden Menschen so viel Anregendes, daß sie ihn, und noch dazu, wenn er Zeit dafür hat, unbedingt in die Petrefaktenkunde, in die Paläontologie, führt.«[23]

Auch Raabe selbst hat sich gelegentlich an paläontologischen Phantasien ergötzt: »Nun, im Jahre 2871 kommen wir vielleicht als Anthropolithen im Glaskasten des Schweriner Petrefactenkabinetts zusammen«,[24] tröstet er seine Freundin Marie Jensen über einen abgesagten Besuch hinweg. Der barocke Blick auf die Zeitlichkeit ist bei Raabe kein Anlaß zur Resignation, sondern eine Quelle der Stärkung. »Im schönsten Grün«, schreibt der Erzähler in *Meister Autor* vom Friedhof, »lachte der Garten der Toten über die verschwundenen Gärten der Lebendigen; er allein hatte seine Blumen und Vögel und Schmetterlinge behalten, der Ort der Verwesung!«[25] Der Garten der Toten meint die Natur, zu der alles Individuierte zurückkehrt. Aber darin liegt noch nicht sein ganzer Reiz. Das Reich der Toten ist frei von Täuschung und Erschütterungen, in ihm hat sich alles Geschehen abgelagert und seine endgültige Form angenommen. Für Raabe mag es nicht nur ein komischer Gedanke, sondern ein wirklicher Trost gewesen sein, daß er im Glaskasten einst neben seiner verehrten und heimlich geliebten Marie Jensen liegen würde. Deshalb ist dieser Erzähler im tiefsten Herzen kein »Grüner«, dem das Dasein im Einklang mit der Natur über alles ginge, sondern zugleich der trockne Archivar, ein Meister Buchius des Lebens. »Nunc cinis ante rosa«,[26] Asche für Rosen, seufzt Philipp Kristeller, doch Velten Andres begegnet dem Stachel der Vergänglichkeit forscher und raabemäßiger. Die Güter seiner Mutter verbrennt er, um sie nicht in Trödlerhände fallen zu lassen. Aufgehoben sollen sie nur in der geläuterten Form der Erinnerung sein. Man kann Raabes Bücher auch als solche Verbrennungsvorgänge lesen, bei denen alles Positive und Materielle sich in Luft auflöst. Was zurückbleibt, sind die *Akten des Vogelsangs*, der graue Text als mumifiziertes Leben, aus dem das Gewesene so plötzlich hervortreten kann wie Herr German Fell aus seinem Affenpelz. »Sie wackeln, die Aktenhaufen«, beobachtet Karl Krumhardt, der die Geschichte der Vorstadtidylle »Vogelsang« zu Papier bringt, sie wackeln, »sie werden unruhig und unruhiger um mich her in ihren Fächern an den Wänden und machen mehr und mehr Miene, auf mich einzustürzen«.[27]

Die Rückkehr an den Anfang, den viele Protagonisten bei Raabe vollziehen, ist auch ein Zurückkommen auf die Essenz, die das einzelne Leben ausmacht, denn nie wieder hat es sich so ungeschützt gezeigt wie in der Kindheit, als es für das bürgerliche Leben noch bedeutungslos und mit dem Fett der Träume angereichert war. »Laß uns niedersitzen, lieber Karl«, sagt Helene Trotzendorff an Veltens Totenbett zum Kindheitsfreund, »erzählen trübe Mär vom Tod der Könige.« Zu den toten Königen zählt sie auch Karls und ihr eigenes erwachsenes Selbst: »Dahin, mein Freund! Erinnerst du dich wohl noch der Bank auf dem Osterberge, von welcher aus wir vor hundert Jahren einmal die Sterne fallen sahen und die Götter versuchten, indem wir unsere Wünsche und Hoffnungen damit verknüpften?«[28] Das Reifwerden hat bei Raabe einen tragischen Akzent. Insofern ist er Romantiker, der das Märchen vom Verlust der Unschuld noch einmal erzählt. Vom »furchtbaren Ernst im Auge der Tiere, der Kinder und des Volkes«[29] ist in *Horacker* zu lesen. Doch Philipp Kristeller offenbart, daß Raabe das Verharren in der Unmündigkeit für keine Lösung hält. Er zieht den kauzigen Weisen vor, der sich den Rückweg offenhält, sei es in die Troglodytenhöhle oder in das Affenfell. Denn zu den »drei großen Herren« zählt die Seherfigur Lippoldes in *Pfisters Mühle* neben dem König und dem Dichter auch den »Vorstand der Irrenanstalt«.[30] Raabes Naivität ist mit Ironie gepanzert und beansprucht keine bleibende Stätte auf Erden. Ihr Sieg liegt darin, daß niemand etwas Besseres findet als den kindlichen Traum vom Leben, so daß der Schwärmer am Ende zurückkehrt, um die ausgestorbenen Kulissen abzubrennen, bevor ein Agosto Agonista ihm den Stuhl vor die Tür setzt. Diese fast perverse Lust an der Vernichtung, die der Autor des *Odfelds* mit Velten Andres teilt, verdankt sich seiner souveränen Schreiberkunst. Denn Raabe weiß alles über die harmlose Idylle und hat es in *Horacker* deutlich verkündet. In *Pfisters Mühle* wird der Leser anläßlich der die Gewässer verpestenden Zuckerfabrik sehr plastisch darauf hingewiesen, »daß grade durch das Land Arkadien der Fluß Styx floß«.[31] Deshalb läßt auch der Braunschweiger den Tod in seine arkadischen Szenen einfließen und erlaubt dem Glück das Scheitern, wohl wissend, daß in den Akten nur das tragisch Endende ein bedeutsames Faktum ist und den Leser mit seiner Wirklichkeit berührt: »und was das Merkwürdigste ist«, schreibt Raabe Ende 1885 an Wilhelm Jensen: »Neunundneunzig von Hundert glauben wahrhaftig noch immer dran, eine unsterbliche Seele zu haben. Fort mit dem Quark.«[32]

Anmerkungen

1 Georg Simmel: Soziologie der Sinne, in: ders.: Aufsätze und Abhandlungen 1901-1908, Bd. II, S. 276-292, hier S. 276f.
2 Wilhelm Raabe: Sämtliche Werke [Braunschweiger Ausgabe], im Auftrag der Braunschweigischen Wissenschaftlichen Gesellschaft hg. von Karl Hoppe und Jost Schillemeit, Bd. 11, bearbeitet von Gerhart Mayer und Hans Butzmann, Göttingen 1973, S. 161f.
3 BA, Bd. 15, S. 197.
4 BA, Bd. 12, S. 314.
5 BA, Bd. 11, S. 162.
6 Ebd., S. 164.
7 Ebd., S. 186.
8 Ebd.
9 BA, Bd. 19, S. 299.
10 Ebd., S. 235.
11 BA, Bd. 15, S. 223.
12 BA, Bd. 18, S. 62.
13 Ebd., S. 157.
14 Ebd., S. 117.
15 Ebd., S. 188.
16 Ebd., S. 85.
17 BA, Bd. 19, S. 296.
18 BA, Bd. 18, S. 106f.

19 BA, Bd. 19, S. 380.
20 Ebd., S. 382.
21 BA, Bd. 17, S. 149f.
22 Ebd., S. 153.
23 BA, Bd. 18, S. 100.
24 BA, Ergänzungsband 3, Briefwechsel Raabe – Jensen, hier: Raabe an Marie Jensen (7. September 1871), S. 144f.
25 BA, Bd. 11, S. 84f.
26 BA, Bd. 11, S. 171.
27 BA, Bd. 19, S. 270.
28 Ebd., S. 400.
29 BA, Bd. 12, S. 402.
30 BA, Bd. 16, S. 108.
31 Ebd., S. 64.
32 »In alls geduldig«, vgl. Note Nr. 24, S. 216 (Brief vom 29. Dezember 1885).

Jochen Hörisch

Zu Gericht sitzen

Zu *Stopfkuchen*

Ein stattlicher Mann sitzt zu Tisch und gibt sich voll Wonne seiner Lieblingsbeschäftigung hin: er isst und trinkt. Es geht ihm ersichtlich gut, sehr gut. Er hat eine mit allen Küchenkünsten vertraute und auch sonst treu sorgende Frau, die auf den Kosenamen Mieze hört und deren Mädchenname Quakatz ist, und er lebt auf einem prächtigen, gegen äußere Unbilden durch einen Wall geschützten Hof, auf dem sich Tiere tummeln, die er gerne verzehrt. »O welch ein Frühstückstisch vor dem Binsenhüttchen, das heißt dem behaglichsten, auch auf Winterschnee und Regensturm behaglich zugerichteten deutschen Bauernhause – vor dem Hause, am deutschen Sommermorgen, zwischen hochstämmigen Rosen, unter Holunderbüschen, im Baumschatten, mit der Sonne drüber und der Frau, der Katze, dem Hunde [...], den Hühnern, den Gänsen, Enten, Spatzen und so weiter und so weiter rundum! Und solch ein grauer, der Jahreszeit angemessener, jedem Recken und Dehnen gewachsener Schlaf- oder vielmehr Hausrock! Und solch eine offene Weste und solch eine würdige, lange Pastorenpfeife mit dem dazugehörigen angenehmen Pastorenknaster in blauen Ringen in der stillen Luft!« (52)[1]

In all seinem Behagen beobachtet wird der Genießer von einem aus fernsten afrikanischen Weiten heimkehrenden ehemaligen Klassenkameraden. Er sieht und wiedererkennt den alten Vertrauten, der schon in seinen Kinder- und Jugendtagen zu einer gewissen Fülle neigte, mit Leichtigkeit. Und er darf ihn auch jetzt bei seinem sprechenden Spitznamen nennen: Stopfkuchen. Schon als Junge hat sich Heinrich Schaumann, wie sein eigentlicher Name lautet, nur zu gerne mit Kuchen vollgestopft. Doch auch mit dem Tauf- und Familiennamen ist es richtig bestellt. Stopfkuchen ist nicht nur ein Mann des Mundes, sondern auch der Augen: Schaumann schaut, ohne sich viel in ihr zu bewegen, gerne und mit gleichschwebender Aufmerksamkeit in die Welt hinein, und er hat nichts dagegen, sich selbst beschauen zu lassen, ja, er will ausdrücklich zum Objekt von Betrachtungen werden. Auch sein Vorname ist wohlmotiviert. Wer wie er Heinrich heißt, steht schon durch diesen Namen in einer langen Traditions-Reihe literarischer Gestalten, die von Hartmanns Armem Heinrich, den spätmittelalterlich-romantischen Sängern Heinrich von Ofterdingen und Heinrich Tannhäuser über Shakespeares Könige und Heinrich den Löwen (auf den der Braunschweiger Autor gerne anspielt) bis hin zu Goethes Faust, Tiecks Heinrich Brand, der des Lebens Überfluss erfährt, Kellers Grünem Heinrich und zu Stifters Heinrich Drendorf reicht, der den Nachsommer des Lebens genießt. Gemeinsam ist all diesen Heinrichen, dass sie ihrem Namen gerecht zu werden versuchen und also danach streben, reich an Herrschaft und zumal Herren über ihren eigenen Lebenslauf zu werden. Das Webmuster ihres Lebens soll einem selbst geschriebenen Roman und keinem Skript folgen, das andere ihnen vorgeschrieben haben.[2] Dennoch machen sie alle mitsamt die Erfahrung, wieviele Co-Autoren das eigene Curriculum vitae hat.

Heinrich Schaumann alias Stopfkuchen ist es vortrefflich gelungen, die Zahl der Co-Autoren am eigenen Lebensbuch (um mit Stopfkuchen zu reden: am »Logbuch des Lebens« [148]) überschaubar zu halten. Deshalb ist »Behagen« das Wort, das seinen Zustand am trefflichsten charakterisiert. Und deshalb wird dieses Wort, das auch der alte Goethe so hoch schätzte, zu einem Leitwort von Wilhelm Raabes 1891 erschienenem Roman. Es wird Heinrich Schaumanns Lebensweg stets erneut mitgegeben. Das ist umso bemerkenswerter, als die frühen Lebensumstände von Heinrich und seiner »Mieze« keineswegs behaglich waren. Galt doch Miezes Vater als schwieriger Charakter, der sogar im nie öffentlich ganz ausgeräumten Verdacht stand, den arroganten Emporkömmling Kienbaum erschlagen zu haben. »Nach dem Lebensunbehagen des Vaters Quakatz« hat sein Schwiegersohn Stopfkuchen eine umso beeindruckendere »Behaglichkeit des Daseins« (61) erreicht. In seiner Nähe verspürt auch der Heimkehrer aus fernsten Welten »vielleicht doch noch ein rechtes, echtes, wahrhaftiges, wirkliches Heimatsbehagen« (56). Und so sitzen die beiden wiedervereinten Freunde »in die Behaglichkeit der Stunde versunken« (58), der »behaglichste aller Lehnstuhlmenschen« (75), das »fast unheimlich behagliche[], feiste[] Geschöpf« (80) und der schlanke, braungebrannte, unruhige Freund. Er hat das feste Land und die Heimat verlassen, ist zur See gefahren und hat lange als Siedler in Südafrika gelebt. Nun aber ist er von afrikanischen Spielen und den Schauplätzen, an denen sich abenteuerliche Herzen bewähren, zurückgekehrt und trifft diesen Zecher, Esser und Erzähler, der zu wissen glaubt, »was das Behaglichere ist« (60). Sie bleiben »in der Idylle« (95), gehen zum zweiten Frühstück über und harren des Mittagstisches mit »frischem Schinken in Burgunder« und »guter Hühnersuppe« (60).

Keine Frage: Stopfkuchen ist, um in psychoanalytischen Kategorien zu sprechen, ein durch und durch oraler Typus. Denn er isst und trinkt nicht nur hingebungsvoll, er raucht, küsst, atmet und spricht auch gerne – Letzteres sogar so sehr, dass er ab und an einen diesseits aller Tragik angesiedelten Restkonflikt erfährt. Man kann auch und gerade, wenn man ein oraler Typus ist, nicht alles zugleich tun, was dem Mund zu tun möglich ist – essen, trinken, küssen, atmen und reden. Das muss auch Stopfkuchen akzeptieren. Nachdem er seine Frau abgründig mit den Worten »›O du süße, umgekehrte indische Witwe in spe!‹« angeredet hat, »war er eine geraume Zeit wieder einmal ganz bei der Sache, nämlich nur bei Tische, ganz und gar, einzig und allein, nur, nur bei Tische! Wir speisten vorzüglich, und eine Viertelstunde lang sagte er einmal kein Wort.« (79) An eben diesem Problem: dass der Mund so viele unterschiedliche Aufgaben zugleich hat, die er aber nicht zugleich erfüllen kann, geht in Goethes *Wahlverwandtschaften*-Roman Ottilie zugrunde.[3] Sie, die in jedem Wortsinne Ent-sagende, ist, worauf nicht nur ihre unwiderstehlich schönen Augen, sondern auch ihr Name verweist (ist die heilige Odilie doch die Schutzheilige der Augenkranken), Ottilie ist der Antitypus zu Heinrich Schaumann schlechthin. Er redet ununterbrochen, sie hält sich strikt an ihr Schweigegelübde; er bespricht unablässig sein Leben, sie erfährt sich durchweg als Besprochene, als Hörende, als Horchende, als Gehorchende, die ihr Ohr nicht verschließen kann (um mit Goethes schönen Worten zu formulieren: als »Überparlierte und Überexponierte«[4]); er bekommt seine Mieze und ist ein behaglich bis glücklich lebender Ehemann, sie ist die fleischlose Inkarnation der unglücklich Liebenden; er ist adipös,[5] sie ist anorektisch; Schaumann genießt, Ottilie entsagt.

Auf Goethes bestes Buch spielt Raabes bester[6] und offensiv intertextuell angelegter Roman *Stopfkuchen* subtil an – so subtil, daß den vielen Interpreten diese Anspielung kaum je aufgefallen ist. »Entschuldige den Störenfried, lieber Alter. Eduard nanntest du, freilich vor langen Jahren, einen Freund, wenn er auch kein junger Baron war, sondern nur aus dem Posthause da unten stammte, Schaumann.« (53) So lauten die ersten Worte, mit denen sich der Heimkehrer den Bewohnern der Quakatzenburg-Behaglichkeit vorstellt. »Lieber Eduard«, so wendet sich siebzig Seiten später Heinrich an den Jugendfreund, deutlich den berühmten Eingangssatz aus Goethes Roman paraphrasierend (der bekanntlich lautet: »Eduard, so nennen wir einen reichen Baron im besten Mannesalter«), »lieber Eduard, den ich doch wohl auch einen Baron, und noch dazu einen südafrikanischen nennen darf.« (123) Das Zitat aus den *Wahlverwandtschaften* ist überdeutlich, gerade weil es kontrastiv mit einer spezifisch exotischen Wendung versehen wird. Zumindest eine Implikation dieser Anspielung aber ist nicht überdeutlich, sondern subtil: Heinrich Schaumann wird als Benennender eingeführt, er ist als Erzähler so enthemmt auktorial und abgründig souverän wie Goethes Erzähler. Raabes Eduard war, wie sollte es anders sein, zur Zeit der Schul-Freundschaft mit Heinrich Schaumann jung, ist nun aber bei seiner Rückkehr aus Südafrika jenseits des »besten Mannesalters«; doch auch er wird gleich eingangs als ein reicher Mann vorgestellt. Wie der Name Heinrich so verweist auch der Name Eduard auf ein großes Vermögen. Eduard – darin steckt der Wortstamm »od« (wie in Kleinod), der auf Besitz verweist und mit dem Raabes 1889 erschienener Roman *Das Odfeld* komplex spielt. Und als einen Menschen, der reich an Besitz wie an Bildung ist, stellt Raabes Roman gleich in seinen ersten Sätzen Eduard vor. »Es liegt mir daran, gleich in den ersten Zeilen dieser Niederschrift zu beweisen oder darzutun, daß ich noch zu den Gebildeten mich zählen darf. Nämlich ich habe es in Südafrika zu einem Vermögen gebracht, und das bringen Leute ohne tote Sprachen, Literatur, Kunstgeschichte und Philosophie eigentlich am leichtesten und besten zustande. Und so ist es im Grunde auch das Richtige und Dienstlichste zur Ausbreitung der Kultur; denn man kann doch nicht von jedem deutschen Professor verlangen, daß er auch nach Afrika gehe und sein Wissen an den Mann, das heißt an den Buschmann bringe oder es im Busche sitzen lasse, bloß – um ein Vermögen zu machen.« (7)

Nach Raabes eigener Auskunft ist *Stopfkuchen* »eines der unverschämtesten Bücher, die jemals geschrieben worden sind«.[7] Die zitierte Eingangspassage des Romans liefert sogleich den ersten Beleg für die Angemessenheit dieser Charakteristik. Sie spricht Klartext, wenn sie darlegt, daß zur Ausbreitung der europäischen Kultur in südafrikanischen Weiten der Kulturverzicht am dienlichsten sei und daß man deutschen Professoren nicht zumuten könne, die Welt des Buches zugunsten der des Busches zu verlassen. Die hübsche Unverschämtheit dieser Formulierungen wird durch die anschließende Wendung nicht geringer: »bloß – um ein Vermögen zu machen«, solle der deutsche Professor sein Wissen nicht an den Buschmann bringen oder im Busche sitzen lassen. Busch und Buch sind nur durch einen Buchstaben voneinander getrennt. Und »Vermögen« ist, auch ohne daß man mit den Buchstaben dieses Wortes ein frivoles Spiel treibt, ein doppeldeutiges Wort. Mit seinem wissenschaftlichen, kulturellen und analytischen Vermögen kann der Gelehrte, so scheint es, kein Vermögen machen. Oder eben doch. Stopfkuchen erfüllt ja bemerkenswert viele Anforderungen an das Profil eines Gelehrten: er hat studiert (u.a. und durchaus mit heißem Bemühn auch Theologie), er scheut körperliche Arbeit, er kultiviert nicht ohne Narzißmus seine Sonderlingszüge, er treibt historische Forschungen zum Siebenjährigen Krieg, er gräbt vorzeitliche Knochen aus und errichtet ein »geologisches« bzw. »osteologisches Museum« (76), er zitiert lateinische Sprüche, und er ist ein Literaturkenner von barock-polyhistorischen Dimensionen. Der Bücherwurm hat sich durch Unmengen an Literatur gefressen; unablässig zitiert oder assoziiert er (weit über die leitmotivische Noah-Formel »Gehe hinaus aus deinem Kasten« hinaus) nicht nur Bibelstellen[8] (besonders gewichtig ist dabei die Geschichte von Jakob, der sieben Jahre lang um Rahel diente / 141f.), sondern auch Autoren wie Homer, Shakespeare, Schiller, Goethe (»wer nie sein Brot mit Tränen aß«, zitiert Stopfkuchen / 67), August von Platen, Madame de Staël, Friedrich der Große, Maria Theresia, Marie Antoinette, Peter der Große, Lord Byron, Napoleon[9]; er spielt witzig auf Pivatals Kriminalfälle (156f.) und Fontanes Kriminalerzählung *Unterm Birnbaum* (88) an; er bemüht Freiligrath, die Gebrüder Grimm, die Märchen von Musäus und Andersen, und er kennt die Abenteuerliteratur wie Defoes *Robinson* (117) und Fenimore Coopers *Lederstrumpf* (121).

Dieser Gelehrte, von dem es wenig charmant heißt, er sei »dick-deutsch-gemütlich« (143), hat nun aber ein entspanntes Verhältnis zum Vermögen entwickelt. Hat er es doch vermocht, die Tochter eines reichen Grundbesitzers zu ehelichen, den verwahrlosten Hof zu restaurieren und sich zum Herrscher eines kaum mehr bedrohten Reiches zu machen, das fraglos von dieser Welt ist. Insofern ist er eine deutsche Kontrafaktur zu Ivan Gončarovs populärer Roman-Figur Oblomov, die 1859 die Literatur bereicherte: anders als sein schläfriger, genußsüchtiger und oraler russischer Bruder im Geiste und im Leibhaftigen ist Stopfkuchen eben kein Adeliger, dem das Wohlleben an der Wiege mitgegeben wurde. Er hat sich zumindest einmal, nämlich nachdem er als verkrachter Student ins Heimatdorf zurückkehrte, vom Vater hinausgeworfen wurde und sich mit der verfemten Mieze zusammentat, aufgerafft, Ordnung geschafft, einen Entschluß gefaßt und ihn auch realisiert. Besitz und Bildung sind für Heinrich Schaumann keine Oppositionsbegriffe. Jetzt, da er so wohlhabend wie wohlbeleibt ist, kann sich Schaumann ganz der Lust am kontemplativen Leben widmen. Auch in dieser Hinsicht wird Schaumann seinem Namen gerecht: ist Schau-Mann nicht die Übersetzung des griechischen Wortes »Theoretikos«? Theorie zielt auf und meint die Schau, die Kontemplation. Daß der gebildete Theoretiker Heinrich Schaumann darüber hinaus auch im neudeutschen Sinne seinen Namen bewährt, steht auf keinem anderen, sondern auf demselben Roman-Blatt: er, der durchaus auch dandyhafte Züge trägt,[10] zieht eine unglaubliche, eine abgründige Schau ab.

So viel ärmer als der reich aus Afrika heimkehrende alte Schulfreund ist Heinrich Schaumann also nicht. Weil er nicht zuletzt mithilfe Stopfkuchens solche kontra-intuitiven Zusammenhänge in das Ineinanderspiel von Vermögen und Vermögen, von Busch und Buch, von Theorie und Schau einsieht, macht der vermögende Erzähler gleich im ersten Satz des Romans Anspruch darauf, »noch zu den Gebildeten zu zählen« – welchen Anspruch er u.a. durch zahl- und geistreiche Anspielungen auf Shakespeares *Tempest* überzeugend einlöst (auch im direkten Zitat 101).[11] Reich aber ist Eduard nicht nur an irdischen Gütern, reich beschenkt wird er im Laufe der »See- und Mordgeschichte« (wie der Untertitel von *Stopfkuchen* lautet) auch an intellektuellen und narrativen Erfahrungen, an paradoxen Erfahrungen. Muß er doch im Laufe der Wiederbegegnung mit dem Jugendfreund einsehen, daß er, der Weitgereiste, weniger erfahren hat als der, der behaglich zu Hause geblieben ist; daß der sanfte, Briefe zustellende, seine ewigen Runden drehende und, angeregt durch Buchkonsum, vom weiten Buch der Welt träumende Briefträger Störzer ungeahnt aggressiv sein kann;

und dass der bodenständige, auf befestigtem Schanzen-Grund verbleibende Genießer abgründige Dimensionen erschließt. Denn Heinrich Schaumann hat auf seinem ortsfernen, von einem Wall umgebenen Hof Rote Schanze seine Zeit gut genutzt: er hat unablässig zu Gericht gesessen, aber weise darauf verzichtet zu richten.

*

Das Wort »Gericht« ist, wie die Worte »Schloß«, »Bank« oder »Teekesselchen«, ein Teekesselchen – also ein abgründig doppeldeutiges Wort. Meint es doch das Gericht, das über uns ergeht, und das Gericht, das wir angerichtet haben oder das für uns angerichtet ist. Mit der Doppeldeutigkeit dieses Wortes hat an bedeutender Stelle Luther tiefsinnig und witzig zugleich gespielt, als er ein theologisches Zentralstück des Neuen Testaments übersetzte. Im ersten Brief an die Korinther zitiert Paulus die Worte, mit denen Christus das Sakrament des Abendmahls einsetzte (vgl. Matthäus 26, Markus 14, Lukas 22). Und dann kommentiert er (1. Korinther 11,27-29 / Luthers Übersetzung von 1545): »Denn so offt jr von diesem Brot esset / vnd von diesem Kelch trincket / solt jr des Herrn tod verkündigen / bis das er kompt. Welcher nu vnwirdig von diesem Brot isset / oder von dem Kelch des Herrn trincket / der ist schüldig an dem Leib des Herrn. Der Mensch prüfe aber sich selbs / vnd also esse er von diesem Brot / vnd trincke von diesem Kelch. Denn welcher vnwirdig isset vnd trincket / der isset vnd trincket im selber das Gerichte / da mit das er nicht vnterscheidet den leib des Herrn.« Der primäre Sinn dieser dichten Passage ist deutlich. Wer die Abendmahl-Elemente Brot und Wein verzehrt, soll sie würdig essen und von profanen Sättigungs-Speisen unterscheiden. Wer am christlichen Zentralsakrament teilnehmen will, soll nicht zum Treffen der Gemeinde kommen, um seinen irdischen Hunger und Durst zu stillen. »Hungert aber jemand / der esse da heimen. Auf das ihr nicht zum Gerichte zusamen kompt.« (v. 34) Wer Brot und Wein verzehrend am Leib Christi teilhaben will, muss die richtige Einstellung haben, muss richtig ausgerichtet sein, muss also sein Sinnen nicht so sehr auf diese Welt, sondern auf jene andere Welt hin gerichtet haben, die nach dem Jüngsten Gericht an- und einbricht. Womit nach der kulinarischen und der juristischen eine dritte Dimension des Wortes »Gericht« angesprochen ist. »Gerichtet« sein kann eben auch »auf ein Ziel hin gerichtet sein« meinen.

Das juristische oder theologische Gericht hat mit Satzungen, mit Gesetzen, mit dem nomos, mit dem Namen, in dem es ergeht, mit autoritativen Sätzen (was auch heißen kann: mit Sätzen eines Autors, der Autorität hat) zu tun. Das Gericht gibt, es schenkt: Gerechtigkeit, Sicherheit und Richtungssinn. Und es nimmt, damit seinem Begriff, seinem Namen, seinem Nomen, seinem nomos gerecht werdend. Denn das griechische Wort nomos / nemein meint ja primär (und nicht etwa in sophistischen Ableitungen) das Weg-Nehmen.[12] Dieses Wegnehmen ist gerade in juristischen Kontexten gar nicht handgreiflich genug zu bestimmen. Gerichte nehmen, indem sie Strafen verhängen, denjenigen Elementares, die gegen das Normen gebende, setzende Gesetz verstoßen haben: sie nehmen Freiheit, Vermögen, Lebenszeit und mitunter gar das Leben selbst. Das Gericht gibt und nimmt also gleichermaßen. Das teilt es mit seinem begrifflichen Double. Denn auch, wer zu Gericht sitzt, um eine Mahlzeit zu verzehren, ist in das abgründige Doppelspiel von Geben und Nehmen immer schon verstrickt. Er tilgt das, was da angerichtet ist. Der Kontrast zwischen Bildern, die festlich gedeckte Tafeln zeigen, die der Esser und Zecher harren, und Bildern, die festhalten, was die Esser angerichtet haben, ist von geradezu obligatorischer Melancholie. Was übrig bleibt, ist der Inbegriff von Entropie: Flecken, Durcheinander, Schmutz und unverdauliche Knochen, die penetrant daran erinnern, über wieviele Lebewesen wir tödlich gerichtet haben, wenn wir das mittägliche Gericht oder das Abendmahl genießen. Dass wir alltäglich, wie es in *Stopfkuchen* so schön wie eindringlich heißt, am »Lebenstisch« zu Gericht sitzen und nicht immer eine Serviette umgebunden bekommen »bei jedem Lebensgericht, so (uns) auf den Tisch gesetzt wird« (140), ändert nichts am Richtungssinn unseres Lebens. Stopfkuchen mag noch so viel füllig-weiches, ihn sanft vor der harten Welt polsterndes Fleisch ansetzen – auch von ihm werden einst nur Knochen übrig bleiben.

Stopfkuchen sammelt leidenschaftlich gerne Knochen – also das Unverdauliche schlechthin, das, was selbst der Tod kaum zu zermahlen vermag. Zu den Lieblingsexponaten seines osteologisch-paläontologischen Privatmuseums zählen neben den Knochen eines Mammuts, die schon sein Schwiegervater aufgefunden hatte, die eines Riesenfaultiers. Stopfkuchen hat wie zu den Knochen seines Museums ein bemerkenswert gelassenes Verhältnis zum Tod. Und er weiß, wovon er spricht, wenn er Eduard und seiner Frau bei üppigen Mahlzeiten davon erzählt, was es mit dem Tod von Kienbaum eigentlich auf sich hatte. Das Erzählmuster ist dabei in der Tat »unverschämt«. Stopfkuchen spannt seine Hörer und Leser unerträglich auf die Folter. Als »feister Folterknecht« (177) wird er denn auch vom Erzähler selbst gegen Ende seines an Digressionen überreichen Berichtes charakterisiert. Stopfkuchen hat den Schauplatz seines Erzählens gewechselt. Er, der (wie Tine berichtet) »seit unserer Verheiratung keine sechs Mal den Fuß über unser Besitztum und seine Knochensucherei in der nächsten Nähe hinausgesetzt« (149) hat, ist mit Frau und Freund in einem Gasthaus, das den schönen Namen »Goldener Arm« trägt, eingekehrt, wohl wissend, daß seine finale Offenbarung über den Mordfall Kienbaum so nicht im privaten Kreise verbleiben wird.[13] »Die Kellnerin setzte dem feisten Folterknecht ein frisches Glas hin, und zwar mit unsicherer Hand. Aus weitgeöffneten Augen starrte sie ihn (Schaumann!, J.H.) an; aber auch sie war nicht mehr fähig, ihm dreinzureden.« (177) Folterern und zumal narrativen Folterern kann man nicht dreinreden. Und als Folterer wird Sankt Heinrich auch weiterhin bezeichnet: »Der Folterer klopfte mit dem Hammer an die Daumenschrauben – nein, er klappte mit dem Deckel seines Kruges.« (181)

Ein feister, unablässig zu Gericht sitzender Folterknecht des Erzählens aber kann Stopfkuchen nur sein, weil er darauf verzichtet hat, zu Lebzeiten des Mörders zu richten. Karl Höse[14] und an ihn anschließend Heinrich Detering haben darauf hingewiesen, wie intensiv Stopfkuchen ein weltliches Gericht hält, daß zugleich immer gründlicher Züge eines quasi-göttlichen, apotheotischen Weltgerichts annimmt. »Stopfkuchen hält also Gericht – in doppelter Hinsicht: Er schafft Recht, wo Unrecht herrschte, und er richtet die unrecht Handelnden, indem er sie beschämt. Durch dreifache Verspiegelung mit theologischen Motivkomplexen wird dieser zunächst ganz weltliche ... Vorgang nun religiös ›aufgeladen‹. *Erstens* nämlich ist dieser ›Staatsanwalt‹, wie immer wieder betont wird, in Wahrheit ein gescheiterter *Theologe*. [...] ›Herrgott, darum allein könnte man schon mit Wonne Theologie studieren, um einmal so recht von der Kanzlei aus unter sie fahren zu dürfen, die edle Menschheit nämlich.‹ [...] Der ›Prediger oder Staatsanwalt‹ ist nun – *zweiter* Motivkomplex – zugleich der aus dem Kasten herausgehende *Noah*, identifiziert sich also selbst mit dem, der in göttlichem Auftrag mit der Errichtung einer neuen Welt nach der vermeintlichen Sintflut beginnt. [...] Das so begründete Handeln Stopfkuchens tritt damit in eine sonderbare Analogie zum Handeln Noahs: der familiäre Rechtsstreit rückt in eine universale Perspektive, das individuelle Handeln gewinnt Züge eines – wie auch immer säkularisierten oder travestierten – heilsgeschichtlichen Vorgangs. / Nachdrücklich unterstrichen wird das im *dritten* Motivkomplex: Das von Stopfkuchen abgehaltene Gericht wird analogisiert mit dem letzten *Gericht Gottes*. Dabei werden zwei unterschiedliche theologische Vorstellungen aufgerufen: die vom individuellen Gericht, das Gott als der Totenrichter nach dem Tode über den Einzelnen hält, und die vom ›jüngsten‹ Menschheits-Gericht.«[15]

Seltsam ist an Deterings genauer Analyse des doppelten, nämlich weltlichen und göttlichen Sinns von Stopfkuchens Lust am Gericht-Halten, daß ihr die dritte, doch fast ein wenig zu offensichtliche, zugleich aber abgründige, nämlich kulinarisch-sadistische Dimension des Wortes »Gericht halten« bzw. »zu Gericht sitzen« entgeht. Damit dürfte es auch zusammenhängen, daß seine Abhandlung (wie die gesamte Literatur zu *Stopfkuchen*) Heinrich Schaumanns unglaubliche Schau, die man angesichts seiner Amerika-Philie durchaus auch als »show« ansprechen darf, überraschend positiv bewertet und die abgründigen Züge des »fast unheimlich behaglichen, feisten Geschöpf[es]« (80) weitgehend ausblendet. Dabei ist es kaum zu übersehen, daß der weltliche Richter bzw. der Welten-Richter Stopfkuchen mindestens so abgründig ambivalente Züge aufweist wie seine Brüder im literarischen Geiste, die der Lust am zermalmenden Gericht ebenfalls verfallen sind: Kleists Dorfrichter Adam, Dürrenmatts Kommissar Bärlach und Schlinks Privatdetektiv Selb. Sie alle sitzen auffallend gerne zu Gericht.

Im Gasthaus »Goldener Arm« kann opulent erzählt werden, weil der lange Arm des Gesetzes zu Lebzeiten des Totschlägers nicht aktiv werden konnte. Voraussetzung von Heinrichs opulentem Erzählen ist der Tod dessen, über den er eigentlich erzählt, indem er ihn bis kurz vor Ende kaum je erwähnt. Die pointierte Aufklärung des verjährten Kriminalfalls ließe sich in einen Satz kleiden: kein anderer als der liebenswerte, biedere und ein wenig einfältige Briefträger Störzer hat den arroganten, buchstäblich hoch zu Roß sitzenden reichen Viehhändler Kienbaum im Affekt mit einem Steinwurf getötet. Die Unverschämtheit von Stopfkuchens in jedem Wortsinne retardiertem und retardierendem Erzählduktus liegt auf der Hand: zumindest seiner Frau, die es selbst für möglich gehalten hatte, daß der allgemeine Verdacht gegen ihren verbitterten, unleidlichen und auffahrenden Vater nicht ganz unbegründet ist, hätte Stopfkuchen mitteilen können, daß er schon vor Jahren diesen Zusammenhang aufgedeckt hatte. Stattdessen wird Stopfkuchen schlicht unverschämt, wenn er seine beiden erregten Zuhörer fragt: »Nicht wahr, für den Schwiegersohn von Kienbaums Mörder erzähle ich hübsch gemütlich?« (87) »Soll ich fortfahren, wie ich angefangen habe, oder wünscht ihr einen kurzen Aufschluß in drei Worten?« (95) Nach einer weiteren sich anschließenden philosophischen Digression wird Eduard der feiste narrative Folterknecht unerträglich: »»Mensch, Mensch,

Mensch, mach mich nicht ganz verrückt!‹ rief ich, mit beiden Händen nach beiden Ohren fassend, und Stopfkuchen sprach lachend: / ›Siehst du, Eduard, so zahlt der überlegene Mensch nach Jahren ruhigen Wartens geduldig ertragene Verspottung und Zurücksetzung heim.‹« (96) Das ist psychodiagnostischer Klartext. Und auch seine ihm treu ergebene Tine macht aus ihrem Hörer-Herzen keine Mördergrube, wenn sie so bündig wie uncharmant befindet: »er erzählt greulich« (141). Heinrich, mir graut vor dir.

*

Offensichtlich aber will Stopfkuchen greulich und abgründiges Grauen erregend erzählen. »Du wünschest lieber hier im Freien mit dem Graun zu Nacht zu speisen und dich zu sättigen mit Entsetzen, Eduard?« (150) so fragt er, ein geflügeltes Wort aus der zweiten Szene des fünften Aktes von *Macbeth* paraphrasierend, den Schulkameraden, als dieser darauf drängt, noch und schlußendlich in der roten Schanze die Lösung des mörderischen Rätsels zu erfahren, Heinrich aber darauf besteht, erst im »Goldenen Arm« den Abgrund seines Erzählens zu offenbaren. Mit Romano Guardinis vielbemühter Deutung, danach Stopfkuchen bemüht ist, »den Kopf herauszubekommen aus dem Staub, aus dem dunklen, verworrenen, schmutzigen Dasein, Raum zu erhalten für die Seele, Lösung des Auges und Herzens für das Schöne und Große, mit einem Wort, Mensch zu werden«,[16] ist die Einsicht in diesen Abgrund kaum kompatibel zu machen. Dieser Abgrund hat mindestens drei Dimensionen. Die erste und handfesteste ist seltsamer Weise von den vielen Interpreten des *Stopfkuchen* kaum je bedacht worden. Heinrich Schaumanns Bericht belastet einen Toten. Die Toten aber schweigen.[17] Der verläßliche Briefträger Störzer kann nicht mehr bezeugen, daß Stopfkuchens Zeugnis zutrifft. Wer zeugt für den Zeugen? Wer bezeugt, daß Stopfkuchens anfängliche Aussage, er kenne den Mörder, nicht darin gründet, daß er, Stopfkuchen, selbst ausgefressen hat, was er dem Briefträger in die Schuhe schiebt?

Störzer, dessen Schuldbekenntnis nur über Stopfkuchens Erzählung bekannt ist, steht im leeren Zentrum von Stopfkuchens Bericht. »Dieser Tote aber wird zum Angelpunkt des zentralen Erzähl- und Beglaubigungsthemas. Unabhängig davon, ob Schaumanns Geschichte nun wahr ist oder nicht, garantiert sie sich aus dem toten Körper des anderen und verweist damit eben auf die Abwesenheit der sie autorisierenden Instanz. Zu diesem Paradox tritt der Umstand, daß die Geschichte von Störzers Geständnis die Vorstellung einer eindeutigen, durch den Charakter bestimmten Lebensausrichtung konterkariert, indem sie einen biographischen Gegensatz von Rolle und Geheimnis ins Spiel bringt.«[18] Sagt doch Stopfkuchen, offen lassend, was daran Rollenspiel und was Entdeckung eines grauenhaften Geheimnisses ist, zu Beginn seiner ausschweifenden narratio kurz und bündig und zum Entsetzen seiner Frau: »›Ich habe Kienbaum völlig totgeschlagen‹, sagte Stopfkuchen. ›Weiter brauchte es ja nichts. Der Schlingel – will sagen, der arme Teufel hatte freilich ein zähes Leben; aber – ich – ich habe ihn untergekriegt. Wenn ein Mensch Kienbaum totgeschlagen hat, so bin ich der Mensch und Mörder.‹ / ›Du? Heinrich, mir –‹« (80) fällt Mieze ihrem Mann entsetzt ins Wort.

Stopfkuchen benennt seine Lebensmaxime »›Friß es aus und friß dich durch!‹« (114) ein wenig zu häufig. Heinrich hat nicht nur sein Leben lang zu viel gefressen, er hat auch seine Frau zum Fressen lieb, er liebt es, andere in die Pfanne zu hauen, und er hat womöglich selbst etwas Kapitales ausgefressen. Sein als souveräner Sarkasmus und Zynismus durchgehendes Geständnis hat durchaus das Zeug zum »gefundene[n] Fressen« (133) – zumal dann, wenn es zusammen mit seinen anderen Äußerungen wie »Sitze erst mal selber zu Gerichte über den verjährten Sünder« (181), »zu scharf soll keiner mit dem andern ins Gericht gehen« (175) oder »ich habe einfach das Schicksal in mich hineinzufressen« (35) gelesen wird. Stopfkuchens unheimlich-greulicher Satz, er habe Kienbaum »völlig totgeschlagen« folgt der Logik eines Lieblingswitzes von Sigmund Freud (vgl. Kap. 1): »Warum lügst du? Du sagst, du fährst nach Krakau, damit ich glaube, du fährst nach Lemberg, dabei fährst du nach Krakau.«[19] Womit die zweite Dimension der Abgründigkeit von Stopfkuchen sicht- bzw. hörbar wird. Sprache ist gleichermaßen ein Medium von Wahrheit und Lüge. Zu den Eigenarten der Sprache von Erzählungen gehört es, daß sie das Recht zur Lüge offensiv in Anspruch nehmen. Weil sie sich gegenüber dem Wahr-falsch-Leitcode bezeugbarer Diskurse (etwa wissenschaftlicher Ausführungen oder alltäglicher Kommunikation) indifferent verhalten, sind poetische Sätze negationsimmun. Es ist einfach sinnlos, poetische Sätze abzustreiten und etwa zu sagen: Adrian Leverkühn ist doch gar nicht Hetäre Esmeralda begegnet.

Daß Dichter lügen, ist seit Hesiod und Platon ein Topos der Poetologie. An diesen Topos knüpft Stopfkuchen gleich nach seinem sarkastischen Geständnis an. Seine Frau reagiert darauf denkbar knapp, aber so, daß wir ihre eliptische Rede unschwer ergänzen können: »›Du [hast Kienbaum erschlagen, J.H.]? Heinrich, mir – [graut vor dir, J.H.]‹«. Heinrichs Antwort auf diese stockenden Einwürfe ist das Angebot, Tine möge als bezeugende Dritte dabei sein, wenn er den »eigentlichen« Hergang berichtet. »›Willst du dabei sein, wenn ich's ihm ins genauere auseinandersetze, Tinchen?‹ wendete sich Heinrich an seine Frau, und sie meinte lächelnd: ›[...] daß du mir nicht allzusehr ins Phantastische und Breite fällst.‹« Seine unverschämte Antwort: »›Ich ins Breite und Phantastische, Eduard?!‹« Heinrichs Erzählung wird so breit und phantastisch sein, wie der dürre und biedere Täter, den er überführt haben will, es gerade nicht ist. Wohl aber Stopfkuchen selbst. Weil In-sich-Hineinfressen und Erzählen Praktiken sind, die man kaum miteinander zur gleichen Zeit ausüben kann, räumt Tine das Gericht mit den Worten ab. »›Ich räume derweilen hier auf und komme nachher – ‹ / ›Mit meinem Strickzeug‹, schloß Heinrich Schaumann den herzigen Rat und Vorschlag ab.« (81) Eine unheimliche und eine unheimlich souveräne Passage, eine Stychomythie, wie sie im dramatischen Buche steht: Heinrich setzt im Namen seiner Frau deren Satz fort (»mit meinem Strickzeug«). Doch ersichtlich wird aus dem Strickzeug Tines Heinrichs Erzählstoff – sein Strickzeug, sein Webmuster, sein Textil, an dem er, der Schlafrockliebhaber, sich wärmt: sein Text. Weil er sich zum Souverän des Erzählens macht, ist er der Herr über Leben und Tod. Raabes narrative Konstruktion wird dadurch nicht weniger souverän, daß der gesamte Text ja das Seemannsgarn ist, das Eduard auf schwankendstem Boden webt, nämlich an Bord eines Schiffes, das in stürmische Gewässer gerät, wie sie aus Shakespeares Märchendrama bekannt sind. Der Name des Schiffes ist Leonhard Hagebucher. Und genau so heißt die Hauptfigur in Raabes Roman *Abu Telfan*. Um es so lakonisch und paratakisch zu sagen, wie es in dem jeden programmatischen Realismus sprengenden intertextuellen Buche steht, das da *Stopfkuchen* heißt: »Nur wurde ... nicht gestrickt. / Es wurde gesponnen.« (51)

Abgründig ist Raabes »See- und Mordgeschichte« drittens, weil er ein transmetaphysisches Fundament sein eigen nennt – nämlich dies: kein Fundament zu kennen. In schöner Ausdrücklichkeit zitiert der gelehrte Stopfkuchen »den alten ganz richtigen Satz vom zureichenden Grunde, wie ihn der alte Wolff hat: ›Nihil est sine ratione, cur potius sit quam non sit‹, und wie es der Frankfurter Buddha übersetzt: ›Nichts ist ohne Grund, warum es sey.‹« (197) Zwischen Wolffs und Schopenhauers Verständnis des Satzes vom zureichenden Grunde, die hier in einem narrativen Satz vereint sind, liegen aber Abgründe. Schon dadurch, daß Schopenhauer als »Frankfurter Buddha« charakterisiert wird, gewinnt der alte Satz vom zureichenden Grund nämlich eine abgründige Dimension, in die kein Denken und Sprechen wirklich hineinreicht. Raabe liest und erschließt ihn wie vor ihm Schelling und nach ihm Heidegger. Der Satz »Nichts ist ohne Grund« hat einen Untergrund. Er kann und muß heißen: »das Nichts ist ohne Grund«. Der Grund des Grundes ist ein Abgrund. Wer in den letzten Grund zurücksteigen will, wird zugrunde gehen. Abgründiges Erzählen erschließt Dimensionen, in denen nicht etwa alles Wesen wurzelt, sondern alle Wurzeln verwesen. Stopfkuchen, der von sich sagt:

»Ich war … wirklich gut im Zuge, spaßhaft in das Nichts zu sehen« (136) hat Körperdimensionen, die geeignet scheinen, den leeren Platz des mangelnden transzendentalen Signifikats und des nichtigen Grundes auszufüllen, d.h. den Abgrund aufzufüllen bzw. auszustopfen.

Ob und wie physei und thesei ineinandergreifen, ob und wie Sein und Sinn einander korrelieren, ob und wie das profane und das geistliche Gericht Seiten einer Medaille sind – das sind Fragen, die Stopfkuchen hinter sich gelassen hat. So wie er an der Aufgabe scheiterte, die der künftige Schwiegervater ihm stellte: Der alte Quakatz gibt Heinrich, dem »Sankt Heinrich von der Hecke« (89) das Korpusjuris zu lesen und zu übersetzen auf. »›Hier, Lateiner! Mache du das mir mal auf deine Art deutsch klar – ein Wort nach dem andern. Es ist das Korpusjuris, das Korpusjuris, das Korpusjuris, und ich will es mal von einem auf deutsch vernehmen, der noch nichts von dem Korpusjuris, von dem Korpusjuris weiß!‹« (91) Heinrich scheitert Jahrzehnte vor Kafkas traurig-lustigen Heroen an der Aufgabe, den Körper (corpus) und das Gesetz (juris) in ein Entsprechungsverhältnis zu bringen. Dennoch oder eben deshalb ist sein Leben auf eine abgründige Weise geglückt. Die Geschichte, die er erzählt und die von ihm erzählt wird, ist eine Geschichte davon, wie sich das Entsprechende und das Nicht-Entsprechende entsprechen. Anders als Ottilie aber ent-sagt / ent-spricht Stopfkuchen nicht. Er ist von geradezu adipöser Beredsamkeit, die sich einer abgründigen Leere verdankt. Das Wort ist auch in Stopfkuchen Fleisch geworden. Stopfkuchen erzählt die spezifisch moderne Geschichte, die weiß, dass es keine letzten, sondern allenfalls vorletzte Worte, dass es keine letzten Gründe, sondern allenfalls Abgründe gibt – und daß es sich gerade deshalb gut leben und reden lässt.

Anmerkungen

1 Eingeklammerte Seitenzahlen beziehen sich auf Raabes Roman *Stopfkuchen* in: Wilhelm Raabe: Sämtliche Werke [Braunschweiger Ausgabe], im Auftrag der Braunschweigischen Wissenschaftlichen Gesellschaft hg. von Karl Hoppe und Jost Schillemeit, Bd. 18, Göttingen 1969.
2 Ulrich Kinzel: Ethische Projekte – Literatur und Selbstgestaltung im Kontext des Regierungsdenkens – Humboldt, Goethe, Stifter, Raabe. Frankfurt a.M. 2000 macht den etwas angestrengten, aber durchaus erhellenden Versuch, Raabes Protagonisten Stopfkuchen als einen Charakter zu beschreiben, der an Selbstmodellierungsmodellen im antizipierten Geiste von Michel Foucaults »gouvernementalité« arbeitet.
3 Vgl. dazu die Untersuchung von Angela M.C. Wendt: Eßgeschichten und Es(s)kapaden im Werk Goethes – Ein literarisches Menu der (Fr)Esser und Nichtesser, Würzburg 2006, S. 246ff. Und Jochen Hörisch: »Die Himmelfahrt der bösen Lust« – Ottiliens Anorexie, Ottiliens Entsagung; in: Jochen Hörisch: Die andere Goethezeit, l.c., S. 149-160.
4 Das Ohr hat anders als der Mund keinen Schließmuskel: wir müssen hören. Raabe hat dieses Motiv wiederholt gestaltet. Zu den »Geräuschwelten« in Raabes Romanen vgl. die Untersuchung von Gabriele Henkel: Geräuschwelten im deutschen Zeitroman – Epische Darstellung und poetologische Bedeutung von der Romantik bis zum Naturalismus, Wiesbaden 1996, S. 195ff.
5 Auf die psychosomatischen Dimensionen von Stopfkuchens Eß- bis Freßlust geht die Studie von Rosemarie Henzler: Krankheit und Medizin im erzählten Text – Eine Untersuchung zu Wilhelm Raabes Spätwerk, Würzburg 1990 seltsamerweise nicht ein. Wohl aber Maurice Haslés erhellende Studie: Der Verdauungspastor – Magen-Sprache und peristaltische Schreibweise in Raabes Stopfkuchen, in: Jahrbuch der Raabe-Gesellschaft 1996, S. 92-113.
6 Wie Goethe die *Wahlverwandtschaften* als sein »bestes Buch« charakterisierte, so hat auch Raabe im Gespräch mit M. Adler den *Stopfkuchen* als sein »bestes Werk« bezeichnet. Vgl. dazu H. Ahrbeck: Wilhelm Raabes ›Stopfkuchen‹, Borna-Leipzig 1926, S. 9.
7 Brief an E. Sträter vom 13. Juni 1891.
8 Vgl. dazu die von einer vollständigen Inventarisierung weit entfernte Untersuchung von Irmhild Bärend: Das Bibelzitat als Strukturelement im Werk Wilhelm Raabes, Berlin 1969.
9 Vgl. die Zusammenstellung bei Günter Witschel: Raabe-Integrationen: ›Die Innerste‹, ›Das Odfeld‹, ›Stopfkuchen‹, Bonn 1969, S. 33f.

10 Vgl. Gerhart von Graevenitz: Der Dicke im schlafenden Krieg – Zu einer Figur der europäischen Moderne bei Wilhelm Raabe, in: Jahrbuch der Raabe-Gesellschaft 1990, S. 1-21.
11 Vgl. die erhellenden Hinweise bei Ulrich Kinzel: l.c., S. 505 f.
12 Vgl. dazu Carl Schmitt: Der Nomos der Erde im Völkerrecht des Jus Publicum Europaeum, Berlin 1950 und ders.: Der neue Nomos der Erde, in: Gemeinschaft und Politik, Jg. 3 / Heft 1. Bad Godesberg 1955. Sowie die Abhandlungen von Thomas Schestag: nemein (Carl Schmitt, Franz Kafka) bzw. nomos / onoma (Platon, Friedrich Schleiermacher, Walter Benjamin), in: Th. Schestag: Parerga – Zur literarischen Hermeneutik, München 1991.
13 Spätestens seit Hermann Meyers klassischer Studie *Raum und Zeit in Raabes Erzählkunst* (in: *DVjs* 27/1953) ist immer wieder (u.a. von Hubert Ohl in kritischer Auseinandersetzung mit Meyer: Bild und Wirklichkeit – Studien zur Romankunst Raabes und Fontanes, Heidelberg 1968) darauf hingewiesen worden, wie kunstvoll Raabe in *Stopfkuchen* mit Strategien der »Verzeitlichung des Raums« und der inversen »Verräumlichung der Zeit« arbeitet.
14 Karl Höse: Juristische Bemerkungen zu Raabes ›Stopfkuchen‹, in: Jahrbuch der Raabe-Gesellschaft 1962, S. 136-146.
15 Heinrich Detering: Theodizee und Erzählverfahren – Narrative Experimente mit religiösen Modellen im Werk Wilhelm Raabes, Göttingen 1990, S. 203 f.
16 Romano Guardini: Über Wilhelm Raabes ›Stopfkuchen‹, in: Hermann Helmers (ed.): Raabe in neuer Sicht. Stuttgart/Berlin/Köln/Mainz 1968, S. 41.
17 Arthur Schnitzlers Novelle *Die Toten schweigen* weist überraschend viele intertextuelle Bezüge zu *Stopfkuchen* auf.
18 Oliver Fischer: Ins Leben geschrieben – Zäsuren und Revisionen – Poetik privater Geschichte bei Adalbert Stifter und Wilhelm Raabe, Würzburg 1999, S. 231. Fischer knüpft mit diesen Überlegungen an die Ausführungen von Johannes Graf und Gunnar Kwisinski an (Heinrich Schaumann, ein Lügenbaron? Zur Erzählstruktur in Raabes Stopfkuchen, in: Raabe-Jahrbuch 1992, S. 194-213) an, die auf logische Brüche und Inkonsistenzen in Schaumanns Darstellung hinweisen.
19 Freud: Der Witz und seine Beziehung zum Unbewußten, Studienausgabe Bd. IV, Frankfurt a.M. 1970, S. 109.

Eva Geulen

Der Attrappenonkel in seinem Element

Zu *Fabian und Sebastian*

Raabes geschwätziges Erzählen mit seinen Bonmots und Anspielungen, den Längen, Umständlichkeiten und Abschweifungen, die gerne mit Jean Paul verglichen Wechselbäder gemütvollen Humors und kitschiger Sentimentalität, das alles ist zugegebenermaßen schwer erträglich – und nicht erst heute. Als Vielschreiber und Philister wurde Raabe schon zu Lebzeiten denunziert.

Wenn er gleichwohl »[n]icht totzukriegen«[1] ist und mindestens in der Wissenschaft seinen Platz erfolgreich behauptet,[2] dann liegt das zum einen an den formalen Raffinessen seiner virtuosen Erzähltechnik und zum anderen daran, dass er in seinen Texten mehr an moderner Lebenswelt verbaut hat als viele seiner Zeitgenossen. Wo sonst findet man in der deutschen Literatur derart deutliche Spuren der Industrialisierung und ihrer Folgen? *Pfisters Mühle* ist nun einmal der erste Umweltroman. Auch Exotismus, Kolonialismus und Migration, das Schwinden vertrauter Lebensräume, die Verwerfungen in der sich verändernden Klassengesellschaft, den Generationen- und Geschlechterverhältnissen nehmen bei Raabe breiten Raum ein. Unter den Schriftstellerkollegen hat Thomas Hettche nach Erhalt des Wilhelm Raabe-Literaturpreises für seinen Roman *Die Pfaueninsel* 2014 noch einmal an diese Qualitäten erinnert und mit Recht auf Wiederentdeckung gedrängt.[3] Das ist zwar auch für Leser zustimmungsfähig, die Stifter oder Keller bevorzugen, aber es ist sehr viel schwieriger, andere davon zu überzeugen. Von Raabe führt nämlich kein Weg zurück zu Jean Paul, weil dessen Erfahrungswelten andere sind als Raabes. Aber es führt auch keiner vorwärts zu Kafka oder Robert Walser, weil die zwar dieselbe oder eine ähnliche Welt bewohnen, sie aber mit ganz anderen Verfahren zur Darstellung bringen und dabei vor allem auf Sentimentalität verzichten. Raabe wäre dann eine Sackgasse auf dem Weg vom 19. Jahrhundert in die Moderne, apartes Abstellgleis für Liebhaber verschnörkelter Geschichten mit viel Rührungspotenzial.

So stellt es sich allerdings nur unter den Voraussetzungen einer fortschrittslogisch organisierten Literaturgeschichte dar. Für sie ist der Befund einer Diskrepanz zwischen einer als veraltet empfundenen Prosa und deren erstaunlicher Welthaltigkeit und Aktualität ein Dilemma. Er könnte aber auch Anreiz sein, funktional nach den Gründen und Effekten dieses Missverhältnisses anhand einer Fallstudie zu fragen.

Die 1880/81 entstandene Erzählung *Fabian und Sebastian* aus Raabes Stuttgarter Zeit ist kaum bekannt. Selbst die nimmermüde Raabe-Forschung hat sie wenig beachtet,[4] wohl weil der Autor es in dieser »sauersüßen« (8) bzw. »süßbittern« (188) Geschichte um eine Süßigkeiten- und Konfitürenfabrik mit seinem speziellen Mix aus Humor, Melodramatik und Sentimentalität besonders arg getrieben hat: Ein schönes, 15 Jahre junges Waisenmädchen aus dem fernen (von den Niederländern kolonisierten) Indonesien mit schier grenzenloser Mitleidensfähigkeit verschafft deutschen Männern, fortgeschrittenen Alters und von trüben Schuldgefühlen geplagt, Lebensfreude, Trost und in einem Fall friedliches Sterben. Diese Konstanze Pelzmann ist die Tochter des jüngsten von drei Brüdern: Der älteste, Fabian, genannt »der Attrappenonkel« (16 et passim), wohnt zurückgezogen im Hinterhaus der Firma, wo er ausgefallene Designs für die Weihnachtssaison erfindet (auch Bismarck und Napoleon sind in Zucker oder Schokolade in seiner Kollektion zu finden [vgl. 25]). Mit diesen Attrappen und seiner reklamewirksamen Großzügigkeit trägt Fabian zu Ruhm und Profit des Unternehmens bei. Der mittlere Bruder, Sebastian, ist auf nicht ganz durchsichtige Weise zum strengen Firmenchef avanciert, wohnt standesgemäß im Vorderhause und verachtet Fabians Spielereien. Der jüngste, der »schöne« (40), »toll[e]« (86), »leichtsinnig[e]« (145) Lorenz, wurde Jahrzehnte vor Erzählbeginn unter dubiosen Umständen nach Sumatra verfrachtet, wo er mit einer niederländisch-kreolischen Frau das Kind Konstanze zeugte. Nach dem Tod beider Eltern kehrt das »Blondinchen aus dem Mohrenlande« (56) in die ihm unbekannte Vaterstadt ein, um unter Missbilligung des Firmenchefs Sebastian bei Fabian und seinem Faktotum Knövenagel zu wohnen. Zum Personal der Erzählung gehört neben dem Sprüche klopfenden Knövenagel noch ein Arzt, der die örtliche Prinzessin von den Unpässlichkeiten kurieren muss, die sie nach übermäßigem Genuss der Produkte der Firma Pelzmann regelmäßig plagen. Neben die Stadtbewohner tritt die Landbevölkerung des nahe gelegenen Dorfes Schielau, vornehmlich in Gestalt des Amtmannes, dessen Frau und des für den Amtmann arbeitenden Schäfers sowie dessen Tochter Marianne, die wegen Kindsmord im Gefängnis einsitzt. An diesem Vater und seinem Kind scheint auf dunkle Weise das ganze Haus Pelzmann, vor allem aber Sebastian, mit dem Marianne das getötete Kind hatte, schuldig geworden zu sein. Diese verdrängte Vorgeschichte bricht mit der Ankunft von Konstanze Pelzmann auf und peinigt vor allem Sebastian so sehr, dass er nach einer dramatischen Begegnung mit dem Vater Mariannes vor dem städtischen Zuchthaus in ein Nervenfieber fällt, an dem er wenige Tage später stirbt, freilich nicht ohne vorher von Konstanze Pelzmann getröstet worden zu sein. Sterbend verwechselt er sie mit seinem eigenen Kind, das, wenn es gelebt hätte, etwa in Konstanzes Alter wäre, die ihrerseits gegenwärtig so alt ist wie Marianne damals. Unter dem Einfluss der gnädigen »Illusion« (152), sein totes Kind wiederzusehen, scheidet Sebastian sanft dahin. – Stadtleben und Landleben, Sprüche klopfende Männer, satirische Schnörkel und, trotz oder wegen der für 150 Seiten stattlichen Anzahl von sechs Toten, so manche rührende Szene, in der das blonde Wundermädchen aus Sumatra alle glücklich macht, Knövenagel und den vor ihrer Ankunft melancholischen Fabian sowieso, aber auch den ›Onkel Sebastian‹ und Mariannes Vater, den Schäfer Thomas.

Vor allem diese hart an der Grenze zum Kitsch oder Schlimmerem wandelnde Figur erklärt die Vorbehalte der Forschung gegenüber *Fabian und Sebastian*. Dirk Göttsche, der den kolonialen Imaginationsraum Raabes durchleuchtet hat, sah sich gezwungen, diesen Text von der sonst überwiegend kritischen Perspektive des späten Raabe auf Exotismus und Kolonialismus seiner Zeit auszunehmen, weil die »exotistische Projektion der deutschen Figuren mit der idyllisierenden Kindheitserinnerung der kleinen, im holländischen Indonesien geborenen Konstantia Pelzmann konvergiert«.[5] Und es stimmt: Konstanze weiß von Tigern und Elefanten genau in dem Register kolonialer Phantasmagorik zu erzählen, die ihre Umwelt über sie und ihren Geburtsort im Munde führt. »Die koloniale Dimension des Sujets« werde, so Göttsche, »in diesem märchenhaften Roman, der die Wunden bürgerlicher Rücksichtslosigkeit als heilbar darzustellen versucht, zugunsten der Utopie tätiger Mitmenschlichkeit in geradezu erstaunlicher Weise ausgeblendet. Solche Ausblendungen bezeichnen damit aber auch die Grenzen dieser recht sentimentalen Mischung aus Sozialroman und Weihnachtsgeschichte.«[6] Auch das stimmt: Die Geschichte endet vorweihnachtlich mit dem ersten Schnee, für Konstanze der erste ihres Lebens. Durch dieses »wundervoll Wunder« (186) läuft sie, um einmal mehr Wunder zu tun, dieses Mal am Schäfer Thomas, der seine kürzlich erst aus dem Gefängnis entlassene Tochter Marianne vor wenigen Stunden begraben hat und mit Fabian Pelzmann in der Wohnung einer leer stehenden, weil bankrottgegangenen Fabrik – für Schmiedearbeiten, die gegen Konsumartikel in Zucker offenbar keine Chance hatte – im dunkelsten und hässlichsten Industrieviertel der Stadt hockt (Stuttgart, darf man annehmen). Dort taucht Konstanze in Begleitung des zufällig getroffenen Amtmannes auf, spricht das erlösende Wort von »unsere[r] Schuld« (187), die »wir« ihm, dem Vater der Kindsmörderin, angetan haben, und schickt den Schäfer zurück aufs Land. An dem Punkt sind dann nicht nur die anwesenden Herren »bis ins Tieffste bewegt[]« (185). Selbst die Hässlichkeiten der trostlosen Umgebung verbirgt vorübergehend der Schnee, wenn auch nicht die Liebe, von der es eingangs hieß, sie decke »auch der Sünden Menge« (70). Man kann sich das alles sehr gut als melodramatischen Heimatfilm aus den 50er Jahren vorstellen.

Aber Raabe hat für Widerhaken und Irritationen gesorgt. Sie betreffen tatsächlich die Figur der Konstanze Pelzmann, eben weil sie, auch für Raabes Verhältnisse, zu gut und mitleidig, zu schön, zu hellsichtig, und (für die Tochter einer niederländischen Kreolin) auch zu blond geraten ist. Wie kommt das Kind in diesen Text? Und wer zieht die Strippen, an denen es stets »wie gerufen« sich magisch einfindet?

Da kommt natürlich zuerst ein arrangierender Erzähler infrage. Was man jedoch als »den Erzähler« an der charakteristischen ersten Person Plural in dieser Erzählung erkannt zu haben glaubt, outet sich anlässlich des ersten Schnees auf den letzten Seiten unmissverständlich als der Autor Raabe. Er erinnert an seine eigene »erste Geschichte«, in der auch beschrieben wurde, »welch ein ander Gesicht diese nordische Welt annimmt, wenn der erste Schnee herunterkommt« (182). Gemeint ist der Auftakt von Raabes Erstling *Die Chronik der Sperlingsgasse*. Von diesem Wink mit dem Zaunpfahl her wird rückwirkend klar, dass der Autor sich auch schon zu Beginn des Textes ins Spiel gebracht hatte. Dort wurden »sehr süße[] Sachen […], und zwar aus einem Kindermunde« (8) in Aussicht gestellt, aber vorläufig festgehalten: »vor einem sauersüßen Anfang stehen wir und konnen nichts dafür – wie immer« (ebd.). Man hat es also nicht mit einem auktorialen Erzähler, sondern einem nicht allwissenden Autorerzähler oder Erzählerautor zu tun, der an der Enthüllung der düsteren Vorgeschichten des Hauses Pelzmann so gut wie keinen Anteil hat.

Die Vergangenheit der Familie und der Firma Pelzmann wird stattdessen bruchstückweise und perspektivisch gebrochen über Rede oder Gedanken verschiedener Figuren aufgedeckt. Der Amtmann Rümpler vom Dorf insinuiert eine Liebesgeschichte des jüngsten Bruders Lorenz mit Marianne, die ihm Sebastian dann ausgespannt habe. Ähnliches deutet Sebastian selbst an, wenn er bereuend sagt: »Wenn ich sie ihm damals gelassen hätte! Wenn er seinen albernen Willen gekriegt hätte und nicht ich den meinigen?« (91) Unklar bleibt aber, ob sich das auf den jüngeren oder den älteren Bruder bezieht. Als Rümpler von der Ankunft der Nichte hört, wittert er die Neuauflage eines Streites zwischen Fabian und Sebastian um Marianne, die ebenfalls bei Fabian gegen Sebastians Willen Unterschlupf fand. Das ist auch gegenwärtig Gegenstand des Streits zwischen den Brüdern, denn Sebastian möchte Konstanze aufs hiesige Mädchenpensionat schicken, Fabian sie »ganz« für sich »behalten« (38, vgl. auch 59f.). Knövenagel, der Marianne zuerst in die Stadt geführt hat, versichert, dass es Sebastian gewesen sei, »der den tausendfältigen Verdruß, der aus dieser Affäre entstehen sollte, am schärfsten vorausgesagt hat« (143). Vom immer gelassenen Leibarzt erfährt man überdies, was auch gerüchteweise in der Stadt kursiert, dass nicht Sebastian, sondern Lorenz, »der gewissenlose Bursche den guten ältesten Bruder […] zu einem verhältnismäßig armen Manne gemacht und in das Hinterhaus der Firma gedrängt« (87) habe. Knövenagel sekundiert Rümpler, wenn er vermerkt, das Übel sei gewesen, dass sowohl Fabian wie Sebastian Marianne als ihr »›Wunderkind‹« (143) betrachtet und genannt hätten, also jeder auf seine Weise sie für sich behalten und wohl auch habe bilden wollen. Geschickt für die Attrappenarbeit sei sie gewesen (vgl. 142), aber Sebastian hat aus ihr eine Dame machen wollen. Wie Liebes- und Erziehungs- bzw. Zähmungsprojekte hier im Einzelnen zusammenhingen, erfährt man nicht.

Rezipient dieser widersprüchlichen Aussagen und wirren Anspielungen ist Konstanze Pelzmann, die aus der Geschichte letztlich auch nicht schlau wird: »Ich weiß ja von nichts« (175). Das gilt auch für den Leser, der, anders als Konstanze, zwar weiß, dass Marianne Sebastians und ihr Kind ertränkt hat und dass die »Schrecken« seines »Sterbebettes« der Kindsmord am Schielauer Bach und der anschließende Prozess sind (vgl. 146), sich den genauen Hergang der Dinge aber nicht zusammenreimen kann. Licht ins Dunkel der Verwicklungen scheint der Autorerzähler selbst nur an einer Stelle zu bringen. Als Konstanze nach einem halb erhellenden Ausbruch des stets unbeherrschten Knövenagel wieder einmal der »dunklen Schuld« (145) nachgrübelt, die auf dem Hause Pelzmann lastet, fügt der Autorerzähler hinzu: »Was ging es aber eigentlich auch sie an, auf wie feine und bürgerlich unangreifbare Weise der arme Onkel Sebastian es angefangen hatte, den Ruin des leichtsinnigen Reiterleutnants Lorenz Pelzmann zu vollenden, um sich das Feld rein zu machen? Was konnte sie davon wissen, wieviel seines Privatvermögens der Onkel Fabian hergegeben und eingebüßt hatte, um den jüngsten Sohn der Firma mit möglichst intakter bürgerlicher Ehre aus dem Lande zu schaffen« (146). Das ist der einzige Klartext, und er ist »lange nicht so klar, wie ein Untersuchungsrichter in ihm gegebenem Falle wohl hätte wünschen mögen« (146). Vielleicht wollte Sebastian ›das Feld frei‹ haben für seine Affäre mit Marianne, mit der er nach Italien gefahren ist, um ohne sie zurückzukommen, die erst Monate nach seiner Ankunft wieder in der Stadt auftaucht. Marianne selbst deutet an, dass er sie nicht haben wollte, weil die Bildungsbemühungen offenbar gescheitert sind und/oder sie schwanger war (vgl. 167). Das ›Feld‹ war allerdings auch frei zu machen für die Übernahme der Firma. Immerhin spekulieren lässt sich, dass Sebastian Mariannes Schwangerschaft dem in der Stadt sowieso schlecht beleumundeten Lorenz in die Schuhe geschoben hat, der daraufhin mit Fabians Geld und Mitwissen außer Landes musste. Vielleicht spielten dabei auch geschäftliche Überlegungen eine Rolle, denn Lorenz musste nicht dahin, wo »der Pfeffer wächst«, sondern die in der Fabrik zu Schokolade verarbeiteten Kakaobohnen (vgl. 11).

Obwohl Gedanken anderer Figuren gelegentlich eingespielt werden (vornehmlich des Attrappenonkels Fabian[7]), ist Konstanze die Konstante der Erzählung. Mit der bevorstehenden Ankunft des Kindes setzt sie ein, und an ihm entlang wird erzählt. »Wir«, sagt der Erzählerautor, »können nur, wie wir angefangen haben, von ihren Angehörigen und ihr weitererzählen; es läuft doch wie ein feiner, lichter, silberglänzender Faden durch all das trübe vergangene und gegenwärtige Wirrsal, und wir tasten uns weiter an ihm *wie das Kind*« (146). Am Kind entlang entspinnt sich der Erzählfaden, in dem lebenden Kind des toten Bruders laufen die Fäden der alten Geschichte vom toten Kind des lebenden Bruders zusammen. Ihrerseits wie an Fäden gezogen, findet sich Konstanze ein, wo es nottut. »Wie eine Nachtwandlerin« (150) eilt sie zu Sebastian, der sterbend nach seinem Kind ruft, und spielt ihm und sich die Verwechslung des toten mit dem lebenden Kind vor. Der Arzt bemerkt: »quelle attrape!« (153) In der Tat. In dieser Verwechslungssituation gibt sich die Figur sozusagen performativ als die Attrappe zu erkennen, die sie ist. Der Arzt hatte schon anlässlich ihres Zusammentreffens mit Sebastian vor dem Zuchthaus formuliert: »Ein Arrangement durch Mr. Zufall, Miß Fatum, Mrs. Möre – kurz das, was ich allerhöchste Regie zu nennen pflege, wie's nicht drastischer, nicht melodramatischer gedacht werden kann!« (129) Auf den artifiziellen Status dieses »Märchen-, Gold- und Sonnenkind[es]« (171) in »dem europäischen Bilderbuch« (ebd.), das in der fiktiven Welt agiert, deren Handlung vorantreibt, aber ihr nicht angehört, weder der deutschen noch der kolonialen, vielmehr eine Attrappe des Erzählers aus dessen literarischer Werkstatt ist, verweist der Autorerzähler auch an anderer Stelle, etwa wenn es heißt: »Und nun schlüpft sie dahin durch diese Blätter [...]. Da geht sie langsam und ruhig hin durch dies Buch« (56). Raabe hat sich das »›Wunderkind‹« (143) als Attrappe hinzuerfunden, um an ihr entlang zu erzählen und als Erzähler in den Hintergrund zu treten. Auf Illusionsbrechung oder verspielte Selbstreflexivität sollte man dieses Manöver nicht zu rasch reduzieren. Zu fragen ist, warum es nötig war und was es möglich macht.

Bereits der erste Satz der Erzählung markiert Konstanzes Attrappenstatus nur zu deutlich: »Wenn es allein auf die äußeren Umstände oder, was man so den Zubehör nennt, ankäme, so wäre dieses eines von den hellsten Büchern in dieser Welt und würde wie ein buntfarbigster Lichtblitz über den dunklen Ozean von Druckerschwärze fallen, der jedes Leben jetzt doch ohne alle Frage mehr oder weniger umflutet, wenn er es nicht gar ganz überschwemmt.« (7) So ist es aber nicht, auf das ›Zubehör‹ und äußere Umstände kommt es eben nicht an. Das Zubehör sind die süßen Konsum-Attrappen: die »ganze exotische Welt« (26) der Fabrikate von Pelzmann und Kompanie *und* das süße, wundertätige Mädchen aus dem fernen Indien. Ihr Leben ist es jedenfalls nicht, das die Druckerschwärze dieses Buches überschwemmt wie der Bach das Kind, das eine junge Mutter dort ertränkt hat. Die eigentliche Geschichte, die in dieser wie die Weihnachtsattrappen aus dem Hause Pelzmann nach allen Regeln der ›exotischen‹ Kunst ausstaffierten Geschichte erzählt oder auch nicht erzählt wird, ist die bitterböse Mariannes. Konstanzes Vorgängerin und Gegenbild, die im gleichen Alter von 15 oder 16, kaum dem Kindesalter entwachsen, in die Stadt gelangt, kam nicht, wie das Attrappenmädchen, aus dem geografisch fernen Sumatra, sondern vom sozial fernsten Rand des Dorfes als Tochter des schlecht angesehenen Schäfers (vgl. 69), also aus der untersten Schicht der Gesellschaft, die Raabe hier ziemlich vollständig vom lokalen Adel über Firmenchefs, Stadt- und Land-Honoratioren bis zu den Fabrikmädchen versammelt hat. Die Widersacherin der süßen Wiedergängerin Konstanze ist die nur zu reale, hässliche und wilde Kindsmörderin Marianne, die auch 20 Jahre Gefängnis nicht haben zähmen können.

Über dieser dunklen Figur schlagen die Wellen des Hasses aller gnaden- und mitleidslos zusammen. »[D]ie Schielauer Hexe« (144) nennt sie Knövenagel, »denn sie allein war es doch zuletzt, die unseren Herrn Lorenz auf den Weg in den holländischen Dienst und uns hier in das Hinterhaus beförderte und unseren Herrn im Vorderhause für sich nahm und ein, zwei tolle Jahre durch die Firma Pelzmann und Kompanie, das gute, ehrenhafte Haus, in der Leute Mäulern vertrat« (144). Einen »Giftpilz« (40) nennt sie auch der Amtmann vom Dorf, die dem Schäfer »unser Herrgott, um ihn zu prüfen, angehängt hat« (68); und er klagt Sebastian an, »sich der Welt Nichtsnutzigkeit in Zucker« eingemacht zu haben (40), als er sich von Mariannes Schönheit verleiten ließ, zu Liebe, Sex oder Bildung.

An dem Tag, an dem Sebastian im Beisein Konstanzes stirbt, verlässt Marianne das Gefängnis nach 20-jähriger Haft als »ein häßliches, krankes, gebrochenes, irrsinnig stierendes Weibsbild« (156), wie ein »durch die Peitsche gebändigte[s] wilde[s] Tier[]« (155). Auf dem ersten Weg in der Freiheit bleibt sie »höhnisch« summend (156) hinter dem Vater, der sie abgeholt hat, zurück, bei »der ersten Anschlagsäule [...] auf die mannigfachen weißen und bunten Zettel und Plakate mit den Ankündigungen, Aufrufen und Vergnügungen des Tageslebens starrend« (ebd.). »[Wie] ein böser Hund« (ebd.) fühlt das menschliche Tier sich nur dem Hund des Vaters nahe, unterlässt aber auch diese Regung, als sie bemerkt, dass ihr Vater sich in gerade diesem Augenblick zu ihr umdreht. Er »tat das dann nicht [...] wieder« (ebd.). Der vordem in einem Verschlag auf dem Dorf lebende Schäfer Thomas zieht mit seiner Tochter in das Industrieviertel der Stadt, wo beide in dem »Fabrikkrater« (164) hausen. Als Fabian sie dort nach Sebastians Tod aufsucht, erwartet Marianne, mit einer Kutsche abgeholt zu werden, und droht Sebastian, von dessen Tod sie noch nichts weiß: »Er wird mich nun zu sich nehmen, wie es sich gehört, und wenn er sich sperrt, schicke ich ihm allnächtlich unser Kind.« (167) Selbst der eigene Vater sagt: »Sie sehen ja, daß sie noch vollständig die alte ist, daß zwanzig Jahre der besten

Zucht auf Erden gewesen sind, wie wenn der Wind über den Sumpf fährt.« (168) Deshalb will er die Unverbesserliche fortan in der verlassenen Fabrik wegsperren: »Mit meinem Willen tut sie keinen Schritt mehr unter die Menschen da draußen, und im Notfall zwinge ich sie wohl noch und binde sie mit Stricken an die Bettlade da fest.« (167 f.) Ausnahmslos alle sind dankbar, als die wahnsinnige Kindsmörderin endlich unter der Erde ist, weil das das Beste für sie und die Überlebenden sei.

Nicht hinter, sondern unter den Attrappen der Erzählung tut sich inmitten derselben Stadt, unter denselben Leuten und in derselben Geschichte ein Abgrund auf, eine erbarmungslos von Hass und Gewalt überschattete Gegengeschichte ohne Trost, Buße, Gerechtigkeit oder Vergebung. Dass »der zahme oder halb gezähmte Mensch sich arg quälen muß« (137 f.), hat Konstanze nicht nur von Knövenagel über die ebenfalls »nichtsnutzige[n] Kreaturen« der Fabrikmädchen gelernt (140). Das wusste sie auch schon, als ihr Vater Lorenz die »Faktoreien und Plantagen« auf Sumatra »gegen die wilden Menschen aus den Bergen beschützen mußte« (137). Die zivilisierte europäische Gesellschaft des 19. Jahrhunderts hat Mariannes Todesstrafe zu einer 20-jährigen Gefängnisstrafe gemildert. Aber es hat nichts geholfen. So gnadenlos, mitleidslos ist das Motiv der Kindsmörderin literarisch wohl nie gestaltet worden. Kein Hauch von Sympathie dringt in ihre Darstellung, egal wer von ihr spricht. Die durch nichts beschönigte Drastik der von allen Figuren verlassenen und verdammten Elendsfigur Mariannes dürfte im 19. Jahrhundert nicht ihresgleichen haben. Das taucht freilich auch das Gerede aller Figuren, allen voran Knövenagels, ins Zwielicht und enthüllt ihrer aller Brutalität dicht unter der harmlosen Oberfläche. Weil Marianne als der Sündenbock fungiert, deren Hass und Verbrechen am eigenen Kind sonstige Verfehlungen in den Schatten stellt, verdüstert ihre Geschichte aber auch nachhaltig all die Trost-, Buße- und Versöhnungsszenen und markiert damit die engen Grenzen ›tätiger Mitmenschlichkeit‹. Die beiden Geschichten, die süße des guten und die bittere des bösen Kindes, berühren sich so wenig wie die beiden Welten, denen die ungleichen Mädchen entstammen: der literarischen Attrappenwelt, die Fabian mit seinem »Guckkasten« (61) repräsentiert, und einer verworfenen Sphäre an den Rändern nicht nur der fiktionalen Welt. Konsequent hat Raabe auf eine Begegnung Mariannes mit Konstanze verzichtet.

Was schon süße Attrappe ist, eignet sich nicht zur Nachbildung als Süßigkeit. Das schöne Kind Konstanze ist folglich, bemerkt Knövenagel, »[g]ar nicht zu brauchen in Schokolade und Zucker, [...] [g]anz ohne allen Fond für eine von unseren Erfindungen, Herr Pelzmann« (56). Marianne aber war vom Attrappenonkel im selben Alter wie Konstanze mit viel Hingabe zu einer Attrappe gemacht worden, die zur Attraktion der Saison wurde. Die Frau des Amtmannes hatte dem jungen Mädchen »ein kurz rosenrot Röckchen« angezogen, »ihm einen Maskeradenschäferhut mit Rosen und Bändern« aufgesetzt (142) und Fabian Pelzmann zur Nachbildung in Zucker herausgefordert. Die wirkliche Schäferstochter trägt den Schäferputz als Maskerade, um dann, buchstäblich verdinglicht, als ›Zuckerpuppe‹ (vgl. 98) im Schaufenster ausgestellt zu werden – wie sogenannte Eingeborene auf den Weltausstellungen. Während »die Leute sich in der Hochstraße vor unserem Fenster drängten, das Wunderkunststück und das Schielauer Schäfermädchen anzugaffen«, steht Knövenagel mit dem Original, »der lebendigen Kreatur«, in der Menge und gibt ihr zu hören, »was die dummen Mäuler da über ihr Bild in Zucker schwatzten und an ihm priesen« (142). Zum ›Silberfaden‹ von Raabes Erzählregie gehört die Reminiszenz an diesen Moment durch den durch sonst nichts motivierten Verweis auf das Attribut, mit dem Konstanze dem »Onkel Sebastian« in seiner Sterbestunde als Attrappe seines Kindes erscheint: Ein »rosenfarbenes Kerzchen in einer zierlichen silbernen Blume« (151) erleuchtet ihr den Weg.

Sozialromantik ist *Fabian und Sebastian* nur auf der Ebene der Attrappen und des ›Zubehörs‹. Was macht man mit Mariannes dunkler Gegengeschichte, diesem ausgebrannten Krater eines Kindes vom Land? Dem Typus der Geschichten des späten 19. Jahrhunderts, die sich an Schuld, Verdrängtem oder Versäumtem entzünden und legitimieren,[8] kann sie nicht subsumiert werden, weil es an einer heillosen Figur nichts zu heilen oder therapieren gibt. Das haben die Männer in ihrem Leben, Fabian, Sebastian, Knövenagel, ihr Vater und schließlich die Institution des Gefängnisses vergeblich versucht. Dass sie sich alle an dem Mädchen auf die eine oder andere Weise vergangen haben, trifft ebenso zu wie die Entwurzelung der Landbewohnerin im Kontakt mit Stadt und Konsum. Soll man sie als Opfer eines Binnenkolonialismus betrachten? *Fabian und Sebastian* stellt keinen Ort und keine Figur bereit, über die ein entsprechendes Argument zu formulieren wäre oder im Text transportiert würde. Der Erzähler hat seine Verantwortung mehrfach delegiert, an den sich zurücknehmenden Autorerzähler, den naiven Fabian und die Attrappe Konstanze. Was die Druckerschwärze an Abgründen enthüllt hatte, verhüllt die Schneedecke am Ende auch wieder.

Wie Konstanze »einen gewissen phantastischen Trost an all den bunten Farben und Figuren« findet, die »nach des Attrappenonkels genialen Erfindungen tausendfach entstanden« (172), so kann man solchen Trost auch in Raabes als Dutzendware fabrizierten Texten finden. Aber man muss es schon sehr wollen und von manchem absehen, was diese Texte auch enthalten. Ausgerechnet in *Fabian und Sebastian* hat Raabe es einem besonders schwer gemacht, indem er mit Zucker und Schnee allzu süß und dick auftrug. Der ›Attrappenonkel‹ der realistischen Erzählliteratur des 19. Jahrhunderts hat Einblick in seine Werkstatt gewährt, um auf eine Geschichte zu verweisen, die er nicht erzählen konnte und die sich vielleicht überhaupt nicht erzählen lässt. Wenn jener »Täuschung«, die Sebastians geplagtes Gewissen durch eine Verwechslung entlastet, Anspruch auf »eine Wirklichkeit, eine Wahrheit« (150) zugebilligt wird, so muss man sagen, dass mit Mariannes Geschichte Wirklichkeit und Wahrheit ohne Täuschung und das heißt auch entsprechend unbewältigt in Raabes literarisches Universum hineinragen, wie der »tote Punkt[]« (164) der verlassenen Fabrik, der »Fleck« des Gefängnisses, »der in dem lustigen, vergnüglichen Abendleben wie tot war« (81).

Täuschungen das Recht auf Wirklichkeit und Wahrheit zuzusprechen, ist das Geheimnis des Realismus.[9] In *Fabian und Sebastian* hat Raabe es genutzt, einer in Geschichten dieses Typs nicht erzählbaren Welt Raum zu geben. Die systematisch zur Attrappe verzuckerte Erzählung treibt dabei eine andere Geschichte hervor, nicht die kalkuliert verdrängte, die das Erzählen im späten 19. Jahrhundert so häufig motiviert, und nicht das Trauma, das zu heilen oder zu therapieren wäre, sondern das Verworfene dieses, und vielleicht nicht nur dieses, Erzählens. Denn auch in der Moderne sind Geschichten wie die Mariannes selten. Nicht nur poetische Gerechtigkeit darf es deshalb heißen, dass Heinz Strunk 2016 der Wilhelm Raabe-Literaturpreis für einen Roman verliehen wurde, der ebenfalls der Literatur eine Welt von aussichtslosen Existenzen erschließt, die in ihr selten vorkommen.

Anmerkungen

1 So die Lieblingsfloskel des Arztes in *Fabian und Sebastian*, in: Wilhelm Raabe: Sämtliche Werke [Braunschweiger Ausgabe], im Auftrag der Braunschweigischen Wissenschaftlichen Gesellschaft hg. von Karl Hoppe und Jost Schillemeit, Bd. 15, bearbeitet von Karl Hoppe, Hans Oppermann und Kurt Schreinert, durchgesehen von Rosemarie Schillemeit, Göttingen 1979, S. 10. Die Erzählung wird im Folgenden nach dieser Ausgabe mit Seitenzahlen in runden Klammern zitiert.
2 Vgl. Dirk Göttsche, Florian Krobb (Hg.): Wilhelm Raabe: Global Themes – International Perspectives, London 2009.
3 Vgl. Thomas Hettche anlässlich des Raabe-Preises (online: https://www.kiwi-verlag.de/blog/2014/11/24/ausgezeichnet-rede-von-thomas-hettche-zum-wilhelm-raabe-literaturpreis-2014/, aufgerufen am 7.3.2018) sowie das anschließende Radio-Feature von Katrin

Hillgruber (online: http://www.deutschlandfunk.de/wilhelm-raabe-der-verkannte-utopist.1184.de.html?dram:article_id=330615, aufgerufen am 7.3.2018). Beide Texte auch in Hubert Winkels (Hg.): Thomas Hettche trifft Wilhelm Raabe. Der Wilhelm Raabe-Literaturpreis und seine Folgen, Göttingen 2015.

4 Vgl. Moritz Baßler: Fabian und Sebastian, in: Dirk Göttsche, Florian Krobb, Rolf Parr (Hg.): Raabe-Handbuch. Leben – Werk – Wirkung, Stuttgart 2016, S. 196-198, hier S. 196.

5 Dirk Göttsche: Der koloniale ›Zusammenhang der Dinge‹ in der deutschen Provinz. Wilhelm Raabe in postkolonialer Sicht, in: Jahrbuch der Raabe-Gesellschaft 46 (2005), S. 53-73, hier S. 59. Vgl. auch John Pizer: Wilhelm Raabe and the German Colonial Experience, in: Todd Kontje (Hg.): A Companion to German Realism 1848-1900, Rochester u. a. 2002, S. 159-182. Auch Moritz Baßler stört sich an der »konsequenten Verklärung der Erbin Konstanze« (Baßler: Fabian und Sebastian, S. 197).

6 Göttsche: Der koloniale ›Zusammenhang der Dinge‹, S. 59.

7 Fontanes Unmut galt vor allem dieser Figur. Raabe »überträgt seine bildnerische Vorliebe für derartige Personen aus der ästhetischen auch in die moralische Sphäre. Und das find' ich zuviel« (Theodor Fontane: Wilhelm Raabe. Fabian und Sebastian, in: ders.: Sämtliche Werke, Bd. XXI/1: Literarische Essays und Studien. Erster Teil, München 1963, S. 272-274, hier S. 273). Der Eindruck einer ungebrochenen Sympathie täuscht allerdings, denn auch Fabian hat zum einen nur an sich gedacht, zum anderen systematisch versucht, dem Kind die europäische Welt so ›exotistisch‹ darzustellen, wie die sich Indien imaginiert. Er zeigt Konstanze tatsächlich nur die süßen Seiten und hat »wahrlich sein möglichstes getan, ihr die so sehr neuen und fremden Bilder im Lebensguckkasten in der vergnüglichsten Beleuchtung vorbeigleiten zu lassen« (61).

8 Vgl. Moritz Baßler: Zeichen auf der Kippe. Aporien des Spätrealismus und die Routines der Frühen Moderne, in: ders. (Hg.): Entsagung und Routines. Aporien des Spätrealismus und Verfahren der Frühen Moderne, Berlin/Boston 2013, S. 3-21.

9 Vgl. Baßler: Zeichen auf der Kippe.

Marion Poschmann

Baum, Wald, Wildnis

Die Zaubermittel in Raabes Novelle
Else von der Tanne

Tannenbilder

Wilhelm Raabe gilt als Doppelbegabung, er wird zu den Schriftstellern gezählt, die auch ein bildnerisches Talent besitzen, wenngleich in seinem Fall den zahlreichen kleinformatigen Federzeichnungen und den wenigen überlieferten Ölgemälden neben seiner literarischen Arbeit ein geringeres Gewicht beigemessen wird. Raabe hat auf Zeitungsränder und Zigarrenkistenpapiere gezeichnet, er hat offenbar das »Nebenbei« kultiviert, wie man heutzutage beim Telefonieren Kritzelzeichnungen auf dem Notizblock fabriziert oder durch vergleichbare Techniken versucht, das Unbewußte zur Mitarbeit am kreativen Prozeß zu motivieren. Raabes Zeichnungen sind Gedächtnisstützen, Entspannungsübungen, Skizzen, Studien. Gelegentlich entstanden von seiner Hand auch Illustrationen zu seinen Texten, wenn es auch heißt, er habe die Illustration tendenziell abgelehnt. Raabe hat immer wieder Tannen gezeichnet. Tannenbestandene Landschaften gehörten zu seinem festen Repertoire und galten ihm als Ausdruck des Rauen, Einsamen und Kargen. Eine einsame, wilde, unwirtliche Stimmung wird auch in der Novelle *Else von der Tanne* beschworen, und man könnte vermuten, daß es im zeitlichen Umfeld dieser Arbeit von Tannenbildern nur so wimmelt, aber von Raabe ist keine Zeichnung bekannt, die sich auf diesen Text bezieht. Vermutlich war ihm klar, daß sich die Tanne dieser Novelle mit seinen bildnerischen Mitteln nicht darstellen ließ.

Latein der Priester und Magier

Die Novelle *Else von der Tanne* handelt von der Umwertung aller Werte. Angesiedelt im Rahmen des Dreißigjährigen Krieges, stellt Raabe wuchtige Themen wie Natur und Religion, Vanitas und Aufklärung, Glaube und Aberglauben gegen- und ineinander und verfaßt ein Lehrstück über Fremdenfeindlichkeit und das grundsätzliche Scheitern der Vernunft, über Hexenverfolgung und die Verzweiflung menschlicher Seelen, aber auch ein Lehrstück über Literatur.

Der Pfarrer Leutenbacher, von den Schweden gefoltert, vereinsamt in einer verwüsteten Dorfgemeinde, von Gott enttäuscht, schöpft wieder Hoffnung, als sich der Magister Konrad aus Magdeburg mit seiner kleinen Tochter Else am Rande des Ortes im Wald niederläßt. Konrad hat seine Frau und zwei weitere Kinder in den Flammen der Stadt verloren, jetzt flieht er nicht nur vor der Pest, sondern auch vor der Welt. Den Menschen aber entkommt er nicht, die Dorfbewohner mißtrauen ihm zutiefst. Er spricht mit dem Pfarrer Latein, die Sprache der Magier, er besitzt wissenschaftliches Gerät und vier riesige schwarze Hunde, er ist kräuterkundig, ein Hexenmeister.

Sonnenwenden

Die erzählte Handlung kulminiert an zwei Tagen im Jahr 1648: am Vorabend des Weihnachtstages, dem 24. Dezember, und am 24. Juni, dem Johannistag. Zwei hohe kirchliche Feiertage, gelegt auf die wichtigsten Tage des heidnischen Kalenders, die Sonnenwenden: mit dieser Konstruktion beginnt in Raabes Text der Kampf zwischen Licht und Finsternis.

Mich interessiert an dieser Novelle, wie Raabe diese eigentlich barocken Topoi mit romantischen Motiven, namentlich Märchenmotiven kombiniert, diese Setzungen aber mit einer solchen Ambivalenz der Zuschreibung auflädt, daß sich der Text mit diesem Verfahren selbst reflektiert, heute würde man sagen: dekonstruiert. Immer sind die Dinge anders als zunächst gedacht, immer entpuppen sich die Haltungen zu ihnen, die der Leser einnimmt, als Vorurteil, aber die gegenteilige Haltung, kurz versucht als Zeichen des guten Willens und Gewissens, erweist sich genauso als Projektion, und zwar in allen, tatsächlich allen Details. Daher verdiente dieser Text eine Mikro-, ja Nanolektüre, aber ich kann hier nur ein paar Beispiele anführen, um das Prinzip zu verdeutlichen.

Konrad hat seiner Tochter eine Hütte im Wald an der hohen Tanne gebaut. Hier wächst Else heran, der Pfarrer begleitet sie mit liebevoller Zuwendung, und dies genügt, um das Mädchen in den Augen der Dorfbewohner zur Hexe zu machen, die in der Wildnis lebt und den Pfarrer verblendet hat.

Baumbedeutungen

Die immergrüne Tanne, im christlichen Kontext Symbol der Hoffnung, des Lebens und, als Weihnachtsbaum, des Lichts, steht außerhalb des Dorfes und wirkt mit ihrer eleganten Höhe als Vorwurf, ja Hohn, da die tausendjährige Eiche, ein Baum, der gewöhnlich politisch konnotiert wird, gestürzt ist: »Wo die große Eiche, die tausend Jahre lang allen Ungewittern trotzte, niedergebrochen war, hatte Else von der Tanne in jungfräulicher Schöne ruhig und still gestanden und dem fernen, fernen Rollen und Donnern in der Ebene gelauscht, wo die Schweden unter ihrem Generalleutnant Königsmark sich mit den Kaiserlichen jagten.« Der Sturm in den Baumwipfeln ist ein Leitmotiv dieses Textes, und anhand der verschiedenen Bäume wird implizit die Frage gestellt, ob das göttliche Heilsversprechen standhalten wird gegenüber dem menschenverursachten Unheil. An dem Punkt des Textes, als die Eiche erwähnt wird, ist Else schon tot. Keins der Signale, mit denen im Märchen das Gute betont und das Unschuldige charakterisiert wird, hat ihr genützt. Als Kind spielte sie mit Blumen, sie besaß eine weiße Taube sowie, ziemlich dick aufgetragen von Raabe, ein zahmes Reh: Für die

Dorfbewohner kein Hinweis auf einen guten Ausgang der Geschichte, sondern vielmehr eine Provokation.

Bann

Mit beängstigender Systematik läßt Raabe seine handelnden Figuren aus dem Dorf Bedeutungen neu verteilen. Durch den Krieg sind sie desillusioniert, sie wollen sich gegen Gefahren wappnen, sich nicht mehr beschwichtigen, hintergehen, täuschen lassen. Noch die eindeutigsten Zuschreibungen literarischerseits wie eben das Reh verkehren sie in ihr Gegenteil, sehen darin etwas Unnatürliches walten, einen Beweis für Hexerei. So nimmt das Unheil seinen Lauf; an dem Tag, an dem Else mit ihrem Vater ins Dorf geht, um die Kirche zu besuchen, versuchen die Dorfbewohner die Hexe zu bannen. Sie benutzen dazu Erde von einem frischen Grab und einen Lindenzweig von einem Baum, an dem kürzlich erst jemand gehängt wurde. Die Verkettung der Umstände bestärkt sie in ihrer Überzeugung, daß ihr Gegenzauber wirkt, und das Elend eines langen Krieges kulminiert in der Wut, die in Else endlich ein Opfer gefunden hat.

Bemerkenswert ist an dieser Konstruktion, daß Raabe nicht nur die Vorurteile der Dorfbewohner als haltlose entblößt, sondern ebenso die Verklärungen Elses, die seinerseits der Pfarrer vornimmt, und vor allem, und das ist das eigentlich Raffinierte, auch die literarischen Zuschreibungen vonseiten des Autors werden als Willkür, Konvention, Schablone präsentiert, während dem eigentlichen Verlauf der Tragödie mit logischer Aufarbeitung nicht beizukommen ist.

Zauberzweige

Bedeutende Bäume und magische Zweige sind in dieser Novelle literarische Zaubermittel. Der Lindenbaum, mit dessen Zweig die Hexe gebannt wird, ist hier als Gerichtslinde dargestellt. Unter der Dorflinde wurde Gericht gehalten und Frieden geschlossen, manche Bäume fungierten auch als Tanzlinde, die Linde ist also von vornherein ein mehrdeutig konnotierter Baum. Bei Raabe wurde an der Linde jemand hingerichtet, aber es handelte sich nicht um die Gerichtsbarkeit des Dorfes, vielmehr hängten »im Jahre vierundvierzig Hatzfelds Kürassiere den Ortsvorsteher auf[...]«, der Baum ist seiner Aura als Ortsmittelpunkt im Grunde beraubt, und ob das so entweihte Holz nun eher weiß- oder schwarzmagisch funktioniert, bleibt dahingestellt. Die alten Zuordnungen sind im Krieg nicht mehr möglich, und die Kräfte, auf die man vertraut hatte, nicht länger wirksam.

Mit dem Lindenzweig soll der Hexe gewehrt werden. Insbesondere galten Haselruten und Zweige des Schwarzen Holunders als Abwehrzauber gegen Hexerei. Raabe scheint sich einen Spaß daraus zu machen, die magischen Mittel in seinem Text zum Schillern zu bringen. In den Akten der Hexenprozesse um 1630 finden sich häufig Aussagen von verurteilten Wettermachern, die unter Folter gestanden, »schwarze Farbe« oder »massenhaft Raupen« auf die Bäume geblasen zu haben, um die Mast zu verderben. Solch ein dunkler Wind, wie von finsteren Mächten gemacht, durchzieht drohend die ganze Novelle, und doch nimmt man ihn als literarisches Standardmotiv, erkennt ihn als Stimmungsmache, ohne sich seiner emotionalen Wirkung entziehen zu können.

Kräuterkunde

Eine entscheidende Pflanze ist auch das Johanniskraut. Der Magister Konrad bittet den Pfarrer, ihm Stellen im Wald zu zeigen, wo »das Kräutlein Hypericum, auch Sankt-Johannis-Kraut genannt, in guter Menge wachse und zu finden sei«, denn seine Tochter ist erkrankt, und er braucht ein Heilkraut. Auf der Kräutersuche kommen sich die beiden Männer zum ersten Mal näher, und mit dem Kraut darf der Pfarrer auch in Konrads Hütte und ist ergriffen vom Zauber des Kindes Else.

Dem Johanniskraut wird nachgesagt, daß es, wohl aufgrund seiner gelben Blüten, die Sonne in sich trägt. Es wirkt als Antidepressivum, man nutzte es, zum Kranz gebunden, als Liebeszauber, und im Handwörterbuch des deutschen Aberglaubens wird es auch als »Teufelsflucht« bezeichnet, da es seit der Antike als apotropäisches Mittel gilt. Auch den »Johannistrieb«, den zweiten Blattaustrieb um Johannis nach Fraßschäden am Laub, im übertragenen Sinne die gesteigerte Sexualität nach der Lebensmitte, läßt Raabe heimlich und hämisch anklingen, wenn der Pfarrer über einem Kind in Verzückung gerät. So wird in der Novelle das Johanniskraut offensiv mit dem Johannistag verknüpft, die Dämonen werden verscheucht und herbeibeschworen, und etwas an dieser Geschichte funktioniert nach den Regeln der Magie, etwas anderes läuft dem zuwider, der Leser kann sich auf nichts verlassen.

Hexerei

Eine Spiegelung des Hexenmotivs gestaltet Raabe in der Figur der alten Justine. Sie hat das Unheil, das am Johannistag über Else hereinbrach, vorausgesehen und eine Warnung ausgesprochen. Sie gilt im Dorf als Hexe, zu mächtig, um ihr entgegenzutreten. Am Weihnachtsabend kämpft sie sich durch den Schnee zum Haus des Pfarrers, um ihm mitzuteilen, daß Else stirbt. Zum Lohn bekommt sie ein Stück Brot durch das Fenster hinausgereicht, das sie draußen im Schneesturm verzehren muß. Die zahmen Tiere des Magisters Konrad hingegen »essen« in seiner Hütte, sie fressen nicht, sie werden wie Menschen behandelt. Im Märchen *Hänsel und Gretel* ist es die Hexe, die mit ihrem Lebkuchenhaus über ein paradiesisches Nahrungsangebot und eine sichere Wohnstatt verfügt, während den verstoßenen Kindern beides fehlt. Hier kehrt Raabe die Attribute um, die Dorfbewohner werden immer wieder mit animalischem Stumpfsinn und unberechenbarer Wildheit in Verbindung gebracht, die beiden Waldbewohner hingegen verfügen über klassische Bildung, taxonomische Kenntnisse und Mitgefühl gegenüber den Kreaturen der Wildnis.

In diesem Zusammenhang darf erwähnt werden, daß gerade beim Thema der Hexenverfolgung bis heute Aberglaube, Emotion und Vernunft ein schwer zu durchdringendes Konglomerat bilden. In den letzten Jahren ist damit begonnen worden, als Hexen verurteilte Personen zu »rehabilitieren«, so etwa 2014 in Dortmund, 2015 in Bamberg, wo etwa 1000 Personen hingerichtet worden waren, und erst 2017 in Bernau. Hier stellt sich natürlich die Frage, warum das so spät geschieht, und, wenn erst jetzt, warum es überhaupt geschieht, und ob sich damit nicht eher der Ort, an dem die Verurteilung stattfand, von jeder Schuld reinwaschen möchte, indem er die Hexenverfolgung nominell zurücknimmt, damit allerdings die Frage nach der Verantwortlichkeit im Grunde nur abweist und den Stein neu ins Rollen bringt.

Wald

Genau diesen Komplex bearbeitet Raabe meisterhaft auf engstem Raum. Else von der Tanne stirbt, der Pfarrer wandert von ihrem Totenbett auf den höchsten Gipfel der Gegend, es ist eine kalte, schneereiche Nacht, er erfriert. Wer trägt Schuld daran?

Der Kampf um den Glauben, der im Dreißigjährigen Krieg in großem Maßstab ausgefochten wird, spielt sich in der Seele des Pfarrers noch einmal von Neuem ab.

»Grünes Gezweig rankte sich durch den verkohlten Dachstuhl, durch die scheibenlosen Fenster und die Mauerrisse. Mit dem Grün, der Sonne und der Luft war auch das flatternde, summende, zwitschernde Leben eingedrungen; – lieblich und glänzend war der Tag, lieblich und glänzend war das Gesicht Elses unter der Kanzel, und der Pfarrer Friedemann Leutenbacher sah nicht die Gesichter seiner Gemeinde. Ihm war zumute, als sei er im Wald, mitten im sichern, sonnigen, beseelten Walde, und habe nur Else von der Tanne, um zu ihr zu reden.

So begann er seine Johannispredigt und wußte nicht, was zu derselben Zeit vor der Tür der Kirche vorging.«

In seiner existentiellen Einsamkeit tröstet den Pfarrer nicht Gott, sondern die Natur. Insofern ist es folgerichtig, daß seine Gemeindemitglieder ihm nicht mehr vertrauen, da er sein Kerngeschäft nur noch zum Schein betreibt. In seiner Verliebtheit läßt er sich von Gefühlen ebenso hinreißen wie die Gemeinde in ihrem Zorn, ja es ist bei seinem Verhältnis zu Else stets von Zauber und Bann die Rede, Raabe schwelgt geradezu in dieser Parallele. Indem Ursache und Wirkung, Schuld und Zufall, Aktion und Reaktion einer gründlichen Revision unterzogen werden, bearbeitet Raabe im Grunde genommen die Theodizeefrage noch einmal neu. Mit der Frage nach dem Tod der handelnden Figuren stellt er zugleich die Frage nach Gott und der göttlichen Verantwortung für das Leiden der Menschen.

Wildnis

Wer ist schuld am Tod des Pfarrers? Es kommen erstaunlich viele Möglichkeiten in Betracht. Er selbst, weil er, statt ins Tal zurückzukehren, auf den höchsten Punkt der Gegend gestiegen ist? Hat er sich vorsätzlich umgebracht oder wurde er von einer Geistesverwirrung überwältigt, war er nicht Herr seiner Sinne? Beherrschte ihn vielmehr der Teufel, dessen Gegenwart mit der Anspielung auf die Versuchung Christi am Berg ironisch nahegelegt wird? War es die Schuld Elses, die ihn mit in den Tod genommen hat und in dieser Sichtweise von der unschuldigen Heiligen doch zur verführerischen Hexe mutiert? War es die irre Justine, die ihn in den Schnee gelockt hat, trägt der Magister Konrad eine Mitschuld, der, wie man es nach allem Vorangehenden keineswegs erwartet hatte, nach dem Tod seiner Tochter relativ gefaßt bleibt, auf alles Klagen und Wüten verzichtet, den Pfarrer aber damit auch in seinem Schmerz alleinläßt, ihm stellvertretend die gesamte emotionale Last aufbürdet, unter der dieser schließlich zerbrechen muß? Der offensichtliche Vorwurf richtet sich an die Dorfbewohner, die Else mit Steinen beworfen, verletzt und ihren Tod sechs Monate später herbeigeführt haben. Auffällig aber ist hier die zeitliche Distanz von einem halben Jahr, das zwischen der Tat und der Todesfolge liegt und einen unmittelbaren Zusammenhang nicht zwingend suggeriert. Bei der Lektüre kommt daher nie der Eindruck auf, es handele sich bei allem, was geschieht, um eine Verkettung unglücklicher Umstände, um den »Lauf der Welt«, sondern um seltsam schillernde Verantwortlichkeiten, um eine Kippfigur, ein Vexierbild, das im Falle des Pfarrers hin- und herspringt zwischen einer inneren und der äußeren Welt, zwischen Gefühl und Gedanke, romantischen Erwartungen und realistischer Nüchternheit, Vertrauen in die äußere Natur und Zweifel an Gott, aber auffällig ist, es besteht beim Pfarrer dessen ungeachtet nicht der geringste Zweifel an sich selbst, an der eigenen Lauterkeit, der eigenen Wahrnehmung, dem eigenen Handeln. Dies vermag Raabe mit unerhörter Virtuosität vorzuführen, und zugleich zieht er den Leser mit infamer Suggestionskraft in die Selbsttäuschungen hinein, denen der Pfarrer unterliegt und an denen er zugrunde geht. Lauterbach wird am Ende christusgleich stilisiert:

»Er stand schaudernd in dem pfeifenden eisigen Winde und legte lauschend die Hand ans Ohr, wie jemand, der erwartet, daß man seinen Namen rufen werde. Nachdem er lange Zeit so gestanden hatte, schüttelte er das Haupt und sank in sich zusammen.

Sein Kopf ruhte auf einem Felsstück, sein Leib streckte sich lang, seine Hände mit den blutroten Narben um die Gelenke kreuzten sich über der Brust – [...] – Else von der Tanne führte die Seele des Predigers aus dem Elend mit sich fort in die ewige Ruhe. Ihnen beiden war das Beste gegeben, was Gott zu geben hatte in dieser Christnacht des Jahres eintausendsechshundertachtundvierzig.«

Ist das nun tröstlich, oder ist das Ironie, ja Zynismus? Bei Raabe läßt sich das nicht entscheiden, er beherrscht die Kunst, jedes Urteil und jede Bedeutung zum Flirren zu bringen, sich nicht festzulegen, jedes Bild in einer verunsichernden Ambivalenz zu belassen, in einem einzigen Satz zu täuschen und zu enttäuschen. »Es ist keine Rettung in der Welt vor der Welt.« Hierin liegt Raabes Modernität, er problematisiert die Kausalität, die Wahrnehmung und das Subjekt. Er ist Wegbereiter der Entdeckung des Unbewußten, des multiperspektivischen Erzählens, ja der Postmoderne. Er führt seine Leser in ein Labyrinth aus Bedeutungen, aus dem sie niemals wieder hinausfinden.

Tannenthemen

Als Schülerin bin ich einmal in den Wald gegangen, um zu schreiben, aber ich wußte nicht, was ich schreiben sollte. Der Wald versperrte mir den Blick auf den Wald. Ich sah Bäume und ich sah sie nicht, ich wußte auch nicht, ob ich überhaupt etwas sehen wollte und nicht vielmehr darauf abzielte, einen inneren Wald wachsen zu lassen, ihn schreibend zu durchforsten, mich in ihm zu verlieren. Immer noch stelle ich mir die Frage: Was ist eine Tanne in einem Text? Was könnte sie sein? Als Reimwort auf Kanne, Pfanne, Granne, Banne, Manne ruft sie sofort eine ländlich-altdeutsche, behäbig-altväterliche Atmosphäre hervor. Nie ist eine Tanne neutral, stets sieht man mit, wie Tannen im folkloristischen Schattenriß neben urigen Berghütten stehen, wie sie von Zwergen, Elfen, blumengeschmückten Kindern umtanzt werden; sie ist der Baum neben dem Lebkuchenhaus, der Baum über dem Fliegenpilz, obwohl der Fliegenpilz realiter eher unter Fichten wächst, so wie es sich auch beim am Boden liegenden »Tannenzapfen« immer um einen Fichtenzapfen handelt, da der Zapfen der Tanne noch am Baum in einzelne Schuppen zerfällt. Ein zur Märchendekoration geschrumpfter Baum der Mythologie also, ein Baum des Halbwissens, der Volkstümlichkeit und des Vorurteils.

Auf das Motiv der Tanne in der Literatur wurde ich erstmals in Vvedenskijs Stück *Weihnachten bei Ivanovs* aufmerksam.

Hier wird ein Tannenbaum evoziert, der eine grotesk-phallische, betont gotteslästerliche Qualität erhält, wie auch in dem Stück der Weihnachtsfrieden durch eine Reihe absurder Todesfälle im trauten Kreis der Familie gestört wird. Die spitze Form der Tanne ist hier albernerweise zu der spitzen Form eines Mordinstruments in Bezug gesetzt, und als ich damals, während meines Studiums der Slavistik, dieses Stück für mich entdeckte, nahm es mich sofort für die gesamte Literatur der Oberiuten ein, die mit ihren überraschenden Wendungen und lächerlichen Schlußsequenzen nicht nur den altbackenen Tannenbaum in neuem Licht erscheinen ließen, sondern alle konventionellen Modelle von Kausalität und Subjektivität, von Handlungsführung, Stimmigkeit und Sinnerwartung vollständig revolutionierten.

In der Schlußsequenz meines Schwarz-Weiß-Romans, der in Rußland spielt, überqueren Vater und Tochter ein weites Schneefeld. Niedrige Tannen scheinen sich dort langsam im Kreis zu bewegen, sie werden mit einer Gruppe von Soldaten in Tarnanzügen überblendet, mit einer Gruppe von Flüchtenden, die sich unter Tannenzweigen einen provisorischen Unterschlupf hergerichtet haben. Die Tannen flimmern über dem Schnee, rufen Bilder hervor, sind Erinnerungen und Illusionen, das eine und auch das andere und etwas Drittes, zweideutig, dreideutig, vieldeutig.

»Ich konnte immergrüne Wälder sehen, dichte Tannenwälder, Wälder, taghell, übernächtigt, sie entstanden aus meiner Zuneigung zu ihnen, als würde erst das, was ich mit voller Kraft, mit Leidenschaft berührte, in der Gegenwart wirklich.«

Ambivalenzen der Anschauung

Dunkler Wald, verworrene Wildnis, inadäquate Bilder von Bäumen. Gottfried Wilhelm Leibniz hat als Königsweg zur philosophischen Erkenntnis die klaren, deutlichen, adäquaten Vorstellungen propagiert. Was die poetische Erkenntnis betrifft, sind allerdings die dunklen, verworrenen, inadäquaten Vorstellungen weitaus interessanter.

Eindeutigkeit beruht auf der Idee, daß das Gegenteil erfolgreich ausgeschlossen werden kann. In der Dichtung setzt jedes Ding sein Gegenteil mit, sind die Dinge vom Sowohl-als-auch in einen oszillierenden Zustand versetzt, ihr So-Sein wird fragwürdig, wie die Dinge in der Literatur überhaupt fragwürdig werden, denn sie erscheinen in einem Vorstellungsraum, der mindestens ebenso fragwürdig ist. Wie Freud in seiner Dialektik des Unbewußten zu dem Schluß kam, daß jede bewußte Entscheidung eine unbewußte Gegenbewegung in Gang setzen kann, können die Dinge in der Literatur ohne Weiteres zum Agens werden, in ihrer Aufgeladenheit mit traditionellen Urteilen, ihrer bildhaften Strahlkraft die aufklärerisch gedachten, bewußten Absichten der handelnden Figuren jederzeit durchkreuzen.

Raabe gelingt es, die Tanne in dieser Novelle, die Dinge überhaupt neben den Figuren zu Handelnden werden zu lassen. Die Tanne, der Wald, die Welt beeinflussen den Einzelnen, der sich für ein selbständiges, abgegrenztes, freies Individuum hält, weitaus stärker, als der es sich träumen läßt.

Auch in meinem Roman *Die Kieferninseln* gerät der Protagonist Gilbert Silvester in eine Dynamik hinein, die von Nadelbäumen auszugehen scheint oder zumindest befeuert wird. Magisch angezogen von den Kiefern auf den berühmten Inseln, macht er sich auf den Weg dorthin. Seine Pläne werden immer wieder untergraben, seine Reise verzögert, aber der Witz dieses Buches besteht unter anderem darin, daß er sich diese Verhinderungen und Umwege als Teil neuer Pläne wieder zu eigen macht. Er rationalisiert seine Umstände auf eine Weise, die ihn nachträglich glauben macht, er selbst habe diese Bedingungen herbeigeführt oder er habe zumindest alles im Griff – während er doch ein im existentiellen Sinne vergleichbar »Geworfener« ist, ein Opfer der Verhältnisse wie der eigenen Einbildungskraft, wie der Pfarrer Leutenbacher in *Else von der Tanne*.

Buch Höhle Krieg

Zu *Das Odfeld*

Vanessa Höving

Inkorporation und Analität

Widmet sich Literatur der Kreatur und dem Kreatürlichen, dann befasst sie sich mitunter auch mit Körperfunktionen und -vorgängen, inklusive den vermeintlich Banalsten unter ihnen: Einverleiben und Ausscheiden. In Verhandlungsfiguren von Nahrungsaufnahme hat die Literatur- und Kulturwissenschaft lohnenswerte Untersuchungsgegenstände gefunden, schließlich ist das Motiv des Essens beispielsweise in E.T.A. Hoffmanns *Kater Murr* oder Henry Fieldings *Tom Jones* auch poetologisch signifikant; zur kulturtheoretischen Größe avanciert der Vorgang des Einverleibens dagegen etwa in Elias Canettis *Masse und Macht*. Auch die logischen ›Endprodukte‹ der Nahrungsaufnahme, Ausscheidungsprozesse und deren Resultate, verfügen über eine literaturhistorische Traditionslinie: prominente Beispiele sind Grimmelshausens *Simplicissimus*, Hans Magnus Enzensbergers Gedicht *Die Scheiße*, Günter Grass' lyrische Romaneinlage *Kot gereimt* oder James Joyce' *Ulysses* und *Finnegans Wake*. Diese und weitere Texte verbindet der Fokus auf das Anale – ein Sujet, das gemeinhin als tabuiert und mit dem Makel des Ekelhaften behaftet gilt. Dessen ungeachtet hat der Darm in jüngerer Zeit geradezu Konjunktur, davon zeugen im Feuilleton und bei der Leserschaft beliebte Bände wie Giulia Enders' *Darm mit Charme. Alles über ein unterschätztes Organ* (2014) oder Florian Werners *Dunkle Materie: Die Geschichte der Scheiße* (2016). Slavoj Žižeks Überlegungen zum Konnex von deutscher, französischer und angelsächsischer Toilettenbauart und länderspezifischer Philosophiegeschichte haben, das zeigt die Zahl der Videoaufrufe bei YouTube, einen regelrechten Hype erfahren; dem menschlichen Verdauungsapparat nachempfundene Installationen und zum Verkauf verpackter Kot haben in der Kunstwissenschaft und auf dem Kunstmarkt hohe Wellen geschlagen. Vorgänge der Inkorporation und das Anale, das zeigen diese Beispiele, stellen ein kulturelles Faszinosum dar, geraten mithin zum Schauplatz kulturtheoretischer Verhandlungen. Ihre Semantiken und Implikationen sind auch für die Literaturwissenschaft bedeutsam:[1] Neben den Texten der oben genannten Autoren liefert gerade auch Wilhelm Raabe ein eindrückliches Beispiel dafür.

Gleich zwei Texte des Raabe'schen Alterswerks – und zwar gerade die, die zu den prominentesten des (spät-)realistischen Autors zählen –, verhandeln Einverleiben und Ausscheiden besonders ausführlich: so etwa der *Stopfkuchen* von 1890, jener programmatisch betitelte Roman über den überaus speiseaffinen Heinrich Schaumann, der nicht nur sich selbst mit Essen vergnügt, sondern auch den Erzähler Eduard mit seinen Geschichten regelrecht ›vollstopft‹. Neben der unmäßig gesteigerten Lust am Lukullischen findet auch das organische Endprodukt des Essens seinen Platz im Text, schließlich gilt Schaumanns Interesse einer Koprolithensammlung, einer Sammlung von versteinertem Kot.[2] Aufbewahrt wird diese Kotsammlung ausgerechnet in Schaumanns Esszimmer – der Roman stellt auf diese Weise überdeutlich zur Schau, dass Nahrungsaufnahme nicht ohne organische Konsequenzen zu denken ist. Diesen Nexus von Essen und Exkrement verhandelt auch das bereits 1888 publizierte *Odfeld*, das die Forschung unter anderem als »wichtigste[n] historische[n] Roman«[3] Raabes handelt, auf überaus pointierte, selbstreflexive und poetologisch brisante Weise: geht es doch um einen Vogel, ausgerechnet einen Raben – darauf wird zurückzukommen sein –, der zum Schluss des Textes ein Buch zerstört, in Teilen verspeist und mit Kot verdreckt.[4] Die literarisch inszenierten Körpervorgänge und -funktionen verweisen im *Odfeld* auf metapoetische Dynamiken. Der Motivkomplex um Einverleiben und Ausscheiden offenbart gerade auch vor der Folie psychoanalytischer Analitätstheorie – als deren Galionsfiguren Sigmund Freud, Ernest Jones und Sándor Ferenczi gelten können –, Implikationen, die literarische Prozesse und Dynamiken betreffen: Inkorporation und Analität werden in Raabes Text poetologisch aufgeladen und als Kommentar auf Phantasmen von Textgenese und Autorschaft lesbar.[5]

Im Folgenden gilt es, in einem ersten Schritt die motivische Gestaltung des Einverleibungs- und Ausscheidungssujets im *Odfeld* näher in den Blick zu nehmen. Dazu werden zunächst die Raumsemantiken einschlägiger Passagen des Textes fokussiert; dem folgt die Auseinandersetzung mit dem bereits erwähnten Schluss der Erzählung, der in der Darstellung des textfressenden und -verdreckenden Raben nicht zuletzt auch Auswirkungen auf das Konzept des Poetischen Realismus bereithält. Anschließend werden die in den Motiven von Inkorporation und Analität zur Verhandlung kommenden – und vor allem auch vor einer psychoanalytischen Folie ersichtlichen – Phantasmen von Autorschaft und Textgenese beleuchtet. Zuletzt steht eine spezifische literarhistorische Akzentuierung an, die die zuvor untersuchten Verhandlungen im *Odfeld* offerieren: ein Bezug zwischen Raabes (Spät-)Realismus und der Klassischen Moderne.[6]

Körpertopologische Raumsemantiken

Das *Odfeld* schildert eine Schlacht, die im Kontext des Siebenjährigen Krieges am fünften November 1761 zwischen den Verbündeten Preußen und England und dem alliierten Feind Frankreich und Österreich in der Umgebung des ehemaligen Klosters Amelungsborn ausgetragen wird. Im Fokus steht dabei Magister Noah Buchius, pensionierter Lehrer der mittlerweile nicht mehr ortsansässigen Klosterschule. Am Abend vor der Schlacht beobachten Buchius und der Klosteramtmann einen Kampf zweier

Rabenschwärme über dem titelgebenden Odfeld, anschließend trägt der Protagonist einen verletzten Vogel in seine Zelle. Am nächsten Morgen erfolgt der Angriff durch das französische Heer. Buchius wird nach einer Konfrontation mit dem Klosteramtmann aus Amelungsborn verwiesen, auf dem Schlachtfeld herumirrend trifft er auf weitere Flüchtlinge: den ehemaligen Klosterschüler Thedel von Münchhausen, Selinde, ihrerseits Nichte des Klosteramtmanns, den Knecht Heinrich Schelze und die Magd Wieschen. Unter Buchius' Führung versucht man dem chaotischen Kriegsgeschehen lebend zu entkommen und findet dabei zeitweiligen Unterschlupf in einer Höhle. Am Abend des Schlachttages kehrt die Gruppe ins Kloster zurück – bis auf Thedel, der sich nach einer Begegnung mit dem preußischen Herzog Ferdinand dessen Soldaten anschließt und fällt. Die Erzählung endet mit der Rückkehr des Magisters in seine Klosterzelle und der Entdeckung, dass das darin enthaltene Inventar vom Raben zerstört, zerfressen und verdreckt worden ist.

Konfigurationen von Inkorporation und Ausscheidung, wie sie die Schlusssequenz des *Odfelds* darstellen, kommen derweil schon über die Raumsemantik einer vorausgegangenen Episode ins Spiel. Die unterirdische Höhle, in die die auf dem Schlachtfeld umherirrenden Figuren fliehen, fungiert nicht nur als Schutzraum, sondern wird explizit als Ort der Nahrungsaufnahme in Szene gesetzt: Man verzehrt ein blutiges Roggenbrot und trinkt Branntwein aus dem Proviantsack eines gefallenen Soldaten. Die Forschung liest diese Sequenz, in der – blutdurchtränktes – Brot und Wein zur Stärkung der Flüchtenden dienen, als Verweis auf das biblische Abendmahl.[7] Darüber hinaus hat die Höhlenepisode weitere Interpretationen erfahren. Der Gang in die Erde wurde mitunter als Zeichen der Regression gewertet, der unterirdische Raum gerät in dieser Perspektive zur Metapher für Vagina und Gebärmutter.[8] Tatsächlich liegt eine dahingehende Lesart nicht fern, ist es doch eine »unansehnliche enge Spalte im Gestein«, die den Eingang in die Höhle bildet.[9] Doch ist neben dieser vaginalen auch die anale Konnotation des Raumes zu berücksichtigen. Als sich die Gruppe um Noah Buchius der Höhle nähert, liefert der ehemalige Klosterschüler und Lehrerschreck Thedel von Münchhausen eine Lagebeschreibung des Kriegsgeschehens:

> Monsieur Le Crapaud und Monsiuer La Grenouille sind wieder am Vorhupfen gegen den Idistavisus und also auch gegen uns. Ihr Kanon kommt wahrhaftig näher! Hört nur! All ihr groß und klein Geschütz hat was wie vom Froschsumpf an sich: Brekkekekk, brekkekekk, Koax, Koax![10]

Der von Thedel lautmalerisch aufgerufene Froschsumpf hat seinen festen Ort in der Literaturgeschichte: Es handelt sich um ein Zitat aus Aristophanes' *Die Frösche*,[11] ein Text, dem es explizit um Körperfunktionen und -vorgänge zu tun ist. Dionysos, der in Aristophanes' Komödie von Charon in die Unterwelt geführt wird, fühlt sich dort vom Quaken der Tiere derart belästigt, dass er ihnen seinen eigenen ›Ton‹ entgegensetzt, nämlich das Geräusch seiner Blähungen:

> Frösche: Brekekekex, koax, koax!
> Brekekekex, koax, koax!
> Brüder in Sumpf und Bach,
> Laßt uns im Flötenton
> Feierlich unser Lied
> Anstimmen, süß, melodisch,
> Koax, koax!
> [...]
> Dionysos: Mir aber brennt schon am Gesäß
> Ein Wolf bei euerm »Koax, koax, koax!«
> [...]
> Aber ich habe Blasen schon,
> Mein Podex schwitzt entsetzlich, und
> Beim nächsten Bücken quakt er mit:
> »Brekekekex, koax, koax!«
> Ich bitte dich, o musikalische Bande,
> Hör auf!

Frösche: Lauter noch laßt es erschallen als je,
[...]
Sangesfrohe Musenjünger,
[...]
Wasserblasenperlengequirl!
Brekekekex, koax, koax!
Dionysos: *den Schenkel lüpfend*:
So! Das klingt zu euerm Ton![12]

Der onomatopoetisch installierte Aristophanes-Verweis bringt in Raabes *Odfeld* den Motivkomplex gastrointestinaler Körpervorgänge ins Spiel. Als Verhandlungsraum solcher Prozesse, gewissermaßen als metaphorischer Magen-Darm-Trakt figuriert die Höhle auch nach dem gemeinsamen Nahrungsverzehr. Das zeigt erneut Thedel von Münchhausen: »Ich krieche vor aus dem Loch und sehe nach, wie es draußen steht«, verkündet dieser, als er nicht länger in der schützenden Höhle verbleiben möchte[13] – und stößt nach Erreichen der Erdoberfläche ein »Merde!« aus,[14] das einerseits als Reaktion auf eine ihm zugefügte Ohrfeige ertönt, zugleich aber eine kafkaesk anmutende Signifikantenlogik offenbart. Die körpertopologischen Raumsemantiken der Höhlenepisode etablieren die Motivkomplexe um Inkorporation und Analität. Die Schlusssequenz des *Odfelds* greift diese nun auf ungleich explizitere und selbstreflexive, dazu zeichentheoretisch und poetologisch brisante Weise auf. Dass indes auch die analen Implikationen der Höhlenepisode von metapoetischer Bedeutung sind, darauf wird zurückzukommen sein.

Tierische Text- und Menschenfresser – Realismus und Semiotik

Der nach Amelungsborn zurückkehrende Buchius findet seine Klosterzelle verwüstet vor; verantwortlich dafür sind allerdings nicht die marodierenden Soldaten, sondern der im abgeschlossenen Raum zurückgelassene verletzte Rabe. Besonders hart hat es ein Buch getroffen, das zerrissen auf dem Boden liegt:

> Der wunderbare Todes-Bote, oder Schrift- und Vernunftmässige Untersuchung Was von den Leichen-Erscheinungen, Sarg-Zuklopfen, Hunde-Heulen, Eulen und Leichhüner-Schreyen, Lichter-Sehen und andern Anzeigungen des Todes zu halten. Aus Anlaß einer sonderbaren Begebenheit angestellet und ans Licht gegeben von Theodoro Kampf, Schloß-Predigern zu Iburg,[15]

so lautet der vollständige Titel des Buches, befasst sich mit audiovisuellen Phänomenen und deren Verweispotenzial auf eine sich zukünftig ereignende Wirklichkeit, das heißt: Hinweise auf einen anstehenden Tod. Vom unfreiwillig eingeschlossenen Vogel wurde dieser Band nun nicht nur zerrissen, sondern in Teilen einverleibt. In der Forschung ist diese literarische Inszenierung von Schriftzerstörung auf große Resonanz gestoßen: Schließlich gilt Raabes *Odfeld*, so die *communis opinio*, als Text, der die Funktionsweise von (sprachlichen) Zeichen thematisiert, sich mit dem Status von Zeichenphänomenen[16] und ihrem Verhältnis zur Wirklichkeit, ihrer Referenzialität befasst. Brisant ist die Frage nach dem Status von (sprachlichen) Zeichen im *Odfeld* nicht zuletzt auch deshalb, weil Raabes Œuvre im Realismus verortet wird, jener literarischen Strömung, die den Begriff der ›Realität‹ bereits im Namen trägt. Doch ist, auch dies ein Gemeinplatz, der epochen- und stilbezeichnende Begriff »Realismus« gerade nicht als »Abbildung/Nachahmung von ›Realität‹« zu verstehen.[17] Theodor Fontanes *Unsere lyrische und epische Poesie seit 1848*, das als eine, vielleicht *die* einschlägige Poetik des Poetischen Realismus gelten kann, liefert spezifische Kriterien für realistische Literatur:[18]

> Wohl ist das Motto des Realismus der Goethesche Zuruf:
> Greif nur hinein ins volle Menschenleben,
> Wo du es packst, da ist's interessant,

aber freilich, die Hand, die diesen Griff tut, muß eine künstlerische sein. Das Leben ist doch immer nur der Marmorsteinbruch, der den Stoff zu unendlichen Bildwerken in sich trägt; sie schlummern darin, aber nur dem Auge des Geweihten sichtbar und nur durch seine Hand zu erwecken. Der Block an sich, nur herausgerissen aus einem größern Ganzen, ist noch kein Kunstwerk, und dennoch haben wir die Erkenntnis als einen unbedingten Fortschritt zu begrüßen, daß es zunächst des Stoffes, oder sagen wir lieber des Wirklichen, zu allem künstlerischen Schaffen bedarf.[19]

Das von Fontane als »Marmorsteinbruch« bezeichnete »Leben«, das die Grundlage für eine ästhetisierende Darstellung durch die Künste bildet, müsse vom Autor bearbeitet, das heißt: künstlerisch verklärt werden, um in einer realistischen Darstellung zu resultieren. Realistischer Literatur ist es nicht darum zu tun, eine textexterne Wirklichkeit mimetisch abzubilden, vielmehr bietet sie innerhalb ihrer diegetischen Grenzen einen eigenen Realitätsentwurf an. Dabei sind gerade die an diesem Entwurf beteiligten Zeichen entscheidend:

> Wenn [...] ein Literatursystem wie das des *Realismus* mit dem Anspruch auftritt, ›Realität‹ darzustellen, dann gewinnen die Praktiken einer Präsentation von ›Realität‹ [...] an zentraler Bedeutung, insofern die Frage auftritt, worauf die Zeichen überhaupt referieren und inwiefern sie als Träger einer poetologischen Selbstreferenz fungieren können.[20]

Eben diese Frage nach Zeichenhaftigkeit und Selbstreferenz prozessiert das *Odfeld* auf einschlägige und zugleich höchst eigenwillige Weise. Die Erzählung laboriert am Referenzvermögen von Zeichen und fragt nach deren Verhältnis zur fiktionsimmanenten Realität – intradiegetisches Symbol dieser Verhandlungen ist der *Todes-Bote*. Dessen Zerstörung erweist sich in diesem Kontext als überaus prekär: Die durch den textfressenden Raben vollzogene Schriftvernichtung verneint, so

Albrecht Koschorke, die »Möglichkeit einer Abbildbarkeit der Welt«.[21] Der randalierende Vogel verzehrt Seiten eines Buches, das seinerseits Zeichenphänomene untersucht, und macht so den vom *Todes-Boten* in Aussicht gestellten Bezug zwischen Zeichen, Text und intradiegetischer Welt zunichte. Raabes *Odfeld*, folgert Korschorke, gerät – nicht nur – mit diesem Szenario in letzter Konsequenz zu einem »Sprengtext[]«, der »das Ende des epischen Realismus« kennzeichnet.[22] Darüber hinaus eignet der Schriftvernichtungsszene eine spezifische Selbstreferenz, handelt es sich beim Raben doch ebenfalls um ein Zeichenphänomen. Die Vögel, interpretiert Buchius das luftige Kampfgeschehen über dem Odfeld, warten auf Nahrung, und zwar in Form der Soldatenleichen, die die am nächsten Tag stattfindende Schlacht auch tatsächlich zahlreich produzieren wird. Eingeführt werden die Raben damit nicht nur als Zeichen einer kommenden Schlacht, sondern auch als nekrophag. Der tierische Textfresser der Schlusssequenz, der wie die anderen Raben auch als ›Leichenfresser‹ auf der ›Bildfläche‹ des *Odfelds* erscheint, rekurriert auf diese Weise nicht zuletzt auf den topischen Konnex von Schrift und Tod,[23] der auf der Differenzierung zwischen »lebendige[m], gesprochene[m] Laut« und dem »tote[n], zur schwarzen Schrift geronnene[n] Buchstabe[n]« fußt.[24] Soldatenleichen und *Todes-Bote*, zeigt ein Blick auf die Etymologie, sind dazu auch semantisch verwandt: »Werke«, so akzentuiert es Jochen Hörisch, »werden noch heute als *corpora* bezeichnet, schon die römische Literatur denkt Bücher als Kinder ihrer Autoren (*libri sunt liberi*). Bücher haben Kapitel (von lateinisch *caput*, Haupt), gestützt werden ihre Aussagen von Fußnoten, und wenn wir sie ins Regal zurückstellen, so wenden sie uns den Buchrücken zu.«[25] Präsentiert sich die »Begrifflichkeit des Buchwesens« als »körpermetaphorisch«, verfügt auch der Mensch über einen metaphorischen Schriftbezug: »[E]in Sterbender, der seinen Lebens›geist‹ aushaucht, [wird] – zeichentheoretisch – zum ›toten‹ Schriftzeichen […] und damit – texttheoretisch – zum Text-Korpus.«[26] Text- und Menschenkörper, beide fallen im *Odfeld* hungrigen Vögeln anheim. In Szene gesetzt sind damit Konfigurationen, die nicht nur semiotisch brisant, sondern auch für die Epochenkonzeption des Realismus von Bedeutung sind: Raabes *Odfeld* ist, auf Koschorkes Formulierung zurückkommend, möglicherweise weniger ein »Sprengtext« als vielmehr einer, der grundlegende Verhandlungsanordnungen des Realismus im wahrsten Sinne des Wortes ›von innen‹ zerfrisst.

Inkorporation und Analität – Phantasmen von Textgenese und Autorschaft

Doch ist der eingeschlossene Rabe nicht nur Textfresser, sondern auch Textbeschmutzer. Der das Chaos in der mit allerlei Büchern und Fundstücken angefüllten Klosterzelle konstatierende Buchius klagt an:

> Nun sieh mal, guck mal, guck nur mal an, wie du hier bei intimerer Besichtigung gehauset hast. Da liegen die kuriosen Töpfe der Vorfahren, da liegen ihre Knochen! Das halbe Raritätenkabinett vom Brett gestoßen – Zettel abgerissen, und – hier – sehe Er einmal hier, Er Erzschweinigel! Gehet man so mit den Cimelien eines teuren gelehrten Büchervorrats um?[27]

Die unaussprechliche Tat des »Erzschweinigel[s]«, auf die das deiktische »hier!« verweist, verschwindet zwischen zwei Bindestrichen und bezeichnet so präzise die Position des ›Dazwischen‹, die Julia Kristeva Exkrementen und anderen Formen des Abjekten zuweist.[28] Dabei ist der Rabe durchaus nicht die einzige Figur im *Odfeld*, die der ›Untat‹ der Defäkation zu beschuldigen ist: Als Buchius am Abend der Schlacht zum Kloster zurückkehrt, muss er zunächst den Weg »durch die von Feind und Freund mit Trümmern und Unflat erfüllten Gänge« meistern,[29] bevor er in seine Zelle gelangt.[30] Von texttheoretischem Gewicht ist allerdings vor allem die Schlusssequenz: Mit dem

Motiv des besudelten Buches setzt das *Odfeld* bildhaft in Szene, was Joyce' *Finnegans Wake* Jahrzehnte später verhandeln wird, dass nämlich *letter* und *litter* überaus nah beieinanderliegen. Zum Abschluss des Textes fliegt der Rabe aus der verwüsteten Klosterzelle ins Freie:

> »Fahre zu!« ächzte der Greis, das Fenster öffnend und seinem dunkeln Gast den Ausgang aus seiner Zelle freigebend. »Ich weiß nicht, von wannen du gekommen bist, ich weiß nicht, wohin du gehst; aber gehe denn – in Gottes Namen – auch nach dem Odfelde. Im Namen Gottes, des Herrn Himmels und der Erden, fliege zu, fliege hin und her und richte ferner aus, wozu du mit uns andern in die Angst der Welt hineingerufen worden bist.«[31]

Der die Buchfetzen des *Todes-Boten* im Magen tragende Vogel wird mit einem abschließenden Verkündigungsauftrag in die Welt entlassen. Was diesem Auftrag jedoch folgt, ist Stille, die weiße Seite des Papiers – folgt man indes den Gesetzen der Natur, so muss das Gegessene zwangsläufig auch ausgeschieden werden.[32] Wie die Höhlenepisode hat auch die Schlussszene des *Odfelds* diverse Lektüren evoziert. So liest Julia Bertschik die tierische Buch-Verspeisung als metapoetisch aufgeladene Inszenierung eines »Texte-Kreislauf[s]«, »mit dem Raabe auf fiktionaler Ebene nichts anderes als sein Verfahren der Intertextualität beschreibt«: »In einer Art von ›poetischem Kannibalismus‹ […] werden [die textuellen Produkte anderer] regelrecht ›einverleibt‹ (rezipiert), ›verdaut‹ (verarbeitet) und schließlich in veränderter Form wieder ›ausgeschieden‹ (literarisiert).«[33] Die Wahl der Essensmetapher zur Verhandlung von Intertextualität sowie Textproduktion ist dabei keineswegs neu – 1828 erwidert Goethe auf die Frage nach künstlerischer Originalität, »man könnte ebenso gut einen wohlgenährten Mann nach den Ochsen, Schafen und Schweinen fragen, die er gegessen und die ihm Kräfte gegeben«.[34] Tatsächlich nun verhandelt das *Odfeld* nicht nur das Motiv der Inkorporation intensiv, sondern auch jene der Verdauung und Ausscheidung, die bei Bertschik zunächst als metaphorisch-pointierte Bezeichnungen für einen körpertopologisch konzipierten literarischen Stoff-Wechsel dienen. Sowohl Schlussszene als auch Höhlensequenz statten den Motivkomplex um das Anale mit einer poetologischen Brisanz aus – deutlich wird das vor allem auch vor der Folie psychoanalytischer Analitätstheorie.

Es ist erneut Thedel von Münchhausen, der den Abstieg der Romanfiguren in den »Bauche der Erde« kommentiert:[35]

> Schieb deinen Kerl, deinen Heinrich, fürsichtig dem Magister nach, Wieschen. Ach Mamsell, Prinzessin, Engel, meine Göttin:
>
>> ›Neulich sprach ich mit den Bergen,
>> Und sie priesen mir ihr Silber,
>> Und den Schatz in goldnen Adern,
>> Und sie wollten mir ihn schenken –‹.[36]

Thedels Zitat aus Johann Wilhelm Ludwig Gleims Gedicht *Der Wert eines Mädchens* liefert mit dem Verweis auf die »goldnen Adern« ein Schlagwort der Analitätsforschung: Ernest Jones identifiziert »›goldene Ader‹« in *Anal-Erotic Character Traits* als »a popular German name for piles«, Kothaufen.[37] Populär gemacht hat diesen Konnex von Gold und Kot Sigmund Freuds mit »Mythus, Märchen und Aberglaube« befasste Abhandlung *Charakter und Analerotik*, die konstatiert: »Bekannt ist [...] der Aberglaube, der die Auffindung von Schätzen mit der Defäkation zusammenbringt, und jedermann vertraut ist die Figur des ›Dukatenscheißers‹.«[38] Nimmt die Höhlenepisode, deren anale Raumsemantiken oben beleuchtet wurden, explizit auf Gold Bezug, geht es auch in der finalen Szene des *Odfelds* um Wertvolles – stellen die Bücher, die vom Raben mit Kot verdreckt werden, doch die »Cimelien«, also die Kostbarkeiten des Protagonisten dar. Das *Odfeld* inszeniert damit jenen Nexus von Kostbarkeiten und Körperabfall, deren kulturhistorische Verankerung seit Freud als einschlägig gilt: die symbolische Verschaltung von Gold und Kot, oder abstrakter, vom Wertvollsten mit dem Wertlosesten. Nun achtet Raabes Protagonist aber nicht nur mit Argusaugen auf seinen kostbaren »Büchervorrat«, als passionierter Sammler füllt er seine Zelle zudem mit allerhand systematisch geordneten und beschrifteten Fundstücken aus umliegenden Feldern und Höhlen. Der im *Odfeld* vielfach thematisierte Vorgang des Sammelns erhält aus analitätstheoretischer Perspektive metapoetische Bedeutung. In der *Ontologie des Geldinteresses* skizziert Sándor Ferenczi,

> daß das Kind ursprünglich sein Interesse ohne jede Hemmung dem Vorgange der Defäkation zuwendet und es ihm Vergnügen bereitet, den Stuhl zurückzuhalten. Die so zurückgehaltenen Fäkalien sind wirklich die ersten ›Ersparnisse‹ des werdenden Menschen und bleiben als solche in steter unbewußter Wechselbeziehung zu jeder körperlichen Tätigkeit oder geistigen Strebung, die etwas mit Sammeln, Zusammenscharren und Sparen zu tun hat.[39]

Defäkation und Kot stellen Ferenczi zufolge die Grundlagen alles Sparens und Sammelns dar. Sammelbestrebungen erfahren indes eine charakteristische Entwicklung, wie wiederum Jones erläutert: Diese nimmt ihren Ausgang in der

> transference of interest from the original substance to a similar one which, however, is odourless, i.e. mud-pies; from this to one that is dehydrated, i.e sand; from this to one of a harder consistence, i.e. pebbles (some savages still barter in pebbles and there is still in German an expression ›steinreich,‹ i.e. stone-rich, to denote wealth); then come the artificial objects like marbles, buttons, jewels, etc., and finally the attractive coins themselves (helped, of course, by values attached to them by adults). In conclusion, I may mention a curious copro-symbol in this connection – namely, one's

last will and testament; the association is doubtless the sense of value and the prominence of the idea of something being finally left behind.⁴⁰

Wenngleich Raabes Protagonist nun gerade nicht als Sammler von Gold oder Geld auftritt, machen Jones' Ausführungen doch auf eine spezifische Eigenschaft des Magisters aufmerksam: Buchius sammelt, was ihm das Liebste ist und das für ihn den größten Wert besitzt – Bücher und Fundstücke sind die »Cimelien« seiner Klosterzelle.⁴¹ Den Motivkomplex des Sammelns prozessiert das *Odfeld* derweil auf allen Ebenen: Sämtliche Äußerungen des Protagonisten mit dem sprechenden Namen basieren auf einer Sammlung gelesener Textstellen, die er in passenden Momenten wiedergibt; einen Hang zum Anhäufen besitzt auch die Erzählinstanz, die sich zu Beginn des Textes inmitten einer Ansammlung von »Folianten, Quartanten, Pergamenten und Aktenbündeln« inszeniert.⁴² Und schließlich ist der Vorgang des Sammelns auch auf den Autor selbst zu beziehen, dessen hochgradig intertextuelle Erzählung ein extensives Konglomerat von Prätexten vereint.

»The anal-erotic complex«, argumentiert Jones in Bezug auf die Implikationen von Analität, »is genetically related to two of the most fundamental and far reaching instincts, the instincts to possess and to create or produce respectively.«⁴³ Das Anale manifestiert sich damit auf zweierlei Weisen: im Drang, zu besitzen – wie er sich etwa im Vorgang des Sammelns offenbart – sowie im Drang, zu kreieren, zu produzieren, wie ihn ja schon der Vorgang der Defäkation selbst beinhaltet. Dass dieser Produktionsdrang aber auch anderweitige Züge annehmen kann, darauf hebt unter anderem Jacques Lacan mit dem Wortspiel der »poubellication« ab, das den Konnex von Abfall – das heißt auch: ›Körperabfall‹ – und Literatur betont.⁴⁴

Was bedeutet dies für Raabes *Odfeld*, das die Motivkomplexe von Inkorporation und Analität derart pointiert auf explizite wie implizit-motivische Weise zur Verhandlung bringt?

Aufgerufen ist hier eine Dynamik, die die metapoetische Faktur des Raabe'schen Textes perspektivieren mag, ohne dabei dessen Autor auf die sprichwörtliche Couch zu legen, ohne also die psychische Konstitution des (Spät-)Realisten selbst in den Fokus zu rücken. Tatsächlich geht es einer psychoanalytisch informierten Textlektüre gerade nicht darum, Aussagen über etwaige Dispositionen eines Autors zu treffen – wenngleich die hier hinzugezogenen Theoreme Freuds, Jones' oder Ferenczis genau dies suggerieren könnten. Peter von Matt hat grundlegend erläutert,

> daß die Anwendung psychoanalytischer Kriterien nicht notwendigerweise jedes Kunstwerk degradiert zum bloßen Symptom eines mehr oder minder pathologischen Zustands. Es können auf diese Weise konstitutive und auch elementar wirksame Strukturen im literarischen Werk aufgedeckt werden, die man üblicherweise übersieht, weil sie häufig genug in direktem Gegensatz zur offiziellen »Botschaft« des Textes stehen.[45]

Anstatt zur Erläuterung der Autor-Psyche und deren Einfluss auf die Textentstehung erweist sich die Psychoanalyse als Methode für den Umgang mit literarischen Texten selbst als sinnvoll. Dies wiederum liegt an ihrer spezifischen Aufmachung. Der von Freud betonte Fokus auf das »Beobachten«,[46] das genaue Hinsehen und Hinhören – auch oder gerade dort, wo es zunächst weniger wichtig scheint als anderswo –, bedeutet »implizit« auch eine »Theorie des neuen Lesens«, die sich von Empirie und Hermeneutik absetzt: »Im Text, der dem Beobachter vor Augen liegt, gibt es nichts, was von unter- oder nebengeordneter Bedeutung wäre. Da herrscht keine Hierarchie der sinntragenden und sinnleeren, der wichtigen und belanglosen Wörter und Wortverbindungen.«[47] Das heißt: Alle noch so kleinen oder scheinbar abseitigen Phänomene sind relevant. Dies gilt neben Literatur ebenso für alle anderen Beschäftigungen mit Kunst:

Von keinem Satzteil im Text, von keinem Farbfleck auf dem Bild, von keinem Strich in der Zeichnung kann ich sicher sein, daß er nicht die entscheidende Nachricht erhält. Oder eine Gegenbotschaft, die alles andere aushebelt. Die winzige Wendung, die ganz kleine Stelle dort am Rand – vielleicht ist sie die Einbruchstelle einer anderen Ordnung, einer fremden, wilden Wahrheit. [...] Zu lesen gilt es ohne Rücksicht auf die Hierarchie der Zeichen.[48]

Die Dynamik und die Tragweite dieses genauen Beobachtens, des Hinsehens dort, wo es um scheinbar Nebensächliches geht, entbirgt sich beispielsweise in der Beschäftigung mit Raabes *Odfeld*. Körpervorgänge und -funktionen verhandelt dieser Text teilweise explizit, daneben aber offenbaren sich die Motivkomplexe von Verdauung und Ausscheidung in implizit alludierten Konfigurationen wie etwa der Raumsemantik der Höhlenepisode. Die in diesen Motivkomplexen manifestierten poetologischen Einschreibungen des Textes rücken wiederum bei einer psychoanalytisch informierten Lektüre ins Licht. Bertschiks oben angeführtes Intertextualitätsmodell der Einverleibung, Verdauung und Ausscheidung ist also nicht nur zuzustimmen, es ist vielmehr in seiner körpertopologischen Radikalität ernst zu nehmen. Denn gerade der Fokus auf Analitätstheoreme zum Sammeln und zum Konnex von Gold und Kot zeigt: Das *Odfeld* führt mit der Motivik um Einverleiben und Ausscheiden poetologisch wirkmächtige Verhandlungsfiguren ins Feld, Inkorporation und Analität geraten zu Chiffren von Textgenese und Autorschaft.[49]

Genitale und anale Phantasmen der Textproduktion – Raabe und Kafka

Die hier untersuchten Konfigurationen von Inkorporation und Analität haben, davon war die Rede, gewichtige Konsequenzen: Die Erzählung des Raabe'schen Alterswerk inszeniert die ›Zersetzung‹ wichtiger Parameter des poetischen Realismus. Literaturhistorisch brisant ist dies auch aus einem weiteren Grund: Das *Odfeld* weist auf Berührungspunkte mit der Klassischen Moderne. Raabe, der zu einem frühen Zeitpunkt seiner Schriftstellertätigkeit als Jakob Corvinus publiziert, ist auch über sein Pseudonym – Corvinus ist lateinisch für Rabe – buchstäblich in Bezug zum textfressenden und defäzierenden Vogel im *Odfeld* zu setzen; die Homonymie, der Gleichklang der Wörter unterschlägt gar deren unterschiedliche Schreibweise. Eine ähnlich organisierte Autorinskription hat die Forschung bei einem weiteren Autor ausgemacht: Der Name des Protagonisten in Franz Kafkas *Der Jäger Gracchus*, 1917 entstanden und postum publiziert, ist gelesen worden als Verweis auf das italienische »gracchio«, Dohle – jene Vogelart, die das Tschechische wiederum als »Kavka« bezeichnet.⁵⁰ Doch ist neben der ornithologisch (und homonym) fundierten Autorinskription und der in der Höhlenepisode aufscheinenden signifikantenlogischen Faktur des *Odfelds* ein weiterer Bezug zwischen Raabe und dem Autor der Klassischen Moderne zu konstatieren. Am 27. Januar 1911 notiert Kafka auf einer Postkarte an Max Brod: »Kleist bläst in mich, wie in eine alte Schweinsblase.«⁵¹ Die metapoetische Faktur der Postkartennotiz hat Claudia Liebrand herausgearbeitet:

> So ungeheuerlich es ist (jedenfalls vor der Folie der Autorendiskurse des 18., 19., ja auch noch des 20. Jahrhunderts): Kafka inszeniert sich als Urinbehälter. Der Autor wird zum Ausscheidungsorgan, aus dem Tinten-Urin-Ströme aufs Papier fließen werden. Der Schreibakt, das impliziert der Kafkasche Vergleich, wird zum ›natürlichen‹ Toilettenbedürfnis (Textproduktion erleichtert, entleert den Autor), das Schreiben produziert Ausscheidungen.⁵²

Wie Raabe führt Kafka schriftstellerische Kreativität und Ausscheidungsprozesse zusammen. Ist es bei Kafka im Bild der Blase und des Urins eine an das männliche Genital gebundene

Ausscheidung, die mit Kreativität und Produktion verschaltet ist, ist bei Raabe der im Sinne Michail Bachtins weitaus ›groteskere‹[53] Körperausgang des Anus sowohl explizit als auch implizit mit Textproduktion verschränkt. Im Motiv der metapoetisch bedeutsamen Materie wie auch in der (ornithologisch fundierten) Autorinskription und dem Penchant zur Signifikantenlogik nähern sich Raabe und Kafka an. Das *Odfeld* liefert so ein Beispiel dafür, dass die Texte des (Spät-)Realisten Raabe mitunter Konfigurationen und Konstellationen prozessieren, die gerade auch für die Literatur der Klassischen Moderne als einschlägig gelten[54] – der Schritt von Raabe zu Kafka, das zeigt der Text des Spätwerks, ist letztlich kein überaus weiter.

Anmerkungen

1 Mit poetologischen Implikationen von Ausscheidungsvorgängen haben sich Literatur- und Kulturwissenschaft bereits auseinandergesetzt, vgl. beispielsweise Susan Signe Morrison: Excrement in the Middle Ages. Sacred Filth and Chaucer's Fecopoetics, New York 2008. Für eine historische Kontextualisierung einer kulturwissenschaftlich ausgerichteten Skatologie siehe Dominique Laporte: The History of Shit, Cambridge 2002.
2 Vgl. dazu Claudia Liebrand: Wohltätige Gewalttaten. Zu einem Paradigma in Raabes *Stopfkuchen*, in: Jahrbuch der Raabe-Gesellschaft 38 (1997), S. 84-102, hier S. 101.
3 Hans Vilmar Geppert: Der historische Roman. Geschichte umerzählt von Walter Scott bis zur Gegenwart, Tübingen 2009, S. 140. In dieser Bezeichnung weicht Geppert von der Genrezuweisung ab, die durch den Untertitel des Texts vorgenommen wird: *Das Odfeld. Eine Erzählung*. Raabes *Odfeld* ist von der Literaturwissenschaft ausgiebig rezipiert worden, etwa in Bezug auf das Verhältnis von Historiografie und Literatur, vgl. etwa Hubert Ohl: Bild und Wirklichkeit. Studien zur Romankunst Raabes und Fontanes, Heidelberg 1968; Michael Limlei: Geschichte als Ort der Bewährung. Menschenbild und Gesellschaftsverhältnis in den deutschen historischen Romanen (1820-1890), Frankfurt a.M./Bern/New York/Paris 1988; Julia Bertschik: Maulwurfsarchäologie. Zum Verhältnis von Geschichte und Anthropologie in Wilhelm Raabes historischen Erzähltexten, Tübingen 1995. Unter-

sucht wurde das textuell verhandelte Zeit- und Geschichtsverständnis, vgl. etwa Katharina Brundiek: Raabes Antworten auf Darwin. Beobachtungen an der Schnittstelle von Diskursen, Göttingen 2005; Katharina Grätz: Kuriose Kulturhistorie. Raabes unzeitgemäßer Umgang mit einem zeitgenössischen Geschichtskonzept, in: Jahrbuch der Raabe-Gesellschaft 48 (2007), S. 48-65. Zur hochgradig intertextuellen Faktur vgl. etwa Helmuth Mojem: Der zitierte Held. Studien zur Intertextualität in Wilhelm Raabes *Das Odfeld*, Tübingen 1994; Iris Gehrke: Trost der Philosophie? Stoische Intertexte in Wilhelm Raabes *Das Odfeld*, in: Jahrbuch der Raabe-Gesellschaft 36 (1995), S. 88-128.

4 Verdauungsvorgänge und -ergebnisse finden sich zudem in Raabes *Die Innerste*, vgl. zum Aspekt der Darmerkrankung Lynne Tatlock: Resonant Violence in *Die Innerste* and the Rupture of the German Idyll after 1871, in: Wilhelm Raabe. Global Themes, International Perspectives, hg. von Dirk Göttsche und Florian Krobb, London 2009, S. 126-137.

5 Vgl. dazu auch erste skizzenhafte Ausführungen in meiner Miszelle: Einverleiben und Ausscheiden. Poetologische Verhandlungen in Wilhelm Raabes *Odfeld*, in: Akten des XIII. Internationalen Germanistenkongresses Shanghai 2015 – Germanistik zwischen Tradition und Innovation. Bd. 7, hg. von Jianhua Zhu, Michael Szurawitzki und Jin Zhao, Frankfurt a. M. u. a. 2017, S. 63-67.

6 Vgl. zum Verhältnis von (Spät-)Realismus und Moderne u. a.: Ralf Simon: Übergänge. Literarischer Realismus und ästhetische Moderne, in: Realismus. Epochen, Autoren, Werke, hg. von Christian Begemann, Darmstadt 2007, S. 207-223; Entsagung und Routines. Aporien des Spätrealismus und Verfahren der frühen Moderne, hg. von Moritz Baßler, Berlin/Boston 2013. Vgl. zur Klassischen Moderne: Klassische Moderne. Ein Paradigma des 20. Jahrhunderts, hg. von Mauro Ponzi, Würzburg 2010.

7 Vgl. Brundiek, Raabes Antworten auf Darwin, S. 183.

8 Vgl. etwa Hans Kolbe: Wilhelm Raabe. Vom Entwicklungs- zum Desillusionierungsroman, Berlin 1981, S. 64; Julia Bertschik zufolge scheine es, »als ob gerade an diesem Ort die Bereiche von Krieg und Sexualität in ihren gleichermaßen angstbesetzten – kannibalistischen und vampirischen – Verschlingungsphantasien auf engstem Raum anzutreffen sind«. Bertschik, Maulwurfsarchäologie, S. 193.

9 Wilhelm Raabe: Das Odfeld. Eine Erzählung, in: ders.: Sämtliche Werke [Braunschweiger Ausgabe], im Auftrag der Braunschweigischen Wissenschaftlichen Gesellschaft hg. von Karl Hoppe und Jost Schillemeit, Bd. 17: Das Odfeld, Der Lar, hg. von Karl Hoppe, bearb. von Karl Hoppe und Karl Oppermann, Göttingen 1966, S. 5-220, hier S. 145.

10 Ebd.
11 Darauf hat auch Helmuth Mojem verwiesen, vgl. Mojem, Der zitierte Held, S. 207f.
12 Aristophanes: Die Frösche, in: Die Komödien des Aristophanes, Bd. 1, übers. und erl. von Ludwig Seeger, Berlin o.J., S. 483ff.
13 Raabe, Das Odfeld, S. 169.
14 Ebd., S. 170.
15 Ebd., S. 45.
16 Mit Sybille Krämer sei »unter einem Zeichen [...] eine sinnlich [wahrnehmbare] Struktur [verstanden], die für ihren Interpreten etwas ›Sinnhaftes‹ bzw. ›Bedeutungsvolles‹ vergegenwärtigt«. Sybille Krämer: Negative Semiologie der Stimme, in: Medien/Stimmen, hg. von Cornelia Epping-Jäger und Erika Linz, Köln 2003, S. 65-82, hier S. 72. Zum prekären Status von Zeichenphänomenen im *Odfeld* siehe etwa Heinrich Detering: Theodizee und Erzählverfahren. Narrative Experimente mit religiösen Modellen im Werk Wilhelm Raabes, Göttingen 1990; Albrecht Koschorke: Der Rabe, das Buch und die Arche der Zeichen. Zu Wilhelm Raabes apokalyptischer Kriegsgeschichte *Das Odfeld*, in: Deutsche Vierteljahrsschrift für Literaturwissenschaft und Geistesgeschichte 64 (1990), S. 520-548; Geppert: Der historische Roman.
17 Martin Nies: Soziokulturelle und denkgeschichtliche Kontexte und literarische Konstituierungen des Literatursystems ›Realismus‹, in: Marianne Wünsch: Realismus (1850-1890). Zugänge zu einer literarischen Epoche, mit Beiträgen von Jan-Oliver Decker, Peter Klimczak, Hans Krah und dems., Kiel 2007, S. 41-60, hier S. 51.
18 Vgl. zum Poetischen Realismus: Moritz Baßler: 1850-1890: Der ganz und gar unwahrscheinliche Realismus, in: ders.: Deutsche Erzählprosa 1850-1950. Eine Geschichte literarischer Verfahren, Berlin 2015, S. 31-111.
19 Theodor Fontane: Unsere lyrische und epische Poesie seit 1848, in: ders.: Sämtliche Werke, Bd. 21: Literarische Essays und Studien, Erster Teil, gesammelt und hg. von Kurt Schreinert, München 1963, S. 7-15, hier S. 12.
20 Marianne Wünsch: Selbstreferentialität und Bedeutungskonstituierung. C.F. Meyers Gedicht ›Stapfen‹ als Beispiel realistischer Paradigmen, in: dies.: Realismus (1850-1890). Zugänge zu einer literarischen Epoche, mit Beiträgen von Jan-Oliver Decker, Peter Klimczak, Hans Krah und Martin Nies, Kiel 2007, S. 249-272, hier S. 251.
21 Koschorke, Wilhelm Raabes apokalyptische Kriegsgeschichte, S. 548.
22 Ebd.

23 Schrift ist mit einer ambivalenten, zwischen Leben und Tod changierenden Semantik ausgestattet (vgl. dazu etwa Thomas Macho: Todesmetaphern. Zur Logik der Grenzerfahrung, Frankfurt a.M. 1987, S. 18). Geprägt werden diese Semantiken zum einen von Horaz' Diktum von der Lebendigkeit erhaltenen Schrift (»Also schuf ich ein Mal dauernder noch als Erz, / [...] / Nein, ich sterbe nicht ganz, über das Grab hinaus / Bleibt mein edleres Ich; und in der Nachwelt noch / Wächst mein Name [...]«. Horaz: Carmina, Liber III, 30, in: ders.: Sämtliche Werke, Lateinisch und Deutsch, hg. von Hans Färber, München 1960, S. 177), zum anderen von der im zweiten Korintherbrief enthaltenen Aussage: »der Buchstabe tötet, der Geist aber macht lebendig«. 2. Kor. 3,6, in: Die Bibel. Einheitsübersetzung. Altes und Neues Testament, Stuttgart 1980, S. 1293.
24 Jochen Hörisch: Der Sinn und die Sinne. Eine Geschichte der Medien, Frankfurt a.M. 2001, S. 41.
25 Ebd., S. 143 f.
26 Stefan Börnchen: Kryptenhall. Allegorien von Schrift, Stimme und Musik in Thomas Manns *Doktor Faustus*, München 2005, S. 111.
27 Raabe, Das Odfeld, S. 218 f.
28 Vgl. Julia Kristeva: The Powers of Horror. An Essay on Abjection, New York 1982, S. 4.
29 Raabe, Das Odfeld, S. 213.
30 »Was von dem Durchmarsch in den früheren Schulstuben von Kloster Amelungsborn zurückgeblieben war, das war eitel scheußlicher Unrat, teuflischer Hohn, Stank und Mutwillen [...]. Magister Buchius wendete schaudernd den Blick nach oben und hielt trotz allem, was er schon in seinem Leben und vor allem am heutigen Tage hatte riechen müssen, die Nase zu.« Ebd., S. 213 f.
31 Ebd., S. 220.
32 Vgl. Barbara Thums: Vom Umgang mit Resten, Abfällen und lebendigen Dingen in Erzählungen Raabes, in: Jahrbuch der Raabe-Gesellschaft 2007, S. 66-84, hier S. 84.
33 Bertschik, Maulwurfsarchäologie, S. 222.
34 Johann Peter Eckermann: Gespräche mit Goethe in den letzten Jahren seines Lebens, 16.12.1828, München 1976, S. 300 ff.
35 Raabe, Das Odfeld, S. 146.
36 Ebd., S. 146.
37 Ernest Jones: Anal-Erotic Character Traits, in: Journal of Abnormal Psychology 13,5 (1918), S. 261-284, hier S. 273.
38 Sigmund Freud: Charakter und Analerotik (1908), in: ders: Studienausgabe, Bd. VII: Zwang, Paranoia, Perversion, hg. von Alexander Mitscherlich, Angela Richards, James Strachey, Frankfurt a.M. 1973,

S. 23-30, hier S. 29. Freud liefert diese Kontextualisierungen im Rahmen einer Auseinandersetzung mit Neurosen, als deren Symptome er Ordnung, Sparsamkeit und Eigensinn versteht. Freuds Ausführungen sind hier indes nicht in Bezug auf psychopathologische Dimensionen des Protagonisten von Interesse, sondern im Rahmen der poetologisch akzentuierten Lektüre der Ausscheidungsmetaphorik im *Odfeld*.
39 Sándor Ferenczi: Ontologie des Geldinteresses, in: ders.: Bausteine zur Psychoanalyse, Bd. 1: Theorie, Leipzig/Wien/Zürich 1927, S. 109-119, hier S. 111.
40 Jones, Anal-erotic Character Traits, S. 274.
41 Raabe, Das Odfeld, S. 219.
42 Ebd., S. 10.
43 Jones, Anal-Erotic Character Traits, S. 275.
44 Vgl. Hörisch, Der Sinn und die Sinne, S. 12.
45 Peter von Matt: Die psychoanalytische Dichter-Theorie, in: ders.: Literaturwissenschaft und Psychoanalyse, Stuttgart 2001, S. 93-128, hier S. 93.
46 Peter von Matt: Nachwort. Der neue Blick, in: ders.: Literaturwissenschaft und Psychoanalyse, Stuttgart 2001, S. 129-140, hier S. 129.
47 Ebd., S. 131.
48 Ebd., S. 137.
49 Die hier herangezogenen psychoanalytischen Theoreme werden jeweils erst Jahrzehnte nach dem Erscheinen des *Odfelds* publiziert: Das Beispiel der Raabe'schen Erzählung zeigt, dass es durchaus möglich ist, dass »in der Literatur potentiell etwas ›gedacht‹ werden kann, was im Denksystem noch nicht ›gedacht‹ wird« oder als Konzept noch nicht explizit fixiert worden ist. Jan-Oliver Decker: Literaturgeschichtsschreibung und deutsche Literaturgeschichte, in: Marianne Wünsch: Realismus (1850-1890). Zugänge zu einer literarischen Epoche, mit Beiträgen von dems., Peter Klimczak, Hans Krah und Martin Nies, Kiel 2007, S. 13-39, hier S. 29.
50 Vgl. dazu Peter-André Alt: Franz Kafka. Der ewige Sohn. Eine Biographie, München 2005, S. 569. Autorinskriptionen bei Kafka gestalten sich vielgestaltig, schlagen sich etwa, um nur ein Beispiel anzuführen, auf Figurennamen wie »K.« im *Schloß* nieder.
51 Franz Kafka an Max Brod am 27.1.1911, in: ders.: Kritische Ausgabe, Briefe 1900-1912, hg. von Hans-Gerd Koch, Michael Müller und Malcolm Pasley, Darmstadt 1990, S. 132.
52 Claudia Liebrand: Kafkas Kleist. Schweinsblasen, zerbrochene Krüge und verschleppte Prozesse, in: Textverkehr. Kafka und die Tradition, hg. von ders. und Franziska Schößler, Würzburg 2004, S. 73-99, hier

S. 75. In Szene gesetzt wird durch Kafkas Äußerung zudem »ganz literal die Inspiration des einen Autor durch einen anderen Autor. [...] Aufgerufen wird ein etablierter biblischer Topos: In der Schöpfungsgeschichte (1. Moses 2,7) haucht Gott dem aus der Erde geformten Menschen Atem ein – erst dieser ›pneumatische Akt‹ verlebendigt die vorher angefertigte Tonfigur, ›zeugt‹ aus ihr einen Menschen. [...] Kafkas Postkartentext rückt Kleist, den bewunderten Autor, an die Stelle des Schöpfergottes. Der bereits tote Autor inspiriert den (noch) lebenden im buchstäblichen Sinne: Er bläst ihm ein. Etabliert wird eine paradoxe Konfiguration; der Tote belebt den noch nicht Gestorbenen, versorgt ihn mit Lebens-Geist(ern). Mit dem Inspirationsbild aufgerufen ist aber nicht nur die biblische Tradition, sondern auch Platons Lehre vom göttlichen Ursprung der Kunst. Der Rhapsode, so die Argumentation im *Ion*, singt/spricht nicht aus sich selbst, sondern als von den Göttern Inspirierter, Begeisterter, Besessener.« Ebd., S. 74.

53 Vgl. Michail Bachtin: Rabelais und seine Welt. Volkskultur als Gegenkultur, Frankfurt a.M. 1995.

54 Dies zeigt sich unter anderem auch mit Blick auf einen weiteren Text des Raabe'schen Alterswerks, *Die Akten des Vogelsangs*, die mit dem Fokus auf Ich-Konstitution, Schreiben und Schrift, Subjektstatus und die Krise des Subjekts zentrale Sujets der Klassischen Moderne verhandeln.

Matthias Göritz

Die Felder der Zukunft

Als die Erzählung *Das Odfeld* 1888 nach langen Verhandlungen mit dem Leipziger Verleger Balthasar Elischer – und gegen den ausdrücklichen Wunsch des Autors – als Fortsetzungsroman in der Berliner *Nationalzeitung* erschien, war Wilhelm Raabe 57 Jahre alt. Er hatte bereits einen Großteil seiner 30 bedeutendsten Romane, Erzählungen und Novellen verfasst. Als Autor zwar immer noch gefragt, war Raabe weit davon entfernt seine Anfangserfolge *Die Chronik der Sperlingsgasse* (1856) oder *Der Hungerpastor* (1863) beim Publikum wiederholen zu können. Die durchgehend positiven Kritiken über *Das Odfeld*, in denen die Qualitäten des Autors, ›das Große‹ und ›das Kleine‹ auf den Kopf zu stellen, gleichzeitig Tränen und Gelächter zu erzeugen, die ›Weisheit der Stoffbehandlung‹ und ›Raabes Humor‹ gelobt wurden, können über die Entfremdung des einst so populären Autors von der Masse seiner Leser nicht hinwegtäuschen. Ein Großteil des Lesepublikums war auf Unterhaltung getrimmt, die billig zu erhalten war als Serien- bzw. Fortsetzungsgeschichten in den verschiedenen Tages- oder Wochenzeitungen, in Monats- oder Vierteljahresschriften. Bücher waren für die meisten Leser zu teuer. Und der Autor Raabe war vielen zu schwierig geworden; zu akribisch in seiner Erzählweise, zu sprach- und formverliebt, zu sehr an skurrilen Figuren interessiert, und eben kein Freund der spannenden Kolportage. Selbst in den positiven Kritiken zum *Odfeld* scheint etwas von dieser Distanz zwischen Autor und Lesern durch, erwähnen doch einige Rezensenten »das viele Latein« im Text – das als zu intellektuell und verfremdend empfunden wurde. Raabe verlangt seinem Publikum als ›Poeta doctus‹ viel ab. Dabei setzt der Erzähler Raabe im *Odfeld* lateinische Sprüche sehr geschickt zur ironischen Brechung des im Text erzählten Schlachtverlaufs ein und nutzt die Zitate aus Caesars *De bello Gallico*, Horaz, Ovid, Vergils *Aeneas* oder den *Epigrammen* Martials zugleich zur Engführung seiner beiden Protagonisten, dem sein Gnadenbrot verzehrenden Alt-Magister Noah Buchius und dessen ehemaligem Schüler, Thedel von Münchhausen, als Echo aus dem vergangenen Schulalltag und um das zu zeigen, worum es in diesem Avantgarde-Text geht: das Aufeinanderkrachen von Lektürefantasie und Wirklichkeit, von Zitaten-Leben und blutiger (textimmanenter) Realität.

Doch was passiert eigentlich im und auf dem »Odfeld«?

Die Handlung ist auf ganz kurze Zeit zusammengedrängt und umfasst knapp 24 Stunden. Die Geschichte beginnt am frühen Abend des 4. Novembers 1761 mit der Beobachtung eines Natur-»spektakulums«, einer Rabenschlacht. Am Abend des 5. Novembers kehrt die Hauptfigur der Erzählung, der Magister Noah Buchius, wieder in sein Studierzimmer zurück, die Klosterzelle, in die er einen verletzten Raben dieser vorausdeutenden Tier-»Bataille« vom Odfeld gerettet hat. Zwischen diesen zeitlichen Polen findet im Laufe des 5. Novembers auf dem »Odfeld« eine Schlacht statt. Der Text grenzt das Kampfgeschehen, das sich während des siebenjährigen Krieges zwischen den Verbündeten Preußen und England und den feindlichen Alliierten Frankreich und Österreich in der Umgebung des ehemaligen Klosters Amelungsborn abspielt, räumlich und zeitlich ein.[1] Während der Kampfhandlungen führt Buchius eine versprengte Gruppe unterschiedlichster Charaktere, seinen ehemaligen Schüler Thedel von Münchhausen, die Nichte des Klosteramtmanns, Jungfer Selinde Fegebanck, die Magd

Wieschen und den Knecht Heinrich Schelze, über das Kampf-Feld in den Schutz der Ith-Höhle und wieder zurück nach Amelungsborn. Sie begegnen der einzig historisch belegbaren Person, dem Herzog von Braunschweig, Thedel von Münchhausen verlässt die Gruppe und reitet ins Gefecht. Auf dem Rückweg ins Kloster finden die verbliebenen vier seinen Leichnam. Der Magister Buchius kehrt in seine vom Raben verwüstete Zelle zurück und entlässt ihn aufs Odfeld.

Die Akteure der erzählten Geschichte bewegen sich so enggeführt durch einen Tag und eine Nacht, von Abenddämmerung zu Abenddämmerung. Das Zeitschema verweist auf die Konvention einer Tragödie – aber *Das Odfeld* enthält von der Erzählart her zahlreiche Elemente zugleich. Die Erzählung ist Kriegsroman, Farce, Schülerposse, Liebes- und Schäferepik, Apokalypse in einem. Die erzählte Zeit der Geschichte umfasst vierundzwanzig Stunden, ist in fünf zentrale Akte eingeteilt – und einen Epilog.

Die historische Schlachthandlung hat Raabe an Quellen studiert, sie dramaturgisch in einen Tag zusammenfasst; dabei ruft er historische Figuren zwar auf, die Feldherren, Truppenteile, Regimenter und Bataillone, »mitten im dicksten Weser- und Weser-Berg-Nebel und im Schlachtenlärm des Herzogs Ferdinand und des Herzogs von Broglio auf der ganzen Linie von der Hube bis zum Hils und vom Hils bis zur Weser!« (113), verfremdet das ›Historische‹ seiner Erzählung aber mehrfach durch dauernde Perspektivwechsel. Von einer auktorialen, über allen Zeiten schwebenden Erzählerperspektive, taucht man immer wieder in personale Sichtweisen und Zitate der Protagonisten ein, besonders in die des gelehrten Magisters Noah Buchius. Geschichte von oben und Geschichte von unten, Geschichte der Historiker und Zitate aus Büchern werden kontrastiert und ironisiert, ohne dass der Text zu einer Komödie wird, ganz im Gegenteil. Krieg heißt im *Odfeld*, dass alle Grenzen sich auflösen, soziale Unterschiede, Geschlechtsunterschiede, das Verhältnis von Ereignis und Kommentar, ja selbst dass Raum und Zeit ineinander verschlungen sind; jede Illusion wird zerstört, selbst die Landschaft wird zum Zeichen, an dem sich der Abstand von Wirklichkeit, Sprache und Erzählen kundtut: »Die dortige Feldmark von heute ist wohl nicht mehr mit der vom Jahre 1761 zu vergleichen. Es war damals noch mehr Baum und Busch sowohl vom Solling wie vom Weserwald übrig als wie jetzt. Auch die Wege liefen anders. Was man heute Chaussee nennt, war damals die Heerstraße des Siebenjährigen Krieges, auf der jedermann marschierte, ritt, fuhr, steckenblieb, wie die Gelegenheit es gab.« (113)

Der Krieg ist dem Raum eingeschrieben

Nichts ist einfach, nichts wird dem Leser leicht gemacht, angefangen schon mit dem titelgebenden »Odfeld«, das von Raabe zu Beginn doch topografisch eindeutig auf der Landkarte platziert wird – als zwischen dem Ith und dem Solling gelegen –, in Raabes Kindheitslandschaft gewissermaßen, aber eben ein wenig zu detailversessen.

> Dicht am Odfelde, in der angenehmsten Mitte des Tilithi- oder auch Wikanafeldistan Gaus, liegt auf dem Auerberge über dem romantischen, vom lustigen Forstbach durchrauschten, heute aber arg durch Steinbrecherfäuste verwüsteten Hooptal das uralte Kloster Amelungsborn. (7)

Das Topografische wird mit wertenden Adjektiven wie ›angenehmst‹, ›romantisch‹ oder ›lustig‹ aufgeladen und sofort wird gleichwertig das Gegenteil als gültige Tatsache behauptet, das Romantische durch die Opposition ›verwüstet‹ gleich wieder umcodiert. Dazu kommt der Verweis auf die unterschiedliche Benennung der Örtlichkeit durch verschiedene Zeiten, ›heute‹ und ›uralt‹. Auf diese Weise wird bereits im Erzähleingang eine dynamische Bewegung der Benennungen in Gang gesetzt, deren Pendelschläge sich im Verlauf der Erzählung immer schneller und kreisender ausgestalten, aus der

Landschaft in die Geschichte wandern, ein Wirren dauernder Wiederholung und dauernder Varianten erzeugt, die den Raum der Erzählung schließlich zu einem Feld von so unterschiedlichen Zeichen machen, bis jede Orientierung, jedes Lesen und Interpretieren außer Kontrolle gerät. Das »Odfeld«, ein durch Geschichtsprozesse übersättigter Raum, wird zum Schlachtfeld der Zeichen. Bereits der Anfangssatz der Raabe'schen Erzählung greift ja indirekt Goethes Genieästhetik und die Verklärung des Künstlers als ›Sehender‹ an, die auch dem Formprimat in der Kunsttheorie Hegels zugrunde liegt. Das »Hooptal«, ein realer Ort, ist kein Marmor-Steinbruch, der durch einen künstlerisch verfeinernden Repräsentationsvorgang durch geweihte Hände zu einem realistischen Kunstwerk erhoben werden kann – es ist, im Gegenteil, »arg durch Steinbrecherfäuste verwüstet«. Geschichte, ästhetische, ökonomische wie auch politische, formt Material um – den Raum ebenso wie das in ihm gelebte menschliche Leben – und nur allzu oft ist das Ergebnis Verwüstung.

Zeit- und Raumstruktur im Odfeld – die Erzählung als mulidimensionaler Grenztext

Raabe baut den in der Erzählung mal als Wotans-, mal als Odins-, mal als Odfeld genannten zentralen Raum des Geschehens als Zeichenfeld auf. Naturzeichen, eine Schrift der Natur, die Schrift der Geschichte oder auch verschiedener Mythologien, kreuzen sich mit den Spuren der durch den Raum gezogenen Menschen und ihrer – meist gewaltsamer – Aktionen:

> Die Waldungen trugen überall Spuren, daß Heereszüge sich ihre Wege durch sie gebahnt hatten. Überall Spuren und Gedenkzeichen, daß schweres Geschütz und Bagagewagen mit Mühe und Not über die Straße und durch die Hohlwege geschleppt worden waren! Zerstampft lagen die Felder und Wiesen. Kochlöcher waren überall eingegraben, Äser

von Pferden und krepiertem Schlachtvieh noch unheimlich häufig unvergraben in den Gräben und Büschen und an den Wassertümpeln der Verwesung überlassen.²

»Gedenkzeichen« – vorausdeutende – sind es auch, die als erstes großes Kriegs-Ereignis im Handlungsgang auftauchen. Als »Bataille« (30), »Naturspiel« (26) und »Schlacht der Raben« (28) werden sie vom emeritierten Magister Noah Buchius und seinem (Gnaden-)Brotherrn, dem »Amtmann der alten, ehrwürdigen Klosterschule von Amelungsborn«, einer Buffo-Rolle, als Vorzeichen wahrgenommen, als »Praesagium«, »Portentum« oder »Prodigium« (27) der heraufziehenden Schlacht am Folgetag gewertet, »mitten im dritten Jahr des Siebenjährigen Krieges«. Die ›Rabenschlacht‹, vom Magister »als Tröstung oder – eine Warnung« (28) bezeichnet, spielt das Mythologem der Dietrich-von-Bern-Sage an, in der Beschreibung des »Schauspiels« des Kampfes der Rabenschwärme tauchen Codes der biblischen Geschichte auf, denn alles, seine Ängste, Träume, Wünsche, sein Wissen, hat der Magister aus Büchern. Ein »assyrischer Feldoberst« wird aufgerufen, mit Polybius ein römischer Historiker herbeizitiert, die germanische Stammesgeschichte von Arminius bis zu den Westgotenkönigen »Theoderich und Thorismund« angespielt, der Dreißigjährige Krieg mit seiner Verwüstung der ›teutschen Lande‹ zwischen katholischer »Liga und Schwed«. Eine Verräumlichung der Zeit findet statt, inszeniert als Wiederkehr des Immergleichen – des Kriegszustands. Heere und Feldherren aller Zeiten liegen sich »in *eine*[m] Knäuel verbissen« (28) gegenüber. Die ›Jammerschule der Menschheit‹, von der Schopenhauers Philosophie spricht, ersetzt mit ihrer Wiederholungsstruktur jede hoffnungsvoll angelegte hegelianische Zukunftsdialektik. Schon hier, im Vorgeplänkel des Vogelkrieges, wirbeln wir Leser hilflos durch den Kopf des Magisters in seinem Versuch, Ordnung zu schaffen mittels der Literatur. Eine »Zuchtrute« (31) nennt Buchius den Krieg metaphorisch – da kennt er ihn aber bloß erst als Luftspiel. Immer wieder geht es in der Erzählung um die Hilflosigkeit der Protagonisten, eine Sprache dafür zu finden, was im Krieg wirklich geschieht. Entlarvend wie der Amtmann den Krieg als persönliche Last und Beleidigung erfährt, Thedel von Münchhausen seine Pennälerseele heroisch und mit Blick auf die »Welthistorie« in »die ganze Welt« als »ein einzig lustig Jagdrevier« (81) einreiten lässt, und der Knecht Hermann Scheize vom Krieg bloß das »Unterroden« (51) der Leichen kennt. Figurenperspektiven werden über den Verlauf der Erzählung hin enggeführt, verglichen und dekonstruiert. Die Jungfer Fegebanck träumt romantisch von den galanten französischen Uniformen und wird fast vergewaltigt, ja selbst der Feldherr, der Herzog von Braunschweig, scheint seinem Kriegshandwerk nicht gewachsen, erweist sich angesichts der »Schlächterei ohne Ende« (175) als genauso hilflos wie die Durchschnittsmenschen. Anders als der Historismus, die bestimmende Geschichtsphilosophie zu Raabes Zeit, es vorsieht, kann hier keine Figur einen Sinnhorizont für sich behaupten.[3] Sprachlich wird auf engstem Raum analysiert, parodiert und jongliert. Auf jeden Fall operiert das *Odfeld* von Anfang an jenseits des Zeitgeschmacks.

Raabe schien es jedoch gar nicht anders zu wollen. »Das Ding ist nicht für den heutigen Kammerjungfer- und Ladenschwengel-Geschmack unserer Nation zugeschrieben!«, schreibt er an den Rezensenten Otto Elster. Wie wichtig ihm dieser Text ist, wie sehr er eine ethisch-ästhetische Botschaft, oder vielleicht besser ausgedrückt, wie sehr ein Anliegen mit dem Text verbunden ist, wird auch in einem oft zitierten Brief an seinen Verleger vom Januar 1888 deutlich: »Sie können versichert sein, dass Sie kein Schein-Buch, sondern ein wirkliches, dauerhaftes von bleibendem Werth, das Ihrem Verlag zur Ehre gereichen und Ihnen auch sonst Freude machen wird, erworben haben. [...] Eine ›Weihnachtsgeschichte‹ habe ich so wenig geschrieben wie einen Feuilletonsroman; sondern eine wahrhaft historische Dichtung für die besten Männer und Frauen im deutschen Volke.«[4] Raabe schreibt dem Buch – ganz im Schiller'schen

Sinn – eine pädagogische Richtung ein, ›wahrhaft historisch‹ für die ›besten Männer und Frauen‹ soll es sein. Literatur als Volks-Charakter-Bildung.

Das Genre des historischen Romans, dem sich Raabes Erzählung *Das Odfeld* durch seine Paratexte und seine ganze Anlage zuordnet, ist neben dem Bildungsroman eines der bestimmenden literarischen Muster des 19. Jahrhunderts. *Das Odfeld* baut, wie fast ein Drittel der Raabe'schen Erzählwerke, auf historischen Stoffen auf.[5] Aber, um es nochmal zu betonen, das Odfeld ist kein Nationalgeschichte und deren Kriegs- und Schicksaltaten verherrlichender Roman, wie viele der zeitgleichen und ungleich populäreren »Professoren-Romane« beispielsweise eines Felix Dahn, z.b. *Ein Kampf um Rom* (1876),[6] oder auch die, zumindest im Dahn-Vergleich, besser abschneidenden zyklischen Kurz-Romane *Die Ahnen* (1872-1880) von Gustav Freytag, die alle versuchen, dem neu- und durch Krieg geeinten deutschen Kaiserreich eine lange (und meist heroische) (Vor-)Geschichte zu erdichten. Im Gegenteil. Ich lese *Das Odfeld* – im nationalen Nach-Taumel über die im Waffengang hergestellte Staatseinheit des Deutschen Reichs von 1871 durch den ›siegreichen Wilhelm‹ und dessen ›eisernen Kanzler‹ Bismarck – als exemplarischen Desillusionierungsroman, als Bruch mit der Konvention des historischen Erzählens und als ein von Meta-Ironie durchzogenes ethisch-ästhetisches Experimentierfeld. »Kein Schein-Buch« – sondern eins, bei dem es aufs Ganze geht, Lesen und Leben, Erzählen und Überleben, Werten und Orientieren miteinander verstrickt, verschlungen und verschnitten sind. Raabes Vorstellung der Nation ist die von Deutschland als Kulturnation – die nicht bloß von den späteren Matrosenanzügen, der dauernden Verherrlichung der preußischen Armee-Tugenden und dem neuen Reichtum der von der Aufrüstung profitierenden Industriellen geprägt wird. Dementsprechend ist *Das Odfeld* auch eine Absage an den Wilhelminischen Militarismus, also an die Zeitkräfte, die später aus dem sogenannten deutschen Sonderweg heraus mit seiner angeblichen deutschen Kulturhegemonie den

›Griff nach der Weltmacht‹ (Fritz Fischer) wagen. *Das Odfeld* lässt sich auch als Einspruch gegen ein vulgäres, patriotisch-völkisches Verständnis von der Ästhetik des historischen Erzählens lesen, wie es viele der ›Professoren‹-Romane zeigen. Raabes Text ist keiner, der sich im Heldischen ergeht, im Gegenteil: gerade der Begriff des Helden, seine Orientierung an großen Kriegstaten wird durch das Geschehen und die Figurenfügung im *Odfeld* mehrfach infrage gestellt.

Der Held als Buchmensch – der Buchmensch als Held

Der scheinbar so nutzlose Buchmensch Buchius als »tapferer Mann, ein seiner gelehrten griechischen und römischen Ahnen gar würdiger Mann« (112), ist nur teilweise der ironisch ausgedeutete »Held«, verrät uns der Erzähler doch, was er – zumindest »diesmal« – von Noah Buchius hält: »Er bleibt deshalb doch diesmal unser Held – unser Heros, und wir kennen unter anderen lebenden Bekannten nicht viele, mit denen wir lieber betäubt, verwirrt, unfähig zu begreifen, uns zu fassen im Kreise taumelten und – wieder fest auf die Füße gelangten.« (112) Diese paradoxe, Erzählzeit und erzählte Zeit durcheinanderwirbelnde Kommentierung ist nicht die einzige, wo sich der Erzähler als Kollektivsubjekt mit Leserlenkung ins Geschehen einmischt. Und immer wieder taucht im Leser der Verdacht auf, dass Noah Buchius, Träger eines heroischen Vor- und eines passiven Nachnamens, als Bibelheld und Buchmensch, wohl ebenso man selbst sein könnte: codiert zur Glorie durch Lektüre, und doch dem Anspruch aus Zitaten niemals gewachsen.

Nichts und niemand bleibt in diesem Text voller Sprengsätze verschont:

Die ›Helden‹ nicht: Vom Magister Buchius, den die Schüler mit ›Vater Noah‹ eher verspotten als würdigen, heißt es an anderer Stelle in beinah ätzender Ironie: »Dreißig Jahre Schuldienst als der Sündenbock und Komikus der Schule! Der gute

Mann mit dem ernsthaften Kinderherzen! Der von Mutterbrüsten an alte Mann mit der scheuen, glückseligen Seele der guten Kinder!«

Auch hier sind Verdoppelungen am Werk, benutzt der Autor Raabe die Technik der fremden Rede, indem er scheinbar häufige Zitate der Schülerreden und des Kollegiums für Buchius in die Stimme seines Erzählers einflicht, um dann zu einem gnomischen Urteilssatz über diesen Charakter zu kommen: »Wenn er ein Held war, so war er ein vollkommen passiver, und diese pflegen es dann und wann vor allen andern Menschenkindern zu einem hohen Alter zu bringen, wenn auch nicht immer zu einem gesegneten.« (18f.) Die Erzählinstanz tritt hier, charakteristisch für den ganzen Text, aus dem Erzählgeschehen und seiner Zeitordnung hinaus. Die diegetischen Ebenen verschwimmen im Kommentar, der vorausdeutet und eine retrospektive Haltung gegenüber der Figur evoziert und das Geschehen gleichzeitig zu einem Exemplum statuiert. Der marxistische Theoretiker Georg Lucács hatte den ›mittleren Helden‹ als die konstituierende Figur des historischen Romans ausgemacht, der nah am großen Geschehen das Rad doch immer irgendwie auch mit ›dreht – hier wird aber kein ›mittlerer Held‹ erfunden, sondern ein ›passiver‹. Ebenso wie der Raum, in dem die Geschichte ihre Spuren hinterlässt, sind die Protagonisten der Geschichte nun das Papier für den Abdruck der Kriegs-Zeichen, die der eine Tag, der 5. November, auf ihnen hinterlässt. Die Zeichenschlacht des Textes, der Wirbel der Zeiten, verschont niemand.

Selbst Gott als absolute Instanz wird nicht geschont, ganz im Gegenteil, der »Herr der Heerscharen« verwandelt sich durch direkte Ansprachen zum eigentlichen Erzählauslöser, dessen Einrichtung der Welt und der Charaktere letztlich verantwortlich für das dargestellte Geschehen – und auch die Art der erzählerischen Darstellung ist: »In Anbetracht, dass man sich mitten in den Kriegen des Königs Fritzen befand, und Geld rar war, Kost, Licht und Feuerung auch nicht jedermann vom Heiligen Römischen Reiche garantiert wurden – hätte sich der Magister für den undankbarsten Kostgänger des allgütigsten Herrgotts erachtet, wenn nicht *darob*, nämlich über die Verweisung an den Herrn Klosteramtmann, sich über einem Murren betroffen hätte. Herr Gott, wo bliebe Dein Titel Zebaoth, Herr der Heerscharen, wenn Du allen Deinen Kostgängern das Gemüte gegeben hättest, ihr Tischgebet und ihr Nachtgebet so zu sagen wie Dein letzter Magister und Quintus von Amelungsborn, der alte Buchius? Du hast es nicht getan, und so ist es nicht meine Schuld, wenn auch diese Historie einmal wieder zum größten Teil vom Gezerr um die Brosamen handelt, so von Deinem Tische fallen, Herr Zebaoth.« (20)

Raabe entwirft in *Das Odfeld* eine eigentümliche Theodizee, die fast einer kompletten Dekonstruktion aller Sinnebenen gleichkommt. Heinrich Detering hält den Roman denn auch für eine »säkularisierte und keine Erlösung erwartende Paraphrase der biblischen Apokalypse(n)«.[7] Selbst Gott ist dem Signifikantenspiel und der Wiederholung des Schlachtens unterworfen, der »Herr Zebaoth«, der Herr der Heerscharen, bloß eine weitere Relation im Zeichen- und Zitatenfeld.

Der Krieg, als Zustand des Mordens, der Vernichtung und des Kampfes aller gegen alle, der Plünderung noch des letzten Fetzens an Sinn, kann durch keine Erzählung, durch keine Interpretation mehr sinnhaft aufgehoben, umgedeutet oder gebändigt werden. Das zu zeigen, den Wirbel der Erzählung so anzufachen, dass er alles mitreißt und am Ende, wenn sprichwörtlich der Raabe als Rabe, der Autor / das Tier, das ebenfalls verwüstete Zimmer des Magister Noah Buchius verlässt, um die Grenze des Romans durch den Fensterrahmen zu verlassen, um aufs ›Odfeld‹ – nun ein Totenfeld – zu fliegen und die Toten zu essen, die dieser Tag gekostet hat, ist die eigentliche Stärke des Raabe'schen Erzählens. Kein Trost bleibt. Nur Selbstverschlingung. Naturraum, Geschichte, Bücher, alles wird verzehrt, selbst das Schreiben darüber erscheint plötzlich als kannibalistischer Akt, der sich im Einschmuggeln des phonetisch namensgleichen Wappentiers Raabe/Rabe, selbstthematisiert.

Das Odfeld als genreübergreifender Sprengtext

Wenn ich oben gesagt habe, die Verwirrung im Feld konkurrierender Interpretationen von Zeichen (also das Lesen der Welt), die begriffliche Unfassbarkeit des *Odfeld* umfasse sämtliche Ebenen, so beginnt dies bereits mit der Zuordnung zu einem Genre. *Das Odfeld. Ein Erzählung*, so Titel und Genre, sprengen das Genre des »historischen Romans« – auch wenn der Leser scheinbar genau diesen präsentiert bekommt: im Katalog der Feldherren beider Heere, in Andeutungen der historischen Verwicklungen dieses europäischen Kontinentalkrieges, wie es eigentlich für den Illusionsraum realistischen Erzählens typisch ist.[8]

Dem Text vom *Odfeld* ist ein Vorspruch vorangestellt:

> So ist es also das Schicksal Deutschlands immer gewesen, daß seine Bewohner, durch das Gefühl ihrer Tapferkeit hingerissen, an allen Kriegen teilnahmen; oder daß es selbst der Schauplatz blutiger Auftritte war. Daß, wenn über die Grenzen am Oronoco Zwist entstand, er in Deutschland mußte ausgemacht, Canada auf unserem Boden musste erobert werden.
>
> *Holzmindisches Wochenblatt*,
> 45. Stück, den 10. November 1787

Diese Widmung perspektiviert das folgende Geschehen. Räume, das Nahe und Ferne, verschränken sich in diesem Paratextkommentar durch den gewaltsamen Gang der Geschichte. »Canada«, historisch korrekt als Metonymie für den Krieg um die östlichen Teile des Nordamerikanischen Kontinents zwischen den Weltmächten Frankreich und England aufgerufen, wurde in der Tat während des Siebenjährigen Krieges mit auf deutschem Boden erobert, in einem Stellvertreterkrieg, um die feindlichen Truppen auf dem europäischen Kontinent zu binden. Auch gibt uns der Autor hier bereits versteckte Hinweise, wie er an seine Geschichte gekommen ist, und wie persönlich sie wird, stammt das Motto doch aus einem Aufsatz seines Großvaters, klammern so die Zeitgeschehen und Biografie zusammen.[9]

Der führende deutsche historische Erzähler seiner Zeit, Gustav Freytag, forderte »Historische Wahrhaftigkeit« für die »gedeihliche Behandlung« geschichtlicher Stoffe – und zunächst scheint sich der Autor Wilhelm Raabe auch daran zu halten, indem er sich an den impliziten Leser wendet – so wie es den Lesegewohnheiten der damaligen Zeit entsprach und für das Genre des historischen Romans den üblichen Zugriff darstellte. Raabe kündigt ebenfalls noch sehr klar an, worum es ihm geht: er benennt den Siebenjährigen Krieg als das zentrale Thema seiner Ausführungen, womit er die Ebene der Diegese in die der anschließend kommentierenden und bewertenden Geschichtsschreibung überführt. So erwähnt er, wie der Magister Buchius »im Jahre siebenzehnhunderteinundsechzig« (8) »im währenden Siebenjährigen Kriege durch vorgeschobenes Gerümpel sein möglichstes getan hat«, Bild und Grabstein eines seiner »Ahnherrn« (11) zu schützen.

Doch zerstört der Autor die Grenzen seines gerade erst im Entstehen begriffenen fiktionalen Universums einer historischen Erzählung gleich wieder, wenn er nämlich seine eigene Schriftsteller-Biografie aufruft und schreibt: »Will man die Geschichten, die ich hiervon erzählen kann, anhören, so ist es mir recht. Wenn nicht, muß ich mir das auch gefallen lassen und rede von den alten Sachen, wie schon recht häufig, zu mir selber allein. Ist nämlich unter Umständen auch ein Vergnügen […].« (7) Raabe, so steht hier unverblümt, ist sich dessen bewusst, dass er seit seinen Anfangserfolgen als Romancier, einen Großteil seiner Leserschaft verloren hat; und dass er historisches Erzählen als dynamisches Verwirrspiel zwischen Genealogie, historiografischer, historischer und persönlich-poetischer Reflexion inszeniert.

Der Dichter, im Umgang mit seinem Material durchaus frei und den Raum der Imagination tagtraumähnlich gestaltend, hat in Bezug auf seinen Gegenstand, die Geschichte, die Augen offen zu halten. Zwar gleicht der Zustand der Inspiration, wenn man »an alten Pergamenten lauscht« dem freien Fantasiespiel des Schlafenden oder des Kindes, das an der Muschel lauscht und sich Geschichten von fernen Gestaden ausdenkt; »zum Weitergeben an andere«. »Auch in dieser Hinsicht beschert es der Herrgott den Seinen nicht selten im Traum; und es ist oft nicht das Schlechteste, was so den Lesern zufällt – und auch dem Geschichts- und Geschichtenschreiber, falls er nur nachher eben bei seinem Niederschreiben die Augen offen und die Feder fest in der Hand behalten hat.« (5 f.)

Am Anfang des Textes findet sich auch eine über die ersten drei Seiten reichende, sich nicht als bloßer Topos der Bescheidenheit zu verstehende gleichgültige Haltung, die der »Historiograph« (9) gegenüber seinem Publikum einnimmt. Raabe, der Autor, der Historiograf und literarische Erzähler, finden sich ab, vielleicht »zu [sich] selber allein« (7) zu sprechen, oder »leider mehr als einen und eine« der Leser wegen der schon bekannten »Unlust« (9) beim Lesen seiner früheren Bücher zu verlieren. Raabe bekennt selbstbewusst seine »Vorliebe für das, was Abziehende als gänzlich unbrauchbar und im Handel der Erde nimmermehr verwendbar hinter sich zurückzulassen pflegen« (17), Menschen also, die die Geschichte, wie auch das Schulamt, längst als obsolet aufs Altenteil verabschiedet haben. Menschen, wie den im Zentrum der Handlung stehenden alten »Magister Buchius«, an dem der »Kriege aller gegen alle« (105), der, metaphorisch verschränkt, erst als ›Rabenschlacht‹ am Vorabend, und dann als ›Bataille‹ des Siebenjährigen Krieges »mitten im dicksten Weser- und Weser-Berg-Nebel« (113)

am 5. November, erst in der Tier, dann in der Menschenwelt, gezeigt wird. Und zwar an zwei Orten: an dem zentralen Handlungsort, dem »Wodans Felde« (103), von dem Buchius einen verletzten Kombattanten, einen Raben, den »geflügelten Kriegsmann« (103), rettet. Und in seiner Stube, wo dieser temporäre »Hausgenosse« dann des Magisters Zelle, seine Bücher, Karten, sein kleines Heimatmuseum aus archäologischen Fundstücken genauso heimsucht und hinterlässt wie die Soldateska das »zerzauste, zerstampfte Götter-, Geister- und Blutfeld« (206). Durch diesen Schlachttag – der nicht zum Erzählen historischer Größe oder gar einer geschichtsphilosophischen Bestimmung taugt, wie der seit 1872 jährlich um den 2. September wie ein Nationalfeiertag begangene Sedantag[10] – führt der Magister als skurriler Heros, eine kleine Kerngruppe von Menschen, um sie vor dem Tod zu bewahren. Das gelingt auch, bis am Ende der ehemalige Schüler, Thedel von Münchhausen, sich doch noch in die Schlacht wirft und den Tod findet. Und nicht wie in seiner jugendlichen Fantasie gewünscht als bedeutender Held – sondern schlicht als weiteres Opfer in einem längst unbedeutend gewordenen Manöver, das dem Schlachttag keine Relevanz mehr verleiht.

Geschichte als Zeichen

Das Odfeld ist Zeichenkrieg. Raabes wichtiger, schon oben zitierter auktorialer Paratext, ein Brief an Elischer, in dem er betont, es gebe »vom Titel bis zum Schlusswort keine Zeile in dem Werk, die nicht dreimal im Feuer und auf dem Amboß gewesen sei«,[11] ruft das Bild vom Satz als einer gut geschmiedeten Waffe auf. Und diese scharfen Messer, Schwerter, Äxte, Piken, Bajonette stechen: »Heute«, des Autors Zeit, ist auch »heute«, der 4. und 5. November des Jahres 1761 »mitten im dritten schlesischen Krieg«, und dieses (wie jedes) ›heute‹ fällt mit dem ›Gestern‹ zusammen, »vor hunderttausend Jahren« (10), Unterschiede gelten nur bei »der Zeitenfolge und im Kostüm« (103).

Geschichte als großer Lärm, als Todeszeichen auf Körpern und in der Landschaft, als Heldenwunschmaschine. Es kommt im Zeichengewitter auf die Perspektive an. Wer hat im Kriegsgewirr noch Würde? Am ehesten kommt diese dann tatsächlich dem Magister zu und seinem »Helden«, dem die Kampagne auf preußischer Seite leitenden Herzog Ferdinand von Braunschweig – aber auch diesen beiden wird eine Gesamtschau, eine übergeordnete Perspektive abgesprochen, sie sind genauso hilflos dem Schrecken unterworfen wie der Rest der Menschen in der Bataille. »Ein vergeblicher Bluttag« (174), das ist, so lässt Raabe den Herzog resümieren, der 5. November 1761. Ironie schlägt in Resignation um. Nicht alle sind uneinsichtig. Das Herunterbrechen des Geschehens in die Charakterperspektive macht hier den Feldherren menschlich. Aber was nützt das?

Auch Noah Buchius, der Buchmensch mit dem Vornamen des Archebauers, kann sich mit all seinem Wissensvorrat, seiner gutmütigen Gelehrsamkeit keinen Überblick schaffen, ist nicht der Herr über die Erzählungen – und schon gar nicht über das Geschehen. Raabe inszeniert an ihm, Buchius – der wegen seines Erscheinungsbilds mit einem Raben verglichen wird, und also halb-ironisch, auch für eine weitere Spiegelfigur des Autors gehalten werden kann –, den Verfall des Souveräns über das Erzählen und das Deuten historischer Ereignisse, er ist, als halb-emiritierter, halb von der Welt vergessener Pensionist, der Betreiber eines inoffiziellen Heimatmuseums und ausgestattet mit einer unsystematischen Bibliothek, ein ironisch ausgestellter, passiver Held. Ein Noah, der der Sin(n)tflut nicht gewachsen ist. Ein Buchmensch ohne Überblick. Ein(e) Baucis ohne liebenden Philemon.[12] Ein Lehrer ohne Klasse. Ein kleiner, vergessener Rabe?

Bis zuletzt kann man als Leser bei der Lektüre des *Odfelds* ob der Decodierung all dieser möglichen Verweise entweder verzweifeln oder sich einem fast perversen ästhetischen Genuss hingeben. Mit feiner Ironie und dem Witz des Autors, der sich ja über den Symbolvogel des verletzten Raben selbst in den

Text einschreibt, wird *Das Odfeld* zum Vorboten-Text der Avantgarde schlechthin, der das kulturelle Gedächtnis seiner Zeit – repräsentiert als von Buchius zufällig zusammengestellte, eklektische Bibliothek und als privates Heimatmuseum – infrage stellt: Der Rabe zerstört in der Abwesenheit des Magisters seine Texte, seine Zeichensammlung, er scheißt, wortwörtlich, auf die gesammelte Natur- und die Kulturgeschichte. Wozu Literatur? Die Antwort ist Kot.

Die Wiederholung der Geschichte begründet dabei genau die Struktur der Weissagung, denn der Geist kann die Zukunft deshalb voraussehen, weil sie nur das von ihm erforschte Gesetz der Vergangenheit weiterführt. So kann das historische Ohr des Erzählers »im Getöse des Tages« (12) das Prinzip der Geschichte erkennen, da dieser Tag »immer morgen auch schon hinter uns liegt, als ob er vor hunderttausend Jahren gewesen wäre« (12), folgert Ulrich Kinzel in seinem prägnanten Überblicksaufsatz *Raabes ›Das Odfeld‹*.

Geschichtsphilosophisch würden wir dann hier mit der immer wieder das Erzähl-Geschehen kommentierenden Erzählerfigur eine Perspektive des Überzeitlichen annehmen, eine Perspektive des Schwebens aus der Ewigkeit, das den Vergleich aller Zeiten ermöglicht. Kristiansen hat so argumentiert, dass Raabe Geschichte in »universale, metaphysisch begründete Grundbefindlichkeiten des menschlichen Seins« überführt.

Das würde der Brisanz des Raabe'schen Erzählens aber nicht gerecht, denn es gibt in seiner Erzählung weder diese überparteiliche, von Handlung und Erzählung nicht mit ins Geschehen gerissene Perspektive und dementsprechend auch kein sinnstiftendes Subjekt der Geschichte.[13] Diese schlägt um und zurück in Gestalt des Bestialischen.

In der Mitte der Erzählung, als Buchius seine kleine, unfreiwillige Nuklearfamilie von Exilanten in die Ith-Höhle geführt hat, gibt es eine Pause. Dort, im Dunkel, sitzen die fünf beisammen, und füllen die plötzlich entstandene Blase aus Zeit mit ihren Erzählungen, sodass zwar die Haupthandlung in der narrativen Pause verharrt, sich aber gleichzeitig ein neues Knäuel an Geschichten aufrollt und neue Bedeutungsfäden sich verwirren. Das Gewirr aus Motivationen, Absichten, Ideen und Stimmungen, das hier hörbar wird, erinnert an ähnlich aufgebaute Erzählwerke, in denen Krieg oder Krankheit heterogene Charaktere auf engem Raum zusammenschmiedet: sowohl an Goethes Novellenzyklus *Unterhaltungen deutscher Ausgewanderter*, in der sich während der Wirren der Französischen Revolution eine altersmäßig ähnlich gemischte Gruppe zusammenfindet, als auch an Boccacios *Decamerone*, in deren Rahmenerzählung eine Gruppe junger Menschen vor der Pest flieht. Man kann die Höhlenepisode mit Helmut Mojem als ›Erzählwettstreit‹ in der »Spukszene im Keller« (158-169) sehen, sie als Umkehrung von Platons Höhlengleichnis oder den Abstieg in die Höhle regressiv interpretieren, wenn man die Höhle als Vagina oder Gebärmutter liest. Der Text nennt die Ith-Höhle auch explizit »eine unansehnlich enge Spalte im Gestein« oder bezeichnet sie als »Bäuche der Erden«.[14] Mundraum, Bauchraum, Genitalraum. Was auffällt ist die Konstruktion einer Körperlichkeit, die mehrere Lesarten aufruft, sie auf- und übereinander stapelt. Im Bauchraum der Höhle betreten wir als Leser auch die »Eingeweide der Erde« (152f.). Alle Erzähler, auch der auktoriale Erzähler (und Inszenator) des *Odfelds*, perspektivieren – und sie perspektivieren jeweils anders, ganz situativ. Als Thedel, der Möchtegern-Krieger, der in der Höhle versucht an seine Liebste, die Jungfer Fegebanck, heranzukommen, als Erster wieder an die Oberfläche kriecht, stößt er, Reminiszenz an die Traum-Erzählung von der französischen Konkurrenz beim Fräulein, und in den Sprechakt gewanderter Vorgang der Ausscheidung aus dem Erdleib und dessen Magen-Darmtrakt, ein »Merde!« (170) aus. Mund und Anus, Anfang und Ende der Verwertungskette der Nahrungsaufnahme, verschlingen sich, eine textliche Signifikantenwanderung wie eine Kamerafahrt in einer Videoinstallation von Pippi Lotti Rist. Die Akte des Essens, des Kotens, Einverleibens, Ausscheidens sind aber noch viel enger miteinander verschränkt, sie nehmen kannibalistische Züge an.

Denn schon als sie in die Höhle hineingekrochen waren, und den vom Schlachtfeld mitgenommenen Brotbeutel eines Gefallenen öffnen, murmelt der Magister auf die Frage, ob er etwas Essbares gefunden habe: »Alles blutig! Alles voll Blut!« (154) Selbst der Laib Roggenbrot im Beutel ist davon durchtränkt. Es wird ein pervertiertes Abendmahl geboten.

Anfang und Ende – die Apokalypse der Zeichenleser

Das Bestialische verzahnt auch das erste Ereignis – die Rabenschlacht und die Errettung des verwundeten Streiters – mit dem Epilog. Der Schluss der Erzählung isoliert Noah Buchius wieder, führt ihn zurück in sein Zimmer, das zwar, anders als er vermutet, nicht von marodierenden Truppen aufgebrochen aber dennoch verwüstet ist: Der Rabe, den er am Vorabend als Verwundeten der Rabenschlacht auf dem Odfeld aufgelesen, gefüttert und gepflegt hat, hat sich über die kleine Kammer hergemacht, die Bücher zerfetzt, das in seinen Mußestunden mit viel amateurhafter Liebe zusammengestellte Heimatmuseum, das »Raritätenkabinett« aus Funden aller Zeiten aus der Umgebung verstreut und aus den Gestellen gerissen. Der »Freund« und »Gast« wird beschimpft, sein Füttern ist zum Kannibalismus an der Schrift, an den Sinnzeichen des kleinen Magisterraums geworden, er, der Vogel, verändert sich vom »Gastfreund« zum »Gespenstervogel«, er wird nun beschimpft wie ein Kind oder ein Hund, der unbedarft seine Notdurft verrichtet hat, den Kot der Geschichte als der »wilde, schwarze Bote und Streiter Wotans« im Raum hinterlassen hat, eh er nun, durch das butzenscheibenbewehrte Fenster der Magisterstube wieder auf das Feld seines Gottes Wodan, oder Odin, fliegen darf – keine Walküre aus Walhalla, sondern, dies ist von der Erzählung mehrfach angedeutet, als gewöhnlicher Aasvogel, als Kannibale.

Hugin und Mugin, die beiden Raben, Boten Wotans in der altnordischen Mythologie und also Wappentiere des »Campus Odini«, des »Wotan Feldes«, hatten die Aufgabe, Nachrichten von den und an die Sterblichen zu senden, zu beobachten und zu berichten. Vögel als Zeichen verbinden den Himmel und die Erde, ihr Flug wird zu einem komplexen System in der römischen Vogelschau, in den germanischen Prophezeiungen, sie sind Boten der Götter und zugleich Vorzeichen, ein ›prodigium‹ des Schicksals.

Dieser Vogel, von dem der Leser, wie der Magister, annahm, er würde sich als Geretteter dankbar verhalten, hat sogar noch den »Todes-Boten«,[15] das merkwürdige Buch des Theodoro Kampf (was für ein Gottesgeschenk!), gefressen und gefleddert – zeichentheoretisch ein Akt der Selbstzerfleischung, des Auto-Kannibalismus: der Rabe als Todes-Bote frisst sein eigenes Buch. Er hat sich von jeder sinnhaften Zuschreibung befreit. Am Ende der Erzählung wird der Vogel wieder zum Tier: »das Tier setzte seinen Willen durch. ›Fahre zu‹, ächzte der Greis, das Fenster öffnend und seinem dunklen Gast den Ausgang aus seiner Zelle freigebend. »Ich weiß nicht von wannen du gekommen bist, ich weiß nicht wohin du gehst.«[16]

Das »Odfelde« soll vom Raben besucht werden – aber welches Feld? Das Schlachtfeld, der topografische Raum oder der Text der Erzählung?

> Aber gehe denn – in Gottes Namen – auch nach dem Odfelde. Im Namen Gottes, des Herrn des Himmels und der Erden, fliege zu, fliege hin und her und richte ferner aus, wozu du mit uns andern in die Angst der Welt hineingerufen worden bist.[17]

Die Sprachzeichen sind selbst pragmatisch nicht eindeutig zu bestimmen, es könnte alles drei gemeint sein. Symbolisch würde so alles gefressen: der Text, der geschichtliche Raum, die

Welt und die Leichen darin. Ist dieser Wunsch ein letzter Gruß, ein Abgesang auf die vergebliche Ästhetisierung und Ordnung der Welt? Bestimmt dieser Abgesang das ganze Buch? Was ist die »Angst der Welt« – diese merkwürdig schreckenerregende Formulierung, aber auch leere Metapher, in die wir da nach Buchius' Meinung hineingerufen sind. Ein Text über Texte, ein letztes Reibungszeichen der Fassungslosigkeit?

Als Leser bleibt man verwirrt zurück und schlägt ermüdet das Buch zu, wo Magister Buchius, ebenso erschöpft, gerade das Fenster geöffnet hat und den Raben zum Kannibalisieren ins Feld geschickt hat. Die Zeichenschlacht ist geschlagen. Übercodiert ist das Odfeld, kaum mehr lesbar. Kein Sinn ist zu finden, selbst wenn man Bedeutung gesucht und gefunden hat, alle Anspielungen durchgelesen und verstanden, dann findet man mit dem Raben (und dem Autor) am Ende nur Leichen, die Zeichen der Schlacht; und der Rabe verschlingt sie, gefangen im weiteren Kreis von Aufnahme und Ausscheidung; ist auch das Lesen nur zum Verschlingen verdammt, führt Lesen zu nichts? Selbst Gottes Namen muss »im Namen Gottes« wiederholt und präzisiert werden, damit es klar wird, dass der Bibelgott gemeint ist. Plötzlich werden alle Leitmotive, alle Variationen, alle Wiederholungen in der Erzählung vom *Odfeld* – und in Raabes Werk – zu mehr als bloß musikalisch-kompositorischen Aspekten oder Stilmitteln. Sie sind die Essenz eines Schriftstellers, der, bei aller Sprachgewalt, eben nicht mehr umhin kann, zu zweifeln, den vergeblichen Wurf allen Erzählens auszustellen; alles ist durchgespielt, alles hinterfragt. Nach der Schlacht, nach der Lektüre, dieser Sintflut aus Zeichen, bleibt von der Schöpfung nur noch Erschöpfung; und Buchius macht das Fenster auf.

Was bleibt?

Nicht etwa die Eule der Minerva beginnt ihren Flug in der Dämmerung. Der Ra(a)be fliegt hinaus. Was bleibt ist Angst.

Und vielleicht auch die einzige im Text *Das Odfeld* nicht wörtlich aufgerufene Lesart des titelstiftenden Handlungs-Ortes im Raum: die Vorsilbe Od-, verweist sie doch etymologisch im Alt-Germanischen auf das Konzept des »Eigentums« – und eigentümlich, fast singulär, ist Raabes Erzählung allemal. Sie schreibt sich in das ein, was Hans Blumenberg einmal als ›Arbeit am Mythos‹ bezeichnet hat. Nur gilt für das Raabe'sche Erzählen, dass es nicht daran glaubt, dass man Geschichte (so wie den Mythos) zu Ende schreiben kann, um so zu größerer Aufgeklärtheit über sich selbst und die Möglichkeiten des Menschseins zu gelangen. Geschichte ist, wie der Mythos, eine Kollektiverzählung, ihr Schreiben immer eine Illusion. Raabe entlarvt ihren Schein, ihre scheinbare Rationalität, er kontrastiert die Perspektiven der Feldherren und Opfer – er konstatiert das Fehlen des Sinns. Kein Plan geht auf, Zufall, Wetter und Versagen entziehen dem Mythos vom Siebenjährigen Krieg und seinem »Großen Fritz« als genialem Lenker und deutschem Helden den Boden. Geschichte geht einfach nur immer weiter, und die Gewinner sind Aasfresser. Verwunderlich – und unbehaglich –, dass 1943 auf Betreiben des Propagandaministeriums *Das Odfeld* als Sonderdruck und Soldatenbeigabe wieder auf neuen Schlachtfeldern landete. Von Goebbels Schergen wird Raabe zum Nationalautor erhoben, dabei verweist Raabes Verständnis von deutscher Nation auf die Kultur-Nation. Auch darauf kann man sich keinen Reim machen, oder eben genau den: ›Helden‹ werden nicht zur Geschichte geboren, sie werden codiert, sie werden zu ›Helden‹ gemacht. Und das Erzählen ist daran nicht unschuldig. Zivile Kultur ist schwierig; das Sterben für eine militaristisch-nationalistisch geprägte Kultur dagegen ist einfach, und auch Literatur ist nicht ›gut‹ per se; auch Dichtung lügt; denn all dem »dulce et decorum est / pro patria mori«, das als verkürztes Horaz-Zitat bereits die Zöglinge der Militärakademien des Preußenkönigs vom Sterben überzeugen sollte,[18] muss man sich als Leser wie als Autor immer wieder auf dem Schlachtfeld der Zeichen stellen. Zu allen Zeiten.

Nicht bloß wird im *Odfeld* vom Krieg erzählt und seine Feldzeichen gezeigt und aufgelesen, der Text ist selbst ein Zeichenkrieg, eine Interpretationsschlacht, ein Gewaltmarsch mit seinen Akteuren, die viel mehr uns Lesern gleichen, je mehr wir sie zu verstehen meinen, in ihrer und unserer Ohnmacht.

Raabes *Odfeld* erweist sich als Text der Verweigerung. Die Sicherheit, die Autoren – und zwar nicht allein Unterhaltungsromanschreiber – ihren Lesern bieten wollen, indem sie diese in eine Welt eintauchen lassen und Sinnangebote macht, die nach bestimmten, nachvollziehbaren Regeln funktionieren – diese Sicherheit verweigert uns Wilhelm Raabe bis zum Schluss.

Der Rabe wird aufgefordert, erneut ins »Odfeld« zu fliegen. Von einem Ankommen wissen wir nichts; das Ende bleibt offen. Die Zeit steht still.
Der Raabe'sche Rabe fliegt einfach weiter: durch die Jahrhunderte, durch den Sturm aller Interpretationen hindurch.

Epilog

Meine eigene Arbeit ist eng mit Raabes ästhetischer Verweigerung guter Enden und der bequemen Sicherheit traditionellen Erzählens verbunden. Am Ende meines ersten Romans, *Der kurze Traum des Jakob Voss*, stand ein taumelndes Küken für die Apokalypse der Vogelgrippe und das Ende aller sozialutopischen Träume des Protagonisten, eines gescheiterten Bürgermeisters, der seine politischen Ambitionen als Betreiber einer Entenfarm genau für ein Jahr weiterzutreiben vermag. Der politische Subtext, die Absage an alle illusionären (wahnwitzigen) Untertöne der »Machbarkeit von Geschichte«, wird durch die Analyse der sprachlichen Zurichtung begleitet. Der Voss-Roman erzählt, wie aus Tieren, wie aus Lebewesen eine Güteklasse wird, wie sehr das industrielle Töten ins geheime Zentrum unserer ach so zivilisierten Gesellschaft eingeschrieben ist; das Thema der Manipulation und der Zurichtung hat mich auch in meinem zweiten Roman umgetrieben, welcher der Inszenierung beim Erzählen von Geschichte nachspürt. *Träumer und Sünder* handelt von dem Versuch eines fiktiven deutschen Hollywood-Tycoons, der einen Film über Hitlers größten Propaganda-Coup, den sogenannten »Gleiwitz-Vorfall«, produziert. Es geht um die historische Geheimoperation der SS, die, verkleidet in polnischen Uniformen, den deutschen Radiosender Gleiwitz überfallen und zum Beweis einen polnischen KZ-Häftling ermorden, Franz Honiok, und ihn als »Konserve« ablegen, zum Beweis und als Rechtfertigung des lange geplanten »Blitzkriegs«. Der Zweite Weltkrieg begann, unter dem Label Unternehmen Tannenberg, mit einer riesigen Lüge. Honiok ist der erste Tote des Zweiten Weltkriegs. Wie kriegerisch und verstörend Kampagnen im Filmgeschäft sein können, darauf zielen die Gespräche im Dialogroman *Träumer und Sünder* ab, der alte Produzent, Helmut Erlenberg, versucht zwischen Kunst, Kommerz und Manipulation Position zu beziehen. Von Kampagnen ganz anderer Art handelt mein dritter Roman, *Parker*, in dem sich ein aufstrebender junger deutscher Politiker, Mahler, der das Ziel hat, der deutsche Macron zu werden, die Hilfe eines international gefragten Politikberaters und Rhetoriktrainers sucht. Spuren der Reaktion auf Raabe'sches Erzählen, eine Auseinandersetzung mit gescheiterten Träumen und der Gewalt, dem man fast nur ironisch das Buch und die alten Geschichten entgegenhalten kann, finden sich auch in meinem vierten Roman, der gerade fertig wird. *Die Sprache der Sonne* ist wie *Das Odfeld* eine Auseinandersetzung mit dem Genre des historischen Romans, der in den 1930er Jahren in Istanbul unter deutsch-jüdischen Exilanten spielt und deren Einfluss auf die Modernisierung der jungen türkischen Republik untersucht. Dabei geht es auch um eine Reflexion auf die Zusammenhänge von Sprache und dem, wie wir unser Leben führen, da es teilweise aus der Perspektive eines deutsch-österreichischen nationalkonservativen Journalisten geschrieben ist, der als Hagiograf Atatürks vom Völkischen Beobachter nach

Istanbul gesandt wird, und dann Realität und Propaganda aneinander hinterfragen lernt.

Nicht nur im Leben, auch im Erzählen lauert hinter der Fassade der Abgrund. Nicht allzu schnell naiv hineinzufallen auf das vermeintlich ›Gute‹, dazu müsste man Literatur, und auch das Erzählen, immer als Provisorium begreifen; als Analyse, als Schutz, als Raum, in dem man Erfahrungen machen kann und erst danach, genauer informiert, Wege entwirft, wie man mit Widersprüchen lebt, und die Katastrophe, die kommt, vielleicht doch noch verhindert; das könnte eine Spur für Leser sein, die Raabes Bücher lieben – und vielleicht auch Lust haben, meine Texte zu lesen. Man könnte es den Versuch einer literarischen Ethik nennen. Oder – in Raabes Fall – einfach ein Wirbelspiel auf der Suche nach Halt in guter Literatur.

Anmerkungen

1 Vgl. Helmut Lemprecht: Studien zur epischen Zeitgestaltung in Wilhelm Raabes Roman »Das Odfeld«, Frankfurt a. M. 1958.
2 Wilhelm Raabe: Das Odfeld, in: ders.: Sämtliche Werke [Braunschweiger Ausgabe], im Auftrag der Braunschweigischen Wissenschaftlichen Gesellschaft hg. von Karl Hoppe und Jost Schillemeit, Bd. 17, Göttingen 1966, S. 22.
3 Johann Gustav Droysen: »Die Geschichte ist das Bewußtwerden und das Bewußtsein des Menschen über sich selbst.« Ders.: Grundriss der Historik, Leipzig 1868, S. 37.
4 BA, Bd. 17, S. 414. Wenn Raabe hier über ›Weihnachtsgeschichten‹ spricht, greift er auch die äußerst beliebten und fast sofort ins Deutsche übersetzten Weihnachtstexte von Charles Dickens an, die viele Nachahmer im deutschen Raum gefunden haben. Mit dem ›Feuilletonroman‹ zielt er gegen die im Zuge der Eugène-Sue-Manie (*Die Geheimnisse von Paris*), durch ihre Veröffentlichungspraxis immer mehr auf Kolportageeffekte und billige Spannungsmomente setzenden Unterhaltungsromane seiner Zeit, die oft als serielle Fortsetzungsromane erzeugt wurden.
5 In Georg Lukács' zentralem Werk *Der historische Roman* gibt es lediglich einen, sich über vier Seiten erstreckenden Eintrag zu Wilhelm Raabe, und er wird von einer Metapher des historisch-gesellschaftlichen Bedeutungs-Verfalls des historischen Schreibens im Kontext

der deutschen Nationalliteratur eingeleitet: »Es ist klar, dass die vorwärtsweisenden Übergangserscheinungen in Deutschland unmöglich eine mit (Anatole, MG) France auch nur vergleichbare historische Weitsicht und Progressivität haben konnten.« Raabe wird von Lukács stattdessen als Beispiel gegen diese Niedergangstendenz des historischen Romans nach der gescheiterten 1848er Revolution angeführt, dem Autor wird sogar attestiert: »im Lebenswerk dieses Schriftstellers spielt die historische Thematik nur eine episodische Rolle«. Auch Marxisten irren sich manchmal.

6 Dahn, ein Historiker, lässt seinen Roman über die Völkerwanderung aus der Untergangsperspektive der Ostgoten mit einem ›Gedicht‹ enden, als der letzte König, Teja, auf ein Schiff getragen wird: Gebt Raum, ihr Völker, unsrem Schritt. | Wir sind die letzten Goten. | Wir tragen keine Krone mit, | Wir tragen einen Toten. Viele Kritiker versuchen das als Warnung an das neu gegründete Kaiserreich zu sehen, dass ein germanisches ›Volk‹ nach verheißungsvollem Anfang vergeht – die Helden- und Heldentodverklärung des Buchs macht aber auch deutlich, dass es um Anknüpfung an alte Geschichte, ein Einschreiben der neuen Nation in heldische Muster und ein völkisches Verständnis von Geschichte geht. Aber das scheint zu kurz gegriffen. Dahn, ein wichtiges Mitglied des einflussreichen und extrem nationalistischen Alldeutschen Verbands, stand auch hinter der Errichtung des Völkerschlachtdenkmals in Leipzig, dessen Eröffnung im Jahr 1913 er, verstorben 1912, gerade nicht mehr erleben konnte. Dahns ebenfalls an der Nacherzählung heroisch-sinnstiftender Germanenmythen interessierte Lyrik zeigt immer wieder das kriegerisch unterfütterte Sendungsbewusstsein des nun mythologisch mit der Größe Theoderichs verglichenen Deutschen Reiches, in dem der Deutsche nun, als Erbe der germanischen Götter, soweit Thors Hammer fliegt zur Landnahme berufen sei.

7 Heinrich Detering: Apokalyptische Bedeutungsstrukturen in Raabes »Das Odfeld«, in: Jahrbuch der Raabe-Gesellschaft 1984, S. 87-98, hier S. 88.

8 Vgl. etwa James Fenimore Cooper: The Last of the Mohicans oder Sir Walter Scott: Waverly.

9 »Dieser Aufsatz ist 1787 von ihm geschrieben worden und 1887 habe ich mein Buch geschrieben: so haben sich Großvater und Enkel gerade nach hundert Jahren auf Einem Blatt literarisch zusammengefunden!« BA, Ergänzungsband 2, S. 306.

10 Der Sedantag erinnerte an die Kapitulation der französischen Armee am 2. September 1870, in der preußische, sächsische und württembergische Truppen nahe der gleichnamigen französischen Stadt den französischen Kaiser Napoleon III. gefangen genommen hatten; die Schlacht galt als entscheidender Sieg im Deutsch-Französischen

Krieg von 1870/71. Anlässlich dieses Tages wurden ab 1871 im Deutschen Kaiserreich an zentralen Plätzen Siegesdenkmäler errichtet, an denen dann am Sedantag öffentliche Kundgebungen stattfanden und nationalistische Reden gehalten wurden.
11 BA, Bd. 17, S. 414 (an Elischer am 27. 1. 1889).
12 Wie die von Detering und Helmuth Mojem (Der zitierte Held. Studien zur Intertextualität in Wilhelm Raabes Roman »Das Odfeld«, Tübingen 1994) beispielsweise als eine der vielen Erzählspuren zitierte Unterweltsassoziation, wenn Thedel von Münchhausen – der durch seine Assoziierung mit dem Buchmenschen lange verhinderte Held – Aristophanes' Komödie *Die Frösche* als Zitat aufruft und den oberirdischen Kanonendonner der französischen Geschütze imitiert: »Brekkekek, brekkekek, Koax, Koax!« Der Handlungsort wäre dann der Hades, so ordnet Mojem den Aristophanes-Bezug ein. Meta-Ironie, verspielter Pennälerwitz, traurige Vorausdeutung. Mojem möchte dem ›unendlich viel‹ entgehen – ich den unendlich vielen neueren Dissertationen; aber ich denke, Hahne sieht Raabes ›Einrichtung‹ des Textes korrekt: Es geht um das Zuviel, die Verwirrung durch Zeichen und Zitate, nicht um Dissertationen zu erzeugen – sondern um eine Leseerfahrung zu erzeugen, die dem dargestellten Kriegszustand und seiner perspektivischen Überforderung gleicht.
13 Killy, Kinzel, Dittmann, Ullrich und andere haben gezeigt, dass es Raabe nicht um eine mythische Enthistorisierung geht, sondern eher um eine Kritik der Hegel'schen Perspektive eines alle Fakten, Daten, Ereignisse integrierenden, interpretativ zusammenfassenden absoluten Geistes.
14 BA, Bd. 17, S. 145.
15 »Der wunderbare Todes-Bote oder Schrift- und Vernunftmässige Untersuchung Was von den Leichen-Erscheinungen, Sarg-Zuklopfen, Hunde-Heulen, Eulen- und Leichhüner-Schreyen, Lichter-Sehen und andern Anzeigungen des Todes zu halten. Aus Anlaß einer sonderbaren Begebenheit angestellet und ans Licht gegeben von Theodoro Kampf, Schloß-Predigern zu Iburg.«
16 BA, Bd. 17, S. 220.
17 Ebd.
18 »Süß und ehrenvoll ist es, fürs Vaterland zu sterben«, das berühmte Horaz-Zitat stammt aus dessen Liedern (Carmina 3, 2, 13). Horaz verherrlicht aber nicht ganz so martialisch den Soldatentod, sondern es geht ihm eher um die Konzepte ›dulce und decorum‹ in Bezug auf die lebensgenießende Philosophie des Epikuräertums und die Pflichtethik der Stoa; beide Begriffe widersprächen sich nicht als summum bonum, als höchstes Gut, wenn man sie auf patria, das Vaterland, bezöge.

Leere / Labyrinthe

Matthias Zschokke

Vom Mondgebirge

Zu *Abu Telfan*

Meine Uhr war stehen geblieben. Sie ist alt und aus Gold. Es gibt nur einen Mann in Berlin, dem ich sie zum Reparieren anvertraue. Seit Jahren. Er lebt im Osten der Stadt und ist inzwischen in Rente.

Das hohe, schmale Uhrmacherpult mit den Armauflagen, das er aus seiner Werkstatt mit nach Hause genommen hat, ist fast schwarz vom vielen Gebrauch. Es steht neben einem Fenster in seinem Wohnzimmer. Dort setzt er sich hin, öffnet die Uhr, die man ihm bringt, schaut sich mit einer Lupenbrille die Zahnrädchen und Federchen darin im Tageslicht an und sagt, wenn man Glück hat, mhm, doch, ja. Das bedeutet, dass man sie ein paar Tage später rundum erholt und frisch gestärkt wieder abholen kann. So war es auch diesmal.

Neben dem Wartehäuschen des Busses, mit dem ich nach Hause fahren wollte, stand ein Karton mit ausgelesenen Büchern, »Zum Mitnehmen«. Eins war in altdeutscher Schrift gedruckt, leinengebunden, fadengeheftet, herausgebracht von der Verlagsanstalt Hermann Klemm A.G. in Berlin-Grunewald. Die Buchstaben auf dem Innentitelblatt sahen aus wie von Hand mit einem Federhalter geschrieben, in schwarzer Tinte, drum herum eine kindlich gekringelte stahlblaue Linie als Rahmen. Oben stand der Name des Autors, Wilhelm Raabe, darunter schwebten ein paar angedeutete Wölkchen in diesem stählernen Blau, dann folgte der Titel: *Abu Telfan oder Die Heimkehr vom Mondgebirge*. Allein das Mondgebirge hätte genügt, um mich für sich einzunehmen. Doch darunter stand dann auch noch ein Motto, das mir so gut gefiel, dass ich das Buch nicht mehr aus der Hand legte: *Wenn Ihr wüßtet was ich weiß / sprach Mahomed / so würdet Ihr viel weinen und wenig lachen.*

Noch im Bus fing ich an zu lesen. Die Fahrt zurück in den Westen dauert lang und führt durch trostlose Brachen. Wer unterwegs ein- oder aussteigt, scheint zu wissen, was Mahomed weiß; das Lachen ist ihm jedenfalls vergangen.

»An einem zehnten Mai zu Anfange des siebenten Jahrzehnts dieses, wie wir alle wissen, so hochbegnadeten, erleuchteten, liebenswürdigen neunzehnten Jahrhunderts setzte der von Alexandria kommende Lloyddampfer ein Individuum auf dem Molo von Triest ab, welches sich durch manche Sonderlichkeit im bunten Gewimmel der übrigen Passagiere auszeichnete [...]. Ein verwildertes und, trotz der halbeuropäischen Kleidung, aschantikaffern- oder mandigo-hafteres Subjekt hatte seit langer Zeit nicht vor dem Zollhause auf seinem Koffer gesessen und verblüfft umher gestarrt.« Das ist der erste Satz.

Nachdem ich mir – der ich von Aschantikaffern und Mandigos nur eine vage Vorstellung habe, genauer gesagt gar keine – einen verfilzten Irren mit blutunterlaufenen Augen, einer grünen Feder in der Nase, von Kopf bis Fuß tätowiert und mit Hyänenfett eingerieben, ausgemalt hatte, wird er dem Leser persönlich vorgestellt, indem er sich im Triester Hotel ins Fremdenbuch einträgt: Leonhard Hagebucher.

Vielleicht bin ich ein allzu dankbarer Leser, doch hat mich der urdeutsche Name, der diesem exotischen Ungetüm zugeschrieben wurde, dermaßen überrascht, dass ich laut auflachte im Bus und gierig weiterlas, wie dieser Leonhard im Hotel sofort auf sein Zimmer geht und einschläft, am nächsten Morgen die Rechnung mit einem Elefantenzahn begleicht, dann einen Zug besteigt und im Abteil sofort wieder einschläft, in Wien ankommt, ohne jemals aus dem Fenster geschaut zu haben, kurz geweckt wird, seinen Namen sagt, dann gleich wieder einschläft und schläft und schläft, ohne auch nur kurz in Betracht gezogen zu haben, auszusteigen und vielleicht wenigstens den Stephansdom oder den Prater zu besuchen – obwohl der Zug stundenlang Aufenthalt hatte –, dann schlafend weiterfährt nach Prag, dort spätabends ankommt, in ein Hotel geht und schläft, am nächsten Morgen, ohne Prag eines Blicks gewürdigt zu haben, weiterfährt nach Dresden, wo er »auf dem Palaisplatz in der Neustadt von neuem einschläft«, auch hier wieder ohne sich nach der Sixtinischen Madonna oder der Brühlschen Terrasse auch nur umgesehen zu haben. Endlich kommt er in der Hauptstadt des Königreichs Sachsen an, in Leipzig, wo man ihn trotz seines verwegenen Aussehens in Ruhe lässt, weil dort die Polizei, »aufgeklärt durch die Verlagsartikel einiger hundert Buchhändlerfirmen und tolerant gemacht durch das dreimal im Jahre wiederkehrende Meß-Völkergewimmel«, schon vieles gesehen hat. Sie kümmert sich weder um ihn noch um seine Anmeldepapiere, weswegen der Erzähler ihn prompt aus den Augen verliert und dasteht »gleich der deutschen Nation in allen den Augenblicken, wo ihr ein Licht aufgeht: sehr verdutzt und im dicksten Nebel«.

Das ist die Handlung der ersten acht Seiten, die immer wieder unterbrochen wird von befreiend souveränen Gedanken, Überlegungen, Beobachtungen, alle mit vielen Ausrufezeichen und Gedankenstrichen voneinander abgesetzt, alle wert, wörtlich zitiert zu werden, weil die Wörter so reich, genau und sinnlich aufgeladen sind. Was für ein ungeducktes Erzählen, was für ein freier Kopf!

Ach würde man in Deutschland doch bloß nicht so eisern am Glauben festhalten, Kunst dürfe nicht unterhaltsam sein. Wer sich hierzulande nach dem Zweiten Weltkrieg noch an Jean Paul zu erinnern wagte und sich traute, im Schreiben über die Stränge zu schlagen wie zum Beispiel Albert Vigoleis Thelen, wurde von den zerknirscht entnazifizierten Kameraden der Gruppe 47 verbissen und gab früher oder später verstört auf. Thelens beglückender Roman *Die Insel des zweiten Gesichts* hat sich davon bis heute nicht erholt und fehlt schmerzhaft im deutschen Kanon – und mit ihm eine ganze Richtung von Literatur, die man sich seit bald siebzig Jahren nur noch heimlich und für sich allein zu genießen traut. Man liest sie höchstens, weil man gerne liest, nicht, um mitreden zu können, und schon gar nicht, um sich ihretwegen anderen gegenüber im Vorteil zu fühlen. *Abu Telfan* kommt mir – weil diese Art des Erzählens seit Jahrzehnten für obsolet gehalten wird – heute verschollener vor als irgendein Ritterroman aus dem siebzehnten Jahrhundert, nicht weil er besonders altbacken wäre, sondern weil er Humor enthält, ein Gewürz, von dem die sich selbst kasteiende hiesige Schriftstellerzunft seit Längerem misstrauisch Abstand hält, weswegen es einem fremd in die Nase sticht.

Von Leipzig fährt Leonhard Hagebucher weiter in die Residenzstadt Nippenburg und von dort noch ein Stückchen, nach Bumsdorf, wo er herkommt und wo seine Eltern – ein pensionierter Steuerinspektor mit seiner Frau – und die kleine Schwester Lina immer noch wohnen. Leonhard legt sich erst einmal ins Bett und erholt sich von der langen Reise. Während er schläft, erfährt man, dass er ein Studium an der Universität Leipzig sehr früh abgebrochen hatte und als junger Mann nach Afrika entwichen war, wo er gefangen genommen und als Sklave nach »Abu Telfan im Lande Tumurkie, Königreich Darfur« verkauft wurde, wo er zwischen einem Ochsen und einem Kamel den Pflug ziehen musste. »Zehn Jahre nichts zu essen als saure Elefantenmilch und schwarzen Pfeffer«, raunt man im Dorf voller Hochachtung, während er schläft, und man fragt sich, ob er wohl einen Ring in der Nase trage.

Kurz bevor er als Sklave vollends verzweifelte und stumpfsinnig wurde, tauchte als Rettung ein holländischer Tierhändler in seinem Kral auf, Kornelius van der Mook, kaufte ihn der Stammesfürstin Kulla Gulla ab und gab ihn, nachdem er ihm als Sklave gute Dienste geleistet hatte, schließlich zum Dank frei.

Bei seiner Ankunft in Bumsdorf ist er etwa vierzig Jahre alt, und er erregt – von der afrikanischen Sonne gegerbt und in seinem abenteuerlichen Aufzug – größtes Aufsehen. Als er am folgenden Morgen schlaftrunken aus seinem Zimmer taumelt und seine Eltern und seine Schwester ihn endlich richtig in ihre Arme schließen können, fließen Tränen der Freude – immerhin hatte man sich längst damit abgefunden, dass er auf einer äquatorialen Expedition im Dienst des Vaterlandes gefallen sei –, und alles scheint sich zum Guten zu wenden. Doch schon nach Kurzem beginnt man sich in Bumsdorf Gedanken zu machen darüber, was aus so einem abgebrochenen Studenten und Vagabunden nun wohl werden solle. Auch er beginnt sich schnell unwohl zu fühlen: »Gestern waren es Abu Telfan, die schwarzen Freunde mit der Peitsche aus der Haut des Rhinozeros, Moskitos, Riesenschlangen, Kopfabhacken, Bauchaufschneiden, Sumpffieber, Affen- und Gallaneger-Braten. Heute hieß es Bumsdorf, Elternhaus, deutsches Kaffeebrennen, deutscher Westwind – Spatzen – Schlafrock und Pantoffeln! das war der Unterschied!«

Zum Glück tritt umgehend eine junge Frau auf, die so lustig, liebenswert und selbstbewusst eingeführt wird, dass sich jeder Leser auf der Stelle in sie verliebt. Sie heißt Nikola von Einstein, ist Ehrenfräulein ihrer Hoheit, der Prinzess Marianne, lebt an deren Hof in der Residenz, macht zurzeit aber – ihrer angeschlagenen Gesundheit wegen – eine Molkenkur in Bumsdorf. Gleich am zweiten Tag begegnen sich die beiden auf einer Wiese. Leonhard erfährt, dass sie siebenundzwanzig Jahre alt ist, was ihn zwar nachdenklich stimmt (später erfährt man, dass ihre wenig zimperliche Mutter ihr deswegen sogar vorwirft, »eine alte Jungfer und überreife Pflaume« zu sein), doch vergisst er das Alter innerhalb kürzester Zeit und unterhält sich angeregt mit dieser lachenden Schönheit, der ich als Leser vollends erliege, nachdem sie Leonhard gleich bei dieser ersten Begegnung vorschlägt, ihm etwas von meinem Ururgroßvater vorzulesen: »Kennen Sie Zschokkes ›Stunden der Andacht‹, Herr Hagebucher? Nicht? Nur eine dumpfe Erinnerung? Ich habe mehr davon; ich habe sie (am Hof) vorzulesen, ich kenne verschiedene Stücke auswendig; darf ich Ihnen eins oder das andere rezitieren? Nein?! Es wäre aber eine große Gefälligkeit von mir.«

Keine Angst, ich werde nicht das ganze Buch nacherzählen. Wollte ich's, bräuchte ich mindestens halb so viele Seiten wie Wilhelm Raabe gebraucht hat, weil es um jeden zweiten Satz schade ist, den man nicht Wort für Wort nachbuchstabiert.

Eine Passage als Beispiel dafür, immer noch aus dem ersten Drittel des Romans: Nach drei, vier Tagen ist die Wiedersehensfreude verpufft. Der Vater Hagebucher sorgt sich um die Zukunft seines Sohnes. Er beruft einen Familienrat ein. Die gesamte Verwandtschaft rückt an in der festen Absicht, den Heimkehrer auf den richtigen Pfad zurückzuführen:

> Das germanische Spießbürgertum fühlte sich dieser fabelhaften, zerfahrenen, aus Rand und Band gekommenen, dieser entgleisten, entwurzelten, quer über den Weg geworfenen Existenz gegenüber in seiner ganzen Staats- und Kommunalsteuer zahlenden, Kirchstuhl gemietet habenden, von der Polizei bewachten und von sämtlichen fürstlichen Behörden überwachten, gloriosen Sicherheit und sprach sich demgemäß aus, und der Papa Hagebucher wäre der letzte gewesen, welcher für seinen Afrikaner das Wort ergriffen hätte. [...] Er mochte den Verlust des Sohnes noch so sehr bedauert, ja betrauert haben: die plötzliche und so gänzlich anormale Rückkehr musste ihm naturgemäß doch noch fataler werden. Die frohe Überraschung ging allmählich in eine mürrische, grübelnde Verstimmung über [...]: »Der Bursche lief fort, weil er einsah, dass man ihn hier nicht gebrauchen könne; man hat ihn auch dort nicht gebrauchen können, er ist heimgekommen, und ich habe ihn wieder auf dem Halse!«

Tante Schnödler ist besonders rabiat. Sie findet, Leonhard solle sich entweder auf der Stelle in der Stadtverwaltung als kleiner Schreiber verdingen oder sonst seine Siebensachen packen und sich lieber heute als morgen vom Acker machen und dahin zurückfahren, wo der Pfeffer wächst. Jeder Satz über dieses Familientreffen ist ein Lesegenuss. Hierzu noch Tante Schnödlers Abschied: Nachdem ein Vetter – der Wegebauinspektor Wassertreter, ein durch zu viel Alkoholgenuss ein wenig schlingernd denkender und formulierender, gemütlich grober, herzensguter Mann – den jungen Leonhard in Schutz nimmt und findet, man solle ihn doch erst einmal in Ruhe ankommen und sich finden lassen, erhebt sich Tante Schnödler abrupt und verlässt die Runde mit einem knappen »guten Abend«: »Guten Abend kann jeder sagen; aber die Tante Schnödler konnte den freundlichen Wunsch auf eine ganz besondere Art ausdrücken; – siehe, es war gleich einem Habichtschrei über einem Hühnerhofe, gleich einem Steinwurf in einen Sperlingshaufen!«

Innerhalb weniger Tage ist der wilde Mann aus Afrika keine Attraktion mehr. Man macht im Dorf und in der Residenz höhnische Bemerkungen über den Versager. Im Goldenen Pfau, wo die Hautevolee Nippenburgs verkehrt – zu der auch der pensionierte Steuerinspektor Hagebucher gehört –, die, solange Leonhard noch verschollen war, erwogen hatte, eine Marmortafel zu Ehren des großen, auf dem afrikanischen Kontinent gefallenen Sohnes der Stadt an einer Fassade anzubringen, spricht man nur noch von »diesem Lumpen«. Als sich schließlich auch noch Tante Schnödlers Gatte, »dieses wesenlose, vom Pantoffel zerquetschte Ding«, herausnimmt, »seine Ansichten über Leonhard herauszupiepsen«, bringt das bei Vater Hagebucher das Fass zum Überlaufen. Er verlässt den Goldenen Pfau, um ihn nie wieder zu betreten. Da er aber insgeheim ebenfalls der Meinung ist, sein Sohn sei ein Nichtsnutz, bricht er am selben Abend auch den Kontakt zu diesem ab und verweist ihn des Hauses.

Leonhard findet bei seinem Vetter Wassertreter Unterschlupf und trifft sich dann und wann in der einsam im Wald stehenden Katzenmühle mit Nikola, die dort ihre mütterliche Freundin Madame Claudine von Fehleysen besucht, eine gütige, weißhaarig gewordene Frau, die um ihren – ebenfalls in Afrika – verschollenen Sohn Viktor trauert.

Aus der Liebe zwischen Nikola und Leonhard wird leider nichts, da Nikola einem Baron von Glimmern aus Paris versprochen ist und ihn am Ende des Sommers wohl oder übel heiraten muss. Sie verlässt die Residenz und fährt mit ihrem Baron auf Hochzeitsreise.

Leonhard versucht, sich zu einem zivilisierten Mitglied der Gesellschaft heranzubilden. Er studiert bei seinem Vetter Wassertreter sämtliche Konversationslexika, die er dort vorfindet, bringt sich politisch und kulturell auf den neuesten Stand und bemüht sich, der aktuellen Mode und Lebensart Nippenburgs gerecht zu werden. Seine Haare versucht er so zu frisieren, wie das zurzeit Sitte ist. Sie lassen sich jedoch nicht zähmen, sind vielfarbig, braun und grau, gelb und weiß, und sie stehen wild in allen Richtungen vom Kopf ab. Der Anzug, den er sich hat schneidern lassen, steht ihm nicht. Leonhard sieht aus wie eingenäht in einen Schweinedarm. Seine Stiefel erwecken an seinen Füßen den Eindruck, als wären sie von einem heimtückischen Menschen inwendig mit Leim bestrichen worden. Er setzt sich den Blicken Nippenburgs aber mit grimmiger Lust aus und pfeift darauf, was die Leute von ihm denken – kreuzunglücklich wie er ist ohne Nikola von Einstein.

Ein Jahr später begegnen sich die beiden wieder. Sie kehrt in der Kutsche von ihrer Hochzeitsreise nach Nippenburg zurück und fährt an ihm vorüber, ohne ihn im ersten Augenblick wiederzuerkennen. Nach ein paar Metern sagt sie entsetzt zu ihrer Begleiterin: »Wer war das eben! Sahst du ihn auch? [...] O, gütiger Himmel, was für eine Abscheulichkeit! Welch eine Karikatur! O Gott ...«

Warum er so verboten aussieht, hängt zum einen mit seiner Frisur zusammen, zum anderen aber vor allem mit seinem Schneider, Felix Cölestin Täubrich, genannt Täubrich-Pascha, der eine noch abenteuerlichere Vergangenheit hinter sich hat als Leonhard, nämlich eine im Vorderen Orient, wo ihm ein konkurrierender muslimischer Mitschneider einen in einen Turban gewickelten Stein an den Kopf schmiss. Täubrich-Pascha fiel ins Koma und wurde in einer Jerusalemer Gasse von Mormonen aufgelesen. Sie brachten ihn – ohnmächtig wie er war –

zum Hafen, legten ihn in ein Schiff und ließen ihn in seine Heimat zurückverfrachten. In Nippenburg wachte er verwirrt aus seiner Ohnmacht auf und blieb für den Rest seines Lebens verwirrt, in Modedingen festgelegt auf einen Jerusalemer Fantasiechic aus längst vergangener Zeit.

Leonhard hegt für diesen Sonderling Sympathien und zieht als Nachbar in die Dachkammer neben ihn.

An diesem Punkt scheint die Geschichte in ein schweres sächsisches Unwetter zu geraten und darin hin und her geschleudert und vom Sturmwind von nun an vor sich hergepeitscht zu werden. Immer schneller tauchen immer neue Figuren auf, jeder steht mit jedem in irgendeiner fatalen Verbindung, jeder hat ein Geheimnis, jeder zweite ein schweres Los zu tragen. Man verliert den Überblick und beginnt sich zu fragen, ob es vielleicht gar nicht so sehr um diesen Leonhard Hagebucher und seine Bumsdorfer gehe als vielmehr um die Absurdität, sich als Schriftsteller solch bunte Vögel aus den Fingern saugen zu müssen, um damit die geneigte Aufmerksamkeit des zeitgenössischen Lesepublikums für sich gewinnen zu können.

Ich richtete meinen Fokus also von den Intrigen weg und konzentrierte mich mehr auf die Verrenkungen desjenigen, der sie berichtet. Mir schien plötzlich, Raabe führe geradezu einen Veitstanz auf, winde sich unter Qualen im narrativen Korsett, in das er sich gezwängt fühlte und das er versuchte zu sprengen. Der Erzähler kam mir vor wie Charlie Chaplin in *Modern Times*: Der Fließbandplot läuft immer schneller an ihm vorbei, immer hektischer montiert er ein Teil ans andere, er kommt nicht mehr hinterher, der Schweiß läuft ihm über die Stirn, er verhaspelt sich, totenbleich versucht er – in stoischem Ernst –, trotzdem die Kontrolle zu wahren, die Figuren fliegen ihm um die Ohren, während ich, der Leser, immer schneller umblättere und sie lachend vor mir hertreibe in immer verzweifeltere Volten, aufs gute Ende zu, das sie in der unmenschlichen Hetze beim besten Willen nicht finden können.

Um den Irrsinn zu veranschaulichen, von dem ich inzwischen den Verdacht habe, es handle sich dabei um eine verkappte slapstickartige Dekonstruktion jener umstandskrämerischen, biedermeierlich verschmunzelten Scharteken, die zu Raabes Zeit auf dem Buchmarkt Erfolg hatten und gegen die er sich aufbäumte, hier die Fortsetzung der Geschichte im Zeitraffer:

Der Wildtierhändler Kornelius van der Mook, der Leonhard aus der Sklaverei befreit hatte, taucht plötzlich aus der Versenkung auf, sekundiert von einem alten Leutnant namens Kind, der vor Gram über den Tod seiner Frau und seiner Tochter vollkommen versteinert ist (wie ein rostiger Roboter erklärt er Leonhard: »Jetzt ist sie tot, und mein Kind ist auch tot; ich aber weiß nicht, ob das mir recht ist, oder ob es mir doch noch das Herz abfressen will«).

Van der Mook entpuppt sich als Viktor von Fehleysen, der seit acht Jahren verschollene Sohn Madame Claudines, seiner in ihrem Leid weiß und weise gewordenen Mutter, die in der Katzenmühle haust.

Leonhards Vater stirbt; ungesühntes Unrecht wird ausgegraben; über Baron von Glimmern, Nikolas Gatten, braut sich finsteres Gewölk zusammen; er scheint ein gewesener Betrüger, ja Mörder zu sein, an dem sich Leutnant Kind rächen will. (Wenn der finstere Kind spricht, »kommt es einem vor, als seien Sonne, Mond und alle Sterne aus Blut und Kot zusammengeballt und hinausgeworfen in die Ewigkeit, und von der tiefsten Tiefe bis zur höchsten Höhe hänge alles in Fäulnis nur durch die Sünde und den Tod zusammen«.)

Ein Raunen und Ahnen liegt in der Luft, das Erzählpanorama wird immer weitergespannt, man kann's kaum noch überblicken, ein Drunter und Drüber, Märchen- und Räuberpistolenhaftes folgen einander auf dem Fuß, immer neue Schicksalsfäden werden gesponnen, frei baumeln gelassen, mit anderen zusammengeknüpft ... Wären da nicht die Sprache, die genauen Bilder immer wieder, die anrührenden kleinen Beobachtungen, leuchtete nicht permanent die spürbare Lust des Erzählers am Schreiben zwischen den Zeilen durch, würde man ihn nicht ächzen hören und fluchen über das Joch, unter dem er sich wähnt, das Joch, den Leser gefälligst auf jeder Seite mit neuen bunten Abenteuern, Geheimnissen, Liebe, Leidenschaft und Tod füttern zu müssen, weil er (der Leser) sonst missmutig werde und ihn (den Autor) links liegen und am ausgestreckten Arm verhungern lasse – Raabe war einer der ersten freien Schriftsteller Deutschlands; er hielt sich mit dem Verkauf seiner Bücher über Wasser und tat wohl mehr, als ihm lieb war, um den Geschmack der potenziellen Käufer zu treffen –, man würde als heutiger Leser die Lektüre abbrechen. Doch der Autor, der diesen ganzen Zinnober nur veranstaltet, weil er glaubt, der Markt verlange das von ihm, tut das mit solch trotzigem, lachendem Eigensinn, er ironisiert und persifliert seinen Abenteuerroman zwischen den Zeilen immer wieder auf so liebenswert subversive Weise und entzückt einen mit seinen stilistischen Pirouetten und widerständigen Zwischenbemerkungen, dass man ihm alles verzeiht.

Irritierend ist allerdings sich vorzustellen, dass zehn Jahre früher in Frankreich Flauberts *Madame Bovary* erschienen ist, neun Jahre früher in Österreich Stifters *Nachsommer*. Oder dass in Russland – wenig später als *Abu Telfan* – Tolstojs *Krieg und Frieden* herauskam. Man fragt sich, was in Deutschland für eine Stimmung geherrscht haben mag und ob wohl die Kleinstaaterei für ein solch eigenartig verträumtes, weltabgewandtes, zipfelmützenhaft-pfeifenrauchend-schnurriges Erzählen verantwortlich war. Alles, was jenseits des Grenzzauns von Nippenburg stattfindet, ist ins fantastisch Märchenhafte entrückt, eben ins Tumurkieland. Irgendwo steht dazu im Buch eine aufschlussreiche Betrachtung:

> Wohin wir blicken, zieht stets und überall der germanische Genius ein Drittel seiner Kraft aus dem Philistertum, und wird von dem alten Riesen, dem Gedanken, mit welchem er ringt, in den Lüften schwebend erdrückt […]. Da wandeln die Sonntagskinder anderer Völker, wie sie heissen mögen:

Shakespeare, Milton, Byron; Dante, Ariost, Tasso; Rabelais, Corneille, Molière; sie säen nicht, sie spinnen nicht und sind doch herrlicher gekleidet als Salomo in aller seiner Pracht: in dem Lande aber zwischen den Vogesen und der Weichsel herrscht ein ewiger Werkeltag, dampft es immerfort wie frischgepflügter Acker, und trägt jeder Blitz, der aus den fruchtbaren Schwaden aufwärts schlägt, einen Erdgeruch an sich, welchen die Götter uns endlich, endlich segnen mögen. Sie säen und sie spinnen alle, die hohen Männer, welche u n s durch die Zeiten vorausschreiten, sie kommen alle aus Nippenburg, wie sie Namen haben: Luther, Goethe, Jean Paul ...

Es geht noch eine Seite weiter so; ein halb trotziges, halb resigniertes Bekenntnis zum Provinziellen in der Literatur.

Um das Buch einigermaßen komplett vorgestellt zu haben, muss ich auch noch Professor Reihenschlager und seine Tochter Serena erwähnen. Der Professor schreibt an einer koptischen Grammatik. Er ist von Leonhard und seiner afrikanischen Sprachkompetenz begeistert und macht ihn zu seiner rechten Hand. Leonhard verliebt sich an seinem Arbeitsplatz in die neunzehnjährige Serena und macht ihr einen Heiratsantrag, den sie zu Leonhards großem Kummer aber ablehnt, weil sie sich viel früher schon einem jungen hübschen Ferdinand (kein deutsches Buch aus jenen Jahren ohne seinen Ferdinand) versprochen hatte, von dem genau an dem Tag, an dem Leonhard seinen Antrag macht, aus Montreux am Genfersee endlich der lang ersehnte unmissverständliche Liebesbeweis eintrifft.

Zuletzt lässt Raabe die Zügel vollends schleifen und seine Erzählung in voller Karriere auf ihr – erstaunlicherweise ganz und gar fahles – Ende zugaloppieren, und zwar holterdiepolter, so wie man sich die Flucht des dicken fetten Pfannkuchens im Märchen vorstellt, der, sobald jemand ihn essen wollte, »kantapper, kantapper in den Wald hinein« rannte:

Baron von Glimmern flieht. Leutnant Kind jagt hinter ihm her. In London bringen sich die beiden gegenseitig um, wobei sich Raabe nicht weiter mit dem Wie und Warum abplagt mit dem entwaffnenden Argument: »denn wir halten es weder für eine Kunst, noch für einen Genuss und am allerwenigsten für unsern Beruf, das Protokoll bei einer Kriminalgerichtssitzung zu führen«.

Nikola von Einstein, Glimmerns junge Witwe, wird von ihrem Liebhaber aus der Jugendzeit, dem jahrelang verschollenen und eben erst wieder aufgetauchten Viktor von Fehleysen alias Kornelius van der Mook, einmal mehr sitzen gelassen: Er wandert nach Amerika aus und schließt sich dort der Armee General Grants an. Nikola zieht sich zu Viktors Mutter in die Katzenmühle zurück. »Sie sitzen still, und still ist es um sie her, sie verlangen nicht mehr.«

Leonhard bleibt von allem Glück verlassen allein zurück, an der Seite des inzwischen komplett verwirrten Jerusalemer Schneiders Täubrich-Pascha. Als allerletzten Satz sagt er »kaum hörbar«: Wenn Ihr wüßtet was ich weiß / sprach Mahomed / so würdet Ihr viel weinen und wenig lachen.

Alles andere als ein Happy End also, vielmehr etwas, das an die Gebrüder Grimm erinnert, die einen mit ihren »und wenn sie nicht gestorben sind«-Enden oft mit einem mehr als mulmigen Gefühl zurücklassen.

Egal, ob ich recht habe mit meiner Vermutung, es bei diesem aus allen Nähten platzenden Abenteuerroman mit der mutwilligen Dekonstruktion eines solchen zu tun zu haben, ist allein schon die Vorstellung, dass es so sein könnte, eine belebende. Man kann sich dann einreden, man schaue einem Autor über die Schulter und könne dabei zusehen, wie er das Genre, in dem er sich bewegt, demaskiere, wie er sein Personal bewusst in die Irre führe und traurig werden lasse, wie er jeden sich unglücklich verlieben und auf den leeren Ausgang zustolpern lasse, während er parallel dazu permanent den Kopf über sich und die Scharade, die er vorführt, schüttelt und seufzt und zu denken scheint, ach wie schön wäre es doch, wenn eine solche Saat, wie ich sie hier gesät habe, aufginge – doch genau das tut sie eben gerade nicht. Man atmet auf und erinnert sich daran, dass Literatur nicht dazu da ist aufzugehen. Sie darf und kann viel mehr; sie darf und kann alles, ja sie darf und kann sogar Scharteke sein wollen und diesen Willen gleichzeitig torpedieren.

Thomas Hettche

Realismus

Wir leben inmitten einer Revolution, deren Tragweite einzuschätzen uns deshalb so schwerfällt, weil wir auf die Wahrnehmung katastrophaler Umstürze eingerichtet sind, nicht auf langsame Veränderungen. Ereignete sich der Umbruch unserer Gegenwart in einer uns gemäßen Taktung, dann sähen wir: Massen stürmen durch die Straßen, Brände brechen aus, Fenster zersplittern, Türen werden aus den Angeln gehoben, Explosionen sind zu hören. Keine Zeit, die Zerstörung zu betrauern. Alles hängt davon ab, schnell zu verstehen, welche neuen Sichtachsen und Perspektiven sich dadurch ergeben, daß die Paläste unserer Vergangenheit abgeräumt werden. Benommen steige ich die trümmerübersäten Stufen zum Literaturmuseum hinauf, an dem ich mich – wo sonst? – gerade befinde.

Katastrophe ist immer Gegenwart. Was ihr als Erstes zum Opfer fällt, ist Historie und Wissenschaft, es zerklirren die Sammlungsschränke der Archive und die Exponate rollen über den Boden, es wird wieder freigesetzt, was für alle Zeiten geordnet schien, und erneut muß sich erweisen, was wozu taugt. Manches kann man essen, manches verheizen. Manches kann man lesen, als wäre es gerade eben erst geschrieben. Ich gehe die zerbrochenen Vitrinen entlang und trete vorsichtig auf die knirschenden Glasscherben unter meinen Füßen, während man draußen nach dem Fleisch der Giraffen aus dem aufgelassenen Zoo schreit. Schließlich bleibe ich stehen, greife durch das zersplitterte Glas und ziehe probeweise Wilhelm Raabe hervor.

Muss ihn erst losnesteln von den Nadeln, mit denen die Literaturgeschichte ihn angeheftet hat neben den Erläuterungstafeln zum Realismus, dicht bei den Häuten von Keller, Fontane und Freytag. Ich schüttle den staubigen Balg, schüttle ihn auf wie ein Kissen, und im Nu gewinnt er Volumen. Ich stelle ihn auf seine Füße und siehe da: Er lebt.

Und? Kann er uns von Nutzen sein in unserer Zeitlupenkatastrophe? Raabe, der geboren wurde, als Goethe noch lebte, und im selben Jahr starb, als Rilkes *Malte Laurids Brigge* erschien?

Es ähnelt seine Epoche in vielem der unseren, 1848 gleicht 1968, bald nach dem großen Aufbruch war die große politische Utopie ausgeträumt. Der Fortschritt, den man erkämpft hatte, führte zu einem ökonomischen und gesellschaftlichen Umbau, den man so nicht gewollt hatte, und der schnell auch das Feld der Literatur erreichte: Verlage, Zeitschriften – *Westermanns Monatshefte*, *Die Gartenlaube* –, Feuilletons, Lesevereine, Büchereien, günstige Volksausgaben der Klassiker in der *Reclamschen Groschenbibliothek*, wie Raabe spottete, alles boomte! Das Ergebnis aber war keineswegs größere Bildung, sondern die Ausbildung eines Massengeschmacks, der nach immer neuem Lesefutter verlangte. Die erste Generation von Autoren konnte eine ökonomische Existenz als freie Schriftsteller führen. *Unterhalt gegen Unterhaltung* nannte Wilhelm Raabe das, der dazugehörte. Früh erfolgreich, kam er zeitweise aus der Mode, setzte sich dann jedoch durch, auch ökonomisch.

Dass er heute weitgehend vergessen ist, hat mit einer einschneidenden Neubewertung der Literatur seiner Zeit zu tun. Bezeichnend, wie sich etwa Georg Lukács in einem Aufsatz von 1909 darüber mokierte, Mörike sei Pfarrer, Storm Richter gewesen und Keller Staatsschreiber, es sei in ihren Leben also all das geordnet, woraus *für andere die unlösbare Tragik des Verhältnisses von Kunst und Leben entstand*. Dieses vermeintliche Philistertum war in den sozialen Erschütterungen des neuen Jahrhunderts plötzlich *démodé*, lieber schwärmte man für den Furor Flauberts, die Christusgestalt Dostojewski, den heiligen Trinker Poe, entdeckte Hölderlin, Büchner und Kleist wieder, das Brennen der Kerze an beiden Enden. Und dabei ist es geblieben. Die Genieästhetik der Goethezeit im jeweils neuen Gewand ist noch immer das Paradigma, innerhalb dessen wir Literatur lesen und bewerten.

Heute scheint dies zweifelhafter denn je. Zum einen gibt es die bürgerliche Welt, gegen die sich die verschiedenen Avantgarden richteten, nicht mehr. Durch ihre geschleiften Bastionen bricht zur Zeit die Technik und räumt ab, was noch übrig war. Zum andern haftete jener Vorliebe für die Tragik des Künstlers immer schon etwas Vampirhaftes an, als ob sein Leid vorrangig dazu diene, die eigene Fühllosigkeit zu sublimieren, was sich noch verstärkt im digitalen Raum, den die aktuelle Revolution errichtet. Wobei die jeweiligen Leiden der Künstler, über die ihre Werke einzig diskutiert werden, wie Moden wechseln. Zur Zeit importiert man das Leid gern und besieht sich Folterspuren an Leib und Seele, die in anderen Kulturkreisen zugefügt werden. Voyeurismus, notdürftig gerechtfertigt durch das Pathos des aufklärerischen, kritischen Diskurses seit nunmehr über hundert Jahren.

Das Dispositiv dieses Diskurses, der unser Denken bestimmt, ist ein großes *Nicht mehr*. Doch glauben wir sie tatsächlich noch, diese ewige Auflösungsgeschichte, so lange erzählt, und immer, als wäre es ein böses Märchen, zu einem nie eingetretenen guten Ende hin? Auflösung der Tradition, Auflösung der künstlerischen Formen, Auflösung der bürgerlichen Öffentlichkeit – und all das bejaht im Zeichen der Aufklärung? Hilft uns das in einer Zeit, in der es längst nicht mehr darum gehen kann, die Verhältnisse zum Tanzen zu bringen, die in den revolutionären Erschütterungen der Gegenwart gerade dabei sind einzustürzen? Könnte nicht vielleicht jenes große *Nicht mehr* genauso gut wieder ein *Noch nicht* sein? Zumindest in der Literatur? Haben wir uns nicht zu sehr angewöhnt, ihre Geschichte immer nur als Verfallsgeschichte zu sehen, was doch niemals war und deshalb mit Fug und Recht auch ein Werdendes genannt werden könnte? Raabes Schreiben, hieße das, verstanden als utopisches Projekt.

Noch immer steht er vor mir in den knirschenden Scherben des Sammlungsschrankes, in denen er eingesperrt hing, befreit durch die Katastrophe unserer Gegenwart, die lärmend draußen tobt. Zögernd betrachte ich ihn. Weshalb gerade Raabe?

Zunächst, weil er den Dichterhabitus konsequent verschmähte. Er schien ihm im neuen massenmedialen System der Literaturproduktion überlebt, heftig polemisierte er gegen die *Literatur-Unsterblichkeitsansprüche* der Kollegen und setzte sein Selbstverständnis als Handwerker dagegen, inklusive Dienstjubiläen und Eintritt in den Ruhestand. Man hat das als Philistertum denunziert. Tatsächlich aber ist Raabes Weigerung, über sich selbst Auskunft zu geben, atemberaubend aktuell. Er verzichtete auf ein Schicksal, das ihn im Zusammenklang mit seinen Werken interessant gemacht hätte, weil, wie er die Aufgabe des Schriftstellers begriff, er keines mehr haben konnte. Sein Lebensradius, von der Arbeit bestimmt, war klein, seine Tagebücher sind unergiebig, es gibt keine Leitartikel und Bekenntnistexte von ihm. Was er über sich zu sagen hatte, hat er in seiner Literatur gesagt.

In einer lakonischen Notiz von 1871 heißt es, er hoffe, es beginne *nach abgeschlossenem Frieden eine sehr günstige Zeit für die »Romanschreiber«*. Diese Hoffnung bringt eine ästhetische Haltung zum Ausdruck, die nicht das Leid der Menschen bejaht, weil es bessere Kunst hervorbringe. Stattdessen wünscht Raabe den Menschen Frieden und also die Freiheit von äußerlichen Nöten, die es braucht, Literatur um ihrer selbst willen lesen zu können. Darauf richtete sich sein permanentes Nachdenken über die Wirkung seiner Texte. Raabe nahm den ganz unterschiedlichen Bildungshintergrund seiner großen Leserschaft stets ernster als jene, die wie Storm ihr Heil in der Kanonisierung suchten. Raabes Weg war ein anderer. Seine Romane sollten, vor allem die späteren, ebenso eine naive wie eine komplexe Lektüre ermöglichen, darauf richtete sich sein ganzer Ehrgeiz. *Daß nur wenige es merken werden*, nämlich die Komplexität der Struktur, rühmte er stolz an seinem *Stopfkuchen*.

Sein ganz konkretes Erzählen, das thematisch provinziell, biedermeierlich anmutet, löst sich bei genauerem Hinsehen stets auf, indem Raabe seine Geschichten durch vielfältige Perspektivwechsel und durch ein Zitatgewebe, aus dem die Romanräume geschichtet zu sein scheinen, immer wieder brach. Wobei gerade die überschaubaren Räume ihm seine charakteristische Beweglichkeit in der Zeit ermöglichten, sein Springen vor und zurück im Erzählen, als wäre die Geschichte der Faden, der die verschiedenen Bedeutungsebenen wie Stoffe miteinander vernäht, Schicht um Schicht, dabei eine Unzahl von Anspielungen, Bezügen, Zitaten aller Gattungen und Textformen einarbeitend, von literarischen Texten über Märchen und Zeitungsmeldungen bis zu zeitgenössisch trivialen Kriminal- und Kolonialgeschichten.

Die Raabeforschung liest derlei gemeinhin als Zerstückelung, Fragment oder Bruch und schlägt den Autor wahlweise mit Jean Paul der Romantik oder mit Bachtin einer subversiven Literatur des Grotesken zu. Ich halte dies für zutiefst ideologisch: Einzig in der Perspektive des *Nicht mehr* wird Modernität zuerkannt. Es ist offensichtlich, wie sehr sich dieser Schriftsteller, statt um die Gestaltung eines Zerbrechenden, um ein sich Fügendes bemüht hat, nicht um Auflösung, sondern um Vermittlung. Raabes Kunst liegt gerade darin, den Eindruck zu erwecken, als gäbe es keine Hierarchisierung all dieser Binnengeschichten und Zitate, sondern alles wäre immer schon da, Teil eines allgemeinen Erzählraums, dem der Leser wie der Roman, den er gerade liest, gleichermaßen und gleichberechtigt angehören. Ganz so, als machte er auf diese Weise den Ort seiner Romane, die als Fortsetzungstexte auf den Seiten der Zeitschriften inmitten anderer Texte aller Coleur erschienen, zum fruchtbaren ästhetischen Boden seines Schreibens.

Wilhelm Raabe schuf so eine schwebende Balance der Erzählung, die mir das Entscheidende an seinen Romanen ist. Jede Ordnung – im *Stopfkuchen* etwa oder den *Akten des Vogelsangs* – wird im Fallen geschildert, jedoch darin gehalten, destabilisiert und stabilisiert zugleich. Die Idyllen, deren Gestaltung man ihm vorwarf, erweisen sich in diesem Zusammenhang eben nicht als Fluchtorte, an denen Wirklichkeit ausgeblendet würde, sondern sind die mit größtmöglicher Sehnsucht aufgeladenen Stellen dieser Balance, deren Fragilität er dadurch sinnfällig werden ließ, daß all seine Techniken des Zitats und der Parodie, des Zeit- und Perspektivwechsels, der Ironie und des Grotesken, all diese Werkzeuge der Destruktion einer falschen Sinnhaftigkeit, ihm letztlich dazu dienten, ihre Möglichkeit zu erweisen.

Um die Aktualität dieses Verfahrens zu begreifen, genügt es, einmal David Foster Wallace neben Wilhelm Raabe zu legen. Raabes Realismus, der von Laurence Sterne herkommt, findet in Wallace seine wie selbstverständliche Fortschreibung unter den aktuellen medialen Bedingungen. Und das ist kein Zufall. Denn es ist Realismus weder ein Epochenbegriff noch ein Verfahren, das sich überlebt haben könnte, sondern eine literarische Haltung zur Welt. Gewiß: Wir konstruieren uns unsere Welt in Sprache und aus Sprache. Daß es aber diese Welt gleichwohl auch ohne uns gibt, ja, daß es uns selbst ohne uns geben kann, sinnvergessen, gequält, dumpf, naturhaft, ermöglicht erst das Ethos der Literatur. Denn es setzt alles, was ist, gegenüber dem Menschen in sein Recht. Es ist die Welt ohne das Versprechen der Möglichkeit eines Leben in dieser Welt, das glücklich wäre.

So schönes Wetter, und – ich noch dabei, flüstert sich der alte Erzähler in Raabes letztem Roman *Altershausen* selbst zu, und es liegt eine Existentialität in diesem *ich noch dabei,* die uns ergreift und anrührt. Nicht weil sie sentimental wäre, sondern weil sie uns unseren utopischen Ort in dieser Welt weist.

Geschichten setzen unsere Gedanken in Bewegung, bewegen uns, im Wortsinn, in ihrem Fortgang. Alles, was der Leser beim Lesen denkt, gestaltet die Welt der Geschichte mit, jedes Mitleiden mit den Figuren bestimmt unsere Gedanken beim Lesen und die Schlüsse, die wir ziehen. So heften sich an jeden Gedanken Gefühle, und jede Tat der Figuren, von denen wir lesen, erscheint nicht unvermittelt wie ein Kinobild, sondern eingebunden in Überlegungen, die wir anstellen. Reflexion und

Erzählung sind eins. Was dabei in uns entsteht, könnte man Erkenntnis nennen, eine nicht begrifflich fixierbare, Raabe selbst hat es Trost genannt und wurde viel dafür geschmäht. Immer geht es um eine Literatur, die uns weniger belügt, als wir selbst es tun. Denn draußen auf den Straßen tobt noch immer die Revolution. Und durch meine Träume schreiten die Giraffen aus Versailles und der Löwe von der Pfaueninsel und Marie, meine Zwergin. Die Katastrophe zerbricht die Käfige. Wilhelm Raabe winkt mir zu und geht über die knirschenden Glasscherben davon. Sein Traum von einem Roman, der im Leser sich realisiert als ernstes Spiel der Freiheit, ist noch lange nicht ausgeträumt.

Wilhelm Raabe: *Werke in vier Bänden. Herausgegeben von Karl Hoppe*, Berlin 1967. – Rainer Maria Rilke: *Die Aufzeichnungen des Malte Laurids Brigge*, in: *Sämtliche Werke. Herausgegeben vom Rilke-Archiv. In Verbindung mit Ruth Sieber-Rilke besorgt durch Ernst Zinn. Sechster Band*, Frankfurt a.M. 1966. – Georg Lukács: *Die Seele und die Formen. Essays*, Bielefeld 2011. – Wilhelm Raabe: *Altershausen*, Berlin 1911.

Dieser Text erschien zuerst in: Thomas Hettche: »Unsere leeren Herzen. Über Literatur«, Köln: Kiepenheuer & Witsch 2017.

Katja Lange-Müller

Ein Windsack von einem Weltüberwinder

Zu *Die Akten des Vogelsangs*

Wie die Anfangszeilen der dritten von Goethes *Oden an den Freund*, die Velten Anders als seinen letzten und auch nur geliehenen Besitz auf der Tapete seines Sterbezimmers bei der Berliner Fechtmeisterwitwe Feucht hinterließ, so stehen an der Wand meines Arbeitszimmers ein paar Worte von Richard Henry Parkin Starkey Jr., alias Ringo Starr, der bei seiner geschiedenen Mutter im Liverpooler Hafenviertel Dingle groß wurde, doch wirklich groß erst als Drummer der Beatles: *Es führt kein Weg zurück nach Liverpool.* Dieser Satz sagt mir jeden Tag, was ich einstiger »Ostzonenflüchtling« am eigenen »Leibe, Herzen und Gemüth« (Goethe) erfahren habe – und auch und ganz nachdrücklich aus Raabes spätem, also zwischen 1893 und 1895 geschriebenem, erstaunlich modern gebautem Roman *Die Akten des Vogelsangs*: Ein Davongelaufener, zu fremden Ufern Aufgebrochener sollte nicht umkehren, nicht heimkommen, denn noch fremder als sich selbst wird er den Ort seiner Herkunft vor-, aber nicht wiederfinden. – Ist es allzu kühn und überhaupt möglich, Anders Jr. mit Starkey Jr. zu vergleichen und eine kleine Siedlung am Rande des deutschen Göttingen mit einer britischen Industriestadt? Obwohl sich die grüne Göttinger Vorortsiedlung »Am Vogelsang«, die Wilhelm Raabe nur von der Durchreise kannte und die bis heute existiert als Adresse in der Nachbarschaft der altehrwürdigen Georg-August-Universität, gerade während der stürmischen Gründerzeitjahre sehr unterschieden haben dürfte von den krummen Gassen Liverpools, geht es auch in Raabes *Vogelsang* um jene Veränderungen, die den Unternehmer, die Börse, den Mehrwert, das Proletariat hervorbrachten – und den Mythos der *Coketowns*, wie Wilhelm Raabes geistiger Bruder Charles Dickens die nordenglischen Brutstätten des Industriekapitalismus Sheffield, Bradford, Manchester und Liverpool nannte.

Veränderungen, Wandlungen, das Fortgehen und das Bleiben, das Umkehren und das Unumkehrbare, die Lektüre und das Leben, die Kindheit, die Jugend, die Reife und der Tod, Erfolg und Scheitern, Treue und Verrat, sture Gradlinigkeit und jene »zwei Seelen«, [...] »ach, in (m)einer Brust«, das sind die Garne aus denen Raabes Romanstoff gewebt ist, das sind die Themen, die er anschlägt wie musikalische, wie Akkorde, wie instrumentale Stimmen, die ineinander und gegeneinander klingen in dieser Komposition vom Verschwinden, dem Verschwinden der Menschen und ihrer Geschichten im Schatten der Menschheit und ihrer Geschichte, einer literarischen Komposition, der als Motto ein paar Worte aus Adelbert von Chamissos Gedicht *An meinen alten Freund Peter Schlemihl* vorangestellt sind und über die sich kontrapunktisch Zitate aus den Werken Johann Wolfgang von Goethes, Heinrich Heines, Wilhelm Heys, Friedrich Schillers verteilen sowie die Anfangsstrophen eines französischen und eines deutschen Volkslieds fast gleichen Inhalts.

Bemerkenswert oft, sechsmal insgesamt, stachen uns Lesern nun aber die beschwörend befehlsartigen Goethe-Zeilen ins Auge, die ersten vier jener Ode, die kein Vogel sang an Velten Anders' Wiege – und keine Fee, weder eine böse noch eine gute – und die trotzdem so etwas waren wie Schicksalsverheißung oder Charaktergravur, ein Leitmotiv, das Velten, dieser »Windsack« von einem »Weltenüberwinder«, als Warnung und Mahnung wohl verstanden, dann aber in den Wind geschlagen und dabei doch befolgt hat, bis es ihm zum einzigen, selbstironischen, keinem und jedem zugedachten Vermächtnis wurde. Von Velten Anders, von dessen Treue zu Helene, von der Freundschaft des Ich-Erzählers Karl mit dem glück- und womöglich auch talentlosen Genius aus dem Nachbarhaus, ja selbst von den zwei »stillen Märchenwinkeln«, dem bei Muttern im Vogelsang wie dem hugenottischen bei den ungleichen Geschwistern Des Beaux in Berlin, blieb letztlich nichts als der Schatten – den Goethes ganze zwölfstrophige Ode und speziell deren Auftaktzeilen warfen – über ihn und jene, die ihn begleiteten und verließen, die er begleitete und verließ ... Und es bleibt Raabes – dieser letzten von drei Oden, die Goethe seinem Freund Behrisch widmete, durchaus ebenbürtige – Prosa, die all die und all das für immer in sich birgt.

Die Frage, *was* Velten Anders war, stellt sich am Ende nicht mehr, nur noch die, *wer* er war. Ein spöttischer Schwerenöter, charismatisch, intelligent, belesen, doch ohne Lebensplan und -ziel. Ein von Eigenliebe völlig freier »Freier«, kein Liebender, fixiert auf die eine Schöne, die am meisten sich selbst schätzt. War er deshalb maulwurfblind für die Liebe der anderen, der klugen, nicht minder schönen Leonie, deren Wesen seinem ähnelte in ebendem Maße, in dem er sich – und uns – ein Rätsel blieb? War Velten tatsächlich ein Verfallener, ein der starken, zornigen, traurigen Helene Trotzendorff Verfallener? Oder bloß ein Verfallender, also einer, der nichts aus sich machen wollte noch konnte, ein so gar nicht strebsamer, erst spät und mutterseelenallein vom Streben nach Besitzlosigkeit Besessener; einer, der Abschied nahm von Anfang an, immer nur Abschied, zuletzt gar Abschied vom Abschied? In Goethes Ode heißt es:

Tod ist Trennung,
Dreifacher Tod
Trennung ohne Hoffnung
Wiederzusehn.

War Velten Anders wirklich der Freund Karl Krumhardts? Von dem wiederum erfuhren wir lediglich, *was* er ist: Oberregierungsrat, Doktor der Juristik, abbildgetreu seines Vaters Sohn, Gatte der Schwester Schlappes, die er in den *Akten* für seine Nachkommen ein einziges Mal Anna nennt, ansonsten aber gern sein »Weibchen« oder gar seinen »Besitz«, und Vater eines Sohnes mit Schlappes Rufnamen: Ferdinand. Denn der

Freund hat die Patenschaft ja ausgeschlagen, ausschlagen müssen, weil der Kerl, der bezeichnenderweise Schlappe heißt und dem Velten einst das Leben rettete, nicht nur undankbar ist, sondern ein übler Opportunist, also abgesehen von der Ironie, mit der er über alles, und besonders über Velten herzieht, dessen Gegenteil. Nie kommt dem ansonsten zur Reflexion durchaus befähigten Aktenschreiber in den Sinn, dass schon seine Einheirat bei Schlappes aus der Sicht des Freundes nur eine Art Verrat gewesen sein kann. Anna, ganz Schwester ihres Bruders, riecht das; sie verabscheut alles, was Velten tut – oder eben bleiben lässt –, und mag Veltens Nähe kaum leiden und noch weniger dessen Nähe zu ihrem Kind. – Davon, *wer* Karl Krumhardt ist, erfuhren wir Leser indessen nicht viel; meist beschränkt er sich darauf, die Ereignisse und die Gespräche zwischen den Beteiligten »zu den Akten zu geben«. Tatsächlich? Könnte sich nicht alles auch ganz anders zugetragen haben? Oder gar nicht? War Velten Anders so, wie Karl Krumhardt ihn beschreibt? War er womöglich nur ein *Anders* genannter Teil von Karl? Es gibt Szenen, die eine solche Deutung nahelegen, etwa jene Verbrennungsszene im Hause der verstorbenen Mutter Anders, die, katalytisch verstärkt, eine Episode aus der gemeinsamen Kindheit wiederholt und in der Karl, pyromanisch erregt noch in der Erinnerung daran, mit Anders buchstäblich verschmilzt. Wir wissen über Velten und jeden der sonstigen Protagonisten nur das, was uns aus Karls Gedächtnis und Feder zufließt, und das ist unvermeidlicherweise selektiv, wahrnehmungsspezifisch gefärbt, vielleicht sogar vollkommen fiktional. Dafür sprechen auch und besonders Karls Wertungen der Ankünfte aus und Abreisen nach Amerika, denn die sind emotional aufgeladen, aber auch skeptisch, wenn nicht furchtgesteuert. Das beginnt bei der theatralischen Mistreß Trotzendorff und ihrer Tochter Helene, alias Ellen, die es im Vogelsang doch so gut hat und sich trotzdem nach Papa, dem Bankrotteur, sehnt. An die Kleine knüpfen sich Karls ebenso angst- wie lustvolle Indianerphantastereien; die sind ihm denn auch Amerika genug. Das Bedürfnis, selbst einmal in die Neue Welt zu gehen und dort sein Glück zu versuchen, entwickelt sich bei ihm nicht. Zu stark ist und bleibt der Einfluss des bodenständig-strengen, besitzfixierten Vaters, zu groß der Grusel davor, kläglich zu versagen und heimgekehrt zum Gespött der bigotten Nachbarn zu werden, Kleinbürger wie Krumhardts, die der damals allerorten und sogar am Rande Göttingens in der Luft liegenden Aufbruchsstimmung widerstehen konnten und darum jeden gescheiterten Rückkehrer mit Häme und gelegentlich auch ein wenig mit Hilfe bedenken. Die Rückkehrer Trotzendorff immerhin wagen sich ein zweites Mal nach Amerika, und nun haben sie Erfolg; den größten hat Helene, die Armut verabscheut und noch mehr die Abhängigkeit vom Wohlwollen anderer, weshalb sie Velten, dem Sohn ihrer Ersatzmutter, dem Herzensfreund aus Kindertagen, einen Korb gibt und den schwerreichen Bankier Mungo heiratet.

Die vielschichtigen, dem Widersprüchlichen im Wesen des Menschen so ungeheuer gerecht werdenden *Akten des Vogelsangs* werfen, wie mancher Raabe-Roman, genug Fragen auf, Fragen, die immer andere Leser dieser Geschichte und sich selbst immer anders stellten und stellen, Fragen, die Antworten provozieren, aber niemals klare oder gar einfache. Der Spekulationsraum, den Raabe hier geschaffen hat, ist schier unendlich; wir, die viel später Geborenen, können ihn messen an unseren Lese- und Lebenserfahrungen, doch gänzlich *durch*messen sicher nicht. Eine Frage allerdings erübrigt sich schnell, zumindest für mich. Wäre Velten Anders, der Held und Antiheld der Krumhardtschen Aufzeichnungen, glücklicher oder wenigstens nicht ganz so unglücklich geworden, wenn Helene im Vogelsang geblieben wäre und er nicht zu ihr nach Amerika gemusst hätte? – »Hätte liegt im Bette und ist krank«, pflegte meine Großmutter in solchen Fällen zu sagen. – Nein, er wäre nicht glücklicher geworden. Glück widerfährt ja kaum mal einem, und wenn, dann währt es nur für den Moment; und Kämpfen, um sein Glück kämpfen, lag nicht in Veltens Natur, so wenig wie das Bedürfnis, gebunden zu sein, an Menschen, die nicht bloß Treue, sondern Liebe brauchen. Obwohl er sich doch vom allgewaltigen Schicksal persönlich gebunden sah, an keine sonst als Helene, widersprach dem sein Drang nach Freiheit, radikaler Freiheit, die irdische Güter zu verwerfen und Gefühle zu ersticken hat, auch dies radikal, so radikal, dass man unter Umständen daran stirbt, vor der Zeit. Vielleicht hätte Helene auf Gefühle reagieren, sie sogar erwidern können, ehrliche, tiefe Gefühle, die stärker gewesen wären als sie selbst mit ihrer von der Furcht vor materieller Not herrührenden Eigenliebe; denn schließlich kommt auch sie zurück und nimmt sich seiner doch noch an, findet nicht in, aber wenigstens auf das Bett des Freundes, des *toten* Velten Anders. Und so endet Goethes Ode, der Raabes Prosa schreibdramaturgisch genau nachspürt:

> Du gehst, ich bleibe.
> Aber schon drehen
> Des letzten Jahres Flügelspeichel
> Sich um die rauchende Achse.
>
> Ich zähle die Schläge
> Des donnernden Rads,
> Segne den letzten,
> Da springen die Riegel frei, frei bin ich wie du.

Veränderungen sind nicht immer – und schon gar nicht für jeden – Verbesserungen, sind selten im Wortsinn *notwendig*; und sie erfassen alle, auch jene, die diese Veränderungen aufhalten, abwehren oder gar rückgängig machen wollten. Denn das Leben eines Menschen, mag er sich noch so originär wähnen und einsam sein, ist und bleibt unfrei, verknüpft mit den Leben der anderen Menschen, selbst solcher, die er gar nicht kennt, und mit denen all derer, die auf fernen Kontinenten wohnen oder auch nur hausen. Das ist, Wilhelm Raabe wußte es und konnte nachhaltig davon schreiben, Glück und Unglück in *einem*, aber niemals *zugleich*.

Dieser Beitrag erschien zuerst als Nachwort in: Wilhelm Raabe: »Die Akten des Vogelsangs«, Berlin: Insel Verlag 2010.

Christof Hamann | Oliver Ruf

Kommunikation mit den Toten

Zu Wilhelm Raabe und Katja Lange-Müller

Mit Wilhelm Raabes *Die Akten des Vogelsangs* (1896) und Katja Lange-Müllers *Böse Schafe* (2007) liegen Aufzeichnungen vor, die von den Protagonisten eine mehr oder weniger lange Zeit nach dem Tod einer ihnen nahestehenden Figur angefertigt werden. Die erzählte Geschichte handelt damit von einem bestimmten Geschehen – einer Freundschafts- bzw. Liebesbeziehung – und ebenso vom Prozess der schriftlichen Darstellung dieses Geschehens. Die Form der Aufzeichnung – eine Akte – benennt Raabes Text bereits im Titel; in *Böse Schafe* klärt sich erst auf der letzten Seite des Romans, dass hier ein Schreibakt und kein innerer Monolog vorliegt: »Ich war dabei, mich aufzugeben, bis ich dein Heft las und entdeckte, daß ich ja mit dir reden, dir sogar schreiben kann.«[1] Um solche ›medialen‹ Besonderheiten der jeweils schriftlich vorgenommenen Trauerarbeit soll es im Folgenden hauptsächlich gehen. Das heißt, wir möchten einsichtig machen, dass, so unterschiedlich die ›Akten über einen Toten‹ (Raabe) bzw. der ›Brief an einen Toten‹ (Lange-Müller) im Einzelnen auch sein mögen, beide Medien doch die Ambivalenz des schriftlichen Totengedenkens belegen, die in der Vergegenwärtigung und damit Bemächtigung des Vergangenen *und* zugleich in der Entmachtung des Gegenwärtigen besteht: Jedenfalls gelingt in keinem der beiden Texte eine Trennung von Toten und Überlebenden; stattdessen verharren beide Schreibenden (Freud würde sagen: melancholisch)[2] in einem Zwischenbereich zwischen Leben und Tod. Nach Roland

Barthes verhindere vor allem die von einem Medium (bei Barthes ist es die Photographie) provozierte Erfahrung eines in die Zukunft projizierten vergangenen Todes jegliche Trauerarbeit; stattdessen konstruiere das Medium (der Photographie) für das betrachtende Subjekt eine Form der Melancholie.[3] Und so lässt sich nach Barthes ein Medium keineswegs als eine Kopie des Wirklichen, sondern als eine »Emanation des vergangenen Wirklichen«[4] und eine »Beglaubigung von Präsenz«[5] auffassen:

> Von einem realen Objekt, das einmal da war, sind Strahlen ausgegangen, die mich erreichen, der ich hier bin; die Dauer der Übertragung zählt wenig; die Photographie des verschwundenen Wesens berührt mich wie das Licht eines Sterns.[6]

In *Die Akten des Vogelsangs* bleibt der Tote so gegenwärtig, dass er die Lebensweise des Überlebenden und dessen Akte ad absurdum führt. In *Böse Schafe* kommt die Trauerarbeit ebenfalls an kein Ende: Der Brief an den Toten entzieht die Schreibende vielmehr dem Leben und lässt sie Teil eines »Films«[7] werden, in dem nur sie und der verstorbene Geliebte existieren.

Realisierte / nicht-realisierte Vaterordnung

Bei Raabe bilden zwei Generationen der Familien Krumhardt, Andres und Trotzendorff das Zentrum der Aufzeichnungen, die ein Familienmitglied der zweiten Generation, Karl Krumhardt, aus Anlass des Todes seines Freundes Velten Andres anfertigt. Zu Beginn seiner ›Akte‹ rekonstruiert er den Lebensweg der Eltern und ihr Verhältnis zum heimatlichen Umfeld, einer idyllischen Vorstadt namens Vogelsang.[8] Das Haus, in dem der Ich-Erzähler aufwächst, befindet sich zumindest seit den Zeiten seines Urgroßvaters im Familienbesitz. Der Sesshaftigkeit der Krumhardts korrespondiert ihr solider Lebenswandel, allen voran der des Vaters, der den preußisch-deutschen Staatsbürger schlechthin, d.h. einen »sehr tüchtige[n] Beamte[n]«,[9] repräsentiert. Sein Zahlen- und Ordnungssinn prädestinieren ihn für diesen Beruf, wobei ihm allerdings von vornherein – da ohne Abitur und Staatsexamina – eine ›steile‹ Karriere verwehrt bleibt:

> Daß mein Vater nur auf das zu dem Landesorden hinzugestiftete Verdienstkreuz Erster Klasse und den Titel Rat die Anwartschaft besaß, sagt alles über unsere gesellschaftliche Stellung im deutschen Volk um die Zeit herum, da ich jung wurde in der Welt.[10]

Von dieser väterlichen Ordnung unterscheiden sich die Familien Andres und Trotzendorff in mehrfacher Hinsicht. Erstens hinsichtlich der Sesshaftigkeit: Das Haus der Familie Andres wird vom Vater, einem Arzt, erst nach dessen »Niederlassung in der Stadt und der Vorstadt Vogelsang käuflich an sich gebracht«.[11] Karl Trotzendorff kehrt dem Vogelsang ganz den Rücken und migriert in die USA gemeinsam mit seiner Frau, die er jedoch nach einiger Zeit zusammen mit der Tochter zurückschickt; Agathe und Helene Trotzendorff müssen dann mit einer Mietwohnung in der ehemaligen Heimat vorliebnehmen.

Zweitens hinsichtlich des Berufs der Väter: Obwohl »Dr. med Valentin Andres« vom Verfasser der ›Akten‹ ein »guter Arzt« genannt wird, erreicht er den Rang eines »Sanitätsrat[s]« nicht, weil ihm die »schöne Natur« und »seine Liebhaberei, die Insektenkunde, oft zu nahe lagen«.[12] Trotzendorff scheint seiner Arbeit als »Auswanderungsagent«[13] nicht immer mit legalen Mitteln nachgegangen sein, und auch nach seiner unfreiwilligen Auswanderung ändert er an dieser Art der Lebensführung nichts, jedenfalls den Gerüchten zufolge, die im Vogelsang kursieren. »Erzschwindler«[14] nennt ihn Vater Krumhardt und befürchtet das Schlimmste:

> Wir und die Stadt haben die Frau und das Mädchen allein auf dem Halse. Von Heimatberechtigung kann ja wohl nicht die

Rede sein; aber wohin sollte die Kommune sie abschieben, wenn der Gauner seinen Verpflichtungen gegen seine Familie genügend nachgekommen zu sein glaubt oder, was mir wahrscheinlicher ist, wenn sie ihn irgendwo da drüben an einem Strick an einem Baume in die Höhe gezogen haben werden. Nach oben strebte er ja auch schon hierzulande; aber hier hatte er doch nur mit den ordentlichen Behörden, Gerichten und nicht mit dem Lynchsystem zu tun.[15]

Und drittens hinsichtlich der Vaterpräsenz: Veltens Vater stirbt früh, Helene wächst ohne den ihren auf. Auch wenn Karls Vater bei den Andres als »Familienberater«[16] fungiert und sich auch in die Trotzendorff'schen Angelegenheiten einzumischen versucht, dominieren in den Haushalten Trotzendorff und Andres die Mütter; beide Kinder, so Velten, seien »doch nur von unseren Müttern erzogen«[17] worden. Diese jeweils realisierte bzw. nicht-realisierte Vaterordnung in den Familien zeichnet für den Lebensweg der drei Freunde *und* für die Art und Weise der Aufzeichnung dieses Lebenswegs verantwortlich. Zunächst möchten wir daher die Figurenentwicklung in *Die Akten des Vogelsangs* skizzieren und anschließend das Medium der Bearbeitung dieser Entwicklung sowie die sich daraus ergebenden Konsequenzen für die Trauerarbeit im Abgleich mit *Böse Schafe* analysieren.

Schattenhafte Gespenstigkeit

In Raabes Text erfüllt Karl die elterlichen Wünsche und Vorgaben, d.h., er schlägt eine Beamtenlaufbahn ein, die ihn dank schulischer und universitärer Ausbildung über die berufliche Stellung des Vaters hinausführt. Obergerichtssekretär wird er bereits nach zwei »ehrenvoll«[18] bestandenen Staatsexamina, danach »Mitarbeiter« bei der »Oberstaatsanwaltschaft«;[19] zum Zeitpunkt der Abfassung der ›Akten‹ nennt er sich »Oberregierungsrat Dr. jur. K. Krumhardt«,[20] und damit scheint seine

Karriere keineswegs am Ende angelangt zu sein, denn seine »amtlichen Aussichten auf die Zukunft« scheinen durchaus noch den »Titel Exzellenz«[21] zu beinhalten. Der beruflichen Situierung stehen die familiäre – er heiratet Anna, gleichsam ein getreues Ebenbild seiner Mutter, und zeugt mit ihr zwei Kinder – und das auch finanziell »geregelte[] Dasein«[22] in nichts nach. Helene Trotzendorff und Velten Andres hingegen sind »nach unseren bürgerlichen Begriffen verlorengegangen [...] in der Welt«;[23] Helene nicht ganz so sehr, weil sie immerhin durch die Ehe mit einem relativ schnell nach der Hochzeit verstorbenen amerikanischen Millionär namens Mungo zu einer der »reichsten Bürgerinnen der Vereinigten Staaten«[24] geworden ist, doch Velten in jeder Hinsicht. Er wird als »Herr in einem Reich« charakterisiert, »das leider auch nicht sehr von dieser Welt war«,[25] was dazu führt, dass er in der bürgerlichen Gesellschaft nicht Fuß zu fassen vermag, es auch immer weniger will. Das liegt nicht zuletzt an Helene, der er verfällt und nach ihrer erneuten Auswanderung in die USA hinterherreist.

Diese »Narrenfahrt«[26] ist die erste von vielen: Aus dem Träumer wird ein »Wanderer im Leben«,[27] ein »Weltwanderer«,[28] ohne Ziel, ohne festen Beruf[29] und ohne Eigentum. Zwar versucht sich der Migrant bereits auf seiner ersten Fahrt mit Hilfe einer Ode Johann Wolfgang von Goethes abzuhärten, nachdem Helene dem Millionär den Vorzug gab: »Sei gefühllos! / Ein leichtbewegtes Herz / Ist ein elend Gut / Auf der wankenden Erde.«[30] Doch im Unterschied zu Krumhardt, der es wie sein Vater zu einer »soliden Existenz in einer schwankenden Erdenwelt«[31] bringt, bleibt Velten ›leichtbewegt‹; so lautet die Diagnose für seinen Tod denn auch: »sein Herz hat nicht mehr gewollt [...].«[32]

Ungeachtet der Differenzen verbindet den Ich-Erzähler mit dem Freund bis zu dessen Tod eine wenn auch zwiespältige Zuneigung. Ein weniger auffälliges Leitmotiv als die Strophe aus Goethes Gedicht, das des »Schattens«, symbolisiert diese komplizierte Art der Freundschaft. Abgesehen vom Motto: »Die wir dem Schatten Wesen sonst verliehen, Sehn Wesen jetzt als Schatten sich verziehen«, das Adelbert von Chamissos Gedicht *An meinen alten Freund Peter Schlemihl* entnommen ist, wird es explizit zweimal aktualisiert,[33] implizit einmal in einer Passage, in der Krumhardt seine Beziehung zum toten Freund reflektiert:

> Mein ganzes Leben lang habe ich mit diesem Velten Andres unter einem Dach wohnen müssen, und er war in Herz und Hirn ein Hausgenosse nicht immer von der bequemsten Art – ein Stubenkamerad, der Ansprüche machte, die mit der Lebensgewohnheit des andern nicht immer leicht in Einklang zu bringen waren [...]. Ich hatte es versucht – wer weiß wie oft! –, während er draußen sich herumtrieb und ich zu Hause geblieben war, ihn auf die Gasse zu setzen. Das war vergeblich, und nun – da er für immer gegangen ist, will er sein Hausrecht fester denn je halten: ich aber *kann nicht länger mit ihm unter einem Dach wohnen*. So schreibe ich weiter.[34]

Der besonderen Beziehung der beiden Figuren ist – das wurde verschiedentlich zu Recht gegen Positionen der älteren Forschung eingewendet – mit herkömmlichen, für die Literatur dieser Zeit verwendeten Kategorien wie realistisch (Krumhardt) versus idealistisch (Velten) nicht beizukommen. Doch wurden in den Einwänden, sei es, dass sie das Illusorische von Veltens Idealismus betonten,[35] sei es, dass sie ihn insgesamt als »mixed character«[36] herausstellten, die eben ausgeführten semantischen Merkmale nicht ernst genug genommen. Denn es sind in erster Linie seine Beweglichkeit und Schattenhaftigkeit, seine Anwesenheit und Abwesenheit zugleich, mit anderen Worten: seine Gespenstigkeit, die ihn nach seinem Tod und das heißt von Beginn der Erzählung an (denn mit der Todesnachricht setzen *Die Akten des Vogelsangs* ein) zu einer Figur werden lassen, die nicht zu fassen ist: In der Erinnerung wird Velten Andres zu einem nomadischen Gespenst,[37] das gleichsam durch die Köpfe der Lebenden spukt, insbesondere durch den des Ich-Erzählers – mit schwerwiegenden Folgen für dessen Aufzeichnungen.

In *Böse Schafe* tritt die die Geschichte wiedergebende Figur Soja in einen »Dialog mit einem Toten«,[38] ihrem geliebten Harry; sie erinnert sich an diesen, und zwar nicht zufällig auf, wie sie selbst angibt, mediale Art und Weise:

> Wir liegen auf den beiden Matratzen, nicht Seite an Seite, dennoch Kopf an Kopf. Die Arterie über deinem Schläfenbein pulst gegen meine Wange. Dein Haar berührt meine Nase, doch es kitzelt nicht, riecht bloß – nach Shampoo und nach dir. Seit Minuten oder Stunden bewegen wir uns kaum, sagen nichts, atmen flach. Deine Augen sind geschlossen, meine schauen hoch zum offenen Fenster, in dem sich nichts zeigt als ein Stück des wolkenlosen, weder hellen noch dunklen Himmels.[39]

Diese Erinnerungssequenz, mit der das Buch beginnt, gleicht nicht zufällig einem photographischen Schnappschuss, der eine Szene einzufrieren und zu konservieren vermag. Die Ich-Erzählerin empfindet dies jedoch eher als einen Film, der abläuft, sobald sie an den geliebten Menschen denkt; sie sieht ihn und gleichzeitig sich selbst darin vorkommen; und sie kann den »schon ein wenig verblichenen und zerkratzten Film nicht zurückspulen, nur beschleunigen oder strecken«, Sequenzen, die ihr gefallen, anhalten, »bis sich der ganze Spuk auflöst«.[40] Überhaupt wird hier Erinnerung mittels Medien hergestellt. Es sind überwiegend Passbilder, Dias, also Photographien, das allerdings oftmals seriell, in einer Art photographischen Abfolge, weniger als tatsächlicher Film. Die Erzählerin erklärt denn auch, je länger der Film dauere, umso ereignisloser werde er; und vielleicht sei der Vergleich mit einem »stotternd abgespulten Kino- oder Fernsehfilm nicht der beste«, vielleicht würden diese Bilder, die ihr »eins nach dem anderen über die Netzhäute flimmern«, ja eher zu einer »Serie nicht scharfer, auch deshalb einander ähnlicher Diapositive« passen, »deren unwillkürliche, nie identische Reihenfolge« von ihren Wimpernschlägen abhänge.[41] Das herbeierinnerte, tote Gegenüber ist ein verblasstes, buchstäblich verblichenes. Es entgleitet daher der sich Erinnernden immer wieder, bleibt unfassbar, bis zuletzt, wenn auch manche Ereignisse ihr klar und detailliert, »beinahe textgenau«[42] vor Augen stehen. Auch hier wirkt die gestorbene, memorial auferstehende Figur gespenstisch, als sei sie nie da gewesen und dennoch permanent präsent. Dem Vergangenen kommt die gleiche Präsenz wie dem Gegenwärtigen zu, und das Medium, durch das dies geschieht, wird, wie Barthes sagen würde, zum Ort einer unlogischen Konjunktion von *jetzt* und *einmal/früher*.

Dabei resultiert der Gegenstand der Photographie für Barthes aus dreierlei: Dem Betrachten des *spectators* geht die Tätigkeit des *operators* voraus, ein bestimmtes *spectrum* zu photographieren,[43] dessen etymologische Herkunft einen Konnex zum ›Spektakel‹ konstruiert, das als Szenerie durch den Photographierenden und seinen Apparat hervorgerufen wird und mit der Betätigung des Auslösers endet. Das *spectrum* verändert als Spektakel in der kürzeren oder längeren Dauer des photographischen Aktes seine körperliche Haltung, seine Mimik und Gestik,[44] was Aspekte von Theatralität bzw. theatralischer Maskierung mit einbezieht. Die Maske stellt für Barthes eine Verbindung zwischen Photographie und Theater her, indem sie als ›Maske des Todes‹ betrachtet wird. Und die Beziehung der Photographie zum Tod, die Todeserfahrungen des photographierten und betrachtenden Subjekts sind mit dem ›ursprünglichen Theater‹ verbunden, in dem maskierte Schauspieler die Rollen der Toten übernahmen.[45] Beim Aufsetzen der Maske konnte der durch den Schauspieler verkörperte Tote gleichsam wiederkehren.[46] Barthes findet in der Photographie dieses ›primitive Theater‹ wieder. Während im Theater allerdings die Maskierten gleichzeitig körperlich anwesend sind und ein Publikum die Verkörperung des Todes im Lebendigen rezipieren kann, wird das Todeserlebnis im photographischen Akt mit dem photographischen Medium kurzgeschlossen: »So ist die *Photographie* doch eine Art urtümliches Theater, eine Art von ›Lebendem Bild‹: die bildliche Darstellung des reglosen, geschminkten Gesichtes, in der wir die Toten sehen.«[47] An dem Photo haftet eine Spur des ›Lebendig-Toten‹; der Photographierte erblickt sich darauf als Gespenst seiner selbst. So ist es zu erklären, dass Soja zwar in ihren eigenen Erinnerungen ›lebendiger‹ Bestandteil der Beziehung mit Harry ist, sie allerdings in dessen hinterlassenen Aufzeichnungen an keiner Stelle auftaucht. Ihr ist wie dem eigentlich Toten ebenfalls *etwas* Gespenstisches eingeschrieben.

Die Gespenster, die bei Lange-Müller ebenso spuken wie bei Raabe, sind Ergebnis des medial-kommunikativen Erinnerungsaktes, deren Medien sie gleichzeitig leiten. Bevor wir auf die Auswirkungen dieses Prozesses zu sprechen kommen, sollen die Medien der Überlieferung bei Raabe und Lange-Müller einer genaueren Betrachtung unterzogen werden.

Akten-Lesen / Akten-Schreiben

Der »in der Rangordnung des Staatskalenders und der bürgerlichen Gesellschaft«[48] aufwärtsstrebende Karl Krumhardt trennt in *Die Akten des Vogelsang* nicht strikt zwischen Arbeitsplatz und Privathaushalt. Die für seinen Beruf als »höherer Staatsbeamter«[49] relevanten Akten werden nicht nur im Amt, sondern auch zu Hause bearbeitet. So kommt es, dass seine Frau Anna über seine mangelnde Freizeit und über die »Berge von Akten« auf seinem Schreibtisch klagt. Krumhardt selbst scheint ihr zumindest teilweise zuzustimmen, wenn er von »bösen Akten« spricht bzw. von »freilich berghohen [...] Aktenhaufen«.[50] Gleichzeitig aber ist ihm die aktenmäßige Aufzeichnung von Wirklichkeit so in Fleisch und Blut übergegangen, dass er auch seine privaten Reflexionen über den verstorbenen Jugendfreund Velten Andres und sein Verhältnis zu diesem mit dieser Medientechnik bewerkstelligt. Für das 19. Jahrhundert erweist sich die poröse Grenze zwischen dem Privaten und dem Beruflichen als durchaus gängig, zumal was die soziale Schicht der Beamten betrifft, der Krumhardt angehört. Seine Karriere hin zum Oberregierungsrat steht stellvertretend für die vieler deutscher Untertanen, die über die Ausbildung an Schulen und Universitäten sowie die dazugehörenden Examina in Staatsbürger verwandelt werden. Unerlässlich hierfür ist die »Selbstverwaltung«,[51] die bereits beim Lesen- und Schreiben-Lernen beginnt. Die herausragende Bedeutung gerade dieser Tätigkeiten zeigt sich dann in der Arbeit der Staatsbürger, die im Aktenlesen und -schreiben besteht.

Der Hauptfaktor für die Vermehrung von Akten um 1800 ist bei der praktischen Umsetzung des Prinzips- der Selbstverwaltung zu suchen. Die Verwaltung der Verwaltung bewirkt vor allem Rückkopplungsschleifen von Akten: Berichte von Beamten und Berichte über Beamte, Berichte von Ministern und Berichte über die Arbeit der Ministerien, Rechenschaftsberichte aus den Behörden an jeweils übergeordnete Behörden. Sämtliche Bewegungen des preußischen Reformstaats verdoppeln sich in Akten.[52]

Dieser Aktenproliferation wurde vergeblich Einhalt zu bieten versucht, der Wunsch Friedrich Wilhelms III. nach »selbständige[m] Beamtengeist«[53] ebenso wie ähnlich lautende Wünsche preußischer Reformer erfüllten sich nicht: Weniger als »Schriftsteller-Subjekt[]« erwies sich der neue preußische Staatsbürger, sondern eher als »Schreibmaschine [...]«,[54] für die zudem private und dienstliche Aufzeichnungen ununterscheidbar sind: »Sie sind gleichermaßen Akten, angelegt von der ›Verwaltung des Inneren‹, oder wörtlich dem Innenministerium.«[55]

Diese Unentschiedenheit prägt bereits das Leben von Karls Vater, der wie gesehen eine der ›respektabelsten‹ Figuren aus dem Vogelsang darstellt. Der »Oberregierungssekretär«[56] hat die bürokratische Medientechnik so verinnerlicht, dass er sie in seinem Sprechen auf die Vogelsanger Nachbarschaft überträgt: »›Na, was deine andere dazu beigetragen hat, hier jetzt wieder als abenteuerliche amerikanische Strohwitwe im Vogelsang zu sitzen, darüber sind die Akten noch nicht mit allen dazugehörigen Dokumenten versehen‹«,⁵⁷ sagt er zu seiner Frau über Agathe Trotzendorff. Und Karl geht auch hier mit der Lebenshaltung des Vaters konform. Daher vermag Helenes Auftrag an Karl allenfalls die heutigen Lesenden, den Angesprochenen aber wohl kaum zu überraschen:⁵⁸

> Schreib in recht nüchterner Prosa, wenn du es ihnen, der bessern Dauer wegen, zu Papier bringen willst, und laß sie es in deinem Nachlaß finden, in blauen Pappendeckeln, wie ich sie immer noch unter deines guten Vaters Arme sehe; und da er darauf schreiben würde ›Zu den Akten des Vogelsangs‹, so kannst du das ihm zu Ehren auch tun, ehe du sie in dein Hausarchiv schiebst – ein wenig abseits von deinen eigensten Familienpapieren.⁵⁹

Karl nimmt den Auftrag an mit dem Vorsatz, »nur als Protokollist des Falls aufzutreten«.⁶⁰ Entscheidend für die Umsetzung dieses Vorsatzes ist der Schreibort; die Tätigkeit findet an seinem Schreibtisch zu Hause statt, wo er abends nach seiner Büroarbeit regelmäßig Akten zu bearbeiten pflegt. Zudem hängt über dem Schreibtisch eine Fotografie seines Vaters, um ihn bei der Vollstreckung der bürokratischen Tätigkeit zu unterstützen bzw. zu kontrollieren.⁶¹ Und mit der Akte, die Karl protokollierend anzulegen gedenkt, nutzt er ein Medium, dessen Funktion darin besteht,

> einen Sachverhalt oder ein Geschehen in allen dazugehörigen Aspekten möglichst vollständig und unverändert aufzubewahren, und zwar so, daß die Benutzer sich schnell und umfassend ein Bild von diesem Sachverhalt oder Geschehen machen können und auf dieser Basis ein juristisches Urteil fällen können.⁶²

Damit beansprucht Karl also, »mit den Mitteln des Aufschreibens eine Handlung festzuhalten«,⁶³ und damit, dass das Ergebnis den ›Fakten‹ entspricht.

Das dem Protokollisten zur Verfügung stehende Material besteht einmal, wie für Akten üblich, aus Dokumenten; doch in so umfangreicher Zahl, wie der Ich-Erzähler zunächst vorgibt,[64] scheinen sie nicht vorzuliegen: Zwei Briefe Velten Andres' werden vollständig zitiert,[65] ansonsten – sieht man einmal von Helene Trotzendorffs Brief ab – werden zwar noch ab und an Dokumente (z.B. Briefe oder Veltens Zeugnis, das bestätigt, dass er das Abitur nicht bestanden hat) erwähnt, aber es wird nicht daraus zitiert.[66] Daneben muss sich der Aufzeichner eingestehen, dass bestimmte Geschehnisse »nicht in den Akten nach[zu]weisen«[67] sind und er die auf dem Papiere festgehaltenen Ereignisse »aus der fernen unaufgeschriebenen Vergangenheit«[68] holt:

> Ich habe es in den Akten, wenn auch nicht aktenmäßig. Ich hole dies alles aus Ungeschriebenem, Unprotokolliertem, Ungestempeltem und Ungesiegeltem heraus und stehe für es ein. Ich muß es aber heute sehr aus der Tiefe holen, […].[69]

Insgesamt dienen die »unaktenmäßig in den Akten«[70] festgehaltenen, vom Schreibenden selbst als ›ungenau‹[71] deklarierten Erinnerungen des Erzählers öfter als die gesammelten, im Hausarchiv gelagerten Dokumente als Reservoir für die von Krumhardt erstellte Akte, die dann zudem im Aufschreibeprozess bearbeitet werden.[72] So bilden die Erinnerungen einerseits das wichtigste Material für den Protokollanten, andererseits stören sie erheblich dessen Vorsatz, nüchtern zu protokollieren:

> Wohin reißt mich dieses Rückgedenken? Bedenke dich, Oberregierungsrat Doctor juris K. Krumhardt, und bleibe bei der Sache! Bei der Stange! würde dein Freund Velten zu jener Zeit unserer Zeit gesagt haben.[73]

Je stärker diese Störungen im Textverlauf werden, umso offensichtlicher wird, dass das Totengedenken den Protokollierenden weitaus mehr beunruhigt als er zu Beginn seiner Aufzeichnungen vorgab: Der so ruhige Krumhardt scheint durch den Tod des ›leichtbeweglichen‹ Freundes derart in Unruhe versetzt worden zu sein, dass selbst ein Garant seiner Sicherheit, der Schreibort, an Stabilität zu verlieren beginnt:

> Was bis jetzt das Nüchternste war, wird jetzt zum Gespenstischsten. Sie wackeln, die Aktenhaufen, sie werden unruhig und unruhiger um mich her in ihren Fächern an den Wänden und machen mehr und mehr Miene, auch mich einzustürzen. Ich kann nichts dagegen: zum erstenmal will an diesem Schreibtisch, jawohl an *diesem* Schreibtisch, die Feder in meiner Hand nicht so wie ich; und Velten Andres ist wieder schuld daran.[74]

Die »surrealistische Überwältigungsphantasie«[75] zeigt in aller Deutlichkeit, wie sehr die Vergegenwärtigung des Toten von der Gegenwart des Lebenden Besitz ergreift. Der angebliche Haus- und Schreib-Herr wird durch das Spukwesen maßgeblich verunsichert. Um dieser Verunsicherung im Schreibakt Herr zu werden, bearbeitet der »Auftragsdichter«[76] die im Hausarchiv befindlichen Dokumente und fügt ihnen vor allem mit Hilfe seiner Erinnerungen neue Blätter bei. Der Freund und zugleich der Fremde soll aus Karls Eigentum, seinem Eigenen, vertrieben,[77] das ihn heimsuchende Gespenst soll gebannt werden,[78] um die bürgerlich-väterliche Genealogie auch für die Zukunft zu wahren. Denn das Publikum seiner Akte bilden neben ihm und Anna in erster Linie seine beiden Kinder, die nächste Generation,[79] die später einmal die Akte im Hausarchiv einsehen können. ›Gewarnt‹ werden sollen sie vor dem Anderen, dem der bürgerlichen Gesellschaft Fremden, das im ›Leichtbeweglichen‹, d.h. dem Eigentumslosen, Ungebundenen, Unsoliden besteht.

Notate-Lesen / Brief-Schreiben

In *Böse Schafe* folgt der Überlieferungsmechanismus einer gleichermaßen medialen Praxis zeitenthobener Kommunikation, da Soja ein Heft mit Notizen des verstorbenen Geliebten findet, die erst den eigentlichen Anstoß zur Erinnerung geben. Laut dessen handschriftlichem Testament ist sie zur Universalerbin bestimmt worden und erhält zwei volle Umzugskartons – aber erst einige Monate später holt sie die Hinterlassenschaften ab und entdeckt in einem der Kartons zuunterst jenes Heft, das sie jedoch erst liest, als sie alles ausgepackt hat.[80] Es geht um den Versuch, »in der Erinnerung das Leben zu spüren«,[81] das ihr selbst abhandengekommen ist: »Ich war dabei, mich aufzugeben, bis ich dein Heft las und entdeckte, daß ich ja mit dir reden, dir sogar schreiben kann.«[82] Als Brief an den Toten schließt Soja eine Lücke in dessen Notaten, in denen sie eine seltsame Leerstelle bleibt: »Er schrieb, sie liest, sie schreibt.«[83] Lange-Müller übernimmt somit das Modell eines Brief-Gesprächs, funktioniert dieses aber im Wesentlichen um zur Projektionsfläche eines Selbstgesprächs, oder genauer: eines Gesprächsansatzes, der auf die mögliche Eigenwilligkeit, Interventionsmöglichkeit des Gegenübers keinerlei Rücksicht nehmen kann. Dass auch Soja ihren Brief an den Toten als Gesprächsansatz auffasst, belegen Stellen, an denen sie sich an ihn wendet, fragend und antwortend zugleich:

> Du fragst dich, warum ich dir zitiere, was du doch selbst geschrieben hast? Weil das Schulheft mit deinen undatierten Eintragungen, das ich während all der Zeit, die wir miteinander verbrachten, nie bei dir gesehen habe, damals mir zufiel und ich nicht weiß, ob – und wenn ja, wie gut – du dich erinnerst an deine genau neunundachtzig Sätze, in denen mein Name nicht auftaucht und die ich dir dennoch oder gerade deshalb wiederholen werde, nicht chronologisch, aber Wort für Wort, bis zum Ende unserer Geschichte.[84]

Der Brief wird zu einem Speicher- und Verwaltungsprogramm mit Kommentar-Funktion für das stille Fortleben Harrys in Sojas Gedächtnis: Sie erzählt ihm von ihrer Liebe, die sie von deren Adressaten anerkannt wissen möchte; Sojas Brief ist nichts anderes als eine große Klage und Anklage dieser emotionalen Vergewisserungsstrategie.[85] Jene gewinnt etwa an Kontur, wenn Soja mit den Worten »Ach Harry« ansetzt, um fortzufahren:

> an dieser Stelle, da vor mir liegt, was nun kommen müßte, verläßt mich der Mut, zweifle ich sehr daran, daß ich schaffe, was ich doch will: dir alles erzählen, frage ich mich, ob ich aufhören sollte, nach Worten zu suchen. Die ganze Zeit erzähle ich, so gut ich es vermag. Aber für das Grauen, das mich damals gepackt hat und mir treu ist bis heute, das mich anspringt wie ein Hund [...], gibt es außer diesem einen, viel- und nichtssagenden Wort kein auch nur annähernd adäquates; keine Bilder, keine Zeichen, keine Laute können es ersetzen oder ergänzen oder gar dir so darstellen, daß du dem damit Gemeinten ausgeliefert wärst, wie ich es war und bin. Könnte ich dieses Grauen (das Wort klingt harmlos, langweilig wie der Farbton, an den es unsinnigerweise erinnert) besser beschreiben, wenn ich es nicht mehr verspürte? Ist das ein Distanzproblem? Obwohl meine Bemühungen nur darauf hinauslaufen, dir nahezubringen, was ich empfand und empfinde, fehlt mir die nötige Souveränität. Das unbesiegliche Grauen selbst macht mich sprachlos, immer wieder, immer noch [...].«[86]

Mit der Sprachlosigkeitstopik wird ein Zentralaxiom medientheoretischer Diskurse alludiert. Barthes weist darauf hin, dass das ›Unsagbare‹ die Anziehungskraft von Medien bedingen kann, deren auratische und numinose Qualität daran zu erkennen ist, dass sie etwas zeigen, was den Betrachter sprachlos macht, was er nicht adäquat begrifflich fassen kann. Medien sind nach Barthes Träger von zwei unterschiedlichen Wahrnehmungsweisen: *studium* und *punctum*. Erstgenanntes bedeutet für Barthes ein allgemeines Interesse des Rezipienten am Gegenstand des Mediums; das *studium* macht dessen Verständnis möglich, so dass Informationen, Bedeutungen und codierte Botschaften entschlüsselbar sind.[87] Das *punctum* stellt hingegen ein aktives Element des Mediums dar: »Diesmal bin nicht ich es, der es aufsucht (wohingegen ich das Feld des *studium* mit meinem souveränen Bewußtsein ausstatte), sondern das Element selbst schießt wie ein Pfeil aus seinem Zusammenhang hervor, um mich zu durchbohren.«[88] Hier kommt eine Entäußerung im Zusammentreffen von Rezipient und Medium zu Stande, die beide gleichermaßen (be-)trifft.[89]

Speziell die körperlich affektive Erfahrung beim Rezipieren von Medien wird mit dem Begriff des *punctums* angezeigt. Das *punctum* ist weder vom *operator* (dem Produzenten) noch vom *spectator* (dem Rezipienten) intendiert; es ist weder darstellbar noch beschreibbar, sondern geht über den informativen und symbolischen Sinn hinaus; es bricht oder durchkreuzt das *studium*.[90] Die Kraft oder Energie eines Mediums, das den Rezipienten emotional angreift, übt die Anziehungskraft aus, die gleichzeitig aber auch eine Suche nach dem Ort der Wirkung einfordert, den Barthes »Detail«[91] nennt. »Detail« bzw. *punctum* eines Mediums und damit dessen affektive Erfahrung gehen über den Rahmen der Darstellung hinaus. Man könnte daher sagen: Die Adressierung des Briefes an den Toten wird in *Böse Schafe* brüchig, transparent, verschwimmt und richtet sich letztendlich an Soja selbst. Indem sie im Medium des Briefes ihre Liebe zu Harry rekapituliert, die ihr auch grauenvoll vorkommt, verarbeitet sie den Schmerz über den Verlust derselben. Das heißt, Soja befragt vergebens ihr Gegenüber und wird sich darüber bewusst, dass dies, wie auch Barthes schreibt, »zu den schrecklichsten Aspekten der Trauer gehört«.[92] Die Selbstadressierung verläuft zur Bewältigung dieser Trauer und Soja klammert sich mehr als einmal an Fundstücke, Überbleibsel ihres Geliebten, die ihren Kommunikationsversuch jedoch permanent verunsichern; Harrys Heft ist das deutlichste Beispiel. Die Frage ist nur, inwieweit sich die Verunsicherung auf die Ordnung des Erzählens überträgt oder ob durch die Medien der Kommunikation der beunruhigende Inhalt stillgestellt werden kann? Denn nur dann wären Sinn und Zweck der Trauerarbeit auch erfüllt.

Modernes / Melancholisches Erzählen

Die mit der Schreibzeit identische Erzählzeit von *Die Akten des Vogelsangs* reicht von »einem Novemberabend«[93] bis Ostern im März des darauffolgenden Jahres.[94] Dieser über den Text hinweg präsent gehaltenen Basisgeschichte sind Analepsen zwischengeschaltet, die – relativ chronologisch angeordnet – unterschiedlich weit in die Vergangenheit der drei Freunde zurückreichen; beginnend in der Kindheit, enden sie mit der Fahrt Karl Krumhardts nach Berlin zur Beerdigung Velten Andres'.[95] Nachdem er dort von Helene den Schreibauftrag erhalten hat, beginnt er mit der Bearbeitung der Akte. Wolfgang Preisendanz war unseres Wissens nach der Erste, der »die Frage nach dem Zusammenhang von Romanform, Schreibweise und Thematik«[96] in aller Dringlichkeit gestellt hat und dessen Analyse hinsichtlich des Verhältnisses von Erzählzeit und erzählter Zeit nach wie vor maßgeblich ist.

> Besiegelt der Schluss der Erzählung die Überwindung der inneren Anfechtung, die durch den Tod Veltens und das Berliner Gespräch ausgelöst wurde? Darf man die Bewältigung der Provokation, zu der sich der Erinnerungsprozess gestaltet, durch die Reduktion alles Lebenssinnes auf die Formel beim Wort nehmen, mit welcher Krumhardt »ein erstes Aufatmen« bei der Rückkehr von Berlin begründet: »Das Haus, die Frau und die Kinder! [...]« Meint er auch die eigene Lebensperspektive, wenn er zum Abschluss des nächtlichen Gesprächs nach der Heimkehr die Devise seiner Frau wie einen Schlussstrich zitiert: »Nun – ich habe doch

meine Kinder?!«? Aber er hat ja bis dahin seine Distanz zu dem reduzierten Horizont und Selbstverständnis dieser vortrefflichen Frau und Mutter oft genug diskret einfließen lassen; und vor allem gilt es doch die chronologische Stelle dieses – bis auf den knappen Epilog – Abschlusses der Aufzeichnungen zu beachten: was sich wie die Rückkehr in die Idylle, ins häusliche Behagen ausnehmen könnte, liegt zeitlich aller Zweifelhaftigkeit voraus, die sich im Zuge der Aufzeichnungen einstellt.[97]

In Zweifel gezogen wird nicht allein die Aufgabe, Velten Andres so zu bearbeiten, dass er am Ende ad acta gelegt werden kann, sondern auch die Form der Bearbeitung selbst. Der nüchterne Protokollführer muss sich mehr und mehr eingestehen, dass mit einer Akte das Leben Velten Andres' nicht erfasst werden kann.

Wie habe ich dieses Manuskript begonnen, in der festen Meinung, von einer Erinnerung zur andern, wie aus dem Terminkalender heraus, nüchtern, wahr und ehrlich farblos es fortzusetzen und es zu einem mehr oder weniger verständig-logischen Abschluß zu bringen! Und was ist nun daraus geworden, was wird durch Tag und Nacht, wie ich die Feder von neuem wieder aufnehme, weiterhin daraus werden? Wie hat dies alles mich aus mir selber herausgehoben, mich mit sich fortgenommen und mich aus meinem Lebenskreise in die Welt des toten Freundes hineingestellt, nein, – geworfen! Ich fühle seine feste Hand auf meiner Schulter, und sein weltüberwindend Lachen klingt mir fortwährend im Ohr. Ach, könnte ich das nur auch zu Papiere bringen, wie es sich gehörte; aber das vermag ich eben nicht, und so wird mir die selbstauferlegte Last oft zu einer sehr peinlichen, und alles, was ich über den Fall Velten Andres tatsächlich in den Akten habe und durch Dokumente oder Zeugen beweisen kann, reicht nicht über die Unzulänglichkeit weg, sowohl der Form wie auch der Farbe nach.[98]

Diejenigen, die sich in den letzten Jahren mit dem medialen Aspekt von *Die Akten des Vogelsangs* intensiver befasst haben, betonen überwiegend, dass mit der ›kanalisierenden‹[99] Funktion der Akten gleichsam die Flucht »ins Ritual mit einem institutionalisierten Angebot des 19. Jahrhunderts«[100] angetreten wird. Das heißt, das Medium dominiert über den beunruhigenden, fremden Inhalt, das Leben, die Lebensweise Velten Andres' wird durch die Akte ›aufgehoben‹[101] und im Archiv ›stillgestellt‹. »Veltens Avantgarde-Geste«, schreibt Ralf Simon, »tangiert nicht die textuelle Ordnung, in die sich der um seine solide Bürgerlichkeit bemühte Krumhardt rettet, indem er seinen Gegenstand, nämlich eine die Ordnung gefährdende Erinnerungsarbeit so erinnert, daß er dabei das Gespenst bannen […] kann.«[102]

Doch wie kann dies sein, wenn das Medium der Ordnung selbst als unzulänglich bezeichnet wird? Wenn der Aufzeichnende sich mit jemand vergleicht, der »Fäden aus einem Gobelinteppich zupf[t] und sie unter das Vergrößerungsglas bring[t], um die hohe Kunst, die der Meister an das ganze Gewebe gewendet hat, daraus kennenzulernen«?[103] Auch die Schließung der Akte am Textende kann nicht darüber hinwegtäuschen, dass die Vergegenwärtigung des Toten zu keinem Abschluss gekommen ist.

Das, was zwischen den Aktendeckeln im Hausarchiv gelagert wird und den Kindern zur Verfügung stehen wird, ist und bleibt ein Dokument der Verunsicherung gegenüber einem Fremdkörper, dem mit dem bürgerlichen Medium der Akte nicht beizukommen ist. Die Erzählung tritt an, um ein Gespenst zu bannen, und wird dabei selbst gespenstig. Insofern ist sie nicht allein ein Text über einen Fremdkörper in der bürgerlichen Gesellschaft, sondern einer, in den sich dessen bewegliche und zugleich ziellose, man könnte auch sagen: moderne Schattenhaftigkeit eingeschrieben hat: Insofern bilden *Die Akten des Vogelsangs* auch das Zeugnis eines ebenso modernen wie melancholischen Erzählens,[104] das nicht mehr für sich in Anspruch nehmen kann, der Wirklichkeit beizukommen.

In *Böse Schafe* ist das Medien-Modell eines, das ebenfalls analeptisch zum Tragen kommen kann. Es gibt daher ein mit Raabes Text vergleichbares Moment von Kanalisation, das einen sicheren Umgang mit diesem Modell verhindert. Es ist vor allem dem Umstand geschuldet, dass Soja in Harrys Aufzeichnungen, d.h. in dem Medium, das ihre Erinnerungsarbeit evoziert, ungenannt bleibt, wodurch ihr retrospektives Erzählen den Status einer Wahrheitssuche erhält. »Warum bin ich abwesend, als wären wir einander nie begegnet?«,[105] fragt sie den Toten, um sogleich zwei Vermutungen gegeneinander abzuwägen:

> Mein einer, der freundlichere Verdacht ist, daß du befürchtet hast, dein Heft könnte bei einer Hausdurchsuchung [...] in fremde, also falsche Hände geraten; und um diesem Fall vorzubeugen, jede auch nur vage in meine Richtung deutende, eventuelle Textinterpretation von vornherein auszuschließen, hieltest du es für notwendig, mich komplett zu unterschlagen. Meine andere, dir kein edles Motiv zubilligende und für mich selbstredend schmerzhaftere, aber mit der ersten durchaus kompatible Vermutung ist die, daß ich dir so gleichgültig war wie alles auf der großen weiten Welt [...].[106]

Gemäß unserer Lektüre ist es die von Soja vergeblich aufgebotene, erzählerische Reproduktion des Vergangenen, welche diese zum Ort einer mortifizierenden Aufbewahrung macht, zu einem Grab, dem in der Gegenwart nicht zu entkommen ist. Deswegen versucht Soja nicht, die Harrys Aufzeichnungen anhaftende Gespensterhaftigkeit zu leugnen, sondern sie der Unsicherheit, die sie auslösen, auszusetzen – so, wenn am Ende das Medium des Briefes wiederum in denjenigen des photographischen Films aufgeht.[107]

Die den Toten bei Raabe wie bei Lange-Müller zum Gedächtnis (re-)produzierten Medien erweisen sich nicht zuletzt als Auseinandersetzung mit einem phänomenologischen Diskurs von *damals* und *heute*. Folgt die Lektüre dieser Spur, so erscheinen beide Texte als Auseinandersetzung mit der Gewissheit, dass das, was ich erinnernd wahrnehme und medial zu konservieren suche, auch gewesen ist. In dem Maße, wie dies unter der Frage des Totengedenkens ins Spiel kommt, tut sich eine Fährte auf: Hier wird ein uneinholbares Lebendiges kommunikativ heimgesucht.

Dieser Text erschien erstmals in: Hubert Winkels (Hg.): »Katja Lange-Müller trifft Wilhelm Raabe«, Göttingen: Wallstein Verlag 2009.

Anmerkungen

1 Katja Lange-Müller: Böse Schafe. Roman, Köln 2007, S. 205.
2 Gelingende Trauerarbeit führt bei Freud dazu, dass bei ihr »der Respekt vor der Realität den Sieg behält«; der Melancholiker hingegen weigert sich, den Tod des Liebesobjektes anzuerkennen. (Sigmund Freud: Trauer und Melancholie, in: ders.: Studienausgabe, hg. von Alexander Mitscherlich, Angela Richards und James Strachey, Frankfurt a. M. 1982, Bd. III, S. 193-212, hier S. 198.)
3 Roland Barthes: Die helle Kammer. Bemerkung zur Photographie, Frankfurt a. M. 1989, S. 100f.
4 Ebd., S. 97.
5 Ebd., S. 99.
6 Ebd., S. 90f.
7 Lange-Müller (wie Anm. 1), S. 7, 8, 9, 205.
8 »Bauschutt, Fabrikaschenwege, Kanalisationsarbeiten und dergleichen gab es auch noch nicht zu unserer Zeit in der Vorstadt, genannt ›Zum Vogelsang‹. Die Vögel hatten dort wirklich noch nicht ihr Recht verloren, der Erde Loblied zu singen; sie brauchten noch nicht ihre Baupläne dem Stadtbauamt zur Begutachtung vorzulegen.« (Wilhelm Raabe: Die Akten des Vogelsangs, in: ders.: Sämtliche Werke [Braunschweiger Ausgabe], im Auftrag der Braunschweigischen Wissenschaftlichen Gesellschaft hg. von Karl Hoppe und Jost Schillemeit, Bd. 19, bearb. von Hans Fink und Hans Jürgen Meinerts, Göttingen 1957, 2., durchges. Aufl. besorgt von Karl Hoppe und Rosemarie Schillemeit, Göttingen 1970, S. 219.)
9 Ebd., S. 217.
10 Ebd.

11 Ebd., S. 219f.
12 Ebd., S. 220f.
13 »In unserer Heimatstadt war er Auswanderungsagent und wanderte seinerzeit selber aus, und zwar aus zwingenden Gründen.« (Ebd., S. 229)
14 Ebd., S. 225.
15 Ebd., S. 234.
16 Ebd., S. 222.
17 Ebd., S. 258. Dass Krumhardts ›Akten‹ auch »als eine Auseinandersetzung zwischen der Welt der Väter und der Welt der Mütter inszeniert ist«, arbeitet Walter Erhart heraus (W.E.: Familienmänner. Über den literarischen Ursprung moderner Männlichkeit, München 2001, S. 213). Auch Ralf Simon versteht den Text als eine »gender-Reflexion« (R.S.: Gespenster des Realismus. Moderne Konstellationen in den Spätwerken von Stifter, Raabe und C.F. Meyer, in: Konzepte der Moderne, hg. von Gerhart v. Graevenitz, Stuttgart/Weimar 1999, S. 202-233, hier S. 214).
18 Raabe (wie Anm. 8), S. 296.
19 Ebd., S. 388.
20 Ebd., S. 213, 219, 227, 239.
21 Ebd., S. 387f.
22 Ebd., S. 220.
23 Ebd., S. 226.
24 Ebd., S. 398.
25 Ebd., S. 261.
26 Ebd., S. 311.
27 Ebd., S. 326.
28 Ebd., S. 383.
29 Siehe ebd., S. 318.
30 Z.B. ebd., S. 352. Zu Goethes dritter *Ode an Behrisch* siehe Nathali Jückstock-Kießling: Ich-Erzählen. Anmerkungen zu Wilhelm Raabes Realismus, Göttingen 2004, S. 305-307.
31 Raabe (wie Anm. 8), S. 226.
32 Ebd., S. 395.
33 Siehe ebd., S. 345, 355. Zur Bedeutung des Mottos siehe auch Frauke Berndt: Anamnesis. Studien zur Topik der Erinnerung in der erzählenden Literatur zwischen 1800 und 1900 (Moritz – Keller – Raabe), Tübingen 1999, S. 327f., und Jückstock-Kießling (wie Anm. 30), S. 235-247.
34 Raabe (wie Anm. 8), S. 358.
35 Siehe Michael Limlei: Die Romanschlüsse in Wilhelm Raabes Romanen *Stopfkuchen* und *Die Akten des Vogelsangs*, in: Wilhelm Raabe.

Studien zu seinem Leben und Werk. Aus Anlass des 150. Geburtstages (1831-1981), hg. von Leo A. Lensing und Hans-Werner Peter, Braunschweig 1981, S. 342-364, hier S. 354.
36 Nancy A. Kaiser: Reading Raabe's Realism: *Die Akten des Vogelsangs*, in: The Germanic Review 59 (1984), S. 2-9, hier S. 3.
37 Mehrfach wird dieser Begriff in Verbindung mit Velten Andres verwendet; siehe Raabe (wie Anm. 8), S. 270, 344, 392.
38 Hubert Spiegel: Sich aneinander berauschen, in: Frankfurter Allgemeine Zeitung, 10.10.2007.
39 Lange-Müller (wie Anm. 1), S. 7.
40 Ebd.
41 Alle Zitate ebd., S. 8.
42 Ebd., S. 11.
43 Barthes (wie Anm. 3), S. 17.
44 Ebd., S. 19.
45 Vgl. ebd., S. 41.
46 Siehe dazu etwa Thomas Macho: »Tod.« In: Christoph Wulf (Hg.): Vom Menschen. Handbuch Historische Anthropologie, Weinheim u.a. 1997, S. 939-956, hier S. 949f.
47 Barthes (wie Anm. 3), S. 41.
48 Raabe (wie Anm. 8), S. 335.
49 Ebd., S. 244.
50 Ebd., S. 215; auch die vorangegangenen Zitate.
51 Cornelia Vismann: Akten. Medientechnik und Recht, Frankfurt a.M. 2000, S. 227.
52 Ebd., S. 232.
53 Ebd., S. 234.
54 Ebd., S. 235.
55 Ebd., S. 236.
56 Ebd., S. 219.
57 Ebd., S. 226.
58 »Daß er die *Akten des Vogelsangs* aber als Akten anlegt, verwundert gar nicht: Die Textsorte, nach deren Muster Oberregierungsrat Karl Krumhardt sein Schreiben richtet, entspricht ganz seiner beruflichen Gewohnheit« (Jückstock-Kießling [wie Anm. 30], S. 267f.).
59 Ebd., S. 403f.
60 Ebd., S. 220; siehe auch S. 295, 404.
61 Siehe ebd., S. 217, 254, 336.
62 Jückstock-Kießling (wie Anm. 30), S. 269.
63 Vismann (wie Anm. 51), S. 85.
64 »[...] darüber mögen denn diese Akten mit allen dazugehörigen Dokumenten das Nähere berichten« (Raabe [wie Anm. 8], S. 220).

65 Siehe ebd., S. 263-265, 325-330.
66 Siehe ebd., S. 229, 262, 274, 304.
67 Ebd., S. 228.
68 Ebd., S. 234.
69 Ebd., S. 262.
70 Ebd., S. 291.
71 Siehe ebd., S. 267.
72 »Ich ziehe selbstredend im besten Sinne des übelverwendeten Wortes diese Unterhaltung der Mütter aus den Akten. Daß wir dummen Jungen das so nicht aufbewahrten, ist selbstverständlich.« (Ebd., S. 231); »So bringe ich es zu den Akten, wie der Vogelsang sprach, indem ich hundert Worte in eines ziehe, während der Schnee der heutigen Winternacht unablässig weiter herabrieselt.« (Ebd., S. 317) Dass selbst die Dokumente bearbeitet werden, wird aus folgender Textstelle ersichtlich: »Lauter Dinge und Sachen, die mir heute noch lebendiger sind als der Inhalt meines eigenen Hauses und der Stube, in welcher ich in dieser Nacht dieses aus meinen Akten hervorhole, um es revidiert ihnen von neuem beizufügen!« (Ebd., S. 363)
73 Ebd., S. 219.
74 Ebd., S. 270, siehe auch S. 304.
75 Sigrid Thielking: Sonderbare Aktenstücke. Inszenierte Verschriftlichung bei Wilhelm Raabe, in: Zeitschrift für Germanistik N.F. XII, 1/2000, S. 25-35, hier S. 29.
76 Berndt (wie Anm. 33), S. 319.
77 Siehe Raabe (wie Anm. 8), S. 358.
78 Siehe hierzu auch Simon (wie Anm. 17), S. 209, und Jückstock-Kießling (wie Anm. 30), S. 273.
79 Siehe Raabe (wie Anm. 8), S. 227.
80 Vgl. Lange-Müller (wie Anm. 1), S. 202f.
81 Hans-Joachim Neubauer: Liebe in Zeiten der Mauer, in: Rheinischer Merkur, 29.11.2007.
82 Lange-Müller (wie Anm. 1), S. 205.
83 Neubauer (wie Anm. 81).
84 Lange-Müller (wie Anm. 1), S. 10.
85 Siehe hierzu auch Dirk Knipphals: Kleine Geschichten ganz groß, in: taz, 10.10.2007.
86 Lange-Müller (wie Anm. 1), S. 114f.
87 Vgl. Barthes (wie Anm. 3), S. 35.
88 Ebd.
89 Vgl. ebd., S. 36. Siehe hierzu auch Roland Barthes: Die Fotografie als Botschaft, in: ders.: Der entgegenkommende und der stumpfe Sinn. Kritische Essays, Bd. III, Frankfurt a.M. 1990, S. 11-27.

90 Zur Unterscheidung von *studium* und *punctum* vgl. auch Jacques Derrida: Die Tode des Roland Barthes, in: Hans-Horst Henschen (Hg.): Roland Barthes, München 1988, S. 31-73, hier S. 42.
91 Barthes (wie Anm. 3), S. 52.
92 Ebd., S. 73.
93 Raabe (wie Anm. 8), S. 213.
94 Siehe ebd., S. 387.
95 Zur zeitlichen Organisation der Rückblenden siehe Dirk Göttsche (Zeitreflexion und Zeitkritik im Werk Wilhelm Raabes, Würzburg 2000, S. 90f.) und Jückstock-Kießling (wie Anm. 30), S. 253.
96 Wolfgang Preisendanz: Die Erzählstruktur als Bedeutungskomplex der »Akten des Vogelsangs«, in: Jahrbuch der Raabe-Gesellschaft 1981, S. 210-224, hier S. 211.
97 Ebd., S. 223. Die Zitate finden sich in Raabe (wie Anm. 8), S. 407f.
98 Ebd., S. 304.
99 Siehe Thielking (wie Anm. 75), S. 28.
100 Ebd., S. 35.
101 Siehe ebd.
102 Simon (wie Anm. 17), S. 217.
103 Raabe (wie Anm. 8), S. 318.
104 Siehe hierzu auch Berndt (wie Anm. 33), S. 326f.
105 Lange-Müller (wie Anm. 1), S. 75.
106 Ebd.
107 Vgl. ebd., S. 205.

Wilhelm Raabe: »Memento!«. Federzeichnung für Ferdinand Scholl, undatiert, Standort des Originals unbekannt (abgedruckt in: Wilhelm Raabe: Das zeichnerische Werk. Hg. im Auftrag des Oberbürgermeisters der Stadt Braunschweig von Gabriele Henkel, Hildesheim 2010, S. 371).

Vom Enden

Brigitte Kronauer

Abbruch des Spiels

Zu Ich und Altershausen

»Manchmal sah ich nach unten und sah meine Hände, aber ich wußte nicht, ob das meine Hände waren, oder die Hände der Frau, die neben mir stand«, heißt es in Ror Wolfs Buch *Die Vorzüge der Dunkelheit* (2012), und wenig später: »Ich lag da und wußte nicht, wer ich war. Ich erinnerte mich nicht an mich, schon gar nicht, woher ich kam und wohin ich wollte.« Es gibt eine bestimmte schriftliche, aber auch mündliche Prosa, in der wir alle, egal mit welchem Beruf und welcher Schulbildung, wohl mehr oder weniger Meister sind. In ihrem Mittelpunkt steht das Ich, unser eigenes Ich! Sie alle wissen, wie schwer es andererseits dieses Ich in der modernen, vor allem zeitgenössischen Literatur hat. Im Frühjahr 2011 fand im Literaturhaus Zürich ein Symposion zu dem schwierigen Patienten statt. Man war sich, mit vielen Zitaten belegt, ziemlich einig darin, daß man im 20., erst recht im 21. Jahrhundert, nicht mehr an dessen Konsistenz und Kontinuität glauben mag. Eigentlich ist es sogar noch schlimmer. Denn wer ältere, auch sehr viel ältere Literatur liest, trifft bei den besseren Autoren, versteckt oder offensichtlich, auf erhebliche Zweifel, nicht nur am eindeutigen, auch am homogenen Ich. Man denke z.B. an Komik und Pein der Doppelgänger bei Jean Paul. Vielleicht ist diese Skepsis und die Entdeckung der Ich-Spaltung und Ich-Zerrüttung also gar nicht neu. Wendet man sich ihr, unterstützt etwa durch die Bestätigungen der – unvermeidlichen – Hirnforschung, heute eventuell nur stärker zu, sicher auch in höherem Maß bereit, seine Lädierungen zu akzeptieren und zu formulieren, als es vor Freud der Fall war?

Auffällig ist allerdings eine merkwürdige Anhänglichkeit an diese ehrwürdige, offiziell entmündigte Institution namens Ich. Fast scheint sie unverzichtbar zu sein. Nicht nur deshalb, weil, wenn wir körperlich oder seelisch verletzt werden, da irgendwer aufschreit, den wir gewohnheitsmäßig, ein Notbehelf und nicht recht auf der Höhe der Zeit, als »Ich« bezeichnen. Es wird auch weiterhin haftbar gemacht bei Verfehlungen, sofern es sich nicht um einen akuten Fall von Unzurechnungsfähigkeit handelt. Die Gesellschaft und ihre Justiz können sich bisher nichts anderes leisten. Wenn wir uns das Ich zeitlich verflüssigt, verästelt in die Vergangenheit hinein denken, uns möglichst weit zurückerinnern und von dort wieder bis hin zur Gegenwart und diese Fragmente mündlich und schriftlich chronologisch aneinanderlöten, sprechen wir von einem, von unserem »Lebenslauf«. Wir arbeiten unaufhörlich daran, indem wir einander, privat oder öffentlich, bruchstückhaft davon berichten und Passagen unserer Biographie in uns speichern. Politiker, Sportler, Filmstars, alles, was sich für prominent hält – das gute Recht von jedermann –, schreibt in echtem oder gespieltem Selbstentblößungsfuror vom Lebensweg seines intakt gedachten Ichs, mal tatsächlich von eigener Hand, mal mit professioneller Hilfestellung und immer, ob unbewußt oder bewußt, nach bereitgestellten Dramatisierungsmustern. Nicht selten, um die sogenannte »Deutungshoheit« über bestimmte, von der Öffentlichkeit als zweideutig beäugte Lebensetappen zurückzuerlangen, so etwa Bettina Wulff, die Frau des deutschen Ex-Bundespräsidenten oder der Schauspieler und Ex-Gouverneur Arnold Schwarzenegger. Und nun hat auch Felix Baumgartner, der Mann, der sich aus fast vierzig Kilometern Höhe auf die Erde stürzte, mutig die Herausforderung angenommen, wie Zlatan Ibrahimović ein Buch zu schreiben, also quasi Rezensent seines eigenen Lebens, gar Schicksals zu sein. Der Fußballer Zlatan Ibrahimović wird jetzt durch einen angesehenen schwedischen Literaturpreis für seine Autobiographie geehrt.

Stets begibt sich das Ich in solchen Fällen, bei Dreißigjährigen natürlich noch nicht vollständig, unter den Schutz der herrischen Superstruktur: Kindheit, Jugend, Erwachsenenzeit, Alter. Und offenbar ausnahmslos, bei aller Sucht, etwas Besonderes zu sein, sind alle diese Ichs getrieben von dem noch stärkeren Bedürfnis, sich letzten Endes kongruent mit diesem kollektiven Schema zu fühlen.

In einer der berühmtesten abendländischen Autobiographien ist zu lesen: »So gelangte ich denn auf der Wanderung von der Kindheit zur Gegenwart ins Knabenalter, oder vielmehr es kam zu mir und folgte auf die Kindheit. Und doch machte sich diese nicht davon, denn wo wäre sie geblieben? Aber schon war sie nicht mehr. Denn ich war kein lallendes Kind mehr, sondern ein Knabe, der sprach.«

Diese knappe Schilderung des Vorwärtsströmens von Zeit und Lebensetappen am Beispiel der eigenen Person darf nicht darüber hinwegtäuschen, daß es Aurelius Augustinus, aus dessen *Bekenntnissen* ich zitierte, durchaus nicht in erster Linie darauf ankommt, das Vergangene zu bannen. Das ist nur ein Nebeneffekt. Seine großartige Konfession aus dem 4./5. nachchristlichen Jahrhundert wurde von ihm verfaßt, um sein gesamtes Leben vor einer für ihn unbestechlichen Instanz darzulegen, nämlich vor seinem Gott. Das heißt, es hatte unter dieser Perspektive nicht den geringsten Sinn, sich selbst oder seinem Adressaten etwas vorzumachen. Das ist bei normalen Autobiographien ein bißchen anders.

Besonders in einer, die ungefähr tausend Jahre später geschrieben wurde und mir selbst auf der Suche nach meinem literarischen Weg einmal sehr wichtig, ja, einer der Ausgangspunkte für meine eigene Poetologie war: *Des Girolamo Cardano von*

Mailand eigene Lebensbeschreibung. Cardano, ein berühmter Arzt und Mathematiker, der zwischen Spätmittelalter und Renaissance lebte und, trotz mehrerer Abtreibungsversuche, 1501 zur Welt kam, möchte »daß es bekannt sei, daß ich bin; ich wünsche aber nicht, daß jeder wisse, wie ich bin«. Genau das aber liefert er: Das Porträt eines Mannes, der nach dem Vorbild Marc Aurels, zwischen nüchterner Selbst- und Menschenbeobachtung (Beispiel: »Meine Mutter war jähzornig, von gutem Gedächtnis und klarem Verstand, klein von Gestalt, fett, fromm«) und heftigstem Aberglauben, Abhängigkeit von Astrologie, Träumen, Vorzeichen hin- und hergerissen wird. Von ihm stammt ein Zitat, das ich 1974 in meinem ersten Buch der programmatischen Geschichtenserie *Vorkommnisse mit geraden und ungeraden Ausgängen* voranstellte: »Ähnliches ereignete sich im Jahre 1531. Eines Tages heulte ein sonst ganz stiller Hund gegen seine Gewohnheit ununterbrochen, Raben saßen auf dem Dach und krächzten ungewöhnlich laut, und als mein Hausbursche ein Bündel Holz zerbrach, sprangen Feuerfunken heraus. Ich heiratete noch im gleichen Jahr ganz unerwartet rasch, und von dieser Zeit an verfolgte mich ein Unglück nach dem anderen.« Die Szene befindet sich, wie man am Eingangssatz sieht (»Ähnliches ereignete sich«), in einer Reihe von nach demselben Rezept erzählten Ereignissen. Immer wieder, durch das gesamte Werk hindurch, nimmt Cardano, der sein Leben rational, fast buchhalterisch nach Themen zu katalogisieren versucht und die »göttliche Eingebung« für einen »seltenen Vogel, der nie jedermann in allen Fällen recht tut« hält, zwischendurch Zuflucht zu den Suggestionen magischer Muster und Motive, die entlegenste Dinge bedeutungsvoll zu einer manchmal abstrus wirkenden, aber mitreißenden Schlüssigkeit miteinander verknüpfen. Die »sonderbaren Schicksalsfügungen« zutage zu fördern, sie dem Zufall zu entreißen, sie sich und dem Leser als sinnvolles Geschehen aufzuzwingen, scheint sein eigentlicher Ehrgeiz zu sein. Sie verleihen seinem Leben den, wie er es nennt, »inneren Glanz«.

Von den vielen Gründen für die Beliebtheit von Autobiografien leuchtet mir – anders als im einfachen Tagebuch – der von Cardano bis heutzutage praktizierte am meisten ein: Das chaotische Mosaik des eigenen Lebens, und dabei die pure Addition von Fakten, die Notiz, das Sammelsurium von Erinnerungsfetzen überbietend, in den Bogen eines einleuchtenden Zusammenhangs zu überführen, mit magischen, beziehungsweise alten, zum kollektiven Besitz gewordenen literarischen Mitteln, die sich der Wirklichkeit annehmen und sie auf ein Ziel hin strukturieren, sodaß sie im Extremfall sogar Beweischarakter für eine These oder Lebensmaxime erhält.

Genau eine solche privatideologische Ausrichtung des erzählten Lebens in Gestalt einer Episodenfolge als exemplarische Belege für Charakter und Maximen habe ich in meinem ersten Roman *Frau Mühlenbeck im Gehäus* darzustellen versucht. Die scheinrealistischen, unbeirrbaren Interpretationsbemühungen der Frau Mühlenbeck am Fleisch der eigenen Existenz sind im Grunde das Urmodell meines Schreibens geblieben, erweitert auf unseren Umgang mit der Wirklichkeit generell.

Denn das ist, jedenfalls für mich, das Aufreizende an dieser Art von Lebensbekenntnissen und den Erfindungen ihrer Ich-Darsteller: Hier der energische Anspruch auf blutige Authentizität, dort die offensichtliche Selektion, Zutat, Gewichtung, kurz die Manipulation der Fakten auf einen roten Faden hin, auf eine Pointe, auf einen Glücks- oder Unglücksstrang samt emotionaler Tönung. In diesem Mischgenre erweist sich schlagend, wie Leben und Literatur ineinander verschlungen sind und zugleich wie sehr voneinander getrennt!

Natürlich gibt es neben der starren Repetition jener Frau Mühlenbeck, die ihr Leben samt Einzelheiten ein für alle Mal als absolute Deutungsinstanz in den eisernen Griff genommen hat, auch das Gegenteil: die von Stimmungsschwankungen veränderlich bewegten oder nach einschneidendem Erlebnis (großer Verlust, schmerzliche Täuschung) prompt einsetzenden Neuinterpretationen ganzer Lebensabschnitte. Es ist, als wäre der Person plötzlich ein alles Bisherige umordnendes Licht aufgegangen. Es »fällt ihr wie Schuppen von den Augen« behauptet sie womöglich und glaubt es auch. Das relativiert zweifellos die Kompetenz unseres Erlebens und das Erzählen davon »wie es wirklich war«. Die frohe Botschaft aber besteht in der Freiheit, die sich uns öffnet, wenn wir begreifen, daß es niemals eine endgültig feststehende, objektive Deutung des sogenannten »Schicksals« gibt. Ein Perspektivwechsel färbt die Dinge auch rückwirkend um. Eine andere, z.B. düstere oder rosige Beleuchtung kann sie in eine entgegengesetzte, überzeugende Folgerichtigkeit transponieren. Wahrscheinlich allerdings auch diese wieder mit Verfallsdatum. Ein neues Licht geht auf, neue Schuppen fallen von den Augen.

Der 1623 geborene Blaise Pascal, wie Cardano überragender Mathematiker, notierte in seinen *Pensées*: »Wir begnügen uns nicht mit dem Leben, das wir aus unserem eigenen Sein haben: wir wollen in der Vorstellung der anderen ein imaginäres Leben führen. [...] Wir arbeiten unaufhörlich daran, unser imaginäres Sein zu verschönern und zu erhalten und vernachlässigen das wirkliche.« Erinnern Sie sich bitte an die Praktik der Frau Mühlenbeck! Eine flüchtige Vergegenwärtigung der Beliebtheit von Selbstdarstellungen in Internetforen legt die Idee nahe, daß Pascals »imaginäres Leben« in den dort entworfenen, teilweise phantastischen Wunschbiographien erst jetzt, fast vierhundert Jahre später, zur vollen Form aufläuft. Das dort Offensichtliche täusche jedoch nicht hinweg über das grundsätzlich Irreale, Künstliche in jeder sich noch so natürlich aufführenden Lebensbeichte, sobald sie nicht nur aus Daten und Zahlen besteht.

Literarischen Schriftstellern ist das bewußt. Ihr Umgang mit Erinnerungen ist nicht unschuldig. Ein schönes Beispiel gespielter Naivität hat Gertrude Stein in der angeblichen Biographie ihrer Freundin und Haushälterin Alice Toklas geliefert. Sie schlüpft in deren Kleid und berichtet mit deren Zunge, als handelte es sich nicht in Wahrheit um das, was es ist: eine Autobiographie Gertrude Steins, mit verstellter Stimme geschrieben. Autobiographie als avantgardistische Kunstform! Das ist elegant, gescheit, amüsant. Normalerweise geht es wesentlich simpler zu. Schriftsteller beuten ihre Erinnerungen und die darin ruhenden Energien aus, vor allem die der Kindheit entstammenden, die sich mit der unvergleichlichen, durch nichts ersetzbaren Energie des zum ersten Mal Gesehenen scharf einprägten. Ihr Leben ist der Steinbruch, an dem sie sich frei bedienen. Sie verbrennen im Laufe ihrer Romanarbeiten die geheimen Substanzen, die sie in ihrem Gedächtnis mit sich tragen. Es kommt zu Mehrfachverwertungen, bis das Urerlebnis verdunstet und als privater Besitz verloren ist.

Ein Schriftsteller, der den vorgegebenen Mustern nicht traut, sondern mit ihnen spielt, kann beim literarischen, fiktionalen Schreiben für seine Zwecke Details einer Person des wirklichen Lebens, am bequemsten solche von sich selbst, für ganz entgegengesetzte Charaktere nutzen, eine beobachtete komplexe Vorlage in diverse Menschen auflösen oder sie mit anderen kombinieren. Alles ist in diesem Sinn letzten Endes beim Verfassen eines Romans autobiographisch, beziehungsweise, im planen Sinn: überhaupt nicht!

Nach dieser kleinen Sammlung von Aspekten zur Autobiographie und zum erzählenden Ich generell, möchte ich mich endlich dem Helden des Abends zuwenden. Und zögere sofort. Ist nämlich der große Epiker Wilhelm Raabe gemeint (1831-1910, freier Autor, dann fast vergessen, noch einmal im Alter kurz gefeiert und wiederum fast vergessen, mißverstanden und unterschätzt), oder ist dieser Held ein gewisser Geheimrat Professor Doktor Fritz Feyerabend, internationale medizinische Kapazität, vor allem Seelenarzt und Hauptfigur in Raabes letztem, Fragment gebliebenen Roman *Altershausen*? Das gleich vorweg: Der 1899 begonnene, 1911 posthum veröffentlichte Roman war nicht im romantischen Ruinenkonzept als Fragment geplant, andererseits lebte Raabe nach Abbruch der Geschichte noch lange genug, um sie zu vollenden. Rätselhafterweise hat er es anders beschlossen. Der Roman beginnt so:

> ›Überstanden!‹ Der das sagte, lag in seinem Bette, und nach dem Licht auf dem Fenstervorhang zu urteilen, mußte die Sonne eines neuen Tages bereits ziemlich hoch am Himmel stehen. Es war dem befreienden Seufzerwort ein längeres Zusammensuchen, erst der körperlichen Gliedmaßen, sodann der noch vorhandenen geistigen Fähigkeiten voraufgegangen.

Sie erinnern sich an mein Zitat von Ror Wolf aus dem Jahr 2012? Bei Wolf wird der Grund für die verwirrende Zerstückelung seines alterslosen Protagonisten nicht angegeben. Bei Raabe liegt er in der Erschütterung durch die bombastischen Feierlichkeiten zum siebzigsten Geburtstag des am folgenden Morgen Erwachenden. Sie stellen für ihn ein be- und entfremdendes Ereignis dar, das sich aber eben doch auf ihn, das vom neuen Lebensabschnitt irritierte, in den Ruhestand offiziell und unerbittlich von der Gesellschaft entlassene Individuum unmittelbar bezieht. Erst als der noch anonyme Sprecher seine physischen und psychischen Kräfte sortiert hat, erfahren wir: Das bin »Ich, der Schreiber dieser Blätter«.

Dem Wort »Ich« wird eine ganze Zeile zugestanden. Es ist obendrein gesperrt gedruckt. Raabe vollzieht also eine Kehrtwendung vom »Er« zum »Ich«. Er gibt den kleinen Erkenntnisschock, der den fragmentarisierten Hochgeehrten in seinem Bett durchfährt und ihn, von der Ansammlung bloßer Personenpartikel, wieder zur Person mit dem Etikett »Ich« macht, an den verblüfften Leser, der, ob jung oder alt, im Prinzip solche Aufwachmomente sicherlich kennt, unmittelbar weiter.

Nicht unmittelbar verfährt Raabe dagegen mit sich selbst – und schon jetzt sei vermutet: um dadurch umso schonungsloser im

Fortgang einiges von sich und seiner eigenen prekären Lage verraten zu können. Das auffällig gedruckte »Ich« ist ja nicht Wilhelm Raabe, sondern der ihm vorgeschobene Fritz Feyerabend mit seinem ruhmreichen Lebensweg, der sich selbst, als der »Schreiber dieser Blätter«, hingegen zwei, drei Seiten später durch die neuerliche Entscheidung gegen ein berichtendes »Ich« und für die dritte Person Luft und eine schärfer blickende Distanz zu sich selbst verschafft. Die direkte Sprache einer Konstruktion des Indirekten, der Spiegelung! Die Verwirrung des Helden greift auf den Leser über, und das wird sich nicht ändern.

Obschon Wilhelm Raabe detailliert Veränderungen aus den ersten Tagen des frischgebackenen Ruheständlers erwähnt, die er nur aus der Anschauung des eigenen Erlebens kennen kann, legte der freie Autor Raabe großen Wert darauf zu bezeugen, daß er das Werk über den Geheimen Rat und großen Seelenarzt Feyerabend 1899 begonnen habe, als sein eigener siebzigster Geburtstag noch zwei Jahre vor ihm lag und er nicht etwa, wie er betonte, von der eigenen Biographie »abgeschrieben« habe.

Bevor wir über diese Empfindlichkeit, maximal vierundzwanzig Monate betreffend, voreilig gerührt sind, sollten wir fragen, warum Raabe den Roman, der schon im Titel anzeigt, daß es, wenigstens teilweise, um ein Buch über das Alter geht, warum er diesen Roman so ausdrücklich nicht als Autobiographie verstanden wissen wollte. Um der erhofften Würdigung des literarischen Erfindens und seiner prophetischen Imaginationspotenzen willen? Diese Art schriftstellerischer Eitelkeit liegt hier wohl nur sehr bedingt vor. Es kommt ihm, vermute ich, auf etwas Allgemeineres an als auf die Geständnisse eines alten Mannes, so treffend, konkret, lebensklug dessen Beobachtungen an sich und der Welt auch sind. Die Verwunderungen und Verwundungen, die seinem Ich widerfahren, nachdem es erstmals nach Arbeit und Rausch des Gesellschaftlichen auf sich zurückgeworfen ist, erscheinen jenseits des Spezifischen seiner Situation als Beispiel für Prinzipielleres.

Bereits auf der ersten Seite setzt Raabe das Datum von Feyerabends nach-geburtstaglichem und zunächst für ihn destruktivem Erwachen datumsmäßig in Beziehung zu den historischen Großereignissen der Verschüttung von Herculaneum/Pompeji und der blutigen Bartholomäusnacht in Paris. Das ist natürlich komisch, hat aber zusätzlich System. Der schroffe Kontrast von Großem und Kleinem, Elite und Volk, Internationalität und Provinz, Stagnation und angeblichem Fortschritt (die hier wie im Gesamtwerk zuverlässig auftretenden, leidenschaftlich ökologischen und melancholischen Beschwörungen Raabes, Landschaft als kostbaren Menschenbesitz zu retten, lasse ich jetzt aus), von Gegenwart und Vergangenheit, Weltgeschichte und Privatem zieht sich durch das ganze Fragment. Die betörenden Originalzeilen eines Liebesgedichts von Sappho stehen übergangslos neben der unverhohlenen Gier eines Mannes nach Kuchenresten. Es handelt sich also nicht nur um die Konfrontation von Alter und Kindheit, wenn der weltweit geehrte Professor Feyerabend, da er sich keinen anderen Rat weiß, sein vom Gebrause der Welt brüskiertes und ramponiertes Ich von Grund auf zu kurieren, einen Ausflug in seinen kleinen, früh verlassenen Geburtsort Altershausen beschließt.

Nach »zwei Menschenaltern« kehrt er für ein paar Tage dorthin zurück. Mit etwas Glück könnte er dort den Anschluß an die entrückte Kindheit durch seinen wichtigsten Freund und ehemaligen Klassenkameraden wiederfinden. Durch Ludchen Bock nämlich, eine Art schlingelhaften Überflieger, für den Lehrer der Hoffnungsvollste von allen und zugleich im fröhlichen Matsch des Jungenlebens dem artigeren Fritz Feyerabend ein »unbewußter Pädagoge«. Hören Sie, wie schon bei der Ankunft des – klassisch gebildeten – Professors im Heimatstädtchen diese Erwartung auf sehr unerwartete Weise in Erfüllung geht: »»Soll ich Sie das nach dem Hotel tragen?‹ fragte eine weinerliche Kinderstimme hinter ihm, und wie der landfremde König von Ithaka hatte er keine Ahnung, daß nur diese Stimme es war, die ihm sagen konnte, daß er wirklich noch einmal zu Hause in Altershausen angelangt sei und seine Fahrt nach Traumland zum Zweck führen könne. – – – Der greise Ankömmling sah sich um nach dem Fragesteller und sah in ein altes, altes, feistes, runzelloses, unbärtiges Greisengesicht und in Augen, deren Zwinkern unter schlaffen Lidern hervor ihm nur zu gut aus seiner Wissenschafts- und Lebenspraxis bekannt war. ›Ich bin ja Ludchen!‹ greinte das Gespenst«.

Ludchen Bock ist sein Mitschüler aus Kindertagen! Raabe-Leser kennen solche Verblüffungen, denen der Autor seine Figuren und Leser ohne Ankündigung ganz unzivilisiert aussetzt, beispielsweise, wenn in *Die Akten des Vogelsangs* der bisher treue Sohn Velten Andres das von der Mutter zärtlich für ihn gehütete Mobiliar kalten Blutes in einem Vernichtungsrausch verschleudert und verbrennt, oder wenn in *Pfisters Mühle* der Dichter Lippoldes, Wiedergänger des Dramatikers Grabbe, in biederer Glühweinrunde plötzlich sein dämonisches Weihnachtslied vorträgt, oder wenn in die urgemütliche Apotheke »Zum Wilden Mann« der gleichnamigen Erzählung der schneidende destruktive Wind des Kapitalismus fährt. Immer sind es krasse Spielregelverletzungen, die nicht etwa formalistisch oder gar effekthascherisch sind, sondern tief in den Absichten des Autors begründete Stilbrüche. Dazu später ausführlicher.

Im Roman *Altershausen*, in dem bis zu diesem Zeitpunkt die Tonart wehmütig-ironischer Gemüthaftigkeit vorherrschte, schlägt Raabe noch schriller zu, und selbst die reziproke Überraschung der hochbetagten Braut in Johann Peter Hebels Erzählung *Unverhofftes Wiedersehen* wird nicht größer gewesen sein, als die Greisin nach fünfzig Jahren den im Eisenvitriol des Faluner Bergwerks konservierten, tödlich verunglückten Bräutigam so jugendlich unversehrt wiedersieht, wie er sich vor einem halben Jahrhundert von ihr verabschiedete. Überraschung Nr. 2 für den berühmten Arzt und den Leser also. Ludchen, der Gleichaltrige, mit dem der alte Geheime Rat Feyerabend noch einmal in seine jungen Jahre zur Kräftigung des schwächelnden Ichs eintauchen wollte, ist auf der Stufe eines etwa Zehnjährigen stehen geblieben. Das heißt, er ist ein debiler Siebzigjähriger. Nach seinem Umzug aus dem Geburtsort, erfährt der heimgekehrte Arzt, wurde der Freund durch die Folgen eines fast tödlichen Sturzes auf den Kopf unter einem vergreisten Körper irreparabel in sein Kinderalter eingesperrt. Wie der Kern des Städtchens, wie das versunkene, legendäre Vineta unter Wasser, ist das ehemalige Ludchen konserviert, zum Greifen nah mit all den kindischen Lüsten von damals und gleichzeitig unberührbar, unerreichbar in seiner Infantilität.

Auch Altershausen hat ja, als wäre es eine Halluzination für den weitgereisten Arzt, seine eigentliche Altstadt nicht im Geringsten verändert. Ein einschmeichelndes Willkommen zunächst. Nur daß die Familien unter den vertrauten Bezeichnungen zwei Generationen weiterrückten. Die alten Namen sind noch da, die Personen aber durch die Enkel ausgetauscht. Niemand erkennt Feyerabend, der sein konsterniertes Ich, auf das Städtchen vom Hotel hinunterblickend, von der scheinvertrauten Gesellschaft Folgendes gefragt fühlt – es ist wohl der bekannteste Satz des Fragments: »Liebster Freund, haben Sie auch einmal nackt vor dem furchtbaren Geheimnis des Selbstbewußtseins gestanden?«

Das Ich nämlich gerät nicht ins Trudeln aufgrund der scharfen Gegensätze. Es beginnt zu stolpern und zu schwimmen, weil sie sich auf das Impertinenteste mischen, nachdem die Hierarchie der maßgeblichen Welt einen schleichenden Umsturz erlebt hat. Bereits bei den Geburtstagsfeierlichkeiten gab es ein paar Sekunden, in denen Feyerabend, aufs Höchste gepriesen für seine Lebensverdienste, sehr unprotokollarisch in Erinnerung kam, wie ihn jenes rotzfreche Ludchen vor Lehrer und Klasse lächerlich machte. Und reißt der debil gewordene Schulfreund nicht gegenüber dem Heimgekehrten zwar dienend das Gepäck, aber im rätselhaften Ahnen seiner Macht auch sofort die Führung an sich, halb scheu vor dem Fremden, halb im unbewußten Erkennen von »Fritze«, dem Kumpel von einst?

Der »große Seelenarzt« wird, im Laufe des Aufenthalts, »Kind mit dem Kinde, Idiot mit dem Idioten«. Die Weltereignisse von Vergangenheit und Gegenwart und ihre triumphalen Persönlichkeiten sind gar nicht spöttisch zitierter Kontrast zur privaten Alltäglichkeit und Tragik kleiner Leute in ihrer Provinz. Vielmehr erhalten jene hier so häufig zitierten Großereignisse und ihre fragwürdigen Helden einzig und allein dadurch lebendige, die Menschen betreffende Bedeutung, daß sie sich in Verbindung setzen lassen zu deren Biographien und Gefühlen. Feyerabend verwechselt zunehmend Zeiten und Namen. Seine Empfindungen schwanken unkontrollierbar zwischen der Lust zu lachen und zu weinen, so, wie es in der reinen infantilen Seelenhaftigkeit von Ludchens unberechenbarem Mienenspiel ständig unbeständig ablesbar ist, sternenfern von dem, was Mörike die »Fratzen der Gesellschaft« nannte.

Auf diese Weise wird es möglich, daß der bei seinem risikoreichen Weg zu sich selbst tief verunsicherte Arzt schließlich auf vertrauter Bank neben einem verrunzelten Fräulein aus dem Volke auf wunderbare Weise Frieden findet. Es ist Minchen Ahrens, die, als sie Zeugin von Ludchens Unfall wurde, ein noch mit der Puppe spielendes Mädchen war, dann aber im Fortgang der Jahre zärtlich und treu sorgend die Mutterstelle für das greise Kind angenommen hat und in dieser Funktion nicht zufällig an die den früh verwitweten Professor bemutternde, ledige Schwester Karoline erinnert. Während Feyerabend diesem Minchen, dessen verborgene Größe er schnell erkennt, nur kurz von seinem wissenschaftlichen Aufstieg und dann ausführlicher vom Wichtigeren, dem lange zurückliegenden Tod seiner Frau und ihres Kindes erzählt, »vermischten sich den beiden die Zeiten mehr und mehr. Sie sah sich aus ihrem heutigen Alter heraus in seinem jungen Haushalt als greise Kindermuhme, Krankenwärterin, Spinnerin und Beraterin.«

Das zunächst Verwirrende all dieser Vermengungen, abweichend von den gesellschaftlichen Schablonen, die den bisher so tätigen Feyerabend ruckhaft als einen, wenn auch geehrten, ausschließlich alten Mann identifizierten, mit dem er selbst sich gefälligst identisch fühlen soll, aber nicht fühlt, erweist sich allmählich als Segen und Befreiung, als Möglichkeit zur Wiederfindung seines verlorenen Ichs, in dem sich, anders als die gängigen Beschilderungen behaupten, alle Lebensstationen zu einer neuartigen, erregenden Gleichzeitigkeit mischen.

Sanft melancholisch einlullendes Glück des aus Erinnern und Kindheit wiedergeborenen Ichs, weise und verjüngt, in schönster träumerischer Humanität also? Beim zeitlich entgleisenden Nachmittagsschlaf im Hotel ereilt Feyerabend, und uns mit, in einem Alptraum die dritte Überraschung, in dem sich das bisher Unterdrückte Bahn bricht. Träumend sieht sich der souveräne Weltbürger auf einmal als menschengroßen, prächtigen Nußknacker, der in gelben Lederhosen und lackglänzenden Husarenstiefeln über den Marktplatz von Altershausen in sein Vaterhaus marschiert und dort in die weihnachtlich geschmückte Blaue Stube. Bis dahin trägt er die Verwandlung mit Fassung. »Was war denn aber das? War das nicht das Gesicht seines Nachfolgers im Amte, auf dem Lehrstuhl, in der Wissenschaft, in den Glanzsälen der Wonneburgen der Walchen und im Verehrungsbedürfnis der Menschheit? Nein, es war nur der neue Nußknacker, der vom diesmaligen Heiligen Abend«, der ihn in der gleichen, aber nagelneuen Ausrüstung höflich begrüßt: »Guten Abend, Herr Kollege!« Das Volk der Puppen nimmt ihn freundlich auf, besonders, nachdem er die Rute, die ihn, den nur noch zum Feueranmachen taugenden Nußknacker vom vorigen Jahr, zu gehässig-neidischen Altersurteilen über die frisch nachgelieferte Generation der Schachtelwesen aufhetzen will, des Platzes verwiesen hat. Milde sagt schließlich der Abgeblätterte zu seinem noch tadellos funkelnden, jedoch von seinem zukünftigen Schicksal (dessen er im Vorgänger ansichtig wird) entsetzten Nachfolger: »Ich gehe und Sie kommen – wir werden nicht alle!«

Vom lange vor Raabe geahnten und, etwa durch E.T.A. Hoffmann literarisch beschworenen, zwielichtigen Zauber des Automatischen ist hier nichts Faszinierendes übrig geblieben. Während heute von Informatikern die Arbeit des Computers mit der des Gehirns in weiten Bereichen euphorisch gleichgesetzt wird und tieferes Verständnis gar nicht nötig sei, um einen sinnvollen Text zu produzieren, so daß Maschinen, so wird triumphierend berichtet, schon damit begonnen haben, selbständig journalistische Artikel zu schreiben und sogar nach bestimmten Konventionen ablaufendes Erzählen lernen und übernehmen können, vermutlich bald sogar, nach Einspeisen entsprechender Informationen, die verbale Produktion kompletter Biographien. Bei Raabe prallt die kalkulierbare Mechanik der Abläufe unter der resignativen Beschwichtigung des nutzlos Gewordenen mit untröstlicher Bitternis und zerstörerischem Furor auf das vorher entwickelte Idyll. Die Szene mit Minchen und dem um die beiden herumspielenden Ludchen, so scheint es, droht rückwirkend vom Gift des Nußknackerauftritts infiziert zu werden.

Was noch eben nach Entwicklung, Reife, Einsicht aussah, erweist sich jetzt, wie das Individuelle alles erlittenen und genossenen Lebens, als Maskierung des unaufhörlich perpetuierten Schemas endloser Wiederholung, als wäre der zur Demut vor der nagelneuen Nußknackernachlieferung gezwungene Feyerabend mit diesem Traum im blechernen Herzen der Wahrheit oder meinetwegen im stählernen Motor, im knirschenden, knackenden Regelwerk der Wirklichkeit angelangt. Die Muster des nicht mehr geheimnisvollen, nun skelettierten Lebens sind, viel schlimmer als die im Vergleich harmlose Offenbarung eines zerbröselten Ichs, unter der Schminke des jeweils persönlichen Schicksals freigelegt. Die sturen Gebote von verbraucht und neu, Kommen und Gehen werden als neutrales, für Jung und Alt ausnahmslos und gleichermaßen grausiges Existenzgesetz durchexerziert. Das Erwachen Feyerabends bringt dann bald eine versöhnlichere Beleuchtung. Vorläufige Abwehr der

Nußknackerparade durch die rosig lächelnde, exquisite Kaffeetisch-Gegenwart mit Minchen, der jungfräulichen Mutter, und Ludchen, dem greisen Kind. Die dunklen Geister aber sind gerufen. Zunächst verdampfen sie zwar beinahe im Licht des lieblichen Plauderns der alten Jungfer, als sie von ihrer einzigen Liebe und deren Schmerzen zu erzählen beginnt. Bis die schlichte Seele aus purer Bescheidenheit meint, ihre Herzensgeschichte »sei tausendfach dagewesen« und »das, was alle Tage passiert unter jungem Volk [...] und bloß ein bißchen von dem, was so bei der Orgel auf dem Jahrmarkt gedruckt verkauft wird«.

Selbst hier also, mitten im Trost des Allermenschlichsten, ereilt es Feyerabend: Die freiwillig akzeptierte ewige Leier, die Spieluhr mit immer derselben Musik, das eintönige Klischeeprogramm des menschlichen Daseins und seiner Zwangskonstruktion, ob in Alter oder Jugend, Kindheit oder Erwachsenenzeit. Auch der Hoch-Zeit des Lebens, der angeblich so exklusiven Phase der großen Liebe, ist keine Ausnahme gegönnt.

Damit aber wird der Roman in seiner wesentlichen Botschaft für den Leser selbst, egal welchen Alters, autobiographisch. Die freundliche Stimme der ahnungslosen Frau, die ihr Ich im Griff des entindividualisierenden Schemas von Groschenromanen zu erkennen glaubt und sich ohne Gegenwehr, ihre doch offensichtliche Originalität opfernd, darin geborgen fühlt, muß Feyerabend plötzlich abscheulich in den Ohren gellen. Auch wenn er es mit freundlich ermutigenden Floskeln zu überspielen sucht, sodaß sich ihr Zuhörer und die Leser bequem auf die Lebensbeichte des strickenden Minchen einrichten.

Vielleicht wird es ja doch wieder ganz gemütlich? Exakt da, als Minchen Strickzeug und Erzählen wiederaufnimmt, nach den knapp 251 kleinen Seiten der Erstausgabe von 1911, reißt Feyerabends Autobiographie ab, streicht Raabes Roman die Segel. Der Überdruß angesichts des allzu erwartbar Kommenden muß ihn selbst überrascht haben. Raabe reagiert künstlerisch lauter. Das sture epische Weitermachen wäre für ihn ab jetzt Verrat an einer Erkenntnis. Erneut gelingt es damit dem Autor, den Schock an den involvierten Leser, der sich dem fait accompli ja unmöglich entziehen kann, weiterzureichen. Der Abbruch übertrumpft in der Wirkung jeden Stilbruch.

Trotz der Erfahrung des Alters am eigenen Leibe hatte Raabe sich bis hierher durch die Freiheit zielgerichteter Fiktion jene inhaltliche und formale Distanz verschafft, die er für seine epische Entäußerung benötigte. Mit dem Abreißen der Erzählung und dem Durchschneiden von Minchens Erzählfaden stemmt er sich selbst, als Autor von immerhin circa sechzig Romanen, über den »Schreiber dieser Blätter«, wie es zu Anfang der nicht zu seinem Ich zurückgekehrte, jetzt beiseitegefegte Feyerabend von sich sagte, hinweg, gegen das mechanistische Diktat der biographischen Kolportage. Was passiert dadurch?

Raabe protestiert mit dem denkbar schroffsten Mittel für die subjektive Deutungshoheit des Individuums, gegen das kollektiv gestrickte Lebensdesign, gegen das scheinbar übermächtig Maschinelle der üblichen Existenzperspektive, gegen das ausweglos alles Private und Persönliche Deformierende, ja Kupierende eines konventionellen Musters im Leben, wie im Erzählen von ihm, nach der gängigen Leiermelodie. Diese Art von Generalstreik, von Totalverweigerung gegenüber der gesellschaftlichen Dressur und dem Soll des Genres ist ein grobes Geschütz, sein gröbstes. Sein Verstummen ist ein wortloses Sich-Abwenden, ist formale Konsequenz, ein dröhnendes Schweigen plötzlich, mit jenem unverkennbaren, hier: dissonanten Nachhall, der sich in der Kunst des Romans nicht der Betroffenheit, sondern allein deren betroffen machender Formulierung verdankt.

Dieser Text erschien zuerst in: Brigitte Kronauer: »Poesie und Natur«, Stuttgart: Klett-Cotta 2015.

Die Beiträger

Moritz Baßler, geb. 1962, lehrt Neuere deutsche Literatur und Kulturpoetik an der Universität Münster. Studium der Germanistik und Philosophie, 1993 Promotion in Tübingen (*Die Entdeckung der Textur*), 1999 bis zur Habilitation 2003 Wiss. Assistent bei Helmut Lethen in Rostock. Zahlreiche Publikationen mit den Schwerpunkten Literatur der Klassischen Moderne, Literaturtheorie, Gegenwartsliteratur, Popkultur und Realismus, darunter manches auch zu Raabe. Herausgeber von *Entsagung und Routines. Aporien des Spätrealismus und Verfahren der frühen Moderne* (2013). Dem Realismus gilt auch ein Gutteil seines Buches *Deutsche Erzählprosa 1850-1950. Eine Geschichte literarischer Verfahren* (2015).

Eva Eßlinger, Dr., ist wissenschaftliche Mitarbeiterin am Institut für Deutsche Philologie der LMU München. Zuletzt erschienen: Nostos und Gewalt. Heimkehr in der Prosa des 19. und 20. Jahrhunderts (Hg.), in: *DVjs* 92.2 (2018). Weitere Publikationen: *Das Dienstmädchen, die Familie und der Sex. Studien zu einer irregulären Beziehung in der europäischen Literatur* (2013); *Die Figur des Dritten. Ein kulturwissenschaftliches Paradigma* (Hg, 2010). Zu Wilhelm Raabe: *Alte Helden. Postheroismus im 19. Jahrhundert (Keller, Raabe)*, in: *Antikes Heldentum in der Moderne. Konzepte, Praktiken, Medien*, hg. von Stefan Tilg und Anna Novokhatko (erscheint 2019).

Eva Geulen ist seit 2015 Direktorin des Leibniz-Zentrums für Literatur- und Kulturforschung und Professorin für europäische Kultur- und Wissensgeschichte an der Humboldt-Universität zu Berlin. Sie forscht zu Literatur und Theorie 18. Jahrhundert bis zur Gegenwart. Jüngst erschien *Aus dem Leben der Form: Goethe und die Nager* (2016), zu Raabe: *Schwierigkeiten mit Raabes Frau Salome*, in: *Magie der Geschichten, Weltverkehr, Literatur und Anthropologie in der zweiten Hälfte des*

19. Jahrhunderts, hg. Kerstin Stüssel u.a. (2011) und *Anagnorisis statt Identifikation (Raabes ›Altershausen‹)*, in: *DVjs* 82 (2008).

Matthias Göritz, geb. 1969 in Hamburg, ist ein deutscher Lyriker, Romancier und Übersetzer. Nach dem Studium der Philosophie und Literaturwissenschaften lebte er längere Zeit in Moskau, Paris, Chicago und in New York. 2001 erschien sein erster Gedichtband *Loops*. Von 2000 bis 2002 war er Gastdozent in der Abteilung für deutsche Sprache und Literatur am Bard College im Staat New York. Weitere Stipendien führten ihn nach Rabat in Marokko, an die University of Iowa, die Villa Aurora in Los Angeles, nach New York, Krakau und Warschau und nach Istanbul. Sein Theaterstück *Liebe Frau Krauss* wurde 2008 in Frankfurt a.M. uraufgeführt. Literarische Publikationen u.a.: *Pools. Gedichte*, 2006; *Tools. Gedichte*, 2011; *Träumer und Sünder. Roman*, 2013; *Parker. Roman*, 2018.

Dirk Göttsche ist Professor of German an der University of Nottingham (UK); Dr. phil. Münster 1986 (*Die Produktivität der Sprachkrise in der modernen Prosa*, 1987), Habilitation Münster 1999 (*Zeit im Roman: Literarische Zeitreflexion und die Geschichte des Zeitromans im späten 18. und im 19. Jahrhundert*, 2001); Ehrenpräsident der Internationalen Raabe-Gesellschaft. Monografien *Zeitreflexion und Zeitkritik im Werk Wilhelm Raabes* (2000); *Kleine Prosa in Moderne und Gegenwart* (2006); *Remembering Africa: The Rediscovery of Colonialism in Contemporary German Literature* (2013). Mitherausgeber des *Raabe-Handbuch: Leben – Werk – Wirkung* (2016, mit Florian Krobb und Rolf Parr).

Christof Hamann, geb. 1966, Schriftsteller und Professor für Neuere deutsche Literaturwissenschaft und Literaturdidaktik an der Universität zu Köln. Zu seinen Forschungsschwerpunkten zählen Literaturgeschichte vom 18. Jahrhundert bis zur Gegenwart, Konzepte nicht-kreativen Schreibens, literarische

Konstruktionen von Kriminalität, Beschreibungsverfahren in der Literatur. Bekannte Bücher sind *Seegfrörne. Roman*, 2001; *Fester. Roman*, 2003; *Usambara. Roman*, 2007; *Kilimandscharo. Die deutsche Geschichte eines afrikanischen Berges*, 2011 (mit Alexander Honold).

Ingeborg Harms, geb. 1956 in Lüneburg, ist eine deutsche Journalistin, Literaturwissenschaftlerin und Schriftstellerin. Von 1986 bis 1993 forschte und lehrte sie an verschiedenen US-amerikanischen Hochschulen, so an der Yale University in New Haven. Sie wirkte als Herausgeberin mit an der historisch-kritischen »Brandenburger Ausgabe« sämtlicher Werke Heinrich von Kleists. Von 1993 bis 1998 war sie wissenschaftliche Mitarbeiterin am Germanistischen Seminar der Universität Bonn. Seit 1997 ist sie feste Mitarbeiterin im Feuilleton der FAZ. Seit 2012 ist sie als Professorin für Designtheorie mit Schwerpunkt Mode am Institut für experimentelles Bekleidungs- und Textildesign der Fakultät Gestaltung an der Universität der Künste Berlin tätig. Sie ist außerdem Verfasserin von Erzählungen und Essays. Veröffentlichungen u.a.: *Zwei Spiele Kleists von Trauer und Lust*, 1990; *Hard drive*, 1992.

Thomas Hettche, geb. 1964 in Treis am Rande des Vogelsbergs, ist Erzähler und Essayist, vielfach ausgezeichnet. 2014 mit dem Wilhelm Raabe-Literaturpreis für seinen Roman *Pfaueninsel*. Zuletzt erschien *Unsere leeren Herzen. Über Literatur*, 2017.

Katrin Hillgruber studierte in Hamburg und München Neuere deutsche Literatur, Theaterwissenschaft sowie Geschichte Ost- und Südosteuropas. Nach einem Volontariat bei der Süddeutschen Zeitung und sechs Jahren als Pauschalistin der Kulturredaktion des Berliner Tagesspiegels arbeitet sie seit 2002 in München als freie Journalistin und Literaturkritikerin. In der Schriftenreihe des Wallstein-Verlags zum Wilhelm Raabe-Literaturpreis spürt sie seit 2005 regelmäßig philologische Wahlverwandtschaften zwischen Raabe und dessen Preisträgerinnen und Preisträgern auf, zuletzt: *Auf der Schwelle: Jugendliche Phantasiewelten bei Clemens J. Setz und Wilhelm Raabe* (2016).

Jochen Hörisch, geb. 1951 in Bad Oldesloe, ist ein deutscher Literatur- und Medienwissenschaftler. Seit 1988 war er Ordinarius für Neuere Germanistik und Medienanalyse an der Universität Mannheim. Schwerpunkte seiner wissenschaftlichen und publizistischen Tätigkeit betreffen die vielfältigen Dimensionen des »Verstehens« jeder Art von Medien, angefangen bei Texten in Büchern bis hin zu den neuen Medien. Im Jahr 2000 erhielt Hörisch den Wissenschaftspreis der Aby-Warburg-Stiftung. Zu den jüngsten wissenschaftlichen Veröffentlichungen gehören: *Das Wissen der Literatur*, 2007; *Bedeutsamkeit. Über den Zusammenhang von Zeit, Sinn und Medien.* 2009; *Tauschen, sprechen, begehren. Eine Kritik der unreinen Vernunft*, 2011; *Man muss dran glauben. Die Theologie der Märkte*, 2013; *Weibes Wonne und Wert: Richard Wagners Theorie-Theater*, 2015 (mit Klaus Arp).

Vanessa Höving ist seit 2017 Wissenschaftliche Mitarbeiterin am Institut für Neuere deutsche Literatur- und Medienwissenschaft der FernUniversität in Hagen. Studium der Germanistik, Anglistik und Amerikanistik in Köln, Helsinki und St. Louis. 2017 Promotion an der Universität zu Köln mit einer Arbeit zu Medialitätsverhandlungen bei Droste-Hülshoff. Forschungsschwerpunkte u.a. Literatur des 19. Jahrhunderts und der Gegenwart, Literatur und Medialität, Gender, Film. Publikationen in Auswahl: *Projektion und Übertragung. Medialitätsverhandlungen bei Droste-Hülshoff*, 2018; *Piraten und Politik in Literatur und Film. Wilhelm Raabes ›Schwarze Galeere‹ und Bryan Singers ›Valkyrie‹*, in: *Populäre Piraten. Vermessung eines Feldes*, hg. von Irmtraud Hnilica und Marcel Lepper (2017), S. 119-138.

Felicitas Hoppe, geb. 1960 in Hameln, lebt in Berlin. 1996 erschien ihr Debüt *Picknick der Friseure*, 1999, nach einer Weltreise auf einem Frachtschiff, folgte der Roman *Pigafetta*; 2003 *Paradiese, Übersee*; 2004 *Verbrecher und Versager*; 2006 *Johanna*; 2008 *Iwein Löwenritter*, 2009 *Sieben Schätze* und die Erzählung *Der beste Platz der Welt*; 2010 *Abenteuer – was ist das?*; 2011 *Grünes Ei mit Speck*, eine Übersetzung von Texten des amerikanischen Kinderbuchautors Dr. Seuss; 2012 der Roman *Hoppe* und zuletzt 2018 der Roman *Prawda. Eine amerikanische Reise*. Für ihr Werk wurde Felicitas Hoppe mit zahlreichen Preisen ausgezeichnet, u.a. mit dem aspekte-Literaturpreis, dem Bremer Literaturpreis, dem Roswitha-Preis der Stadt Bad Gandersheim und dem Georg-Büchner-Preis. Außerdem Poetikdozenturen und Gastprofessuren in Wiesbaden, Mainz, Augsburg, Göttingen, am Dartmouth College in Hanover, New Hampshire, an der Georgetown University, Washington D.C., in Hamburg, Heidelberg und Köln.

Brigitte Kronauer, 1940-2019, war Autorin zahlreicher Romane und Erzählbände. Sie begann bereits als Kind mit dem Schreiben erster Geschichten, da sie wegen ihrer unleserlichen Handschrift von ihrem Vater zu Schreibübungen angehalten wurde. Im Alter von 16 Jahren schrieb sie Hörspiele und sandte diese an Verlage. Sie studierte Germanistik sowie Pädagogik und war zunächst einige Jahre als Lehrerin in Aachen und Göttingen tätig. In den 1970er und 1980er Jahren hatte sie mit der österreichischen Zeitschrift *das pult* und deren Herausgeber Klaus Sandler Kontakt. Bereits ihr erster Roman *Frau Mühlenbeck im Gehäus* (1980) erweckte große Aufmerksamkeit. Der Roman *Teufelsbrück* aus dem Jahr 2000 spielt teilweise in Arosa, wo sich Kronauer regelmäßig im Urlaub aufhielt. Brigitte Kronauer war seit 1988 Mitglied der Deutschen Akademie für Sprache und Dichtung und erhielt zahlreiche Literaturpreise, u.a. den Georg-Büchner-Preis (2005). Weitere bekannte Romane sind u.a. *Rita Münster*, 1983, *Berittener Bogenschütze*, 1986; *Die Frau in den Kissen*, 1990; oder zuletzt: *Der Scheik von Aachen*, 2016 und im Herbst 2019 der Roman *Das Schöne, Schäbige, Schwankende*.

Katja Lange-Müller, geb. 1951 in Ostberlin, lebt als freie Schriftstellerin in Berlin. Ab 1979 studierte sie am »Literaturinstitut Johannes R. Becher« in Leipzig. 1982 folgten ein einjähriger Studienaufenthalt in der Mongolei und Arbeit in der »Teppichfabrik Wilhelm Pieck« in Ulan-Bator. Nach der Rückkehr in die DDR war sie 1983 Lektorin im Altberliner Verlag. 1984 reiste sie aus der DDR nach West-Berlin aus. 1986 erhielt sie den Ingeborg-Bachmann-Preis, 1995 den Alfred-Döblin-Preis für ihre Erzählung *Verfrühte Tierliebe*, 2002 den Preis des ZDF, des Senders 3sat und der Stadt Mainz, 2005 den Kasseler Literaturpreis für grotesken Humor. 2017 erhielt sie den Günter-Grass-Preis. Literarische Werke u.a.: *Wehleid – wie im Leben. Kasper Mauser – die Feigheit vorm Freund*, 1988. *Die Letzten: Aufzeichnungen aus Udo Posbichs Druckerei*, 2000 und zuletzt die Romane *Böse Schafe*, 2007, wofür sie 2008 den Wilhelm Raabe-Literaturpreis erhielt, und *Drehtür* 2016.

Andreas Maier, geb. 1967 in Bad Nauheim, studierte Altphilologie, Germanistik und Philosophie in Frankfurt a.M. Seine Romane stehen in der Tradition des österreichischen Autors Thomas Bernhard, mit dem er sich 2002 in seiner Dissertation auseinandersetzte (*Die Verführung. Die Prosa Thomas Bernhards*, 2004). Maiers Werke spielen bevorzugt in der Wetterau, in Tirol oder Frankfurt. Maier äußert sich auch in Zeitungsartikeln und seinen Poetikvorlesungen zu Fragen der Politik, des Umweltschutzes und der richtigen Lebensführung. Der Autor schreibt für die Literaturzeitschrift *Volltext* die Kolumne *Neulich*. 2010 erschienen diese Kolumnen über seinen Onkel gesammelt in *Onkel J. Heimatkunde*. Seine Romane wurden in mehr als zehn Sprachen übersetzt und vielfach ausgezeichnet, u.a. mit dem Wilhelm Raabe-Literaturpreis 2010. Er debütierte mit dem Roman *Wäldchestag*, 2000, gefolgt von

Klausen, 2002. Nach weiteren Büchern begann er 2010 einen auf elf Bände angelegten Romanzyklus über seine Herkunft mit den bisher erschienenen Bänden *Das Zimmer*, 2010; *Das Haus*, 2011; *Die Straße*, 2013; *Der Ort*, 2015; *Der Kreis*, 2016; *Die Universität*, 2018 und *Die Familie*, 2019.

Sabine Peters, geb. 1961 in Neuwied, ist eine deutsche Schriftstellerin. Sie war verheiratet mit dem Schriftsteller Christian Geissler, das gemeinsame Zusammenleben und das Sterben des langjährigen Partners beschreibt sie in ihrem autobiografischen Roman *Feuerfreund*, 2010. Sabine Peters ist Verfasserin von erzählender Prosa und Hörspielen. Zuletzt: *Narrengarten*, 2013; *Alles Verwandte*, 2017; ausgezeichnet u.a. mit dem Clemens-Brentano-Preis der Stadt Heidelberg, 2001; dem Evangelischen Buchpreis 2005; dem Georg-K.-Glaser-Preis 2012 und dem Italo-Svevo-Preis 2016.

Marion Poschmann, 1969 in Essen geboren, studierte Germanistik, Philosophie und Slawistik und lebt heute in Berlin. Sie ist ist Mitglied der Deutschen Akademie für Sprache und Dichtung, der Mainzer Akademie der Wissenschaften und der Literatur, der Freien Akademie der Künste in Hamburg sowie des PEN-Zentrums Deutschland. Ihre Prosa und Lyrik wurden vielfach ausgezeichnet, unter anderem mit dem Romstipendium der Deutschen Akademie Villa Massimo 2004, dem Peter-Huchel-Preis 2011 und dem ersten Deutschen Preis für Nature Writing 2017. Für ihren Roman *Die Sonnenposition*, der auch für den Deutschen Buchpreis nominiert wurde, erhielt sie 2013 den Wilhelm Raabe-Literaturpreis. Zuletzt erschienen: *Mondbetrachtung in mondloser Nacht. Über Dichtung*, 2016; *Geliehene Landschaften. Lehrgedichte und Elegien*, 2016; *Die Kieferninseln. Roman*, 2017.

Oliver Ruf, geb. 1978 in Saarbrücken, ist Literatur-, Kultur- und Medienwissenschaftler, Kritiker und Autor. Ruf war wissenschaftlicher Mitarbeiter/Univ.-Lecturer am Institut für deutsche Sprache und Literatur der Technischen Universität Dortmund, ist seit 2012 Professor an der Fakultät Digitale Medien der Hochschule Furtwangen und außerdem Gastprofessor an der Fakultät Gestaltung der Hochschule Pforzheim sowie am Institut für Theorie und Praxis der Kommunikation der Universität der Künste zu Berlin. Veröffentlichungen u.a.: (Hg.): *Perspektiven der Literaturvermittlung*, 2011 (zusammen mit Stefan Neuhaus); *Schreibleben. Essays*, 2012; *Kreatives Schreiben. Eine Einführung*, 2016.

Gustav Seibt, geb. 1959, Historiker, Goethe-Forscher und Journalist, arbeitet seit 2001 für die Süddeutsche Zeitung. Zuletzt erschien *Mit einer Art von Wut. Goethe in der Revolution* (2014).

Clemens J. Setz, geb. 1982 in Graz, wo er auch heute noch lebt. 2001 begann er ein Lehramtsstudium der Mathematik und Germanistik an der Karl-Franzens-Universität in Graz, das er jedoch nicht abschloss. Die Initialzündung für seine Karriere als Autor war der Schriftsteller Ernst Jandl. 2007 erschien sein Debütroman *Söhne und Planeten*. 2009 wurde sein zweiter Roman *Die Frequenzen* für den Deutschen Buchpreis nominiert. Für seinen Erzählband *Die Liebe zur Zeit des Mahlstädter Kindes* erhielt Setz 2011 den Preis der Leipziger Buchmesse. Seit 2011 verfasst er für die Literaturzeitschrift Volltext die Serie *Nicht mehr lieferbar* über vergriffene Werke bedeutender Schriftsteller. Sein 2012 erschienener Roman *Indigo* gelangte auf die Shortlist des Deutschen Buchpreis. Für den 2015 erschienenen Roman *Die Stunde zwischen Frau und Gitarre* erhielt Clemens J. Setz den Wilhelm Raabe-Literaturpreis. 2018 erschien *Bot: Gespräch ohne Autor;* im Jahr 2019 der Erzählband *Der Trost runder Dinge*.

Hubert Winkels, geb. 1955 im Rheinland, ist Literaturkritiker und Kulturredakteur beim Deutschlandfunk in Köln. Mehrere Buchpublikationen zur deutschsprachigen Gegenwartsliteratur. Seit 2001 Herausgeber der Buchreihe *(PreisträgerIn) trifft Wilhelm Raabe*, die sich dem Verhältnis Raabes zur Gegenwartsliteratur, insbesondere zum Raabe-Preisträger des jeweiligen Jahres, widmet.

Christoph Zeller ist Associate Professor of German and European Studies an der Vanderbilt University, Nashville. Seine Forschungen konzentrieren sich auf die Romantik, den bürgerlichen Realismus, die historischen Avantgarden, auf die Gegenwartsliteratur und die Mediengeschichte. Neben *Allegorien des Erzählens: Wilhelm Raabes Jean-Paul-Lektüre* (1999) stehen mehrere Aufsätze zu Wilhelm Raabe zu Buche, zuletzt *Veltens Erbe: Geld und Geist in Raabes »Die Akten des Vogelsangs«*, in: *Jahrbuch der Raabe-Gesellschaft* 2013, S. 95-125.

Matthias Zschokke, geb. 1954 in Bern, ist ein Schweizer Schriftsteller. Er ist ein Urururenkel des aus Magdeburg stammenden Schriftstellers Heinrich Zschokke. Nach dem Besuch der Schauspielschule in Zürich war er bei Peter Zadek am Schauspielhaus Bochum engagiert. Seit 1980 lebt Zschokke als Schriftsteller und Filmemacher in Berlin, das in seinen Werken auch wiederholt Thema oder als Hintergrund präsent ist. In den vergangenen 25 Jahren hat Zschokke elf Prosabände, acht Theaterstücke und drei Filme vorgelegt, die mit zahlreichen Preisen ausgezeichnet wurden, u.a. mit dem Robert-Walser-Preis der Stadt Biel und des Kantons Bern für den Roman *Max* (1982), dem Preis der deutschen Filmkritik für den besten Spielfilm (*Edvige Scimitt*, 1985), dem Prix Femina Étranger (Paris, 2009) für *Maurice à la poule* (dt. *Maurice mit Huhn*, 2009), mit dem Schweizer Literaturpreis 2012 für *Der Mann mit den zwei Augen*. Jüngste Veröffentlichungen: *Die Wolken waren groß und weiß und zogen da oben hin*, 2016; und *Ein Sommer mit Proust*, 2017.

Bibliografische Information der Deutschen Nationalbibliothek
Die Deutsche Nationalbibliothek verzeichnet diese Publikation in der
Deutschen Nationalbibliografie; detaillierte bibliografische Daten sind
im Internet über http://dnb.d-nb.de abrufbar.

© Wallstein Verlag, Göttingen 2019
www.wallstein-verlag.de
Vom Wallstein Verlag gesetzt aus der Stempel Garamond und Thesis
Umschlaggestaltung: Marion Wiebel, Wallstein Verlag, Göttingen
Druck und Verarbeitung: Hubert & Co, Göttingen

ISBN 978-3-8353-3431-1